suhrkamp taschenbuch 210

Maxim Gorkij wurde 1868 in Niznij Novgorod geboren und starb 1936 in Moskau. Als Sohn eines Tischlers wuchs Gorkij fast ohne Schulbildung auf, war später Arbeiter und machte weite Wanderungen durch Rußland. Seine erste Erzählung *Makar Tschudra* erschien 1892. Seine Szenenfolge *Na dne (In der Tiefe, Nachtasyl)*, uraufgeführt 1902, verschaffte ihm Weltgeltung. 1905 machte er die Bekanntschaft mit Lenin. Nach seiner Amerikareise 1906 lebte er jahrelang in Westeuropa, kehrte aber 1913 nach Rußland zurück. Zwischen 1919 und 1921 unterstützte er die Bolschewisten, 1921 ging er wieder ins Ausland. 1928 nach Rußland zurückgekehrt, wurde er 1932 erster Präsident des neugegründeten Sowjetischen Schriftstellerverbandes. Die Ursache seines Todes ist ungeklärt.

Von April 1917 bis Juni 1918 schrieb Gorkij systematisch für die Öffentlichkeit: Reden, Rezensionen, Appelle, Skizzen, Leitartikel. Er zweifelte am Sieg des russischen Proletariats; er stimmte gegen die These von der Konterrevolution; er definierte das Verhältnis der Intelligenz zur Revolution; er schrieb einen Aufruf an die kriegsmüden Völker für das Jahr 1918 und blieb bis zum Verbot der Zeitung *Novaja Zizn* im Juli 1918 ein unbestechlicher Beobachter des Zeitgeschehens.

Die vorliegende Sammlung enthält sämtliche Artikel – erstmals ins Deutsche übersetzte Texte und ungekürzte Neuübertragungen –, die unter den Titeln *Unzeitgemäße Gedanken* und *Kultur und Revolution* erschienen sind.

»Das Faszinierende an dieser Zusammenstellung der politischen Glossen Gorkijs liegt darin, daß hier ein *engagierter* Humanist und Sozialist ohne Rücksicht auf den Wechsel der politischen Szenerie furchtlos die Stimme seines Gewissens erschallen läßt.« *Neue Zürcher Zeitung*

Maxim Gorkij
Unzeitgemäße Gedanken über Kultur und Revolution

Geschrieben von Maxim Gorkij in Petrograd
und veröffentlicht in der
Tageszeitung »Novaja Žizn« (Neues Leben)
von 1917 bis 1918

Herausgegeben, kommentiert
und mit einem Nachwort
von Bernd Scholz

Suhrkamp

Aus dem Russischen übersetzt von Bernd Scholz unter Mitarbeit von Peter Adam und Helga Braum

suhrkamp taschenbuch 210
Erste Auflage 1974
Lizenzausgabe mit freundlicher Genehmigung des Insel Verlags Frankfurt am Main

Druck: Ebner, Ulm. Printed in Germany. Umschlag nach Entwürfen von Willy Fleckhaus und Rolf Staudt

Unzeitgemäße Gedanken
über Kultur und Revolution

An den Leser[1]

Das russische Volk hat sich mit der Freiheit vermählt. Laßt uns glauben, daß aus diesem Bund in unserem physisch und geistig gequälten Land neue starke Menschen hervorgehen werden.
Laßt uns fest glauben, daß die Kräfte der Vernunft und des Willens, die durch die jahrhundertlange Unterdrückung eines polizeilich reglementierten Lebens erstickt und ausgelöscht wurden, als helles Feuer im russischen Menschen auflodern werden.
Wir dürfen nicht vergessen, daß wir alle Menschen des gestrigen Tages sind und daß das große Werk der Wiedergeburt des Landes in den Händen von Menschen liegt, die wegen der lastenden Eindrücke der Vergangenheit im Geist gegenseitigen Mißtrauens, der Nichtachtung des Nächsten und des häßlichsten Egoismus erzogen sind.
Wir sind in einer Atmosphäre des ›Untergrunds‹ herangewachsen. Das, was wir legale Tätigkeit nannten, war seinem Wesen nach entweder ein Ausstrahlen in ein Vakuum oder aber engstirniges Politikastertum von Gruppen und Personen; ein Bruderkampf zwischen Menschen, bei denen das Gefühl der persönlichen Würde zu krankhaftem Ehrgeiz entartet war.
Wir haben inmitten der die Seele vergiftenden Gemeinheiten des alten Regimes gelebt, inmitten der Anarchie, die von ihm erzeugt wurde; wir haben gesehen, wie grenzenlos die Machtbereiche der Abenteurer waren, die uns regierten; deshalb infizierten wir uns natürlich und unausweichlich mit allen verderblichen Eigenschaften, allen Gewohnheiten und Verhaltensweisen von Menschen, die uns verachteten und verhöhnten.
Nirgends und durch nichts konnten wir in uns selbst das Gefühl persönlicher Verantwortung für das Unglück des Landes, für sein schmachvolles Leben entwickeln; wir sind vergiftet vom Leichengift der krepierten Monarchie.
Die Veröffentlichung von Listen ›geheimer Mitarbeiter der Ochrana‹ in den Zeitungen ist ein schändlicher Akt der Anklage gegen uns, eines der Symptome des sozialen Verfalls und der sozialen Fäulnis des Landes – ein drohendes Symptom[2].
Schmutz, Durcheinander und Gift aller Art gibt es noch genug,

das alles wird nicht so bald verschwinden; die alte Ordnung ist zwar physisch zerstört, aber geistig lebt sie weiter, um uns herum und in uns selbst. Die vielköpfige Hydra der Unwissenheit, Barbarei, Dummheit, Gemeinheit und Roheit wurde nicht erschlagen; sie hat sich erschreckt verborgen, aber sie hat nicht die Fähigkeit verloren, lebende Seelen zu verschlingen.

Man darf nicht vergessen, daß wir im Dickicht einer nach Millionen zählenden Menschenmasse leben, die politisch unwissend, sozial nicht erzogen ist. Menschen, die nicht wissen, was sie wollen, sind politisch und sozial gefährliche Menschen. Diese Masse der Einwohner wird sich nicht so bald in Klassen und nach klar erkannten Interessen aufspalten, sie wird sich nicht so bald organisieren und zum bewußten und schöpferischen sozialen Kampf fähig werden. Solange sie sich nicht organisiert, wird sie mit ihrem trüben und ungesunden Saft die Scheusale der Vergangenheit nähren, die Ausgeburten des Polizeiregimes, an das der Durchschnittsbürger gewöhnt ist.

Ich könnte noch auf einige andere Gefahren für die neue Ordnung hinweisen, es ist jedoch noch zu früh, ja, es wäre sogar unanständig, davon zu sprechen.

Wir erleben einen äußerst schwierigen Augenblick, der die Anspannung all unserer Kräfte, beharrliche Arbeit und allergrößte Vorsicht bei Entscheidungen erforderlich macht. Wir dürfen nicht die folgenschweren Fehler von 1905 und 1906 vergessen; die tierische Abrechnung, die diesen Fehlern folgte, hat uns auf ein ganzes Jahrzehnt entkräftet und führungslos gemacht[3]*. In dieser Zeit sind wir politisch und sozial verkommen; der Krieg, der Hunderttausende junger Menschen vernichtete, untergrub unsere Kräfte noch mehr, denn er traf das wirtschaftliche Leben des Landes an der Wurzel.*

Der Generation, die als erste die neue Lebensordnung empfangen wird, fiel die Freiheit in den Schoß; diese Generation weiß kaum etwas von den furchtbaren Anstrengungen jener Menschen, die im Verlauf eines ganzen Jahrhunderts die dunkle Festung des russischen Monarchismus Stück um Stück zerstört haben. Der Durchschnittsbürger wußte nichts von dieser höllischen Maulwurfsarbeit, die für ihn getan wurde; diese Sträflingsarbeit ist keinem einzigen Bürger der etwa 1000 Kreisstädte Rußlands bekannt.

Wir haben die Absicht und auch die Pflicht, das neue Leben auf den Grundlagen aufzubauen, von denen wir seit langem träumen. Wir begreifen diese Grundlagen mit dem Verstand, sie sind uns in der Theorie bekannt, aber sie existieren nicht in unseren Instinkten, und wir werden es furchtbar schwer haben, sie in die Praxis unseres Lebens und in unsere alte russische Lebensweise einzuführen. Wir haben es besonders schwer, denn wir sind, ich wiederhole, ein sozial völlig unerzogenes Volk, und auch unsere Bourgeoisie, die jetzt nach der Macht greift, ist in dieser Hinsicht wenig erzogen. Und man muß daran erinnern, daß die Bourgeoisie keinen Staat übernimmt, sondern die Ruinen eines Staates; von diesen chaotischen Ruinen ergreift sie unter Bedingungen Besitz, die unvergleichlich schwieriger sind als jene von 1905 und 1906. Wird sie erkennen, daß ihre Arbeit nur unter der Voraussetzung des festen Bündnisses mit der Demokratie erfolgreich sein kann und daß das Bestreben, Positionen zu stärken, die dem alten Regime entlehnt sind, unter den völlig anderen Bedingungen gänzlich sinnlos ist? Die Bourgeoisie wird ohne Zweifel ein wenig nach rechts abschwenken müssen, aber damit darf man sich nicht beeilen, wenn man den düsteren Fehler von 1906 nicht wiederholen will[4].

Die revolutionäre Demokratie müßte ihrerseits ihre allgemeinen staatlichen Aufgaben begreifen und erfühlen; sie muß an der Organisation der ökonomischen Kräfte des Landes, an der Entwicklung seiner produktiven Energie aktiv Anteil nehmen und die Freiheit Rußlands gegen alle Anschläge von außen und innen verteidigen.

Nur ein einziger Sieg wurde errungen – die Eroberung der politischen Macht; viele weit schwierigere Siege müssen noch errungen werden, doch vor allem sind wir verpflichtet, unsere eigenen Illusionen zu besiegen.

Wir haben das alte Regime gestürzt; das gelang uns aber nicht, weil wir eine Macht darstellten, sondern weil das Regime, das uns verfaulen ließ, selbst durch und durch verfault war und beim ersten gemeinsam durchgeführten Stoß zusammenbrach. Allein die Tatsache, daß wir uns so lange nicht zu diesem Stoß entschließen konnten, obwohl wir sahen, wie das Land ruiniert wurde, fühlten, wie man uns Gewalt antat, schon diese Langmut zeugt von unserer Schwäche.

Die Aufgabe des Augenblicks besteht darin, die von uns ein-

genommenen Positionen möglichst dauerhaft zu sichern; das ist aber nur bei vernünftiger Vereinigung all der Kräfte erreichbar, die zur Arbeit an der politischen, ökonomischen und geistigen Erneuerung Rußlands fähig sind.
Die mutige Erkenntnis der eigenen Unzulänglichkeiten ist die beste Anregung für einen gesunden Willen und das ehrlichste Verfahren richtiger Selbsteinschätzung.
Die Kriegsjahre haben uns mit erschreckender Klarheit gezeigt, wie krank wir kulturell sind, wie schwach organisiert. Die Organisation der schöpferischen Kräfte des Landes ist für uns notwendig wie Brot und Luft[5].
Wir haben uns zutiefst nach Freiheit gesehnt, und bei unserer Neigung zum Anarchismus können wir jetzt leicht die Freiheit verschlingen – die Möglichkeit dazu besteht.
Nicht wenige Gefahren bedrohen uns. Wir können ihnen nur begegnen und sie überwinden, wenn wir ruhig und einträchtig an der Festigung der neuen Lebensordnung arbeiten.
Die wertvollste schöpferische Kraft ist der Mensch: je besser er geistig entwickelt und mit technischem Wissen ausgerüstet ist, um so beständiger und wertvoller ist seine Arbeit, um so kultivierter und epochemachender ist er selbst.
Das hat man bei uns nicht begriffen; unsere Bourgeoisie schenkt der Steigerung der Arbeitsproduktivität nicht die nötige Aufmerksamkeit, der Mensch ist für sie immer noch, wie das Pferd, eine Quelle grober physischer Kraft.
Die Interessen aller Menschen haben eine gemeinsame Grundlage, auf der sie, ungeachtet der nicht zu beseitigenden Klassengegensätze, solidarisch sind: die Entwicklung und Ansammlung von Wissen. Das Wissen ist eine notwendige Waffe im Kampf zwischen den Klassen, der der gegenwärtigen Weltordnung zugrunde liegt. Dieser Kampf ist ein tragisches Moment der gegebenen Geschichtsperiode, eine unabwendbare Kraft in der kulturpolitischen Entwicklung, – und er ist unausweichlich.
Das Wissen ist die Kraft, die letzten Endes die Menschen zum Sieg über die elementaren Energien der Natur führen muß und die Unterwerfung dieser Energien unter die allgemeinen kulturellen Interessen des Menschen und der Menschheit ermöglichen wird.
Das Wissen muß popularisiert werden, man muß es zur

Sache des ganzen Volkes machen; das Wissen allein ist der Ursprung fruchtbarer Arbeit, die Grundlage der Kultur. Und nur das Wissen befähigt uns zur Selbsterkenntnis, hilft uns, unsere Kräfte und die Aufgaben des gegebenen Augenblicks richtig einzuschätzen, und zeigt uns einen breiten Weg zu künftigen Siegen.
Die ruhige Arbeit ist die produktivste.
Die Kraft, die mich während meines ganzen Lebens gestärkt hat und immer noch stärkt auf dieser Erde, war und ist mein Glaube an die Vernunft des Menschen. Bis auf den heutigen Tag ist die russische Revolution in meinen Augen eine Kette klarer und erfreulicher Erscheinungsformen der Vernunft. Ein besonders kraftvolles Zeichen ruhiger Vernunft war der 23. März, der Tag der Beisetzungen auf dem Marsfeld[6]*.*
Zum ersten Mal und fast greifbar empfand ich bei diesem Parademarsch der hunderttausend Menschen: Ja, das russische Volk hat die Revolution vollendet, es ist von den Toten auferstanden und wendet sich jetzt dem erhabenen Werk des Friedens zu – dem Aufbau neuer und freierer Lebensformen!
Welch großes Glück, diesen Tag erlebt zu haben!
Und ich wünsche dem russischen Volk von ganzem Herzen, daß es in dieser Weise ruhig und kraftvoll immer weitergehe, vorwärts und höher, bis zum großen Fest der Freiheit der ganzen Welt, der Gleichheit und Brüderlichkeit aller Menschen!

Revolution und Kultur

Novaja Žizn, Nr. 1
18. April (1. Mai) 1917

Wenn wir die gesamte äußerlich verschiedenartige Tätigkeit des monarchischen Regimes auf dem Gebiet der ›inneren Politik‹ mit einem Blick erfassen könnten, dann würde uns der Sinn dieser Tätigkeit dergestalt offenbar, daß die Bürokratie alles daransetzt, die quantitative und qualitative Entwicklung der denkenden Materie aufzuhalten.
Das alte Regime war unfähig, dennoch zeigte ihm der Selbsterhaltungstrieb richtig an, daß sein gefährlichster Feind das menschliche Gehirn ist, und daher versuchte es mit allen ihm zur Verfügung stehenden Mitteln, das Wachsen der intellektuellen Kräfte des Landes zu erschweren oder zu verkrüppeln. Bei dieser verbrecherischen Tätigkeit half eine Kirche erfolgreich mit, die von der Beamtenschaft unterjocht war, und nicht weniger erfolgreich eine psychisch zerrüttete Gesellschaft, die sich in den letzten Jahren völlig willenlos vom Staat vergewaltigen ließ.
Der Krieg deckte mit erschreckender Deutlichkeit die Resultate des langen geistigen Siechtums auf, denn Rußland erwies sich angesichts des kultivierten und ausgezeichnet organisierten Feindes als schwach und wehrlos. Leute, die so prahlerisch und widerlich geschrien hatten, Rußland habe sich erhoben, ›um Europa durch den Geist wahrer Kultur von den Ketten einer verlogenen Zivilisation zu befreien‹, diese wahrscheinlich aufrichtigen und deshalb um so unglücklicheren Leute schlossen schnell und verlegen die allzu beredten Münder. ›Der Geist wahrer Kultur‹ erwies sich als der Gestank jeglicher Unwissenheit, eines ekelerregenden Egoismus, widerlicher Trägheit und Sorglosigkeit.
In einem Land, das reich beschenkt ist mit natürlichen Reichtümern und Begabungen, trat als Folge seiner geistigen Nichtigkeit die Anarchie auf allen Gebieten der Kultur offen zutage. Industrie und Technik sind in einem rudimentären Zustand und ohne feste Verbindung zur Wissenschaft; die Wissenschaft selbst findet sich irgendwo auf Hinterhöfen, in der Finsternis und unter der feindseligen Aufsicht eines Beamten; die Kunst,

durch die Zensur eingeschränkt und entstellt, hat sich von der Allgemeinheit losgelöst, hat sich in das Suchen neuer Formen vertieft und den lebendigen, bewegenden und veredelnden Gehalt verloren.

Überall, im Innern des Menschen und um ihn herum, sehen wir Verwüstung, Zerrüttung, Chaos und die Spuren einer lang dauernden Schlacht, ähnlich der gegen den Chan Mamaj[7]. Das Erbe, das die Monarchie der Revolution zurückgelassen hat, ist furchtbar.

Wie brennend gern man auch ein tröstendes Wort sagen würde, die Wahrheit der rauhen Wirklichkeit gestattet keinen Trost, und man muß es mit aller Offenheit sagen: Das monarchische Regime erzielte in seinem Bemühen, Rußland geistig zu enthaupten, beinahe einen vollen Erfolg.

Die Revolution hat die Monarchie gestürzt, das ist wahr! Aber vielleicht bedeutet dies, daß die Revolution die Hautkrankheit nur ins Innere des Organismus hineingejagt hat. Man darf keineswegs glauben, die Revolution habe Rußland geistig geheilt oder bereichert. Ein altes, nicht dummes Sprichwort sagt: ›Die Krankheit kommt pfundweise, aber sie geht lotweise.‹ Der Prozeß der intellektuellen Bereicherung des Landes verläuft äußerst langsam; um so notwendiger ist dieser Prozeß für uns, und die Revolution muß jetzt durch ihre führenden Kräfte unbedingt die Verpflichtung auf sich nehmen, Institutionen und Organisationen zu schaffen, die sich beharrlich und unverzüglich mit der Entwicklung der intellektuellen Kräfte des Landes befassen.

Die intellektuelle Kraft ist qualitativ die wichtigste Produktivkraft. Die Sorge um ihr schnellstmögliches Wachstum muß die brennende Sorge aller Klassen sein.

Wir müssen die Arbeit einer allseitigen Entfaltung der Kultur gemeinsam auf uns nehmen; die Revolution hat die Hindernisse auf dem Weg zu einem freien Schaffen niedergerissen, und jetzt liegt es an unserem Willen, uns selbst und der Welt unsere Begabung, unsere Talente zu beweisen. Unsere Rettung ist die Arbeit, ja, laßt uns auch in der Arbeit einen Genuß sehen.

›Nicht das Wort, sondern die Tat erschuf die Welt‹, das ist sehr schön ausgedrückt und zugleich eine unbezweifelbare Wahrheit[8].

Unzeitgemäße Gedanken

Novaja Žizn, Nr. 2
20. April (3. Mai) 1917

Die neue Struktur des politischen Lebens verlangt von uns eine neue Struktur der Seele.

In zwei Monaten kann man sich selbstverständlich nicht völlig ändern, aber je eher wir uns von dem Staub und Schmutz der Vergangenheit reinigen, desto besser wird unsere geistige Gesundheit sein, desto produktiver die Arbeit an der Schaffung neuer Formen des sozialen Seins.

Wir leben in einem Sturm politischer Emotionen, im Chaos eines Kampfes um die Macht; dieser Kampf weckt neben guten Gefühlen äußerst dunkle Instinkte. Das ist zwar natürlich, droht aber, unseren Charakter zu verbiegen und ihn künstlich in einer ganz bestimmten Richtung zu entwickeln. Die Politik ist ein Boden, auf dem die Distel giftiger Feindschaft, übler Verdächtigungen, schamloser Lügen, Verleumdungen, Verdächtigungen, krankhaften Ehrgeizes und die Mißachtung der Persönlichkeit schnell und üppig wuchern. Zählt alles Schlechte auf, das im Menschen steckt – das alles wuchert gerade auf dem Boden des politischen Kampfes besonders reich.

Damit man von Gefühlen der einen Art nicht erwürgt wird, darf man Gefühle der anderen Art nicht vergessen.

Feindschaft zwischen den Menschen ist keine normale Erscheinung; unsere besten Gefühle, unsere größten Ideen sind darauf gerichtet, die soziale Feindschaft in der Welt zu beseitigen. Diese besten Gefühle und Gedanken würde ich ›sozialen Idealismus‹ nennen, denn seine Kraft erlaubt uns, alles Abscheuliche im Leben zu überwinden und unermüdlich und beharrlich zur Gerechtigkeit und Schönheit des Lebens zu streben, zur Freiheit. Auf diesem Weg haben wir Helden hervorgebracht, Märtyrer um der Freiheit willen, die besten Menschen der Erde; alles Schöne in uns ist aus diesem Streben hervorgegangen. Die guten Elemente unserer Seele werden am erfolgreichsten und stärksten durch die Macht der Kunst geweckt. Die Wissenschaft ist der Verstand der Welt, die Kunst ihre Seele. Politik und Religion trennen die Menschen in einzelne Gruppen; die Kunst deckt das Allgemeinmenschliche im Menschen auf und vereinigt uns. Nichts biegt die Seele des Menschen so sanft und schnell gerade wie der Einfluß von Kunst und Wissenschaft.

*

Das Recht des Proletariats auf Feindschaft gegen andere Klassen ist durchaus begründet. Aber gleichzeitig trägt gerade das Proletariat die große und beglückende Idee einer neuen Kultur, die Idee einer universalen Brüderlichkeit in unser Leben hinein.

Deshalb muß gerade das Proletariat die alten Methoden der Menschenbehandlung aufgeben, da sie unpassend sind.

Gerade das Proletariat muß beharrlich danach streben, die Seele, das Behältnis unseres Seins, zu erweitern und zu vertiefen. Für das Proletariat müssen die Gaben der Kunst und der Wissenschaft einen sehr hohen Wert haben – für das Proletariat sind sie kein eitler Zeitvertreib, sondern Mittel, in die Geheimnisse des Lebens einzudringen.

Es befremdet mich zu sehen, daß das Proletariat, vertreten durch sein denkendes und ausführendes Organ, den Arbeiter- und Soldatenrat, so gleichgültig und teilnahmslos bleibt, wenn Musiker, Künstler, Schauspieler und andere Menschen, die für die Seele des Proletariats unentbehrlich sind, als Kanonenfutter an die Front geschickt werden. Wenn unser Volk seine begabtesten Menschen zur Schlachtbank führt, schwächt es sein Herz und reißt sich die besten Stücke Fleisch aus dem Körper. Warum?

Vielleicht nur deshalb, damit ein begabter Russe einen begabten deutschen Künstler tötet.

Bedenkt, welch ein Unsinn das ist, und welch eine schreckliche Verhöhnung des Volkes! Denkt auch darüber nach, wieviel Energie das Volk aufwenden muß, um begabte Menschen hervorzubringen, die die Gefühle und Gedanken seiner Seele ausdrücken.

Muß denn dieses verfluchte Gemetzel sogar Künstler, die uns teuer sind, in Mörder und Leichen verwandeln?

Auf der Straße
(Eindrücke)

Novaja Žizn, Nr. 2
20. April (3. Mai) 1917

Rußland hat sich erwärmt und ist aufgetaut: In breiten Strömen ergießt sich die Arbeitermacht in einer gewaltigen Demonstration frei durch die Straßen, über die Plätze. Die Gelassenheit der Menschenmassen ist beeindruckend, aber ich bemerke in ihren Bewegungen keine festliche Freude, sondern nur die Geschäftigkeit von Ameisen[9].

Die Menschen scheinen nicht daran zu glauben, daß sie frei sind und das Recht haben, in Massen zu marschieren und verbotene Lieder zu singen; deshalb sind alle auf die Straßen gegangen, um sich Gewißheit zu verschaffen.

Die Lieder klingen mißtönend und gedämpft, weil man mit ihnen die neue Stimmung wahrscheinlich nicht klar zum Ausdruck bringen kann. Ein fröhlicher Siegesmarsch ist nötig, eine Siegeshymne – die drohenden Schreie nach Rache passen nicht zu dem fröhlichen Flattern der roten Fahnen, zu dem festen Glauben der Menschen an ihre eigene Kraft. Starke Menschen drohen nicht, rächen sich nicht, sie setzen ihre Wünsche einfach in die Tat um. Ohne die Kunst kann man offenbar kein Fest feiern, und deshalb fühlen sich die Menschen wie am Vorabend eines Festes.

Die Kinder laufen in langen Reihen. Sie sind ärmlich gekleidet. Unter den leuchtenden Bannern der Freiheit wirken ihre grauen Gestalten noch kleiner und ärmlicher. Diese Kinder sind die beachtlichste Erscheinung des Tages, die Herren und Schöpfer des zukünftigen Lebens. Es klingt amüsant, wenn sie singen:

»Wir haben uns im Schicksalskampf geopfert.«

Aber wenn aus den Mündern der Kinder die Worte strömen:

»Wir schwören ab der alten Welt«,

dann rührt uns dieser Kinderschwur zu Tränen.

Die Kinder werden sicher die Kraft haben, der alten Welt abzuschwören und ihre Seelen von den verderblichen Einflüssen dieser Welt zu reinigen!

Laßt uns daran glauben, daß sie eine andere Auffassung vom Leben haben und den Menschen höher achten werden.

Den Kindern möchte ich mein Herz schenken – von allen schönen Blumen ist das menschliche Herz die schönste.

*

Der Bürger zittert nach alter Gewohnheit. Er drückt sich eng an die Häuserwände, beobachtet mit dem ihm eigenen scheuen Blick, wie die Wellen eines neuen Lebens an ihm vorbeiströmen, und erwartet, daß irgend etwas Entsetzliches geschieht.
Aber es geschieht nichts Entsetzliches, sondern etwas, das mit dem Sklavendasein und der Unterdrückung des russischen Lebens von gestern erstaunlich wenig zu tun hat.
Dann schafft der Mensch selbst Entsetzliches – es ist ihm unbehaglich und unangenehm, ohne Furcht zu leben. Heftige Worte, extreme Ideen erschrecken ihn besonders, obwohl man – wenn man sich schon fürchtet – eher laue Gefühle und tierische Instinkte fürchten sollte, die in einer unverbesserlichen Sklavenseele fest verwurzelt sind. Die Furcht vor Ideen ist die Furcht vor einer freien Tätigkeit der Vernunft. Diese Furcht des Bürgers war eine Stütze des morschen Gebäudes der Monarchie, die unser Land beinahe vernichtet hätte.

*

Redefreiheit und Gedankenfreiheit sind für den, der das Wort und den Gedanken fürchtet, ziemlich wirksame Waffen der Selbstverteidigung.
Wenn sich jedoch der russische Bürger aufgrund seines Charakters unbedingt beunruhigen möchte, dann kann ich ihm den Grund dafür nennen: Es gibt Menschen, die Ideen für ordnende Prinzipien halten.
Am 1. Mai sah ich recht viele Menschen dieser Art; einer von ihnen, klein, mit langen Armen und einem zottigen Affengesicht, machte einen besonders unheimlichen Eindruck auf mich.
Er stand in einem Hausflur, vor einer Tür, Kinder zogen an ihm vorbei – Flüchtlinge, die eine Fahne trugen, auf der zu lesen war:

»Bringt uns in unsere Heimat zurück!«

Dieser Halbmensch beobachtete die Kinder mit dem stechenden Blick eines Räubers, seine Lippen bewegten sich, als quäle ihn ein Gedanke.

Es war klar zu erkennen, daß ein verbrecherisches und finsteres Gefühl in ihm gärte.
Er trat unruhig von einem Fuß auf den andern und schien sich auf die Kinder stürzen zu wollen. Er machte den Eindruck, als werde er gleich die Zähne fletschen und in tierischer Schwermut aufheulen.
Solche Geschöpfe sind wirklich gefährlich, weil sie von einem Zerstörungstrieb besessen sind, dessen Ursache blinde Grausamkeit ist.
Bei uns in Rußland gibt es sehr viele Sadisten. Das alte Regime gab dem Sadismus reichlich Nahrung, denn es war selbst von blinder Grausamkeit.

*

Ein großer, grauhaariger Mann mit Brille stellt erstaunt fest:
»Ich frage mich, ich frage euch, sind wir das wirklich, die Russen? Wie konnte die wahnsinnige Anarchie, unter der wir lange und ergeben gelebt haben, diese Ordnung, diese Vernunft hervorbringen?«
Im Vorbeigehen schnappe ich die Worte einer Frau mittleren Alters auf:
»Bis zu diesem Tag habe ich nichts geliebt, nichts hat mir gefallen, ich habe immer nur gedacht: kann ich bald ins Ausland gehen? Und jetzt fühle ich mich in Rußland plötzlich ganz zu Hause.«
Wahrscheinlich fühlen sich viele zum ersten Mal in ihrer Heimat zu Hause.
Ein junger Mann mit spitzer Nase sagt fröhlich zu einem Soldaten, mit dem er Arm in Arm marschiert:
»Verdammt noch mal, jetzt werde ich anfangen etwas zu lernen, Bruder ...«
Aber im allgemeinen herrscht wenig Freude, sie ist offenbar tief verborgen. Aber vielleicht empfinden die Menschen die Freiheit und das Glück der Einigkeit nicht mehr. Viele wundern sich über das ungewohnte Schauspiel und sehen sich nach allen Seiten um, als suchten sie die Scheußlichkeiten des alten Regimes, die sich als Vogelscheuchen erwiesen haben.

*

Aber man sollte sich freuen, denn Rußland hat einen phantastischen Schritt vorwärts getan und Europa sofort hinter sich gelassen, als es den 1. Mai so feierte, wie er in den Ländern der alten Kultur noch nie gefeiert wurde[9a].
Das ist ein Glück, und bald müssen alle begreifen und fühlen, wie groß dieses Glück ist. Allerdings – etwas mehr Achtung vor dem Menschen. Man braucht ihn nicht zu erschrecken.

Unzeitgemäße Gedanken

Novaja Žizn, Nr. 3
21. April (4. Mai) 1917

Wir strebten nach der Freiheit des Wortes, um die Wahrheit sagen und schreiben zu können.
Aber die Wahrheit zu sagen, ist die schwierigste aller Künste, denn in ihrer ›reinen‹ Form, unabhängig von den Interessen von Personen, Gruppen, Klassen und Nationen, ist die Wahrheit für den Bürger unbequem, fast unbrauchbar und unannehmbar. Die ›reine Wahrheit‹ hat nun einmal diese verdammte Eigenschaft, ist aber gleichzeitig die für uns beste und unentbehrlichste Wahrheit.
Sagen wir doch die Wahrheit über die Greueltaten der Deutschen! Ich verlasse mich darauf, daß es völlig eindeutig nachgewiesen ist, wie brutal sich die deutschen Soldaten gegenüber den Soldaten Rußlands, Frankreichs, Englands und ebenso gegenüber der friedlichen Bevölkerung Belgiens, Serbiens, Rumäniens und Polens verhalten haben. Ich bin ziemlich sicher, daß diese Tatsachen außer Zweifel stehen und ebenso unbestreitbar sind wie die russischen Greueltaten in Smorgon, in den Städten Galiziens usw. Ich will nicht bestreiten, daß die abscheulichen Methoden der Menschenvernichtung, die von den Deutschen angewendet werden, beim Geschäft des Menschenmords zum ersten Mal erlaubt sind. Ich kann nicht leugnen, daß die Deutschen die russischen Kriegsgefangenen scheußlich behandeln, denn ich weiß, daß das alte russische Regime die deutschen Kriegsgefangenen auch scheußlich schlecht behandelt hat.

Das ist alles wahr, diese Wahrheit schuf der Krieg. Im Krieg muß man möglichst viele Menschen töten – das ist die zynische Logik des Krieges. Grausamkeit ist bei einer Schlägerei unvermeidlich. Habt ihr schon einmal gesehen, wie grausam sich Kinder auf der Straße prügeln?

Die ›reine‹ Wahrheit sagt uns, daß die Grausamkeit allen Menschen eigen ist, eine Eigenschaft, die ihnen sogar in friedlichen Zeiten nicht fremd ist, falls es auf der Erde überhaupt Friedenszeiten gibt. Erinnern wir uns daran, wie der gutmütige russische Mensch in Kiev, Kišinëv und anderen Städten den Juden Nägel in die Schädel schlug, wie 1906 die Arbeiter in Ivanovo-Voznesensk ihre Kameraden in Kessel mit heißem Wasser warfen und regelrecht kochten, wie sadistisch die Gefängniswärter die Gefangenen quälten, wie die ›Schwarzen Hundert‹ junge Revolutionärinnen zerrissen, indem sie ihnen Pfähle in die Geschlechtsorgane trieben; erinnern wir uns eine Minute an alle blutigen Schamlosigkeiten der Jahre 1906, 1907, 1908[10]!

Ich vergleiche die deutschen Grausamkeiten weder mit der menschlichen Grausamkeit schlechthin noch mit der russischen im besonderen; ich mache einfach von der Freiheit des Wortes Gebrauch und erörtere die gegenwärtige Wahrheit, die Wahrheit, die der Krieg geschaffen hat, und die ›reine‹ Wahrheit, die für alle Zeiten von allgemeiner Bedeutung und wahrhaftig ›schöner als die Sonne‹ ist, wenn auch oft traurig und kränkend für uns.

Wenn man einen Menschen verurteilt – ganz gleich, ob einen Deutschen oder einen Russen –, sollte man stets an die ›reine‹ Wahrheit denken, denn sie ist unser kostbarster Besitz, die hellste Flamme unseres bewußten Seins. Die Existenz dieser Wahrheit zeugt von dem hohen Grad moralischer Forderungen, die der Mensch an sich stellt.

*

An der Front kommt es zur Verbrüderung zwischen deutschen und russischen Soldaten; das wird, glaube ich, nicht nur durch die physische Erschöpfung bewirkt, sondern auch durch den in den Menschen erwachenden Widerwillen gegen das sinnlose Gemetzel; außerdem mußte der Widerschein der russischen Revolution im deutschen Soldaten konkrete Hoffnungen wecken.

Die Fälle von Verbrüderung zwischen den Feinden sind vielleicht quantitativ unbedeutend, aber das schmälert in keiner Weise ihre moralische und kulturelle Bedeutung. Es ist offensichtlich, daß dieser verfluchte Krieg, den die herrschenden Klassen aus Habgier anzettelten, kraft des gesunden Menschenverstandes der Soldaten, d. h. der Demokratie, beendet werden kann.

Das wäre, wenn es sich ereignete, etwas Beispielloses, Großes, fast Wunderbares. Es würde dem Menschen das Recht geben, stolz auf sich zu sein, denn sein Wille hätte das scheußlichste und blutigste Ungeheuer besiegt – das Ungeheuer Krieg.

General Brusilov, der auf die ›übergroße Leichtgläubigkeit des russischen Soldaten‹ hinweist, glaubt nicht an die Aufrichtigkeit des deutschen Soldaten, der uns die Hand zur Versöhnung reicht[11]. Der General sagt in seinem Befehl:

»Auf alle Versuche des Gegners, mit unseren Truppen in Verbindung zu treten, kann es immer nur eine Antwort geben – Bajonett und Kugel.«

Wie man sieht, wird dieser Befehl ausgeführt. Ein von der Front zurückgekehrter Soldat erzählte mir gestern, wenn die Unsrigen und die Deutschen sich zwischen den Schützengräben versammelten, um sich über die aktuellen Ereignisse zu unterhalten, begänne die russische Artillerie auf sie zu feuern – und ebenso die deutsche.

Es kam vor, daß Deutsche, die sich unseren Stellungen näherten, von den Russen tatsächlich mit Kugeln empfangen wurden und dann bei der Flucht zurück von den eigenen Leuten mit Maschinengewehren beschossen wurden. Ich bemühe mich, ruhig zu sprechen, ich weiß, daß Generäle ebenfalls in gewisser Weise der ›Wahrheit‹ ihres Berufs dienen und daß diese ›Wahrheit‹ noch vor kurzem die einzige war, die sich frei äußern durfte.

Heute kann die andere, von Verbrechen freie Wahrheit ebenso frei reden, eine Wahrheit, die durch das Streben der Menschen nach Einigkeit entstand, die nicht fähig ist, Haß und Feindschaft zu schüren und auf diese Weise einer schändlichen Sache zu dienen – der Menschenvernichtung.

Bedenken Sie, verehrter Leser, was mit Ihnen geschehen würde, wenn die Wahrheit eines tollwütigen Tieres die vernünftige Wahrheit des Menschen überwältigte.

Unzeitgemäße Gedanken

Novaja Žizn, Nr. 4
22. April (5. Mai) 1917

Viele kerngesunde und arbeitsfähige Menschen wurden von ihrem großen Lebenswerk, der Entwicklung der Produktivkräfte der Erde, weggerissen und losgeschickt, sich umzubringen.
Sie haben sich in die Erde eingegraben und leben in Regen und Schnee, im Dreck, auf engstem Raum; sie leben wie Tiere und lauern einander auf, um zu töten.
Sie töten zu Wasser und zu Lande und vernichten tagtäglich Hunderte und aber Hunderte der kultiviertesten Menschen unseres Planeten, Menschen, die das Kostbarste der Welt geschaffen haben – die europäische Kultur.
Tausende von Dörfern, Dutzende von Städten werden zerstört, die jahrhundertealte Arbeit zahlreicher Generationen vernichtet. Wälder wurden niedergebrannt und abgeholzt, Straßen zerstört, Brücken gesprengt. Die Schätze der Erde, die durch die zähe, qualvolle Arbeit des Menschen geschaffen wurden, liegen in Schutt und Asche. Schwere Geschosse, Minen und Granaten haben die obere Schicht des Bodens zerstört, Schützengräben durchziehen das Ackerland; die unfruchtbare, untere Schicht des Bodens ist freigelegt, die Erde zerwühlt und vom faulen Fleisch der unschuldig Erschlagenen entweiht. Frauen werden vergewaltigt, Kinder erschlagen – es gibt keine Schändlichkeit, die im Krieg nicht erlaubt ist, kein Verbrechen, daß durch ihn nicht gerechtfertigt würde.
Wir leben nun schon fast drei Jahre in einem blutigen Alptraum, sind verroht und haben den Verstand verloren. Die Kunst weckt die Gier nach Blut, Mord und Zerstörung, die vom Militarismus vergewaltigte Wissenschaft dient gehorsam der Massenvernichtung.
Dieser Krieg ist der Selbstmord Europas.
Bedenkt, wieviel gesundes, vortrefflich denkendes Hirn während dieses Krieges auf die schmutzige Erde spritzte, und wie viele feinfühlige Herzen zu schlagen aufhörten.
Diese sinnlose Ausrottung des Menschen durch den Menschen und die Vernichtung der großen Leistungen der Menschheit haben nicht nur materiellen Schaden angerichtet.

Zehntausende von verstümmelten Soldaten werden ihre Feinde bis an ihr Lebensende nicht vergessen. Durch ihre Erzählungen vom Krieg werden sie ihren Haß an die Kinder weitergeben, die drei Jahre tagtäglich die grauenhaftesten Dinge erlebten. Während dieser Jahre wurde viel Haß auf der Erde gesät, und diese Saat wird üppig aufgehen.

Aber man hat uns doch so lange und beredt erzählt, alle Menschen seien Brüder und die ganze Menschheit habe die gleichen Interessen. Wer ist dann schuld an dem teuflischen Betrug, an dem blutigen Chaos?

Wir wollen die Schuld nicht nur bei anderen suchen, wir wollen die bittere Wahrheit sagen: wir alle sind ohne Ausnahme an diesem Verbrechen schuld.

Stellt euch einen Augenblick vor, auf der Welt gäbe es vernünftige Menschen, die sich ehrlich um den Aufbau eines geordneten Lebens bemühen und von ihren schöpferischen Kräften überzeugt sind; stellt euch zum Beispiel vor, wir Russen müßten, um unsere Industrie zu entwickeln, einen Kanal bauen, der von Riga bis Cherson reicht und die Ostsee mit dem Schwarzen Meer verbindet – eine Sache, von der schon Peter der Große geträumt hat. Und nun würden wir, anstatt Millionen von Menschen zur Schlachtbank zu führen, einen Teil von ihnen an diese Arbeit schicken, die für unser Land und unser Volk äußerst wichtig ist. Ich bin überzeugt, daß die Menschen, die in den drei Kriegsjahren getötet wurden, imstande gewesen wären, in dieser Zeit die kilometerlangen Sümpfe unserer Heimat trockenzulegen, die Hungersteppe und andere Wüsten zu bewässern, die Flüsse des Transural-Gebietes mit der Kama zu verbinden, eine Straße durch den Kaukasus zu bauen und viele andere, große Arbeitsleistungen zum Wohle unserer Heimat zu vollbringen.

Aber wir vernichten Millionen von Menschenleben und verschwenden gewaltige Reserven an Arbeitsenergie an Mord und Zerstörung. Wir produzieren Unmassen schrecklich teurer Sprengstoffe, die Hunderttausende von Menschenleben vernichten und sich dann in Luft auflösen. Von einer explodierenden Granate bleiben immerhin noch Metallstücke übrig, aus denen wir eines Tages wenigstens Nägel schmieden können, aber alle diese Melenite, Lyddite, Dinitro-Toluole jagen die Reichtümer unseres Landes buchstäblich in die Luft. Es geht

nicht um Milliarden von Rubeln, sondern um Millionen von Menschenleben, die das Ungeheuer Habgier sinnlos vernichtet.
Wenn ich darüber nachdenke, preßt mir kalte Verzweiflung das Herz zusammen, und ich möchte den Menschen wütend zurufen:
Ihr Unglücklichen, habt Erbarmen mit euch selbst!

Über Mord

Novaja Žizn, Nr. 5
23. April (6. Mai) 1917

Die hellen Schwingen unserer jungen Freiheit sind mit unschuldigem Blut befleckt.
Ich weiß nicht, wer vorgestern auf dem Nevskij-Prospekt in die Menschenmenge geschossen hat; aber wer diese Leute auch immer waren, es sind böse und dumme Menschen, die von den Bosheiten des verfaulten alten Regimes vergiftet wurden[12].
Es ist verbrecherisch und niederträchtig, jetzt einander zu töten, da wir alle das wunderbare Recht besitzen, ehrenhaft zu streiten und ebenso ehrenhaft unterschiedlicher Meinung zu sein. Jene, die anders denken, sind unfähig, sich selbst als freie Menschen zu empfinden und zu erkennen. Mord und Gewalt sind die Argumente des Despotismus; es sind gemeine und kraftlose Argumente, denn sie vergewaltigen einen fremden Willen; einen Menschen töten, bedeutet nicht und kann niemals bedeuten, eine Idee zu töten, die Unwahrheit eines Gedankens und die Unrichtigkeit einer Meinung zu beweisen.
Das große Glück der Freiheit darf nicht durch Verbrechen gegen die Person verfinstert werden, da wir sonst die Freiheit mit unseren eigenen Händen erschlagen.
Wir müssen begreifen, endlich begreifen, daß der furchtbarste Feind der Freiheit und des Rechts in uns selbst ist; da sind unsere Dummheit, unsere Grausamkeit und das ganze Chaos dunkler anarchistischer Gefühle, die durch die schamlose Unterdrückung zu Zeiten des alten Regimes, durch seine zynische Brutalität in unserer Seele herangezüchtet wurden.

Sind wir fähig, das zu begreifen?
Sind wir dazu nicht fähig, können wir nicht auf die brutalsten Gewaltakte gegen den Menschen verzichten, dann gibt es für uns keine Freiheit. Freiheit ist dann nur ein Wort, das mit dem nötigen Inhalt zu füllen wir nicht die Kraft haben. Ich sage, unsere Hauptfeinde sind Dummheit und Grausamkeit.
Können wir gegen sie kämpfen, versuchen wir es überhaupt?
Das ist keine rhetorische Frage, sondern die Frage nach der Tiefe und Wahrhaftigkeit unseres Verständnisses für neue Bedingungen des politischen Lebens, die Frage einer Neubewertung des Menschen und seiner Rolle in der Welt.
Es ist Zeit, in uns selbst das Gefühl des Ekels vor dem Mord zu entwickeln, das Gefühl des Abscheus gegen ihn.
Ich vergesse auch nicht, daß wir vielleicht noch einmal unsere Freiheit und unser Recht mit der Waffe verteidigen müssen, vielleicht!
Aber die Revolver am 21. April in den drohend ausgestreckten Händen waren lächerlich, und in dieser Geste lag etwas Kindliches, das leider ein Verbrechen hervorgebracht hat.
Ja, ein Verbrechen gegen den freien Menschen.
Hat die Erinnerung an unsere gemeine Vergangenheit, die Erinnerung daran, wie man uns zu Hunderten und Tausenden auf den Straßen erschossen hat, wirklich jenes gelassene Verhältnis zum gewaltsamen Tod eines Menschen in uns erzeugt, wie es Henkern eigen ist?
Ich finde keine Worte, die scharf genug sind, Leute zu tadeln, die versuchen, irgend etwas durch die Kugel, das Bajonett oder einen Faustschlag ins Gesicht zu beweisen.
Haben wir nicht gegen diese Argumente protestiert, hat man uns nicht mit diesen Methoden, auf unseren Willen einzuwirken, in schmachvoller Sklaverei gehalten?
Und jetzt, von der äußeren Sklaverei befreit, leben wir mit den Empfindungen von Sklaven weiter.
Noch einmal: unser erbarmungslosester Feind ist unsere Vergangenheit.
Bürger! Finden wir wirklich nicht in uns selbst die Kraft, uns mit einem Schlag von dieser Vergangenheit zu befreien, ihren Schmutz von uns zu werfen, ihre blutigen Schamlosigkeiten zu vergessen? Mehr Reife, mehr Nachdenklichkeit und Vorsicht im Umgang mit uns selbst, das ist es, was uns not tut!

Der Kampf ist nicht zu Ende. Die Kräfte müssen gesammelt, die Energie darf nicht zerteilt, sondern muß in eins vereinigt werden, damit sie sich nicht den Launen des Augenblicks unterwirft.

Über Polemik

Novaja Žizn, Nr. 6
25. April (8. Mai) 1917

Beim Polemisieren halten sich einige Journalisten immer noch an eine Tradition, die in der Epoche der zaristischen Politik entstanden ist. Sie wenden weiterhin die alten Methoden an; einem Menschen, der ihnen unangenehm ist, versuchen sie, ›eine herunterzuhauen‹, ›in die Seite zu treten‹ oder ihm ›die Rippen zu brechen‹.

Selbstverständlich ist die Presse nicht der Ort für ruhige, akademische Streitgespräche; meines Erachtens müßte die freie Presse dennoch ein Gefühl für die Achtung der Person entwickeln; und wenn man schon seinen Nächsten kränken muß, sollte man es dann tun, wenn er genügend Anlaß gibt, ihn zu ohrfeigen, zu kneifen, zu treten oder andere Mittel sozialer Pädagogik anzuwenden.

Im Streit der Ideen ist es durchaus nicht nötig, einen Menschen deshalb zu schlgaen, weil er für diese oder jene Idee einsteht oder sie vertritt. Ich protestiere entschieden und mit allen Mitteln gegen persönliche Angriffe in der Polemik, wobei ich keineswegs vergesse, daß ich mich selbst auch solcher Angriffe schuldig gemacht habe.

*

Die Zeitung *Reč* [Die Rede] drückt ihr Befremden darüber aus, daß ich so plötzlich von der Zeitung *Luč* [Der Strahl] zu *Novaja Žizn* gegangen sei. Ich halte es für notwendig, eine Erklärung abzugeben:

Ja, ich habe zusammen mit M. V. Bernatzkij, P. G. Vinogradov und anderen Personen, die ich seit jeher verehre, versucht, *Luč* zu organisieren[13].

Luč sollte der Radikal-Demokratischen Partei als Organ dienen. Ich habe auch einige Male im Organisationskomitee dieser Partei mitgearbeitet, da ich überzeugt war, daß diese Partei für Rußland notwendig ist und möglichst viele in keiner Partei organisierte Leute aufnehmen müsse, die zwischen den Kadetten auf der rechten und den Sozialdemokraten auf der linken Seite standen. 1910 dachte ich zum ersten Mal an die Organisation einer solchen Partei. Später sprach ich mit G. V. Plechanov darüber, der, wie man sich erinnern möge, diese Idee bejahte und ebenfalls eine solche Organisation für notwendig hielt.

Als ich *Luč* organisierte, nahm ich bewußt eine gewisse Zurückhaltung und einigen Zwang auf mich; aber dieser Zwang ist für mich kein Verbrechen, denn nur der Mensch, der Zwang ausübt, leidet auch unter ihm.

Einige meiner verehrten Kollegen von *Luč* hielten sich ebenfalls für verpflichtet, Zurückhaltung zu üben.

Wegen komplizierter und undurchsichtiger Gründe konnte die Zeitung dann nicht erscheinen. Zum gegenwärtigen Zeitpunkt, da sogar unsere Konstitutionalisten, ›die Opposition Ihrer Majestät‹, sich zu Republikanern gewandelt haben und der Arbeiterklasse breite demokratische Massen folgen, halte ich die Radikal-Demokratische Partei freilich schon für überflüssig[14].

*

Einige Gerechte werden sich vermutlich finden und nicht zögern, mich wegen meiner ›Wendigkeit‹ – die sie natürlich anders nennen werden – zu verdammen. Ich bin von Natur aus kein geiziger Mensch und möchte deshalb diesen Gerechten noch etwas Material für meine Verbrennung im Feuer ihrer flammenden Worte liefern. Der Mensch muß meines Erachtens all das Gute und Notwendige, zu dem er befähigt ist, tun, selbst wenn dieses ›Tun‹ mit seinen grundsätzlichen Überzeugungen nicht völlig übereinstimmt. Seit jeher habe ich das Gefühl, daß ich in einem Lande lebe, in dem die überwiegende Mehrheit der Bevölkerung Schwätzer und Faulenzer sind und meine ganze lebenslange Arbeit im Grunde genommen darauf hinauslaufen wird, die Menschen zu einem tätigen Leben aufzurütteln.

Seit siebzehn Jahren bin ich Sozialdemokrat, und ich habe den großen Aufgaben dieser Partei nach Kräften gedient. Ich habe auch anderen Parteien meine Dienste nicht verweigert, und ich war mir nie zu gut, mich in meinem Leben aktiv zu betätigen. Menschen, die unter dem Druck des Glaubens, zu dem sie sich bekennen, absterben und versteinern, haben nie meine Sympathie besessen. Ich könnte theoretisch an ihrer strengen Selbstbeherrschung Gefallen finden, lieben aber kann ich sie nicht.

Besser gesagt: ich bin in jeder Hinsicht ein Ketzer. In meinen politischen Ansichten finden sich wahrscheinlich viele Widersprüche, die ich nicht auflösen kann und die ich auch nicht auflösen will; ich fühle nämlich, daß ich, nur um die Harmonie meiner Seele, meine geistige Ruhe und Bequemlichkeit zu erhalten, den Teil meiner Seele töten müßte, der den lebendigen, sündigen und – verzeihen Sie – bedauernswerten russischen Menschen leidenschaftlich und qualvoll liebt. Ich darf annehmen, daß ich genug gesagt habe, wofür mich die Gerechten ›nach allen Regeln der Kunst‹ beschimpfen können.

*

Herr Ivanov-Razumnik von der Zeitung *Delo Naroda* [Die Sache des Volkes] wirft mir vor, ich habe den Aufruf an die deutschen Wissenschaftler unterschrieben[15]. Ich erinnere mich nicht mehr an den Wortlaut dieses Aufrufs und bin nicht einmal sicher, ob ich ihn gelesen habe. Meine Unterschrift gehört zu jenen Zufälligkeiten, an denen das russische Leben überreich ist und die sich nur mit einer gleichgültigen Haltung dem Menschen gegenüber erklären läßt. Aber ich will mich nicht rechtfertigen und ich werde mich auch nicht anklagen. Ich bin sogar bereit, wieder einen Aufruf zu unterschreiben, wenn er sich gegen die Beteiligung von Wissenschaftlern an diesem brudermörderischen und sinnlosen Gemetzel richtet. Wenn sich die Wissenschaft in den blutigen Schmutz der Politik einmischt oder in ihn hineingezerrt wird, dann leiden darunter nicht nur die Reinheit und Freiheit der Wissenschaft selbst, sondern auch die höchsten Ideale und Hoffnungen der Menschheit – die Vernunft der ganzen Welt wird vernichtet.

Ich beende nun diese Auseinandersetzung und spreche allen Menschen, die sich nie irren, sich durch nichts hinreißen lassen

und sich in jeder Hinsicht beispielhaft verhalten, meine Hochachtung und Bewunderung aus.
Geheiligt seien ihre Namen!

Unzeitgemäße Gedanken

Novaja Žizn, Nr. 8
27. April (10. Mai) 1917

Bereits in den ersten Tagen der Revolution warfen schamlose Menschen haufenweise schmutzige Broschüren auf die Straße, deren Thematik dem ›Hofleben‹ entnommen war. In diesen Broschüren ist die Rede von der ›autokratischen Alisa‹[16], dem ›Wüstling Grischka‹[17], von der Vyrubova[18] und anderen Figuren der dunklen Vergangenheit.
Ich will den Inhalt dieser Broschüren nicht wiedergeben, er ist unglaublich schmutzig, dumm und sittenlos. Die Jugend aber wird mit diesem giftigen Schmutz genährt, die Broschüren werden sowohl auf dem Nevskij-Prospekt als auch in den Vororten der Stadt gut verkauft. Man muß gegen dieses Gift kämpfen; ich weiß zwar nicht genau wie, aber man muß gegen diese gemeine ›Literatur‹ einer kranken und sadistischen Phantasie kämpfen, weil es neben ihr auf dem Buchmarkt viel zuwenig Ausgaben gibt, die im Augenblick notwendig sind.
Die schmutzige ›Literatur‹ ist deshalb schädlich und gerade jetzt besonders aufdringlich, weil alle dunklen Instinkte in den Menschen erwacht sind und die Gefühle der Empörung und Kränkung – Gefühle, die Rache erzeugen – sich noch nicht ausgelebt haben. Wir müssen daran denken, daß wir nicht nur einen wirtschaftlichen Ruin, sondern auch einen sozialen Zerfall erleben, der dem wirtschaftlichen Zusammenbruch immer und unausweichlich folgt.
Ohne Zweifel können wir die Schuld für unsere Schwäche und Unfähigkeit teilweise zu Recht jenen Kräften anlasten, die immer versucht haben, uns vom lebendigen Werk des gesellschaftlichen Aufbaus weit abseits zu halten. Ohne Zweifel war und ist es in Rußland üblich, Pädagogen heranzubilden, die politisch noch untalentierter sind als selbst unser Durchschnitts-

bürger. Es ist unbestreitbar, daß jeder unserer Versuche zur Selbsttätigkeit auf den gemeinen Widerstand der herrschenden Macht stieß, die voll krankhafter Eigenliebe war und sich ausschließlich mit der Bewahrung ihrer Stellung im Lande beschäftigte. Das ist alles unbestreitbar; man muß jedoch, wenn man die Wahrheit nicht fürchtet, sagen, daß auch kein Grund besteht, uns zu loben. Wo, wann und wodurch leistete die Gesellschaft in den letzten Jahren, in denen das russische Volk in seiner Ganzheit wegen seiner Vernunft, seines Willens und seines Gewissens wütend verhöhnt wurde, offenen Widerstand gegen die bösen und dunklen Kräfte des Lebens? Wodurch und wie? Wie zeigte sich sein bürgerliches Selbstbewußtsein, das von all jenen rüpelhaft verneint wurde, denen die Macht zu dieser Verneinung gegeben war? Und wodurch, außer mit schönen Reden und Epigrammen, brachten wir unser gekränktes Selbstbewußtsein zum Ausdruck?

Nein, wir müssen die Wahrheit wissen: Wir selbst sind moralisch nicht weniger erschüttert als die uns feindlichen Kräfte.

Wir leben in Tagen voller bedrohlicher Ereignisse, deren Tiefe wir offenbar nicht richtig begreifen können und deren Tragik wir nicht fühlen; am allerwenigsten dürfte man in dieser Zeit seine Aufmerksamkeit auf Abenteuer krimineller Art richten, und seien sie dem Anschein nach noch so unterhaltsam. Es spricht alles dafür, daß wir bereit sein müssen, kein einziges dieser Abenteuer zuzulassen, aber man darf nicht vergessen, daß die Tatsache des Verbrechens selbst nicht so wichtig ist wie seine schädliche erzieherische und sozialpädagogische Wirkung.

Die Geschichte erzieht die geistig gesunden Menschen und vernichtet die schwachen: Ein Skandal kann die einen verderben und das Weltverständnis der anderen noch weiter entstellen. Es gibt unter uns zu viele Menschen, die geistig krank sind, und die Ereignisse drohen ihre Zahl noch zu vergrößern.

Messer und Revolver und alles andere aus diesem Arsenal sind nur die Requisiten eines Melodramas; ein normales Leben läßt sich damit nicht aufbauen, und es ist Zeit einzusehen, daß es zwischen der Geschichte und einem Skandal, und sei er noch so laut, absolut nichts Gemeinsames gibt.

Am furchtbarsten sind Menschen, die nicht wissen, was sie wollen, und deshalb müssen wir unbedingt unseren ganzen

Willen auf die Erarbeitung völlig klarer Vorstellungen richten. Wir stehen vor der Notwendigkeit, eine historische Heldentat zu vollbringen, aber jede große Tat erfordert eine Konzentration des Willens.
Wie können wir uns an Schundromanen erfreuen, wenn sich um uns herum in der ganzen Welt eine schreckliche Tragödie ereignet! Alle mächtigen Kräfte der Weltgeschichte haben sich jetzt in Bewegung gesetzt, alle Menschentiere haben sich von den Ketten der Kultur losgerissen, ihre feinen Gewänder zerrissen und sich gemein entblößt; diese Erscheinung erschüttert gleich einer Katastrophe die Grundlagen der sozialen Verhältnisse bis in die Grundfesten. Wir müssen unsere ganze Vernunft und unsere ganze Willenskraft aufbieten, um die Folgen unserer tragischen Selbstvernachlässigung, die einen furchtbaren Irrtum bewirkt hat, zu korrigieren.
Die Menschheit hat nicht dazu jahrhundertelang für erträgliche Lebensbedingungen gearbeitet, daß das Geschaffene im 20. Jahrhundert wieder zerstört wird.
Wir müssen aus den sinnlosen Ereignissen vernünftige Lehren ziehen, eingedenk dessen, daß alles, was man Fatum, Schicksal nennt, nichts anderes ist als das Resultat unseres Unverstandes, unseres mangelnden Glaubens an uns selbst; wir müssen wissen, daß alles, was auf der Erde geschaffen wird, das Werk ihres einzigen Herrn und Knechts ist – das Werk des Menschen.

Unzeitgemäße Gedanken

Novaja Žizn, Nr. 12
2. (15.) Mai 1917

Ohne die Beschlüsse des Soldatenrates in der Frage der Abkommandierung von Schauspielern, Malern und Musikern an die Front abzuwarten, schickte das Bataillonskomitee des Izmajlovschen Regiments 43 Schauspieler, darunter außerordentlich begabte und für die Kultur sehr wertvolle Menschen, in die Schützengräben.
Alle diese Menschen kennen den Kriegsdienst nicht und haben das Soldatenhandwerk nicht gelernt. Sie können nicht schießen,

man hat sie heute zum erstenmal auf den Schießplatz geführt, und am Mittwoch müssen sie schon fahren[19]. Diese wertvollen Menschen werden somit in den Kampf gehen, ohne sich verteidigen zu können.

Ich weiß nicht, aus welchen Leuten das Bataillonskomitee des Izmajlovschen Regiments besteht, aber ich bin überzeugt, daß sie ›nicht wissen, was sie tun‹.

Denn hochbegabte Künstler in den Krieg zu schicken, ist ebenso Verschwendung und Dummheit wie goldene Hufeisen für ein Zugpferd. Das Todesurteil über unschuldige Menschen ist bereits gefällt, wenn man sie ohne militärische Ausbildung in den Krieg schickt. Wir verfluchen die Zarenherrschaft wegen eben dieser Einstellung zum Menschen und haben sie gerade deshalb gestürzt.

Demagogen und Lakaien der Menge werden mir jetzt sicherlich entgegenschreien:

»Und die Gleichheit?«

Gewiß, ich habe daran gedacht. Ich habe nicht wenig Energie darauf verwendet, die Notwendigkeit politischer und ökonomischer Gleichheit der Menschen zu beweisen; ich weiß, daß nur beim Vorhandensein dieser Gleichheit der Mensch die Möglichkeit erhält, ehrenhafter, besser und menschlicher zu werden. Die Revolution wurde gemacht, damit der Mensch besser lebe und selbst besser werde.

Aber ich muß sagen, für mich gibt es zwischen einem Schriftsteller wie Lev Tolstoj, einem Musiker wie Sergej Rachmaninov und überhaupt jedem begabten Menschen und dem Bataillonskomitee der Izmajlovs keine Gleichheit.

Wenn Tolstoj von sich aus den Wunsch verspürt hätte, einem Menschen eine Kugel in den Kopf oder ein Bajonett in den Bauch zu jagen, dann würde selbst der Teufel kichern, und die Idioten würden zusammen mit dem Teufel frohlocken; aber Menschen, für die eine Begabung das wunderbarste Geschenk der Natur ist, die Grundlage der Kultur und der Stolz des Landes, diese Menschen würden noch einmal mit ihrem Blut bezahlen.

Nein, ich protestiere aus tiefster Seele dagegen, daß man aus begabten Menschen schlechte Soldaten macht.

Ich wende mich an den Soldatenrat, ich frage ihn: Hält er den Beschluß des Bataillonskomitees des Izmajlovschen Regiments

für richtig? Ist er damit einverstanden, daß Rußland die besten Teile seines Herzens, seine Künstler, seine begabten Menschen, in den unersättlichen Rachen des Krieges schleudert?
Und wie sollen wir leben, wenn wir unsere begabtesten Menschen sinnlos geopfert haben?

Ein Alptraum

(Aus dem Tagebuch)

Novaja Žizn, Nr. 13
3. (16.) Mai 1917

Klein, schlank und elegant gekleidet, kam sie an einem Morgen zu mir, als die Sonne in das Fenster meines Zimmers schien. Sie setzte sich so, daß das Sonnenlicht ihren Hals und ihre Schultern umfing und ihr blondes Haar vergoldete. Sie war sehr jung und, nach ihrem Benehmen zu urteilen, wohlerzogen.
Ihre braunen Augen lächelten nervös wie die eines Kindes, das aus irgendeinem Grunde verlegen ist und sich darüber ärgert, daß es diese Verlegenheit nicht überwinden kann.
Während sie den Handschuh von der schlanken Hand zog, schaute sie mich mißtrauisch an und begann halblaut:
»Ich weiß, es ist unverschämt, daß ich so eindringe, Sie sind so beschäftigt, Sie sind doch sehr beschäftigt!«
»Ja.«
»Natürlich«, sagte sie, nickte und zog die hübschen Augenbrauen zusammen. – »Jetzt sind alle so, als hätten sie vor, in eine neue Wohnung zu ziehen . . .«
Sie seufzte, schaute auf ihr Füßchen, das in einem teuren Schuh steckte, und fuhr fort:
»Ich werde Sie nicht aufhalten; ich brauche nur fünf Minuten. Ich möchte, daß sie mich retten.«
Ich sagte lächelnd:
»Wenn ein Mensch meint, man könne ihn in fünf Minuten retten, ist er noch weit vom Untergang entfernt . . .«
Aber diese Frau sah mich mit klaren Augen ganz offen an und sagte sachlich:

»Schauen Sie, ich war Agentin der Ochrana ... Oh, wie Sie ... wie Sie mich ansehen ...«[20]
Ich schwieg, lächelte dumm, glaubte ihr nicht und versuchte, einen dunklen, krampfhaften Wunsch zu unterdrücken. Ich war überzeugt, daß sie ein Gedicht oder eine Erzählung mitgebracht hatte.
»Das ist ekelhaft, nicht wahr?« fragte sie ruhig.
»Sie scherzen.«
»Nein, ich scherze nicht. Ist es sehr ekelhaft?«
Ich murmelte niedergeschlagen:
»Sie haben es schon selbst gesagt.«
»Ja natürlich, ich weiß«, sagte sie, seufzte und setzte sich in einen bequemeren Sessel. Sie verzog enttäuscht das Gesicht; die feinen Finger der schmalen Hand spielten mit dem Kettchen des Medaillons. Das Sonnenlicht färbte ihr Ohr korallenrot; sie wirkte ganz frühlingshaft und festlich. Hastig, verworren und nachlässig, als spreche sie über einen Streich, begann sie zu erzählen:
»Es ist vor drei Jahren passiert ... ein bißchen später. Ich hatte ein Verhältnis – ich habe einen Offizier geliebt; er ist dann Polizeiadjutant geworden, und ich hatte gerade das Pensionat hinter mir und war Studentin. Bei mir trafen sich allerhand wichtige Leute, Politiker ... Ich mag die Politik nicht und verstehe nichts davon. Er hat mich ausgefragt. Aus Liebe tut man alles, meinen Sie nicht auch? In der Liebe ist alles erlaubt. Ich habe ihn sehr geliebt. Aber diese Leute waren so unangenehm. Sie haben alles kritisiert. Meine Studienkameradinnen haben mir auch nicht gefallen, außer einer.«
Ihr kindliches Geschwätz überzeugte mich immer mehr davon, daß sie ihre Schuld nicht begriff und daß Verbrechen für sie nur Streiche waren, an die sie sich nicht gern erinnerte.
Ich fragte:
»Sind Sie dafür bezahlt worden?«
»Oh, nein. Übrigens ...«
Sie überlegte einige Sekunden und betrachtete den Ring an ihrer Hand.
»Er hat mir verschiedenes geschenkt – diesen Ring, das Medaillon und ... Vielleicht ist das eine Bezahlung, ja?«
In ihren Augen zeigten sich Tränen.
»Er ist kein anständiger Mensch, ich weiß. Hören Sie«, rief sie

leise, »wenn mein Name veröffentlicht wird, was soll ich dann machen? Sie müssen mich retten, ich bin jung, ich liebe das Leben, die Menschen, die Bücher so sehr . . .«
Ich betrachtete diese Frau, und mir war, als sei die Frühlingssonne überflüssig für sie und auch für mich. Ein trüber Tag, Nebel, Schlamm und Schmutz auf den Straßen und schweigsame bedrückte Menschen – das alles hätte besser zu ihrer Erzählung gepaßt als der strahlende Frühlingshimmel und die freundlichen Stimmen der Menschen.
Was kann man einem solchen Menschen sagen? Mir fiel nichts ein, was das Herz und den Geist dieser Frau in der hellen, tief ausgeschnittenen Bluse hätte berühren können. Der goldene Ring mit dem blutroten Rubin umspannte straff ihren Finger, sie freute sich an dem Spiel der Sonnenstrahlen in den Facetten des Steins, reihte lässig Wort an Wort und spann den Faden ihrer kapriziösen Empfindungen weiter.
»Aus Liebe tut man oft Böses«, sagte sie, und das klang so kitschig wie im Kino. Dann neigte sie sich zu mir und ihre Augen blickten seltsam.
»Ich kann Ihnen wirklich nicht helfen.«
»Nein?« fragte sie leise.
»Ich bin völlig überzeugt, daß ich Ihnen nicht helfen kann.«
»Aber – vielleicht.«
Sie sprach schmeichelnd von der Güte des Menschen, von seinem feinfühligen Herzen, sagte, Christus und noch irgendwer habe gelehrt, daß man den Sündern verzeihen müsse. Das war alles höchst unpassend und abstoßend.
Ich sah ihre Brüste im Ausschnitt der Bluse und schloß unwillkürlich die Augen. Ein Schuft, der anständige Menschen verkaufte, hatte dieses Geschöpf verdorben, diese Brüste liebkost und genau dasselbe Entzücken empfunden wie ein anständiger Mensch, wenn er eine geliebte Frau zärtlich streichelt. Es ist dumm, aber man fragt sich unwillkürlich, ob das gerecht ist.
»Sehen Sie, wie jung ich bin, aber ich fühle mich wie eine alte Frau. Alle sind froh, alle freuen sich, aber ich kann es nicht. Warum?«
Ihre Frage klang aufrichtig. Sie krümmte sich zusammen, stützte die Arme auf die Knie, wurde blaß und der Glanz verschwand aus ihren Augen. Sie war wie eine Blume, die ein schwerer Fuß niedergetreten hatte.

»Haben Sie viele verraten?«
»Ich habe sie natürlich nicht gezählt. Ich habe ihm nur von denen erzählt, die mir besonders mißfielen.«
»Ist Ihnen bekannt, was die Gendarmen mit ihnen gemacht haben?«
»Nein, das hat mich nicht interessiert. Ich habe natürlich gehört, daß ein paar ins Gefängnis gekommen oder verschickt worden sind, aber für die Politik habe ich mich nicht interessiert...«
Sie sprach so gleichgültig darüber wie man über etwas Uninteressantes und längst Vergangenes spricht. Sie war vollkommen ruhig; kein einziger, hysterischer Aufschrei, keine Klagen eines gequälten Gewissens, nichts, das erkennen ließ, daß sie litt. Wahrscheinlich war sie nach einem kleinen Streit mit ihrem Geliebten weit bedrückter und aufgeregter.
Sie sprach noch zwei, drei Minuten, dann erhob sie sich, nickte mir wohlwollend zu, ging mit dem leichten Gang einer Frau, die den Tanz liebt, zur Tür und bemerkte:
»Wie grausam doch die Menschen sind.«
Ich hätte ihr am liebsten gesagt:
»Das fällt Ihnen reichlich spät ein!«
Aber ich hielt mich mühsam zurück und verbarg meine dumpfe Wut.
Sie blieb in der Tür stehen, wandte anmutig den Kopf und sagte über die Schulter:
»Was passiert meinen Verwandten und Freunden, wenn mein Name veröffentlicht wird?«
»Warum haben Sie nicht selbst daran gedacht?«
»Wer konnte voraussehen, daß die Revolution kommt?« rief sie. »Sie können mir also nicht helfen?«
Ich antwortete leise:
»Nein, Ihnen nicht.«
Sie ging.
Ich habe Gurovič, Azev, Serebrjakova und viele andere Verräter gekannt[21]. Mehr als ein Dutzend jener Leute, deren Namen kürzlich veröffentlicht wurden, waren meine Bekannten; sie nannten mich ›Genosse‹, und ich glaubte ihnen selbstverständlich. Als ihre Namen nacheinander bekanntgegeben wurden, war mir zumute, als habe man mir mit erbarmungsloser, boshafter Ironie ins Herz gespien[22]. Es war die niederträchtigste Verhöhnung meines Glaubens an den Menschen.

Aber das schrecklichste Verbrechen ist doch das eines Kindes.
Als diese Frau gegangen war, dachte ich mit der dumpfen Ruhe der Verzweiflung:
»Ist es nicht Zeit, daß ich mich erschieße?«
Zwei oder drei Tage danach kam sie wieder, noch eleganter angezogen, ganz in Schwarz. In Trauer wirkte sie erwachsener, ihr hübsches, frisches Gesicht ernster und strenger. Sie schien bunte Steine zu lieben – an ihrer Jacke steckte eine Granatbrosche, am Hals trug sie ein goldenes Kettchen mit einem falschen Rubin.
»Ich weiß, daß es Ihnen widerwärtig ist«, sagte sie, »aber ich habe niemanden, den ich um Rat bitten kann. Ich habe Vertrauen zu Ihnen, mir schien, daß Sie sogar sündige Menschen lieben, aber Sie sind so unfreundlich und hart ... seltsam!«
»Ja, seltsam«, wiederholte ich und lachte, denn ich dachte daran, wie schamlos das Leben die Menschen vergewaltigt. Und ich fühlte mich dieser Frau gegenüber schuldig. Warum? Ich wußte es nicht.
Sie sagte mir, daß es einen Mann gebe, der bereit sei, sie zu heiraten.
»Er ist ein älterer Mann, sogar schon alt, aber was soll ich machen? Wenn ich meinen Namen ändere, gibt es mich nicht mehr.«
Und sie wiederholte lächelnd, fast fröhlich:
»Dann werde ich nicht mehr die sein, die ich jetzt bin, nicht wahr?«
Ich hätte am liebsten gesagt:
»Gnädige Frau! Selbst wenn die Erde in Trümmer geht und im Weltraum zu Staub zerfällt und wenn alle Menschen vor Angst den Verstand verlieren, werden Sie doch die bleiben, die Sie sind. Und wenn Friede, Liebe und ein uns unbekanntes Glück durch das Wunder unseres Willens auf die Erde herabkommen, dann werden Sie gleichfalls bleiben, was Sie sind.«
Aber es war sinnlos, ihr etwas zu sagen, sie war zu sehr davon überzeugt, daß einer schönen Frau alles verziehen wird.
Ich sagte: »Wenn Sie meinen, daß Ihnen das helfen wird ...«
»Ach, ich weiß nicht, was ich denken soll. Ich habe einfach Angst.«
Sie sprach im Ton eines verzogenen Kindes, das unartig gewesen ist und möchte, daß man seinen Streich vergißt.

Ich schwieg.
Dann sagte sie:
»Können Sie auf meiner Hochzeit Brautvater sein? Ich habe keinen Vater, das heißt, er hat sich von meiner Mutter scheiden lassen. Ich mag ihn nicht und komme nicht mit ihm zusammen. Bitte, tun Sie mir den Gefallen!«
Ich schüttelte den Kopf. Darauf kniete sie nieder und sagte:
»Aber hören Sie doch, hören Sie doch!«
In ihren Bewegungen war etwas Theatralisches, und sie versuchte unumwunden, mich daran zu erinnern, daß sie eine Frau sei und ich ein Mann. Mit einer anmutigen Bewegung warf sie den Kopf in den Nacken und streckte die Brust heraus. Sie kam mir vor wie eine giftige Blume. Ihr schönes Köpfchen glich einem Blütenstempel, die schwarzen Spitzen ihrer Bluse wirkten wie Blütenblätter.
»Wollen Sie, daß ich Ihre Geliebte werde, votre fille de joie?«
Ich wandte mich von ihr ab, sie stand geschmeidig auf und sagte:
»Ihr Gerede von Liebe und Mitleid ist eine Lüge. Alles ist Lüge. Alles! Sie haben viel über Frauen geschrieben ... bei Ihnen haben die Frauen immer recht – das ist auch eine Lüge. Leben Sie wohl!«
Dann, als sie hinausging, sagte sie bestimmt und ärgerlich:
»Sie haben mich vernichtet.«
Sie verschwand und hinterließ einen schwarzen Schatten in meiner Seele. Ich machte mir quälende Gedanken über sie und über mich. Mir war, als habe sie mich in einen Dornbusch gestoßen. Das sind vielleicht unpassende Worte, aber anders vermag ich nicht auszudrücken, was ich empfand. In meiner Seele blieb ein schwerer, schwarzer Schatten hängen. Wahrscheinlich sind diese Worte dumm. Wie alle Worte.
Bin ich etwa nicht verantwortlich für all jenes Abscheuliche in unserem Leben, das mich von allen Seiten bedrängt? Trage ich nicht die Verantwortung für dieses Leben, das in seiner Morgenröte mit dem Schmutz des Verrats besudelt wurde?
Auf der Straße lärmt das befreite Volk mit elementarer Kraft; das Summen von vielen hundert Stimmen dringt durch die geschlossenen Fenster herein. Die Stadt ist wie ein Bienenkorb im Frühling, wenn die Bienen erwachen. Mir ist, als spürte ich

den frischen, kräftigen Duft neuer Worte, als fühlte ich, wie überall der Honig und das Wachs neuer Gedanken geschaffen werden.

Das freut mich, wirklich.

Aber ich fühle mich an eine verfallene Mauer genagelt, gekreuzigt mit den scharfen Gedanken an den vergewaltigten Menschen, dem ich nicht helfen kann, mit nichts, niemals ...

Unzeitgemäße Gedanken

Novaja Žizn, Nr. 16
6. (19.) Mai 1917

Kürzlich vergoß ein Romanschriftsteller Tränen darüber, daß es in der russischen Revolution keine Romantik gebe, daß sie keine Théroigne de Méricourt, keine Helden, keine lichten Gestalten hervorgebracht habe[23].

Gewiß, eine Théroigne gab es wahrscheinlich deshalb nicht, weil wir keine Bastille gestürmt haben; hätten wir das getan, dann, glaube ich, hätten sich unter den fünfzigtausend Petrograder ›Freudenmädchen‹ sicherlich einige Heldinnen gefunden. Im allgemeinen waren bei uns jedoch Helden schon immer rar, wenn wir jene nicht mitrechnen, die unserer Phantasie entsprungen und mißraten sind: Susanin, der Kaufmann Igolkin, der Soldat, der Peter den Großen rettete, Kuzma Krjučkov und andere Helden, sozusagen Helden der physischen Tat[24].

Wenn man polemisiert, kann man natürlich die Helden des Geistes vergessen, jene Menschen, die letzten Endes durch ihr unbeirrtes und heldenhaftes Leben Rußland aus dem verzauberten Zarenreich des Unrechts und der Gewalt herausführten.

Ich glaube aber, daß die Romantik dennoch nicht versiegt ist, daß es noch Romantiker gibt, falls man mit dem Namen ›Romantiker‹ einen Menschen beehren (oder beleidigen?) kann, der in seine Ideen und Träume leidenschaftlich verliebt ist.

Ein solcher Romantiker, ein Bauer aus dem Gouvernement Perm schickte mir dieser Tage einen Brief, in dem mich folgende Zeilen sehr bewegt haben:

Nicht jeder kann die Wahrheit ertragen. Sie ist manchmal so grausam, daß es furchtbar ist, unter vier Augen mit ihr zu bleiben. Wird einem denn nicht angst und bang, wenn man sieht, wie schmutzige Hände, egoistische Interessen das erhabene, heilige Banner des Sozialismus ergreifen wollen? ... Die Bauernschaft, die nach Eigentum giert, wird Land erhalten und sich abwenden, nachdem sie das Banner Željabovs und Breškovskijs zu Fußlappen zerrissen hat[25].
Ein Parteiarbeiter, ein Student und Sozialdemokrat, erklärt offen, er könne jetzt nicht in der Partei arbeiten, da er als Beamter 350 Rubel erhalte, während die Partei ihm nicht einmal 250 Rubel zahlen wolle. Sollte er vielleicht wegen seines ›früheren‹ Idealismus auf 100 Rubel verzichten? ...
Soldaten stellen sich gern unter das Banner ›Frieden der ganzen Welt‹, aber sie streben nicht im Namen der internationalen Demokratie nach Frieden, sondern ihrer eigenen Interessen wegen: Bewahrung des Lebens, Hoffnung auf persönliches Wohlergehen.
Ich erinnere mich genau an die Stimmung, in der ich als siebzehnjähriger Junge in der prallen Sonne hinter dem Hakenpflug herging; wenn ich einen Kanzleischreiber, einen Priester oder einen Lehrer vorübergehen sah, stellte ich mir immer die Frage: ›Warum muß ich arbeiten, während diese Menschen glücklich sind?‹ Denn ich erkannte nur die körperliche Arbeit als Arbeit an, und alle meine Bestrebungen waren auf Befreiung von dieser Arbeit gerichtet. Dasselbe sehe ich aber jetzt bei vielen, die sich gern den sozialistischen Parteien anschließen. Wenn ich diese ›Sozialisten‹ sehe, könnte ich weinen, denn ich möchte nicht ein Sozialist des Wortes sein, sondern einer der Tat.
Wir brauchen Führer, die sich nicht fürchten, uns die Wahrheit ins Gesicht zu sagen. Und wenn die sozialistische Presse nicht nur die Bourgeoisie anklagte, sondern auch die von ihr Geführten, würde sie selbst am meisten davon profitieren. Man muß nicht nur gegen seine Feinde streng und schonungslos sein, sondern auch gegen seine Freunde. Die Bibel sagt: Überführe einen Weisen, und er wird dich lieben.

Das ist unbestreitbar die Stimme eines Romantikers, die Stimme eines Menschen, der die organisierende Kraft der Wahrheit empfindet und ihr die Seele reinigendes Feuer liebt.

Ich verneige mich ehrerbietig vor diesem Menschen. Für Menschen seines Schlages ist das Leben schwer, aber es hinterläßt eine schöne Spur[25a].

Unzeitgemäße Gedanken

Novaja Žizn, Nr. 18
9. (22.) Mai 1917

Wir leben in einer unruhigen und gefährlichen Zeit; das bezeugen mit trauriger Beweiskraft die Pogrome in Samara, Minsk und Jurjev, die rohen Ausschreitungen der Soldaten auf den Eisenbahnstationen und eine ganze Reihe anderer Beispiele von Disziplinlosigkeit, Kopflosigkeit und Roheit.

Wir dürfen natürlich nicht vergessen, daß das Geschrei ›das Vaterland ist in Gefahr‹ nicht nur von aufrichtiger Besorgnis hervorgerufen, sondern auch von Parteitaktik suggeriert werden kann.

Es wäre jedoch falsch zu glauben, die Anarchie schaffe politische Freiheit, nein, meiner Ansicht nach hat die Freiheit die innere Krankheit – die Krankheit des Geistes – nur in eine Hautkrankheit verwandelt. Das monarchische Regime hat uns mit der Anarchie infiziert; von ihm haben wir diese Seuche geerbt.

Wir sollten nicht vergessen, daß die Pogrome in Jurjev, Minsk und Samara bei all ihrer Scheußlichkeit keine Morde zur Folge hatten, während die Pogrome der Zarenzeit bis hin zum ›Deutschenpogrom‹ in Moskau tierisch grausam waren[26]. Erinnert euch an Kišinëv, Odessa, Kiev, Belostok, Baku, Tiflis und die zahllosen abscheulichen Morde in vielen kleinen Städten[27].

Ich möchte niemanden trösten, am wenigsten mich selbst, aber ich kann nicht umhin, den Leser darauf aufmerksam zu machen, daß die gemeinen und schmutzigen Verbrechen der Menschen doch ein wenig gemäßigter geworden sind.

Laßt uns auch nicht vergessen, daß die Leute, die am lautesten geschrien haben: ›Das Vaterland ist in Gefahr‹, allen Grund gehabt hätten, diese alarmierenden Worte schon vor drei Jahren – im Juli 1914 – zu rufen[28].

Aus taktischen Gründen, aus parteilichen und klassengebundenen egoistischen Erwägungen haben sie das nicht getan – und das russische Volk war drei Jahre Zeuge der schändlichsten, von oben geförderten Anarchie.
Steigen wir noch tiefer in die Vergangenheit hinab, dann begegnen wir am Steuer des russischen Staates auch Stolypin, der ohne Zweifel ein Anarchist war[29]; genau dieselben wohlmeinenden Republikaner, die jetzt laut über die Anarchie jammern und sie bekämpfen wollen, haben ihn mit ihrem Beifall unterstützt.
Gewiß, ›wer nichts tut, kann nichts falsch machen‹, aber bei uns gibt es furchtbar viele Menschen, die alles falsch machen, ganz gleich, was sie tun.
Ja, die Anarchie muß man immer bekämpfen, aber manchmal sollte man auch seine eigene Angst vor dem Volk besiegen können. Das Vaterland wäre viel weniger in Gefahr, wenn es mehr Kultur gäbe.
Leider sind wir, wie es scheint, nicht zu klaren Entscheidungen darüber gelangt, daß Kultur für uns notwendig ist und welche Art von Kultur wir brauchen. Zu Beginn des Krieges, als die Moskauer Philosophen scharfsinnig und völlig aufrichtig Kant mit Krupp verglichen, waren diese Entscheidungen für uns jedenfalls nicht klar.
Man könnte meinen, daß hierzulande die Predigten von einer ›eigenwüchsigen‹ Kultur eben deshalb in einer Epoche härtester Reaktion beginnen, weil wir von alters her gewohnt sind, in unserem Denken und Handeln ›den Weg des geringsten Widerstandes zu gehen‹.
Mag es denn sein, wie es will, um die Entwicklung der europäischen Kultur – der empirischen Wissenschaft, der freien Kunst und einer technisch mächtigen Industrie – haben wir uns am allerwenigsten gekümmert. Und so ist es ganz natürlich, daß die Masse unseres Volkes diese drei Grundlagen der Kultur nicht versteht.
Eine der ersten Aufgaben des Augenblicks sollte sein, neben den politischen auch ethische und ästhetische Emotionen im Volk zu wecken. Unsere Künstler müßten sich unverzüglich mit all ihrem Talent der chaotischen Stimmung auf der Straße widmen; dann würde – davon bin ich überzeugt – der Sieg der Schönheit in der Seele des leicht verstörten Russen seine

Unruhe und den Sturm seiner nicht sehr lobenswerten Gefühle, wie z. B. Habgier, besänftigen helfen und ihn überhaupt menschlicher machen.
Aber man gab ihm eine Menge – Sie verzeihen! – schlechter Zeitungen zu einem sehr teuren Preis und weiter nichts, einstweilen.
Sowohl die Human- als auch die Naturwissenschaften könnten bei dem Werk der Veredelung der Instinkte eine große Rolle spielen, aber eine Teilnahme der Wissenschaftler am Leben ist in diesem Augenblick noch weniger bemerkbar als früher.
Ich kenne in der Populärliteratur kein einziges vernünftig und überzeugend geschriebenes Buch, das von der Bedeutung der positiven Rolle der Industrie im Prozeß der Kulturentwicklung erzählt. Ein solches Buch aber braucht das russische Volk schon seit langem.
Man könnte auch noch vieles im Zusammenhang mit der Notwendigkeit unverzüglicher und beharrlicher Kulturarbeit in unserem Lande sagen.
Mir scheint, daß der Ausruf ›Das Vaterland ist in Gefahr‹ nicht so furchtbar ist wie jener:
›Bürger! Die Kultur ist in Gefahr!‹

Unzeitgemäße Gedanken

Novaja Žizn, Nr. 21
12. (25.) Mai 1917

Dieser Tage erhielt ich einen Brief folgenden Inhalts:

> Gestern habe ich Ihren ›Alptraum‹ gelesen, und meine Seele, die Seele eines Menschen, der ebenfalls der Ochrana angehörte, weint, weil ich dank Ihrer Erzählung erkannt habe, wie hoffnungslos meine Lage ist. Ich möchte Ihnen nicht erzählen, wie ich in diese Grube gefallen bin – das ist uninteressant. Ich möchte nur sagen, daß der Hunger und der Rat eines Menschen, der mir nahestand, der angeklagt war und dachte, ich könne sein Schicksal erleichtern, mich zu diesem furchtbaren Schritt getrieben haben.
>
> Solange ich bei der Ochrana war, habe ich mich selbst ver-

achtet, und ich verachte mich auch jetzt noch. Aber wissen Sie, was mich schmerzt? – Die Tatsache, daß selbst ein so feinfühliger Mensch wie Sie offenbar nicht begriffen hat, daß jeder von uns Agenten in seiner Seele vieles verbrennen mußte, daß wir nicht litten, solange wir bei der Ochrana waren, sondern vorher, als es keinen Ausweg mehr gab; daß die Gesellschaft, die uns jetzt mit Dreck bewirft, uns damals nicht unterstützt hat und uns nicht die Hand zur Hilfe hingestreckt hat. Nicht alle sind so stark, daß sie alles weggeben können, ohne etwas dafür zu bekommen: *Wenn es den Glauben an den Sozialismus, an die Partei nicht gegeben hätte – aber wissen Sie, ich habe mir in meinem gemeinen Kopf folgendes überlegt: der Schaden, den ich der Bewegung zufügen kann, ist sehr klein; ich glaube zu sehr an die Idee, als daß ich so arbeiten kann, daß der Schaden größer ist als der Nutzen.* Ich will mich nicht rechtfertigen, aber ich möchte Ihnen die Psyche eines so kläglichen Wesens, wie es ein Provokateur ist, verständlich machen. Wir sind sehr viele. Alle ausgezeichnete Parteiarbeiter. *Das ist keine abnorme Einzelerscheinung; es ist klar, daß irgendein Grund uns in diese Sackgasse getrieben hat.* Ich bitte Sie, überwinden Sie Ihren Ekel, versetzen Sie sich in die Seele eines Verräters, und sagen Sie uns allen, was uns, die wir mit ganzer Seele an die Partei, an den Sozialismus, an alles Heilige und Reine glaubten, veranlaßte, der Ochrana ›treu‹ zu dienen, und wie wir es fertigbrachten, weiterzuleben, obwohl wir uns selbst verachteten.

Es ist schwer, im heiligen Rußland zu leben, sehr schwer! Die Russen sündigen scheußlich, und ihre Reue ist noch scheußlicher. Die Logik in den kursiv gedruckten Sätzen über den Glauben an den Sozialismus ist erstaunlich. Könnte ein Mensch, der so seltsam und unheimlich urteilt, einer Frau, die er liebt, ein Ohr oder einen Finger abbeißen, mit der Begründung, er liebe alles an ihr, ihren ganzen Körper und ihre Seele, und ein Finger oder ein Ohr sei doch nur ein kleiner Teil von ihr? Wahrscheinlich könnte er es nicht. Aber der Partei reißt er ein lebendiges Glied nach dem anderen ab, obwohl er an die Sache des Sozialismus glaubt, die Partei liebt und – ehrlich? – denkt, daß er der Sache mehr nutzen als schaden wird. Ich wiederhole die Frage: Denkt er wirklich so? Ich fürchte, ja; ich fürchte, daß dieser Gedanke nicht eine Folge des Verrats war, sondern gleichzeitig mit ihm entstand. Ein sehr origineller Charakterzug des russischen Menschen besteht darin, daß er stets aufrichtig ist. Ich glaube, daß diese Eigenart die Quelle der moralischen Verwirrung ist, in der wir zu leben gewohnt sind. Seht doch! Nirgendwo beschäftigt man sich so eingehend und beharrlich mit Fragen, Streitigkeiten und Sorgen um die persönliche ›Selbstvervollkommnung‹, wie man es bei uns tut, obwohl das eine fruchtlose Sache ist.

Ich hatte immer den Eindruck, daß diese Beschäftigung eine besonders dicke und stickige Atmosphäre von Heuchelei, Lüge und Scheinheiligkeit erzeugt. Diese Atmosphäre war in den Kreisen der ›Tolstojaner‹, die geradezu wütend ›Selbstkasteiung‹ übten, besonders schwer und drückend.

Moral als Gefühl tief eingewurzelten Ekels vor allem Schmutzigen und Schlechten und als instinktive Neigung zur seelischen Reinheit und zu edlen Taten – eine solche Moral gibt es bei uns nicht. An ihrer Stelle stehen seit jeher kalte, ›verstandesmäßige‹ Überlegungen, wie man sich zu benehmen hat, und diese Erwägungen erzeugen, von ihrer widerwärtigen Scholastik ganz zu schweigen, eine eisige Atmosphäre endloser, unerträglicher und schamloser gegenseitiger Verurteilungen und gegenseitigen Auflauerns – eine Atmosphäre, in der man mit dem scheelen und wachsamen Blick eines Feindes einander in die Seele schaut. Dieser Feind ist ein schlechter Feind, denn er zwingt uns nicht, all unsere Kräfte, unseren Verstand und Willen im Kampf gegen ihn anzuspannen.

Er ist ein Worteverdreher. Er trachtet nur nach einem: Er will beweisen, daß er klüger, ehrlicher, aufrichtiger und in jeder Hinsicht besser ist als man selbst. Man erlaube ihm diesen Beweis, und er wird sich freuen, nur einen Augenblick, dann aber ist er leer, erschöpft und gelangweilt. Aber das erlaubt man ihm leider nicht, sondern man läßt sich mit ihm ein, wird selbst demoralisiert und verschwendet sein Pathos an Nichtigkeiten. Und so bringt ein Wortverdreher den nächsten hervor; so verwandeln sich unsere Gefühle, an denen wir ohnehin nicht reich sind, in klingende Münzen leerer Worte.

Seht, weder ihr selbst noch eure Umgebung haben besonders viel Mitgefühl, unser Sinn für Freundschaft ist schwach entwickelt, unser Wort heftig und kalt, unser Verhalten gegenüber

Menschen erschreckend. Unsere Gefühle für ihn werden nur dann leidenschaftlich, wenn er die von uns aufgestellten Anstandsregeln verletzt und uns die willkommene Gelegenheit gibt, ›ungerechtes Gericht‹ über ihn zu halten. Bauernkinder fangen an Winterabenden, wenn sie sich langweilen und noch nicht schlafen wollen, Küchenschaben und reißen ihnen die Beine aus, eins nach dem anderen. Dieser reizende Zeitvertreib charakterisiert unser Verhältnis zum Nächsten und unser Urteil über ihn sehr gut.

Der Verfasser des Briefes, der Genosse Provokateur, spricht von einer geheimnisvollen ›allgemeinen Ursache‹, die viele verfolge und ihn in eine ›Sackgasse‹ getrieben habe.

Ich glaube, daß es diese ›allgemeine Ursache‹ gibt und daß sie sehr kompliziert ist. Eine ihrer Komponenten ist wahrscheinlich die Tatsache, daß wir einander völlig gleichgültig sind, vorausgesetzt, wir sind guter Stimmung ... Wir verstehen nicht zu lieben, wir achten einander nicht; die Achtung vor dem Menschen ist bei uns nicht entwickelt; schon vor langer Zeit wurde völlig richtig über uns gesagt, wir seien ›gegen Gut und Böse schändlich gleichgültig‹[30].

Der Genosse Provokateur hat seinen Brief sehr aufrichtig geschrieben, aber ich glaube, daß die Ursache seines Unglücks eben diese Gleichgültigkeit gegen Gut und Böse ist.

Unzeitgemäße Gedanken

Novaja Žizn, Nr. 26
18. (31.) Mai 1917

»Anarchie, Anarchie!« schreien ›vernünftige‹ Leute, die in diesen Tagen Panik verbreiten, während alle nur einigermaßen arbeitsfähigen Menschen an die schmutzige Alltagsarbeit gehen, um ein neues Leben aufzubauen, und jedermann verpflichtet ist, die großen Werte der alten Kultur zu verteidigen[31].

»Anarchie!« Und wieder ergießen sich, wie nach 1905, kübelweise der Zorn der Tinte und feige Bosheit über die russische Demokratie, über das ganze russische Volk, wieder sprudeln die Geiser schmutziger Beschuldigungen.

Es ist peinlich, von sich selbst zu sprechen, und ich tue es ungern; aber als ich vor etwa anderthalb Jahren *Zwei Seelen* veröffentlichte, einen Artikel, in dem ich schrieb, das russische Volk neige von Natur aus zum Anarchismus; es sei passiv, aber grausam, wenn ihm die Macht zufalle; die gepriesene Güte seiner Seele sei Karamasowscher Sentimentalismus; es sei erschreckend wenig empfänglich für Einflüsse des Humanismus und der Kultur; als ich das schrieb – wurde ich dieser Gedanken wegen, die weder neu waren noch von mir stammten, die ich nur scharf formuliert hatte, aller nur denkbaren Vergehen am Volk angeklagt[32].

Kürzlich schrieb jemand in *Reč*, einer Zeitung von einigem Niveau, mein ›Defätismus‹ lasse sich am besten durch mein Verhältnis zum Volk erklären[33].

›Defätismus‹ kann man mir wohl kaum vorwerfen; denn für ›Defätismus‹ hatte ich nie etwas übrig. Das Faustrecht, das Duell, den Krieg als Taten anzuklagen, die für jedermann äußerst schimpflich sind und keinen Streit zu schlichten vermögen, sondern die Feindschaft nur vertiefen – all dies anklagen, heißt noch lange nicht, ein ›Defätist‹ zu sein oder ›dem Bösen nicht zu widerstreben‹. Mir, einem Menschen, der ein aktives Leben predigt, ist das alles völlig fremd. In manchen Fällen werde ich mich vielleicht nicht verteidigen, aber das zu verteidigen, was ich liebe, dazu habe ich genügend Kraft.

Jene Gedanken, die ich in meinem Artikel *Zwei Seelen* darlegte, habe ich keineswegs deshalb erwähnt, weil ich mich etwa verteidigen oder rechtfertigen möchte. Ich weiß, daß es in bösartigen Redeschlachten, die wir aus Schicklichkeit ›Polemik‹ nennen, den Streitenden nicht um die Wahrheit geht; sie alle suchen bei ihren Gegnern nach sprachlichen Fehlern und Schnitzern, nach schwachen Stellen, und schlagen sich nicht deshalb, um die Richtigkeit ihrer Überzeugungen zu beweisen, sondern ihre Gerissenheit öffentlich zu demonstrieren.

Nein, ich habe an *Zwei Seelen* erinnert, um meine Feinde, diese Papiertiger, zu fragen, wann sie aufrichtiger waren, als sie mich wegen meiner wenig schmeichelhaften Meinung über das russische Volk beschimpften oder jetzt, da sie das russische Volk mit meinen eigenen Worten beschimpfen?

Ich war niemals ein Demagoge und werde niemals einer sein.

Wenn ich die Russen tadele, weil sie zum Anarchismus neigen, einen Widerwillen gegen Arbeit haben, roh und unwissend sind, denke ich, sie können gar nicht anders sein. Die Bedingungen, unter denen das russische Volk lebte, konnten es weder Achtung vor der Person, noch Bewußtsein der Bürgerrechte noch Gerechtigkeitsgefühl lehren.

Diese Bedingungen waren: totale Gesetzlosigkeit, Unterdrükkung des Menschen, schamloseste Lüge und tierische Grausamkeit. Es ist ein Wunder, daß sich das Volk unter diesen Umständen einige menschliche Gefühle und ein gewisses Maß an Menschenverstand bewahrt hat.

Ihr klagt: Das Volk zerstört die Industrie!

Wer hat ihm denn beigebracht – und wann, daß die Industrie die Grundlage der Kultur, das Fundament der sozialen und staatlichen Wohlfahrt ist?

In den Augen des Volkes ist die Industrie ein ausgeklügelter Mechanismus, der geschickt dazu eingerichtet ist, dem Verbraucher das Fell über die Ohren zu ziehen. Hat das Volk nicht recht?

Ihr habt ihm doch selbst vor drei, vier Monaten noch Tag für Tag in allen Zeitungen und Journalen enthüllt, wie schamlos und phantastisch die Gewinne der russischen Industrie gestiegen sind – und eure Ansicht ist auch die Ansicht des Volkes.

Gewiß, ihr mußtet ›enthüllen‹, dazu ist jeder Verkünder der Wahrheit, jeder tapfere Verteidiger der Gerechtigkeit verpflichtet. Aber Polemik zwingt zur Einseitigkeit, deshalb habt ihr, als ihr von Raub spracht, die kulturelle und schöpferische Rolle der Industrie und ihre Bedeutung für den Staat vergessen.

Die Industrie ist für die einen eine Quelle des Profits, für die anderen nur eine Quelle physischer und geistiger Unterdrükkung, das ist bei uns ohne Einschränkung die Meinung sehr vieler, auch gebildeter Leute. Diese Meinung hat längst einen festen Ausdruck gefunden; erinnert sei an die Aufnahme des Buches *Unsere Meinungsverschiedenheiten* von G. V. Plechanov und an den Sturm, den P. B. Struve, ›der Johannes der Täufer unser aller Wiedergeburt‹, mit seinen *Kritischen Bemerkungen* entfesselte[34].

Über die Anarchie zu schreien, ist ebenso nutzlos, wie es nutzlos und schändlich ist, ›Feuer!‹ zu rufen, wenn man sieht, daß

das Feuer ein Haus zerstört und dann nur mit Worten an der Bekämpfung des Feuers teilnimmt.
Polemik ist eine Lieblingsbeschäftigung all jener, die sich mit scholastischen Übungen im Worteverdrehen abgeben, und auch von Leuten, die es für ihre Pflicht halten, immer und überall zu beweisen, daß sie recht haben, präzis denken und weitere vortreffliche Eigenschaften unbestreitbar besitzen.
Es wird jedoch bedeutend nützlicher sein, wenn wir es der Geschichte überlassen, über uns zu urteilen und sofort mit der kulturellen Arbeit im weitesten Sinne des Wortes beginnen; wenn wir unsere Begabung, unseren Verstand und unser Herz dem russischen Volke schenken, um es dafür zu begeistern, neue, vernünftige Lebensformen zu schaffen.

Die freie Vereinigung der Naturwissenschaften

Novaja Žizn, Nr. 35
30. Mai (12. Juni) 1917

Bürger!
In Petrograd wurde ›Die freie Vereinigung zur Förderung und Verbreitung der Naturwissenschaften‹ gegründet[35].
Die bedeutendsten und begabtesten Vertreter der russischen Wissenschaft gehören dieser Vereinigung an. Diese angesehenen Leute beabsichtigen, ein Institut zu gründen, das ›Wissenschaftliche Institut zu Ehren des 27. Februar‹. An diesem Tag wurde unsere politische Freiheit geboren.
Ziel des Institutes ist, die Arbeit der Wissenschaftler auf allen Interessengebieten des Menschen, der Gesellschaft, des Volkes und der Menschheit zu erweitern und zu intensivieren.
An erster Stelle steht dabei die Sorge um das Leben, der Kampf gegen die Krankheitserreger, die unsere Gesundheit ruinieren.
Die Biologie erforscht das Leben, die Bakteriologie die Ursachen der Infektionskrankheiten, die Medizin bemüht sich, diese Krankheiten zu beseitigen, die Hygiene weist hin auf die Bedingungen, die den Menschen gegen Krankheiten widerstandsfähiger machen.

Der Biologe, der Mediziner und der Hygieniker müssen auch Kenntnisse in der Chemie haben und die Dienste der Physik in Anspruch nehmen; dieselben Kenntnisse braucht auch der Botaniker, der das Leben der Pflanzen erforscht, ebenso der Agronom, der die Arbeit des Botanikers und des Bodenkundlers benutzt, um die Fruchtbarkeit des Bodens und seine Ertragsfähigkeit zu steigern.

Alle Wissenschaften sind eng miteinander verknüpft und verkörpern das Streben des menschlichen Verstandes und Willens, Elend, Unglück und die Leiden unseres Lebens zu besiegen.

Bürger!

Unsere Bauern leben unter schrecklichen Bedingungen, ohne richtig organisierte ärztliche Hilfe. Die Hälfte aller Bauernkinder stirbt vor dem fünften Lebensjahr an Krankheiten verschiedener Art. Fast alle Frauen im Dorf leiden an typischen Frauenkrankheiten. Das Dorf verfault in Syphilis, es versinkt in Armut, Unwissenheit und Verwilderung. Der russische Bauer ist nicht fähig, den Boden so zu bearbeiten, daß er hohe Erträge bringt. Vor zehn Jahren hat die russische Wissenschaft darauf hingewiesen, daß unser Bauer auf $^3/_4$ Desjatinen Nutzfläche rund 10 Pud Getreide und Kartoffeln erntet, während diese Fläche in Japan 82, in England 84 und in Belgien 88 Pud bringt. Während dieser zehn Jahre hat sich nichts zu unserem Vorteil verändert[35a].

Die landwirtschaftliche Technik ist in Rußland unterentwickelt, die Unwissenheit und kulturelle Hilflosigkeit der Bauern sind der Hauptgrund der Rückständigkeit unseres Staates und eine der traurigen Bedingungen, aus denen unsere Außenpolitik resultiert, – eine Politik, die den Interessen unserer Industrie schadet und ihre normale Entwicklung verzögert.

Unsere Stadtbevölkerung lebt in Verhältnissen, die nur wenig besser sind als die Verhältnisse auf dem Land. In den Städten gibt es keine Kanalisation, die Fabrikschlote haben keine Trommeln. Die Erde in den Städten ist von faulenden Abfällen vergiftet, die Luft von Rauch und Staub verpestet. Das alles erschöpft vorzeitig unsere Kräfte und bringt uns um. Die Stadtkinder sind kränklich, schwächlich und krankhaft nervös.

Das alles ist die Ursache von Rowdytum, Kriminalität und geistiger Krankheit.

Erinnert euch, wie lange wir uns mit Schnaps vergiftet haben, Trunksucht geht nicht spurlos vorüber; sie schwächt den Organismus und macht ihn für alle körperlichen und seelischen Erkrankungen anfällig.
Zu unserer Gesundung brauchen wir ein ›Biologisches Institut‹ mit Unterabteilungen für bakteriologische, medizinische, hygienische und andere Forschungen.

*

Unser Land ist groß, reich an natürlichen Schätzen, aber wir leben in Schmutz und Unglück, wie Bettler. Schwere, stumpfsinnige Arbeit verzehrt unsere Kraft und bringt uns um; wir arbeiten stumpfsinnig und schlecht, weil wir Ignoranten sind. Wir glauben, die Arbeit sei der Fluch unseres Lebens, weil wir die große Bedeutung der Arbeit nicht begreifen und weil wir die Arbeit nicht lieben können. Nur mit Hilfe der Wissenschaft kann man die Arbeitsbedingungen erleichtern, die Arbeit verringern, leicht und angenehm machen, denn die Wissenschaft ist die einzige Kraft, die imstande ist, den Verbrauch physischer Energie zu verringern, weil sie die elementaren Energien der Natur, wie z. B. Wasserfälle usw., dem Willen und den Interessen des Menschen unterwirft. Wir verstehen es nicht, die schlummernden Naturkäfte – Torfmoore, Brennschieferlager und billige Kohle – zu wecken. Wenn wir diese Kräfte weckten, würden sie uns viele Energien, Wärme, Licht geben und in unserem ganzen unzivilisierten, schlafenden Land als Kulturvermittler dienen.
Nur durch die Liebe zur Arbeit werden wir unser großes Lebensziel erreichen: Alle Völker der Welt zu einer einzigen Familie zu vereinigen, die gemeinsam danach strebt, die Naturkräfte dem Verstand und dem Willen des Menschen zu unterwerfen.
Rußland ist groß und reich, aber seine Industrie befindet sich in einem embryonalen Zustand. Trotz unzähliger Bodenschätze können wir nicht von den Produkten unseres Landes und unserer Arbeit leben. Die Industrie- und Kulturländer betrachten Rußland, wie Afrika, als eine Kolonie, der man jede Ware teuer verkaufen und aus der man Rohstoffe billig ausführen kann, die wir aus Unwissenheit und Faulheit nicht selbst bearbeiten können. Deshalb sind wir in den Augen Europas Wilde,

stumpfsinnige Menschen, die man, ebenso wie die Neger, ruhig berauben darf.

Eine technisch entwickelte Industrie ist die Grundlage sozialer und staatlicher Wohlfahrt.

Das sollte man gerade jetzt bedenken, da die Elementarkräfte der Revolution, die tragische Unwissenheit der Volksmassen und der Egoismus der Unternehmer selbst, die oft keinerlei Verantwortungsbewußtsein gegenüber ihrem Land haben, unsere durch den Krieg ruinierte Industrie noch weiter ruinieren.

Auf dem Boden von Armut und Unwissenheit werden sich unsere schönen Träume niemals verwirklichen lassen; in diesem fauligen Boden wird die neue Kultur keine Wurzeln schlagen; in einem Sumpf kann man keinen Garten Eden anlegen – man muß den Sumpf trockenlegen und fruchtbar machen.

Die Ideale der sozialistischen Kultur lassen sich nur dann verwirklichen, wenn eine vielseitige, technisch entwickelte und straff organisierte Industrie besteht.

Damit die Industrie eine hohe Entwicklungsstufe erreicht, ist Technik erforderlich, Technik aber kann nur von der Wissenschaft hervorgebracht werden. Wir wissen nicht, wie man Maschinen baut: Wir brauchen in Rußland ein ›Institut für angewandte Mechanik‹, wo unsere Wissenschaftler neue Modelle leistungsfähiger Webstühle, Motoren für landwirtschaftliche Geräte usw. erfinden können.

Wir wissen nicht, wie man Rohstoffe bearbeitet; man muß ein ›Chemisches Institut‹ einrichten, wo die Wissenschaftler bessere und billigere Methoden der Rohstoffverarbeitung entwikkeln können.

Wir brauchen noch vieles; das alles müssen wir schaffen, wenn wir nicht sterben, sondern leben und ein gesundes, vernünftiges Leben führen wollen.

Das beharrliche Streben des menschlichen Verstandes nach Freiheit des Schaffens, nach dem Glück der ganzen Welt und aller Menschen, kommt nirgends so klar zum Ausdruck wie in der Wissenschaft.

Je umfassender und größer die Aufgaben der Wissenschaft, desto reicher die praktischen Ergebnisse ihrer Forschung.

Wir Russen müssen die Wissenschaft organisieren; nur ihre Schöpferkraft wird unser Land reicher machen und unser schmutziges, schlechtes, schmachvolles Leben in Ordnung bringen.

Alle Klassen der Gesellschaft müssen begreifen lernen, daß die Wissenschaft den Menschen veredelt.
Der Kampf zwischen den Menschen um Brot und um die Macht über einander ist schändlich und anomal, wenn auch so natürlich wie die Krankheiten unseres Körpers. Die Menschen müssen gemeinsam gegen die Natur kämpfen, um ihre Reichtümer zu erobern, sich nutzbar zu machen und die Naturkräfte ihren Interessen zu unterwerfen.
Während die Sozialwissenschaften wie Geschichte, Recht und Nationalökonomie vom Einfluß ihrer Zeit, ihres Landes und ihrer Klasse nicht frei sind und verschiedenen politischen Tendenzen leicht unterliegen, dienen die Naturwissenschaften unbestechlich und ungeteilt den Interessen der ganzen Menschheit.
Ein Chemiker oder ein Biologe kann auf dem Gebiet der Politik für seine gesellschaftlichen Ideen kämpfen, aber die Chemie, Biologie oder die Mechanik können weder liberal noch konservativ sein. Wissenschaft ist im weitesten Sinne des Wortes sozial, sie ist wahrhaft international und universal.

*

Ich glaube an die Vernunft des russischen Volkes, an sein aufrichtiges Bemühen um das Wohl der Kultur. Deshalb wende ich mich an die Arbeiter, Bauern, Industriellen und die Intelligenz, an alle Russen, und fordere sie auf, die Organisierung der wissenschaftlichen Kräfte unseres Landes und die Organisierung der wissenschaftlichen Arbeit zu unterstützen.
Um diese wichtige Sache, die das ganze Volk angeht, zum Erfolg zu führen, sind große Mittel erforderlich; sie werden leicht zusammenkommen, wenn alle einsehen, welch großes Ziel sich die ›Freie Vereinigung‹ der Wissenschaftler gesetzt hat, wenn alle gebildeten Menschen für diese Sache wenigstens einen Rubel geben.
Wer diesem Aufruf folgt, beweist, daß er kulturelles Niveau und staatsbürgerliche Reife besitzt und aufrichtig um das Wohl seiner Heimat besorgt ist.
Bürger!
Ihr habt die Möglichkeit, eine große nationale Tat zu vollbringen; wenn sie vollbracht ist, werdet ihr die besten Hirne des Landes organisiert und auf seine breiten Schultern einen klugen, vernünftigen Kopf gesetzt haben. Ihr müßt euch ein

wenig anstrengen, aber mit ein wenig Anstrengung werdet ihr etwas Beispielloses vollbringen – ihr werdet eine wissenschaftliche Institution schaffen, wie es sie noch nirgends auf der Erde gibt.

Bürger!

Es gibt ein Gefühl, das man Heimatliebe nennt. Dieses Gefühl fordert gebieterisch von jedem Menschen, auf das Ziel hinzuarbeiten, daß sein Volk ein vernünftiges, gutes, gesundes und gerechtes Volk werde, daß seine Begabung nicht untergehe, sondern sich entwickle und dem Wohl der ganzen Welt und aller Menschen diene.

Jeder, der sein Volk aufrichtig liebt, der sich wirklich um es sorgt, wird begreifen, wie wichtig es ist, die wissenschaftlichen Kräfte unseres Landes zu organisieren, wie erhaben die Ziele sind, die sich die ›Freie Vereinigung‹ unserer Wissenschaftler gesetzt hat.

Wir müssen das neue Rußland unverzüglich aufbauen. Laßt uns diese Arbeit gemeinsam und von Grund auf beginnen, laßt uns die rettende Kraft des Wissens entwickeln und verbreiten.

An die Arbeit, Bürger!

Ein Mitglied des Rates der ›Freien Vereinigung‹

M. Gorkij

Unzeitgemäße Gedanken

Novaja Žizn, Nr. 36
31. Mai (13. Juni) 1917

Meine Überlegungen sind wahrscheinlich ›naiv‹. Ich halte mich, wie schon gesagt, für einen schlechten Publizisten. Trotzdem werde ich mit einer Beharrlichkeit, die vielleicht einer besseren Verwendung wert wäre, ›meine Linie weiterverfolgen‹, selbst auf die Gefahr hin, daß meine ›Stimme‹ vielleicht wie ›die Stimme des Predigers in der Wüste‹ – die leider nicht menschenleer ist – verhallen wird.

Das gute, anständige Buch, die beste Waffe der Kultur, ist fast vollständig vom Büchermarkt verschwunden. Warum es verschwunden ist, ist eine Frage für sich. Nirgends findet man mehr ein vernünftiges, objektiv belehrendes Buch. Dafür haben sich die Zeitungen vermehrt, die tagtäglich die Menschen Haß und Feindschaft gegeneinander lehren, verleumden, im übelsten Schmutz wühlen, brüllen, mit den Zähnen knirschen und sich einbilden, auf diese Weise die Frage zu beantworten, wer am Ruin Rußlands schuld sei.

In diesem Streit ist selbstverständlich jeder fest überzeugt, daß seine Gegner schuld sind, daß er allein recht hat, daß in seiner Hand, von ihm gefangen, jener wunderbare Vogel zittert, den man ›Wahrheit‹ nennt.

Die Zeitungen haben sich ineinander verbissen und wälzen sich wie ein Knäuel giftiger Schlangen durch die Straßen; sie vergiften und erschrecken die Bürger mit ihrem gehässigen Zischen und lehren sie ›Redefreiheit‹ – genauer gesagt, wie man die Freiheit, die Wahrheit entstellt und wie man die Freiheit verleumdet.

›Redefreiheit‹ wird allmählich zu einem unanständigen Wort.

Natürlich: ›im Kampf hat jeder das Recht, mit allem zuzuhauen, was ihm gerade in die Hände fällt und wohin es gerade trifft‹; natürlich: ›Politik ist ein schmutziges Geschäft‹, und ›der gewissenloseste Mensch ist der beste Politiker‹. Selbst wenn man die abstoßende Wahrheit dieser Zulumoral anerkennt, fühlt man Trauer und sorgt sich bedrückt um das junge Rußland, das gerade erst die Sakramente der Freiheit empfangen hat!

Welches Gift verbreitet und verspritzt man nicht auf schlechtem Zeitungspapier!

Lange genug hat der Russe zu seinem Gott gebetet: ›Öffne meinen Mund!‹ Jetzt ist der Mund geöffnet, und Ströme von Haß, Lüge, Heuchelei, Neid und Habgier kommen heraus. Wenn wenigstens Leidenschaft und Liebe sich darin äußern würden, aber weder Leidenschaft noch Liebe ist zu spüren. Zu spüren ist nur das hartnäckige – man darf wohl sagen – erfolgreiche Bestreben der Zensusklassen, die Demokratie zu isolieren, alle Fehler der Vergangenheit auf sie abzuwälzen und ihr Bedingungen zu stellen, die sie zwingen müssen, die Fehler und Sünden noch zu vergrößern.

Das ist gut ausgedacht und wird bereits recht gut durchgeführt.

Es ist jetzt völlig klar, daß man Demokrat meint, wenn man ›Bolschewik‹ schreibt, und es ist noch viel klarer, daß man morgen die Menschewiken verfolgen wird, weil sie Sozialisten sind, wenn man heute die Bolschewiken wegen des Maximalismus ihrer Theorien verfolgt; übermorgen wird man dann *Jedinstvo* [Die Einheit] angreifen, weil sie nicht mehr ›loyal‹ genug die geheiligten Interessen der ›vernünftigen Leute‹ vertritt[36]. Die Demokratie ist kein unberührbares Heiligtum und muß deshalb ohne Zweifel auch kritisiert und negativ beurteilt werden dürfen. Aber zwischen den Begriffen Kritik und Verleumdung besteht ein wesentlicher Unterschied, auch wenn sie aus Buchstaben desselben Alphabets gebildet werden. Merkwürdigerweise wird dieser Unterschied von vielen gebildeten Leuten nicht begriffen! Natürlich, manche Führer der Demokratie ›läuten die Glocken, ohne in den Kirchenkalender geschaut zu haben‹; vergessen wir aber nicht, daß die Führer der Zensusklassen auf diese Fehler mit einem ›italienischen‹ Streik antworten, der für das ganze Land verderblich ist[37]; außerdem versetzen diese Führer den Bürger in Schrecken und haben auf diese Weise schon erreicht, daß er Briefe schreibt, wie z. B. den folgenden ›Brief an die Provisorische Regierung‹, den ich erhalten habe:
»Die Revolution hat Rußland zugrunde gerichtet, weil man allen die Freiheit gegeben hat; bei uns herrscht jetzt überall Anarchie. Die Juden, die die Gleichberechtigung erhalten haben, freuen sich, richten aber das russische Volk wie eh und je zugrunde. Nur die Autokratie kann das Land retten.«
Es ist nicht der erste Brief dieser Art, den ich erhielt. Man muß damit rechnen, daß die Zahl solcher vor Angst wahnsinnig gewordener Leute immer mehr zunehmen wird – die Presse sorgt bereits eifrig dafür.
Aber gerade jetzt, in diesen tragischen, verworrenen Tagen müßte die Presse daran denken, wie schwach das persönliche Verantwortungsgefühl im russischen Volk entwickelt ist und wie sehr wir gewohnt sind, unseren Nächsten für unsere Sünden verantwortlich zu machen.
›Das freie Wort‹! Zuerst schien es, daß gerade das ›freie Wort‹ bei uns in Rußland die Achtung vor der Person und ihren Menschenrechten fördern würde. Da wir aber eine Epidemie des politischen Impressionismus erleben und im Bann

flüchtiger ›Tageseindrücke‹ stehen, benutzen wir das ›freie Wort‹ nur zu wütenden Streitereien darüber, wer am Ruin Rußlands schuld ist. Darüber gibt es nichts zu streiten: alle sind schuld.

Jeder beschuldigt mehr oder weniger heuchlerisch jeden, und niemand tut etwas, um diesem Sturm der Gefühle die Kraft der Vernunft und des guten Willens entgegenzustellen.

Amerikanische Millionen

Novaja Žizn, Nr. 43
8. (21.) Juni 1917

In der Zeitung *Novoje Vremja* [Die Neue Zeit] findet sich die Annonce, daß eine anonyme amerikanische Aktiengesellschaft zwanzig Millionen Dollar ausgeschüttet hat, um Altertümer – Kunstgegenstände aus Gold und Silber –, Bilder, Bronze- und Porzellanarbeiten, also Kunstwerke jeder Art anzukaufen[38].

Zwanzig Millionen Dollar sind mehr als fünfundsiebzig Millionen Rubel; die Sache wird also so richtig im ›amerikanischen Stil‹ aufgezogen. Die Organisatoren dieses Unternehmens rechnen offensichtlich mit solchen Erscheinungen wie die kürzlich erfolgte Plünderung des Palais des Herzogs von Leuchtenberg, die Ausraubung der alten Landgüter des Adels und dergleichen mehr.

Sie rechnen auch mit der allgemeinen Unkultiviertheit aller Schichten unserer Bevölkerung, mit unserer Geringschätzung von Kunstwerken, mit dem schlechten Kurs des russischen Geldes und mit dem Zwang der tragischen Bedingungen, unter denen wir leben.

Die amerikanische Geldlawine wird zweifellos nicht nur die dunklen Typen vom Alexandermarkt, sondern auch gebildetere und kultiviertere Menschen in Versuchung führen[39]. Es würde mich nicht wundern, wenn verschiedene Abenteurer eigene Räuberbanden organisieren, um private und staatliche Kunstsammlungen zu berauben.

Man wird sich noch weniger wundern und empören können,

wenn die Besitzer von Kunstsammlungen von der ›Panik‹ (die von geschickten Politikern aus ›taktischen‹ Gründen erzeugt wird) eingeschüchtert werden und selbst anfangen, die Nationalschätze Rußlands, die schönen Früchte seines künstlerischen Schaffens nach Amerika zu verkaufen.
Trotz unseres lauten Geschreis von Vaterlandsliebe ist diese Liebe selten mehr als Selbstsucht, als gemeiner Egoismus.
Das amerikanische Unternehmen wird selbstverständlich mit amerikanischer Energie durchgeführt; es bedroht unser Land mit großer Verödung; es wird eine Menge schöner Gegenstände aus Rußland verschwinden lassen, deren historischer und künstlerischer Wert nicht einmal mit Millionen zu bezahlen ist.
Dieses Unternehmen wird den verbrecherischen Instinkt der Habgier wecken, und wir werden vielleicht Geschichten erleben, vor denen der phantastische Raub der unsterblichen Mona Lisa aus dem Louvre verblassen wird[40].
Ich glaube, daß die Regierung jetzt ein Gesetz erlassen muß, das die Ausfuhr von Kunstgegenständen und den Verkauf privater Sammlungen verbietet, bevor nicht Bevollmächtigte der Regierung die nationale Bedeutung dieser Sammlung geschätzt haben. Ohne ein solches Gesetz wird der amerikanische Dollarstrom die Sitten in Rußland unvermeidlich verderben, werden seine Nationalschätze geraubt und die Kunstsammler werden ihre Sammlungen panikartig verkaufen.

Unzeitgemäße Gedanken

Novaja Žizn, Nr. 44
9. (22.) Juni 1917

›Jeder Tag hat seine Sorge‹, das ist selbstverständlich, das ist normal. Heute jedoch gibt es zwei ›Sorgen‹: der Kampf der Parteien um die Macht und der Aufbau der Kultur. Ich weiß, daß der politische Kampf unausweichlich ist, trotzdem sehe ich ihn als notwendiges Übel an. Ich bin nämlich fest davon überzeugt, daß der politische Kampf den Aufbau der Kultur unmöglich macht, wenn man die augenblicklichen Bedingungen und gewisse Besonderheiten der russischen Psyche berücksichtigt.

Die Aufgabe der Kultur ist es, im Menschen das soziale Gewissen und die soziale Moral zu entwickeln und zu stärken und alle Fähigkeiten und Talente des einzelnen zu organisieren. Ist diese Aufgabe in diesen Tagen der allgemeinen Vertierung überhaupt durchführbar?
Bedenken Sie doch, was um Sie herum geschieht: jede Zeitung, die ja ihren Wirkungsbereich hat, infiziert tagtäglich ihre Leser mit den schändlichsten Gefühlen, mit Bosheit, Lüge, Heuchelei und Zynismus usw.
In dem einen weckt man Menschenfurcht und Menschenhaß, in dem anderen Verachtung und Rachlust, den dritten ermüdet man mit eintönigen Verleumdungen, steckt ihn mit gleichgültiger Verzweiflung an. Diese Wirkungsweise von Leuten, die an einer Entzündung ihrer dunklen Instinkte erkrankt sind, steht zu den Zielen der Kultur und ihrer Verbreitung in scharfem Gegensatz.
Die Revolution wurde aber im Interesse der Kultur gemacht und durch das Wachsen der kulturellen Kräfte und der kulturellen Bedürfnisse hervorgerufen.

*

Der Russe, der seine gewohnten Lebensbedingungen durch den Krieg und die Revolution bis zu den Grundlagen erschüttert sieht, brüllt, so laut er kann, man möge ihm mit der Kultur zu Hilfe kommen. Er wendet sich mit seinem Gebrüll immer an ›die Zeitung‹ und verlangt von ihr die Lösung der verschiedensten Probleme.
Da schreibt mir zum Beispiel eine Gruppe Soldaten der ›Kaukasus-Armee‹:
»Von Tag zu Tag häufen sich die Fälle, daß Soldaten ihre untreuen Frauen aufs grausamste bestrafen. Bemühen Sie sich doch bitte darum, daß einsichtige Leute und die sozial eingestellte Presse diese epidemische Erscheinung bekämpfen und den Soldaten erklären, daß die Weiber unschuldig sind. Wir, die diese Zeilen schreiben, wissen, wer schuld ist, wir klagen die Frauen nicht an, denn kein Mensch kann gegen seine Natur leben und gegen das, wozu diese ihn bestimmt hat.«
Hier noch weitere Mitteilungen zum gleichen Thema:
»Ich schreibe diesen Bericht im Zug, wo ich ihn von einem Soldaten gehört habe. Er gestand mir mit Tränen des Zorns, er

sei von der Front desertiert, um seine beiden kleinen Kinder, die seine liederliche Frau im Stich gelassen hatte, irgendwo unterzubringen. Er schwört, er werde noch mit ihr abrechnen. Wegen der Frauen sind schon Hunderte und Tausende desertiert. Was kann man dagegen tun?«

»In Rostov am Don führten die Soldaten eine Ehebrecherin mit aufgelösten Haaren nackt durch die Straßen, schrien ihre Schandtat aus und trommelten auf einem zerbrochenen Eimer hinter ihr her. Diese Abscheulichkeit hatten der Mann der Frau und ihr Liebhaber, ein Feldwebel, organisiert.

Gestatten Sie mir die Bemerkung, daß die Angst vor der Schande den Trieb nicht bezähmen kann und daß außerdem noch Kinder diese Schande mitansehen müssen. Warum schweigt die Presse dazu?«

Hier ist ein Brief, der die ›Frauenfrage‹ auf einer anderen Ebene berührt:

»Bitte erklären Sie uns in einem eingeschriebenen Brief oder ausführlich in Ihrer Zeitung, wie man die angeordnete Gleichberechtigung der Frau verstehen soll und was die Frauen jetzt alles tun dürfen.

Die Bauern, die diesen Brief unterschrieben haben, sind durch das Gesetz äußerst beunruhigt, da es die Gesetzlosigkeit vergrößern muß, wenn das Dorf jetzt vom Weibe abhängt. Die Familie ist abgeschafft, es folgt der Ruin der ganzen Wirtschaft des Dorfes.«

Weiter heißt es dann:

»Ich teile Dir mit, Du Freund des Volkes, daß in den Dörfern fürchterlicher Unsinn geschieht; den Soldatenfrauen teilt man das schlechteste Land zu, das völlig unbrauchbar ist, und die Weiber beginnen ein furchtbares Geheul. Wenn nach dem Krieg ihre Männer heimkommen, wird es die schönsten Schlägereien geben. Man muß den Bauern genau erklären, daß sie bei den Zuteilungen gerecht verfahren.«

Am Schluß heißt es:

»Schicken Sie uns ein Büchlein über die Frauenrechte!«

Ich habe nur aus einigen der vielen Briefe, die dieses Thema behandeln, zitiert; es gibt aber noch ein Thema, das in den Briefen immer wiederkehrt: es ist die Bitte um Bücher über die verschiedensten Fragen.

Man schreibt mir über das Verhältnis zu den Popen, erkundigt sich, ›ob die Auswanderungsgesetze geändert werden‹, bittet mich, etwas ›vom amerikanischen Staat‹ zu erzählen, oder fragt, wie man die Syphilis behandeln soll und ob es ein Gesetz gibt, ›nach dem sich alle Kriegsinvaliden an einem Ort versammeln sollen‹; man schickt uns ›Bittschriften‹, daß man den Soldaten Zwiebeln in den Schützengraben schicken solle, denn ›Zwiebeln sind sehr gut gegen den Skorbut‹.

Alle diese ›Bittschriften‹, ›Mitteilungen‹ und ›Anfragen‹ finden in der Presse, die mit erbittertem und gehässigem Gezänk beschäftigt ist, keinen Raum. Die Herausgeber der Zeitungen vergessen anscheinend, daß außerhalb ihrer Einflußsphäre viele Millionen Menschen stehen, in denen der Instinkt für den Kampf um die Macht noch schlummert, die aber bereits danach streben, die Formen ihrer Lebensweise neu zu gestalten.

Wenn diese Millionen sehen, welch unheilvollen Zielen die ›Redefreiheit‹ dient, werden sie diese leicht zutiefst verachten lernen, und das wird ein kaum wiedergutzumachender Fehler sein.

Wäre es denn nicht möglich, der Unzucht mit dem Wort etwas weniger Raum zu widmen, aber den lebendigen Interessen der Demokratie etwas mehr? Haben wir denn nicht alle dasselbe Interesse daran, daß die Menschen den objektiven Wert der Kultur und ihre allgemeine Schönheit kennenlernen?

Helft!

Novaja Žizn, Nr. 50
16. (29.) Juni 1917

Drei Jahre ein blutiger Alptraum, der die Blüte der Bevölkerung Europas vernichtet hat; drei Jahre lang hat ganz Europa in einem Blutrausch seine gesündesten, kräftigsten Söhne vernichtet.

Die Geschichte hat als dringendstes Problem die Frage nach der Zukunft des Landes zur Sprache gebracht und fordert unverzüglich eine Antwort. Wenn wir nicht sofort für die Zukunft zu arbeiten beginnen, werden wir völlig verarmen und vertieren. Allen Ländern wird es schwerfallen, sich von dieser schweren, lang anhaltenden und verheerenden Katastrophe zu erholen und Rußland ganz besonders. Die Bevölkerung – in den Kneipen des zaristischen Regimes jahrhundertelang unter Alkohol gesetzt; die Bauern mit Syphilis verseucht; Kindersterblichkeit – 50 % bis zum fünften Lebensjahr; nahezu hundertprozentiges Analphabetentum und Unwissenheit. Wenn wir nicht sofort alle Kräfte zur Rettung der Zukunft Rußlands und seiner Kinder aufbieten, wird ein großes Land, ein großes Volk untergehen.

Der Arbeiterverband der Zigarettenfabriken hat auf dem Gebiet der Kinderfürsorge einen ersten zaghaften Versuch gemacht: ungefähr tausend Kinder wurden zur Erholung geschickt, ins Grüne, in die Sonne. Aber die Aufrufe an Pädagogen, an die Liga für Soziale Erziehung und an die Intelligenz fanden keinen Widerhall, und niemand will die kulturelle Führung unseres Arbeitervorhabens übernehmen.

Lehrer, Kindergärtnerinnen, Intellektuelle! Antwortet, helft! Eine Verzögerung bedeutet Tod.

Der Vorsitzende des Verbandes *A. Kaplan*

Findet dieser vernünftige und leidenschaftliche Aufruf bei der Intelligenz wirklich keine Sympathie und kein Echo? Ist es möglich, daß Menschen, deren Nerven der Lärm des politischen Kampfes noch nicht abgestumpft hat, nicht begreifen, wie wichtig das Vorhaben Kaplans ist?

Die ganze Welt, wir alle sehnen uns nach dem ehrlichen, gesunden Menschen, wir lieben ihn in unseren Träumen. Ist das nur eine literarische Sehnsucht, eine platonische, blutleere Liebe?

Der Versuch des ›Arbeiterverbands der Zigarettenfabriken‹ müßte die Aufmerksamkeit der Intellektuellen erregen. Denn hier hätten sie eine wunderbare Gelegenheit, auf dem Gebiet der Sozialpädagogik produktiv zu arbeiten und die kulturellen Bedürfnisse und Wünsche der Arbeiter wirklich kennenzulernen. Ich bin überzeugt, daß die Gefühle und Neigungen, die in den letzten Monaten bei den Intellektuellen aufkamen, sich dann ändern würden: Ihr Skeptizismus und ihre starken Zweifel könnten erschüttert werden. Beides ist eine Folge der Hetzkampagnen in der Presse, die von siebengescheiten Politikern geschürt werden, von Leuten, die nur taktieren.

Aber das ist nicht so wichtig. Als erstes müssen wir – ich glaube, daß das möglich ist – die Kinder aus der schädlichen Atmosphäre der Stadt herausbringen, die sie verdirbt. Darüber ist sehr viel geredet worden, aber jetzt, da die Arbeiter selbst begonnen haben, das zu tun, finden sie keine Hilfe. Das bedeutet wieder einmal:

Uns wurden edle Regungen zuteil,
Doch nichts zu vollenden ward uns gegeben[41].

Unzeitgemäße Gedanken

Novaja Žizn, Nr. 52
18. Juni (1. Juli) 1917

Die Gleichberechtigung der Juden ist die schönste Errungenschaft unserer Revolution. Wir haben Juden und Russen als gleichberechtigt anerkannt und damit ein blutiges und schmutziges Schandmal aus unserem Gewissen getilgt.

Wir haben kein Recht, auf diese Tat stolz zu sein. Wir können und dürfen uns nicht für die ›Wohltäter der Juden‹ halten, wie es einige ›gutmütige‹ und ›weichherzige‹ Russen in Briefen an mich tun; denn die Juden haben viel ehrlicher und energischer für die politische Freiheit Rußlands gekämpft als viele Russen, unter ihnen gab es viel weniger Renegaten und Provokateure.

Diese gutmütigen und weichherzigen Menschen verstehen es übrigens ausgezeichnet, sich gegenseitig schamlos zu beschimpfen.

Wir haben die Juden aus ihren ›Ansiedlungsrayons‹ und aus ihrem für uns so beschämenden ›Kerker der Ausnahmegesetze‹ befreit und haben damit unserem Vaterland geholfen, die Energie von Menschen für sich nutzbar zu machen, die besser zu arbeiten verstehen als wir selbst. Es ist außerdem allgemein bekannt, daß wir dringend Menschen brauchen, die die Arbeit lieben.

Wir haben also keinen Grund, stolz zu sein, aber wir sollten uns freuen, daß wir endlich etwas Gutes, Moralisches und Nützliches tun konnten.

Aber von dieser Freude ist nichts zu spüren, wahrscheinlich weil wir keine Zeit haben, uns zu freuen: Die ›hohe Politik‹ nimmt uns alle völlig in Anspruch. Das folgende Kannibalenliedchen verdeutlicht recht gut den Sinn dieser ›Politik‹:

Tiger lieben Marmelade,
der Mensch frißt seinen Nächsten auf.
Ach, welche Wonne erheitert Herz und Sinn,
die Knochen seines Nächsten abzunagen.

Hierbei empfindet man keine Freude, aber der Antisemitismus lebt und erhebt wieder ganz leicht und vorsichtig sein scheußliches Haupt, zischt, verleumdet und verspritzt giftigen Haß.

Worum geht es eigentlich? Man bedenke: Unter den anarchistisch gesinnten Bolschewiken befinden sich zwei Juden. Ich glaube, sogar drei. Manche haben bis zu sieben gezählt und sind überzeugt, daß diese sieben Simsons den von hundertsiebzig Millionen Menschen bewohnten Tempel Rußlands in die Luft sprengen werden.

Das könnte man als lächerlich und dumm abtun, wenn es nicht so niederträchtig wäre.

Der rachsüchtige Gott der Juden rettete um eines einzigen Gerechten willen eine ganze Stadt von Sündern. Menschen, die sich zum milden Christus bekennen, glauben, das ganze jüdische Volk müsse für die Sünden von zwei oder sieben Bolschewiken büßen.

Wer so urteilt, muß aber auch zugeben, daß alle Bewohner des Simbirsker Gouvernements sowie der angrenzenden Gebiete für den reinrassigen russischen Sünder Lenin einstehen müssen.

Unter den Menschewiken gibt es bedeutend mehr Juden, aber meine Korrespondenten stellen sich unwissend und behaupten, alle Juden seien Anarchisten.

Das ist eine üble Verallgemeinerung. Ich bin überzeugt, ja, ich weiß, daß viele Juden Rußland vernünftiger lieben als sehr viele Russen.

Das nehmen die meisten nicht wahr, obwohl es jedem in die Augen springen muß, der die Artikel jüdischer Journalisten liest.

Viele Juden arbeiten bei der Zeitung *Reč*, die man zwar nicht lieben kann, die aber nichtsdestoweniger eine angesehene Zeitung ist. Auch unter den Mitarbeitern der *Novoje Vremja* gibt

es Juden, und diese Zeitung nannte *Reč* vor kurzem ein ›Judenblatt‹.
Die Mitarbeiter von *Reč* zeigten keine Spur von Sympathie für die Bolschewiken.
Es gibt noch tausend andere Beweise, daß die Gleichung ›Jude = Bolschewik‹, die von den animalischen Instinkten aufgereizter Russen aufgestellt wurde, dumm ist.
Ich werde diese Beweise selbstverständlich nicht antreten: Anständige Menschen brauchen sie nicht, für die anderen sind sie nicht überzeugend.
Idiotie ist eine Krankheit, die sich mit Argumenten nicht heilen läßt. Für diejenigen, die an dieser Krankheit leiden, ist es klar: Weil es unter den Bolschewiken siebeneinhalb Juden gibt, ist das jüdische Volk an allem schuld. Folglich . . .
Folglich empfindet der anständige und gesunde Russe wieder Angst und qualvolle Schande für Rußland und den russischen Dickschädel, der in schwierigen Lebenslagen seinen Feind immer außerhalb seiner selbst sucht und nicht in seiner abgrundtiefen Dummheit.
Ich hoffe, daß meine zahlreichen Korrespondenten mit dieser Antwort zur ›jüdischen Frage‹ zufrieden sind.
Und ich füge noch hinzu: für mich gibt es diese Frage nicht mehr.
Ich glaube nicht an einen Erfolg der verleumderischen antisemitischen Propaganda. Ich glaube an die Vernunft des russischen Volkes, an sein Gewissen, an sein aufrichtiges Streben nach Freiheit, die jede Vergewaltigung des Menschen ausschließt. Ich glaube, daß ›alles vergeht und nur die Wahrheit bleibt‹[41].

Unzeitgemäße Gedanken

Novaja Žizn, Nr. 59
27. Juni (10. Juli) 1917

Ein angesehener Bürger schreibt mir:
»Man wird von Grauen gepackt, wenn man auf den Straßenversammlungen hört, wie sich Soldaten, die so eifrig die ex-

tremsten Parolen der Leninisten verteidigen, von der Pogromhetze gewisser Leute verführen lassen, die ihnen einreden, der jüdische Einfluß im ›Arbeiter-und-Soldaten-Rat‹ sei übermächtig. Einmal fragte ich einen Soldaten, wie er die ›soziale Revolution‹ mit einer feindseligen Haltung gegen andere Nationen vereinbare. Er antwortete mir:
›Wir sind ungebildete Leute, es ist doch nicht Sache der Soldaten, sich in so verwickelten Fragen auszukennen‹.«
Ein anderer Korrespondent, eine Frau, teilt mir mit:
»Als ich zu einem Straßenbahnschaffner sagte, die Sozialisten kämpften für die Gleichheit aller Völker, entgegnete er mir:
›Wir pfeifen auf die Sozialisten! Der Sozialismus ist eine Erfindung der reichen Leute, wir Arbeiter sind Bolschewiken‹.«
Vor dem Zirkus ›Modern‹ unterhalten sich einige Soldaten und Arbeiter mit einem jungen, nervösen Studenten:
»Wenn wir miteinander so heftig streiten wie ihr und wenn wir nichts mehr lernen . . .« schreit der Student hysterisch.
»Warum etwas lernen?« fragt streng ein älterer Soldat.
»Was kannst du mir beibringen? Wir kennen euch, ihr Studenten habt immer rebelliert. Wir sind jetzt dran, nieder mit euch, nieder mit der Bourgeoisie!«
Ein Teil der Zuschauer lacht, aber ein Stutzer, der aussieht wie ein Friseur, sagt erregt:
»Es stimmt, Genossen! Die Intellektuellen haben uns nun lange genug herumkommandiert. Jetzt, wo alle die gleichen Rechte haben, werden wir auch ohne sie auskommen.«
Große und drohende Gefahren verbergen sich hinter dieser erregten Unwissenheit.
Mehr als einmal habe ich auf nächtlichen Versammlungen auf der Petrograder Seite gehört, wie man dem Sozialismus den Bolschewismus gegenüberstellte, die Intellektuellen beschimpfte und noch viele ähnlich dumme und schädliche Meinungen äußerte[42]. Das geschieht im Zentrum der Revolution, wo die Ideen bis zum Äußersten zugespitzt und von wo aus sie über unser ganzes finsteres, ungebildetes Land verbreitet werden.
Werden jetzt in unserem Land alle vernünftigen und revolutionären Kräfte vereinigt? Wächst die Energie, die für den Aufbau der Kultur notwendig ist?
Es gibt sicher Symptome, die eine negative Antwort nahelegen.

Eines dieser Symptome ist die immer deutlichere Abneigung der Intellektuellen, unter den Massen zu arbeiten, außerdem die hier und dort auftretenden Bestrebungen, selbständige, nur für Intellektuelle bestimmte Organisationen zu gründen. Es gibt offenbar Gründe, die den Intellektuellen von der Masse abstoßen; ein Grund ist sehr wahrscheinlich das skeptische, oft sogar feindselige Verhalten ungebildeter Leute dem Intellektuellen gegenüber, ein Verhalten, das der Masse jeden Tag von allen möglichen Demagogen eingetrichtert wird.
Diese Spaltung ist vielleicht für die Arbeiterintelligenz sehr nützlich: sie kann sich zu einer einzigen eindrucksvollen Organisation vereinigen, die viel kulturelle Arbeit zu leisten vermag.
Da sich die Arbeiterintelligenz jedoch immer mehr von den Massen entfernt, sich nur von ihren eigenen Interessen, Aufgaben und Stimmungen leiten läßt, wird sie die Kluft zwischen Instinkt und Intellekt vergrößern und vertiefen; diese Kluft ist unser Unglück, ihretwegen sind wir unfähig zu arbeiten und haben beim Schaffen neuer Lebensbedingungen keinen Erfolg.
Die Masse – in einer Atmosphäre wüstester Demagogie ohne Führung sich selbst überlassen – wird mit noch weniger Erfolg nach Unterschieden zwischen den Arbeitern und dem Sozialismus suchen, nach Gemeinsamkeiten zwischen der ›Bourgeoisie‹ und der Arbeiterintelligenz.
Aber unter der Arbeiterintelligenz werden Rufe laut, die zweifellos von wohlmeinenden Absichten und Regungen diktiert sind, jedoch die Energie der Intellektuellen von den Interessen der Massen und von den aktuellen Bedürfnissen ablenken.
In den *Izvestija Juga* [Nachrichten des Südens], einem Organ der Arbeiter-und-Soldaten-Räte von Charkov und Umgebung, schreibt ein gewisser Ivan Stankov:

> Der Sozialismus hat eine ungeheuer wichtige Aufgabe zu lösen: Er muß das kulturelle Niveau heben, die Persönlichkeit und die Volksbildung fördern. Unsere Losung ist: Wir müssen der Sonne, der Schönheit und dem Wissen die Türen weit öffnen, und zwar für das ganze Volk. Dann gibt es keine Ungebildeten mehr, dann ist die Trennung in Gebildete und Ungebildete nur noch ein skurriles Überbleibsel des alten Regimes, der alten Schulen und Systeme.

Die Propagierung und baldige Verwirklichung der Idee, das Niveau der ›nationalen‹ Bildung zu heben, ist nach meiner Überzeugung eine dringende und äußerst wichtige Aufgabe des Sozialismus. Eine ehrliche, vereinigte Intelligenz muß diese Aufgabe als ihre Pflicht gegenüber dem Volk ansehen und zum Ausgangspunkt all ihrer Bemühungen machen. Außerdem muß diese Aufgabe zusammen mit der allgemeinen Plattform der sozialistischen Forderungen aller Parteien ein Teil des neuen Aufbaus sein. Nur eine von den Übeln des bürgerlichen Systems gereinigte Bildung wird die Sonne, die Wahrheit für das Volk sein. Sie wird die Sonne der Vernunft und der Schönheit sein.

Das sind schöne Worte. Der Aufruf des Exekutivkomitees des Charkover Sowjets der Arbeiterintelligenz ist noch besser geschrieben:

An die Arbeiterintelligenz von Charkov. Dieser Aufruf ist an euch gerichtet.

Es ist eine böse Ironie des Schicksals, daß die russische Intelligenz den Leidensweg der Volksbefreiung mit den Gebeinen ihrer Märtyrer besät und im Verlauf ihrer Geschichte eine große erzieherische und organisatorische Arbeit geleistet hat, im gegenwärtigen Moment, wo alles organisiert ist, selbst unorganisiert ist. Die Intelligenz hat zwar andere organisiert, aber sie hat vergessen oder versäumt, sich selbst als Klasse zu organisieren. Die Arbeiter, Bauern und Soldaten haben sich mit unmittelbarer Teilnahme der Intelligenz organisiert; rechts organisiert sich die Bourgeoisie immer stärker; nur die Arbeiterintelligenz, die viel weiß und reiche gesellschaftliche Erfahrungen hat, bleibt ungeeint und in alle Winde verstreut.

Die Klasse, die besser als alle anderen zur gesellschaftlichen Arbeit und zum Klassenkampf ausgerüstet ist – mit aktiven Traditionen und hohen sozialen Idealen – muß den Ereignissen, auf die sie keinen Einfluß hat, hinterherlaufen.

Hier ist nicht der Ort, die Gründe darzulegen, aber es ist eine unbestreitbare Tatsache, daß die Klasse der Arbeiterintelligenz als ganze sich gegenwärtig keiner der bestehenden gesellschaftlichen Gruppen anschließen kann.

Daraus folgt, daß sie unbedingt eine unabhängige Organisation bilden muß.

Alle Voraussetzungen zu einer solchen Organisation sind vorhanden. Es ist eine entscheidende ökonomische Tatsache, daß es Lohnarbeit gibt. Deshalb wird die Klasse der Arbeiterintelligenz den Produkten ihrer Arbeit entfremdet, denn sie muß sich an das Kapital verkaufen. Diese Tatsache ist die Basis, auf welcher der größte Teil der Arbeiterintelligenz steht; das ist die eiserne Kette, die sie zu einem unteilbaren Ganzen zusammenschmiedet.

In diesem Sinne ist die Arbeiterintelligenz ein Teil der großen Klasse des heutigen Proletariats, eines der Glieder der großen Arbeiterfamilie.

Indem wir die Arbeiterintelligenz als Teil der Arbeiterklasse definierten, haben wir auch ihr soziales Wesen definiert.

Die Klasse der Arbeiterintelligenz, die sich ihrer selbst bewußt geworden ist, kann nur sozialistisch sein.

Die große russische Revolution ist nicht beendet, sie geht weiter. Unser Land muß enorme, wahrhaft furchterregende gesellschaftliche Aufgaben bewältigen, die gebieterisch eine Lösung verlangen: die Beendigung des Krieges und die Neuordnung des Staates, die Lösung des Bodenproblems und die Organisation der Volkswirtschaft, die sich in einer ernsten Krise befindet.

Genossen, Arbeiterintelligenz von Stadt und Gouvernement Charkov! Folgt dem Beispiel des Herzens Rußlands!

Moskau, wo die Intelligenz des Proletariats einen mächtigen Rat der Arbeiterintelligenz gebildet hat, folgt dem Beispiel anderer Arbeiter-, Soldaten- und Bauernräte! Bildet euren eigenen Charkover Rat der Arbeiterintelligenz!

Nur in der Einheit ist Stärke, nur in der Solidarität ist Macht.

Das Bestreben der Arbeiterintelligenz, selbständige Organisationen zu gründen, zeigt sich nicht nur in Moskau und Charkov. Dieses Bestreben ist vielleicht unvermeidlich und vollkommen gerechtfertigt, aber wird die Volksmasse auf diese Weise nicht ihres Hauptes beraubt?

Auf jeden Fall erhebt sich die bange Frage: Ist das eine Vereinigung der Kräfte, oder fallen sie auseinander?

Unzeitgemäße Gedanken

Novaja Žizn, Nr. 61
29. Juni (12. Juli) 1917

Wenn man die Leute reden hört, scheinen sich alle darin einig zu sein, daß der russische Staat in allen Fugen kracht und wie ein alter Kahn bei Hochwasser auseinanderfällt.

Niemand scheint zu bestreiten, daß der kulturelle Aufbau notwendig ist. Und wahrscheinlich wird auch niemand dem widersprechen, daß wir unsere Mitmenschen äußerst vorsichtig behandeln und den Tatsachen große Aufmerksamkeit schenken müssen. Niemals zuvor benötigten wir so dringend wie jetzt genaue, mutige und wahre Bewertungen der Erscheinungen des Lebens, das bis auf den Grund aufgewühlt ist; diese Erscheinungen bedrohen uns alle in unserem eigenen Land mit dem ewigen chinesischen Verfall.

Aber unsere Bewertungen, Schlußfolgerungen und Entwürfe waren noch nie so traurig übereilt wie in diesen tragischen Tagen.

Ich bin mit den ironischen Äußerungen Vl. Karenins, der ein ausgezeichnetes Buch über George Sand geschrieben hat, vollkommen einverstanden[43]:

»Politiker, ob Konservative oder Liberale, sind Leute, die davon überzeugt sind, die Wahrheit zu kennen und das Recht zu haben, andere ihrer Irrtümer wegen zu verfolgen . . .«

Um der Gerechtigkeit willen würde ich neben Konservativen und Liberalen noch die radikalen Revolutionäre und die Proselyten des Sozialismus nennen.

Der ›Kampf um die Macht‹ ist unvermeidlich; aber über wen werden die Sieger ›herrschen‹, wenn es nur noch Schutt und Asche gibt?

Die Begeisterung für die Politik scheint jedes gesunde Interesse an der Kultur völlig auszuschließen; das ist wohl kaum nützlich für unser krankes Land und seine Bewohner, deren Gehirne ›der Teufel mit dem Stock umgerührt hat‹. Ich erlaube mir, auf folgende Tatsache hinzuweisen: ›Die freie Vereinigung zur Förderung und Verbreitung der Naturwissenschaften‹ findet für ihre Ziele bei den demokratischen Massen ein sehr großes Interesse.

Da schreiben zum Beispiel die ›Trainsoldaten des Nižnij-Novgoroder Dragonerregiments‹, die ihre Spende für den Fonds des ›Wissenschaftlichen Instituts‹ schicken, daß »diese Vereinigung eine große Sache ist«. Der Beamtenverband von Poltava nennt das Institut von Poltava »eine Angelegenheit des ganzen Volkes« usw. Ich könnte Dutzende solcher Äußerungen von Soldaten, Arbeitern und Bauern anführen; alle diese Äußerungen zeugen von einem tiefen Verlangen nach Bildung und von einem tiefen Verständnis für den dringenden Aufbau der Kultur.
Die hauptstädtische Presse verhielt sich dazu anders: Als die ›Vereinigung‹ einen Aufruf über ihre Ziele und Bedürfnisse an die führenden Zeitungen von Petrograd schickte, druckte ihn keine einzige von ihnen ab, außer *Novaja Žizn*. Es soll ein ›Museum zum Andenken an die Freiheitskämpfer‹ gegründet werden, eine Art Institut für Sozialwissenschaften und Volksbildung. Nur die Zeitung *Reč* widmete dieser Sache wenigstens ein paar freundliche Zeilen.
Es soll eine ›Liga für soziale Erziehung‹ gebildet werden, die sich u. a. den Straßenkindern im vorschulpflichtigen Alter widmen soll. Dies ist die beste Methode, das Rowdytum zu bekämpfen, und gibt uns die Möglichkeit, in der Seele des Kindes die Grundlagen sozialen Bewußtseins zu schaffen.
Das ›freie Wort‹ der hauptstädtischen Presse schweigt darüber. Sie schweigt auch zu dem ›Parteilosen Verband der Jugend‹, in dem bereits Tausende von Mädchen und Jungen von 13 bis 20 Jahren organisiert sind. In der ›Provinz‹ werden kulturelle Einrichtungen aufgebaut, und man kann, ohne zu übertreiben, sagen, daß in Dutzenden von Dörfern und Kreisstädten ›Volkshäuser‹ errichtet werden, daß sich ein lebhaftes Streben nach Wissenschaften, nach Wissen schlechthin beobachten läßt[44].
Die hauptstädtische Presse schweigt sich über diese hoffnungsvollen Erscheinungen aus, sie ist ja auch leidenschaftlich damit beschäftigt, den Bürger mit der Anarchie zu schrecken und diese dadurch noch zu fördern.
Die Petrograder Zeitungen machen den Eindruck eines sinnlosen ›Jüngsten Gerichts‹, bei dem alle Beteiligten zugleich Richter und Angeklagte sind.
Wenn man unseren einflußreichen Zeitungen trauen wollte, so müßte man zu dem Schluß kommen, daß es im ›Heiligen

Rußland‹ keinerlei ehrliche und kluge Menschen gibt. Wenn man den Aussagen der Journalisten Glauben schenkt, dann ist die Revolution unser größtes Unglück, da sie uns alle verdorben und um den Verstand gebracht hat. Diese Aussage wäre furchtbar, wenn sie nur nicht so dumm wäre und wenn man sie nicht im Zustand von ›Jähzorn und Wut‹ aufgestellt hätte. Man behauptet, auf der Straße sei ein scheußlich grobes Verhältnis zum Menschen üblich geworden. Das ist nicht wahr!

Auf den nächtlichen Kundgebungen werden die drängendsten Fragen mit flammender Leidenschaft diskutiert; aber fast nie hört man persönliche Beleidigungen, Kraftausdrücke und Schimpfworte.

In den Zeitungen geht es schlimmer zu:

›Schurken‹ nennt die *Birževka*[45] [Börsenzeitung] irgendwelche Menschen, die anderer Meinung sind als sie. Worte wie Dieb, Betrüger, Dummkopf gelten als harmlos und erlaubt. Das Wort ›Verräter‹ hört man heute so häufig wie früher in den Wirtshäusern den Ruf ›Mensch‹[46].

Diese Hemmungslosigkeit, diese Unzucht mit dem Wort weckt traurige und bange Zweifel, ob das Klagegeschrei der Presse vom Untergang der Kultur und von der Notwendigkeit ihrer Rettung aufrichtig ist. Das sind keine Schreie des Herzens, sondern nur taktische Rufe. Die Kultur ist aber tatsächlich in Gefahr; man muß diese Gefahr aufrichtig fühlen, und man muß mutig gegen sie kämpfen.

Sind wir dazu überhaupt fähig?

*

Hier ein Beispiel, wie die Presse mit Tatsachen umgeht.

In der einen Zeitung liest man:

> Am Sonntagabend hat der Kosakenleutnant Fëdorov auf dem Bogoslavskij-Friedhof einen Kranz und mehrere Fahnen, die das Grab des Anarchisten Asnin schmückten, mit dem Säbel zerhauen. Die Polizisten des 3. Vyborger Unterbezirks, die sich auf dem Friedhof befanden, verhafteten den Kosakenleutnant und brachten ihn ins Kommissariat, wo ein Protokoll über Fëdorovs Ordnungsstörung auf einem öffentlichen Platz aufgenommen wurde. Eine Stunde später erschienen auf dem Kommissariat etwa fünfzehn Anarchisten und forderten, man solle den Verhafteten an

sie ausliefern. Der Kommissar weigerte sich, Fëdorov auszuliefern, und ließ ihn zum Militärkommandanten des Poljuostrover-Bezirks bringen, von wo aus der Leutnant von berittenen Kosaken eskortiert nach Hause gebracht wurde.

In der anderen Zeitung:

Man berichtete uns, es habe bei dem Begräbnis des in der Datscha Durnovo getöteten ›Anarchisten‹ Asnin einen Zwischenfall gegeben, der beinah zu einem blutigen Zusammenstoß geführt hätte.

Die Anarchisten hatten aus irgendeinem Grund den griechisch-orthodoxen Bogoslavskij-Friedhof gewählt und auf dem Grab Asnins ein Kreuz errichtet. Die Kosaken, die sich zufällig auf dem Friedhof befanden, protestierten gegen die Beisetzung Asnins auf dem Bogoslavskij-Friedhof und entfernten das Kreuz.

Die Anarchisten wollten das Grab verteidigen, aber die Kosaken zogen blank und wiesen sie zurück[47].

Sind das zwei verschiedene Tatbestände?

Nein, hier wird derselbe Tatbestand nur von zwei verschiedenen Standpunkten aus beleuchtet.

Wenn ein Mensch, der zu denken gewohnt ist, die zweite Meldung liest, wird er manches bezweifeln; zum Beispiel, daß die Anarchisten ein Kreuz errichtet haben. Die Entfernung des Kreuzes vom Grab wird die religiösen Menschen beleidigen. Der Bürger wird zusammenfahren, wenn er hört, daß ›blankgezogen‹ wurde.

Stellt man beide Meldungen nebeneinander, fragt man sich natürlich: ›Wo ist hier die Wahrheit?‹

Und noch mehr zweifelt man natürlich am erzieherischen Wert der ›Redefreiheit‹, dieses ›Wunders unter allen Wundern Gottes‹[48].

Werden wir in diesem Schmutz, den wir selbst so eifrig vermehren, nicht versinken?

An die Genossen Arbeiter

Novaja Žizn, Nr. 64
2. (15.) Juli 1917

Die Tuberkulose ist einer der gefährlichsten Feinde des Menschen. An dieser Krankheit leidet fast ein Drittel der Stadtbevölkerung. Diese Krankheit wirkt sich im Arbeitermilieu besonders grausam aus. Das Sumpfklima und der Schmutz Petrograds sowie die Bedingungen, unter denen wir leben müssen, fördern die Verbreitung dieser unheilvollen Seuche noch mehr.

Ihr wißt selbst, wie viele von euch die Schwindsucht haben, wie viele kranke Kinder ihr in die Welt setzt, wieviel schwer verdientes Geld ihr ausgeben müßt, um eure eigene Gesundheit und die eurer Familien wenigstens für kurze Zeit zu erhalten. Aber bei häuslicher Behandlung ist der Kampf gegen die Tuberkulose fast hoffnungslos.

Wenn wir die Schwindsucht mit Erfolg bekämpfen wollen, müssen wir außerhalb der Stadt Sanatorien bauen. Saubere Luft, gute Ernährung und lange Behandlung sind unbedingt notwendig.

Ihr, eine Kraft, die ein ungeheuer großes Kapital und mächtige Organisationen schafft, müßt endlich anfangen, Verhältnisse zu schaffen, die zur Erhaltung eurer Gesundheit und auch der Gesundheit eurer Kinder erforderlich sind. Ihr wißt doch: »Nur in einem gesunden Körper wohnt ein gesunder Geist«.

Ihr müßt nicht nur gesund sein, damit eure körperliche Arbeit zum Wohl des ganzen Landes produktiver wird, ihr müßt auch deshalb gesund sein, damit ihr ein geistiges Leben führen könnt, im sozialen Kampf standhaft seid und eure Bürgerrechte zu verteidigen und zu erweitern wißt. Vergeßt nicht, daß ihr in einem Land lebt, in dem 85 % der Bevölkerung Bauern sind, unter denen ihr nur eine kleine Insel mitten im Ozean seid; daß sich die Industrie in Rußland nur langsam entwickelt, was das Anwachsen der Arbeiterklasse erschwert. Ihr seid allein, euch erwartet ein langer, harter Kampf, der die größten Anstrengungen von euch verlangt.

Ihr müßt für euch selbst sorgen und ihr habt die Möglichkeit, euer Leben so einzurichten, wie ihr es braucht.

Um euch selbst zu erhalten und euch selbst zu schützen, müßt ihr, das Proletariat Petrograds, für eure Schwindsüchtigen mehrere Sanatorien einrichten. Einer der kaiserlichen Parks außerhalb der Stadt wäre ein geeigneter Ort dafür.
Ihr könnt diese Einrichtungen, die ihr so nötig braucht, mit einem Schlag aufbauen, so rasch wie der Zauberer im Märchen die herrlichen Schlösser.
Alle Arbeiter der Hauptstadt brauchen nur einen Tageslohn zu spenden – und schon ist das Sanatorium fertig. Bei der technischen Organisation könnte euch die ›Freie Vereinigung der Wissenschaftler zur Förderung und Verbreitung der Naturwissenschaften‹ helfen.
Schafft eine vorbildliche Einrichtung, auf die eure Kinder und Enkel stolz sein werden, weil sie die erste Tat eines freien Schaffens war.
Wenn ihr diese große Tat vollbringt, werden euch alle Arbeiter Rußlands nacheifern, und ein Netz medizinischer, wissenschaftlicher und pädagogischer Einrichtungen des Proletariats wird unser Land überziehen. Ich wiederhole: Ihr seid eine Macht und müßt endlich begreifen, wieviel ihr für euch selbst und für die Kultur unseres ganzen Landes tun könnt.
Bedenkt: An einem einzigen Tag könnt ihr einen Fonds zur Organisierung eines Sanatoriums gründen, einen Monat später gründet ihr in Petrograd eine Tagesschule für eure Kinder im nichtschulpflichtigen Alter, indem ihr einen Tageslohn einbehaltet; noch einen Monat später gründet ihr eine Sommerkolonie auf dem Land und gebt auf diese Weise allen unseren Kindern die Möglichkeit, den schwülen Sommer außerhalb der Stadt zu verbringen.
Der Rat des Werk- und Fabrikkomitees des Neva-Bezirks ist schon dabei, ein kleines Sanatorium für die Kranken seines Bezirks einzurichten. Die Leitung des Sanatoriums hat ein Mitglied der ›Vereinigung‹, Dr. I. I. Manuchin, der zur Heilung der Tuberkulose ein spezielles Verfahren mit größtem Erfolg anwendet: Er bestrahlt die Milz des Kranken mit Röntgenstrahlen, um die Milztätigkeit anzuregen[48a].
Aber dieses kleine Unternehmen ist nur ein Tropfen Wasser auf einen heißen Stein, es kann die Not der Arbeiter Petrograds nicht lindern. Sie brauchen unbedingt eine ganze Reihe von Sanatorien, eine ganze Stadt für Kranke.

Genossen Arbeiter, wenn die Menschen sich ihrer kollektiven Kraft bewußt werden, können sie sogar Utopien verwirklichen. Aber hier handelt es sich nicht um eine Utopie, sondern um eine einfache, praktische Sache, die ihr verwirklichen könnt und müßt.
Beweist, daß ihr eure Interessen zu wahren versteht und um euer Leben Sorge tragt!

Unzeitgemäße Gedanken

Novaja Žizn, Nr. 74
14. (27.) Juli 1917

Die abscheulichen Bilder des Wahnsinns, der Petrograd am 4. Juli erfaßt hatte, bleiben für das ganze Leben in Erinnerung[49].
Da rast ein vor Gewehren und Maschinengewehren starrender Lastwagen wie ein besessenes Schwein vorüber; er ist vollgestopft mit buntscheckigen Vertretern der ›Revolutionsarmee‹, zwischen denen ein struppiger Kerl steht und hysterisch schreit:
»Genossen, die soziale Revolution!«
Einige unbewaffnete, aber gelassene Leute, die noch nicht den Verstand verloren haben, halten das dröhnende Ungeheuer an und entwaffnen es, indem sie die Gewehre wie Stacheln herausreißen. Die entwaffneten Soldaten und Matrosen verschwinden in der Menge; der Wagen, jetzt sinnlos und leer, holpert schwerfällig über die abgenutzte, schmutzige Straße und verschwindet ebenfalls wie ein Alptraum.
Es ist klar, daß irgend jemand diese furchterregende Ausfahrt zur ›sozialen Revolution‹ hastig und unbedacht angezettelt hat und daß die Gewalt, die bis an die Zähne bewaffnete Menschen auf die Straße trieb – Dummheit heißt.
Plötzlich knallt irgendwo ein Schuß, und Hunderte von Menschen stieben, von Furcht gejagt, panikartig auseinander, wie dürres Laub bei einem Windstoß. Sie fallen hin, stoßen einander um, kreischen und schreien:
»Die Bourgeois schießen!«

Die ›Bourgeois‹ schossen natürlich nicht; es schoß auch nicht die Furcht vor der Revolution, sondern die Angst um die Revolution. Wir haben zuviel von dieser Furcht. Sie war überall fühlbar, in den Händen der Soldaten, die sich auf die Gestelle der Maschinengewehre stützten, in den zitternden Händen der Arbeiter, die geladene Gewehre und entsicherte Revolver hielten und im angestrengten Blick aufgerissener Augen. Es war klar, daß diese Menschen nicht an ihre Kraft glaubten und auch kaum verstanden, warum sie bewaffnet auf die Straße gegangen waren.
Besonders charakteristisch war das Bild der Panik an der Ecke Nevskij-Prospekt, Litejnyj-Prospekt um 4 Uhr nachmittags. Ungefähr zwei Kompanien Soldaten und Hunderte von Schaulustigen standen friedlich am Palkin-Restaurant und weiter bis zum Znamenskij-Platz, und plötzlich verwandelten sich alle diese bewaffneten und unbewaffneten Menschen wie durch einen bösen, ironischen Zauber in eine wildgewordene Hammelherde.
Ich konnte nicht erkennen, was eigentlich die Panik hervorgerufen hatte und die Soldaten veranlaßte, auf das von der Ecke des Litejnyj-Prospekts aus fünfte Haus auf dem Nevskij-Prospekt zu schießen. Mit der fieberhaften Hast von Menschen, die fürchten, daß man ihnen auf der Stelle die Gewehre wegnimmt, begannen sie ziellos auf die Fenster und Säulen des Hauses zu feuern. Es schossen nicht mehr als zehn Mann, die übrigen warfen die Gewehre und Fahnen auf die Straße und begannen zusammen mit den Schaulustigen alle Türen und Fenster zu stürmen, zerschlugen Fensterscheiben, brachen Türen ein und bildeten auf dem Trottoir einen vor Furcht verrückt gewordenen Haufen Fleisch.
Ein halbwüchsiges Mädchen rannte über die Straße durch die weggeworfenen Gewehre und schrie:
»Da schießen ja welche von uns, unsere eigenen Leute!«
Ich stellte sie hinter einen Straßenbahnmast, sie sagte empört:
»Schreien Sie doch, daß unsere eigenen . . .«
Aber alle waren schon verschwunden, waren auf den Litejnyj- und Vladimirskij-Prospekt geflohen, hatten sich in den Löchern, die sie selbst aus den Mauern gebrochen hatten, verkrochen; auf der Straße lagen Gewehre, Hüte, Mützen, und das schmutzige Holzpflaster war mit roten Fahnentüchern bedeckt.

Ich habe nicht zum erstenmal eine Massenpanik gesehen, das ist immer abstoßend, aber nie war mein Eindruck so niederschmetternd und vernichtend.
Ist das also dasselbe ›freie‹ russische Volk, das eine Stunde bevor es über sich selbst erschrak, ›sich von der alten Welt lossagte‹ und ›ihren Staub‹ von den Füßen schüttelte[50]? Waren das die Soldaten der Revolutionsarmee, die vor den eigenen Kugeln davonliefen, die Gewehre wegwarfen und sich platt aufs Trottoir fallen ließen?
Dieses Volk muß sich noch sehr darum bemühen, zum Bewußtsein seiner Identität und seiner Menschenwürde zu gelangen. Dieses Volk muß vom stetigen Feuer der Kultur durchglüht, sein tief eingewurzelter Sklavengeist muß ihm ausgetrieben werden.
Wieder von der Kultur? Ja, von neuem von der Kultur. Ich wüßte nichts anderes, was unser Land vor dem Untergang retten könnte. Und ich bin überzeugt, wenn der Teil der Intelligenz, der sich vor der Verantwortung fürchtet und die Gefahren flieht, sich irgendwo verborgen hält, sich dem Nichtstun hingibt und dabei die Kritik am Entstehenden genießt – wenn diese Intelligenz schon in den ersten Tagen der Revolution versucht hätte, andere Prinzipien in das Chaos der aufgewühlten Instinkte einzuführen, und wenn sie den Versuch unternommen hätte, Gefühle anderer Art zu wecken – hätten wir alle nicht die zahllosen Scheußlichkeiten erlebt, die wir jetzt erleben. Wenn die Revolution nicht fähig ist, im Lande sofort einen intensiven kulturellen Aufbau zu entfalten, dann ist in meinen Augen die Revolution unfruchtbar und sinnlos, und wir sind kein lebensfähiges Volk.
Einige schamlose Gesellen werden es nicht unterlassen, erfreut zu heulen, wenn sie das Erklärte gelesen haben:
»Aha, aber über die Rolle der Leninisten am 4. Juli sagt er kein Wort! Das ist doch Heuchelei!«
Ich bin kein Detektiv, ich weiß nicht, wer an dem scheußlichen Drama die größte Schuld trägt. Ich habe auch nicht die Absicht, Abenteurer zu rechtfertigen; Menschen, die die dunklen Instinkte der Massen wecken, sind mir verhaßt und zuwider, wie diese Menschen auch heißen und welche soliden Verdienste sie in der Vergangenheit um Rußland hatten. Ich halte es für möglich, daß ausländische Agenten die Ereignisse des 4. Juli

provoziert haben, aber ich muß auch sagen, daß die bösartige Freude, die einige Menschen nach den Ereignissen des 4. Juli an den Tag gelegt haben, ebenfalls äußerst verdächtig ist. Es gibt Leute, die so viel von der Freiheit, der Revolution und ihrer Liebe zu alldem reden, daß ihre Worte häufig an das aufdringliche Gerede von Kaufleuten erinnern, die ihre Ware möglichst günstig verkaufen wollen.

Aber ich halte weder die ›Leninisten‹ noch die Deutschen, noch Provokateure und zwielichtige Konterrevolutionäre für die Hauptanstifter des Dramas, sondern einen schlimmeren, noch stärkeren Feind – die bedrückende russische Dummheit.

Am Drama des 4. Juli ist nämlich mehr als alle anderen Kräfte, die es verursachten, unsere Dummheit schuld, nennt sie wie ihr wollt – Mangel an Kultur, Fehlen jeden historischen Empfindens.

Die drei Jahre

Novaja Žizn, Nr. 78
19. Juli (1. August) 1917

Drei Jahre erbarmungsloses sinnloses Gemetzel – drei Jahre lang wird Tag für Tag das Blut der besten Völker der Erde vergossen, wird das kostbarste Gehirn der Kulturnationen Europas vernichtet.

Frankreich, ›die Führerin der Menschheit‹, verblutet; Italien, ›die schönste Gabe Gottes für unsere traurige Erde‹, geht zugrunde; England, ›das der Welt mit Gelassenheit die Wunder der Arbeit zeigt‹, spannt all seine Kräfte an; die ›arbeitsamen Stämme Deutschlands‹ ersticken hoffnungslos in den eisernen Zwingen des Krieges.

Belgien, Serbien, Rumänien und Polen sind vernichtet; der Krieg hat das träumerische, energielose Rußland, ein Land, das noch gar nicht gelebt hat und seine verborgenen Kräfte noch nicht zeigen konnte, wirtschaftlich ruiniert und geistig demoralisiert.

Nachdem Europa in den vergangenen neunzehn Jahrhunderten in Kirchen, die es heute mit Kanonen zerstört, und in Büchern, die die Soldaten wie Holz verbrennen, die Menschlichkeit gepredigt hat, ist im 20. Jahrhundert der Humanismus vergessen und verlacht; und alles, was die selbstlose Arbeit der Wissenschaft geschaffen hat, eignen sich schamlose Mörder an und benutzen es zur Ausrottung der Menschen.

Was sind im Vergleich zu diesem grauenhaften Gemetzel die dreißigjährigen oder hundertjährigen Kriege der Vergangenheit?

Wo finden wir eine Rechtfertigung für dieses beispiellose Verbrechen an der Kultur unseres Planeten?

Für diese furchtbare Selbstvernichtung gibt es keine Rechtfertigung. Welche Lügen die Heuchler auch über die ›erhabenen‹ Ziele des Krieges verbreiten mögen, ihre Lüge kann doch nie die schreckliche und schändliche Wahrheit verbergen: die Profitgier – die einzige Göttin, an die die ›Realpolitiker‹, die Mörder, die mit dem Leben des Volkes handeln, glauben und die sie anbeten, – diese Profitgier hat den Krieg geboren.

Die Schurken aller Länder erklärten Menschen, die an den Sieg der universalen Brüderlichkeit glaubten, zu schädlichen Geisteskranken und herzlosen Phantasten, die keine Vaterlandsliebe kennen.

Man hat vergessen, daß zu diesen Phantasten auch Christus, Johannes Damascenus, Franz von Assisi, Lev Tolstoj und viele andere Halbgötter und Halbmenschen gehören, auf die die Menschheit stolz ist. Für jene Menschen, die Millionen von Menschenleben vernichten, um einige hundert Kilometer fremden Landes zu erobern, gibt es weder einen Gott noch einen Teufel. Das Volk ist ihnen weniger wert als ein Stein und Vaterlandsliebe nur eine Sache der Gewohnheit. Sie wollen so leben, wie sie es gewohnt sind; selbst wenn die ganze Erde im Weltall zu Staub zerfiele, wollten sie nicht anders leben.

Nun leben sie schon drei Jahre bis zum Hals im Blut, das Millionen und aber Millionen Menschen vergießen, nur weil jene es so wollen.

Wenn jedoch die Kräfte der Volksmassen einmal erschöpft sind oder wenn in ihnen einmal der Wille nach einem ›reinen menschlichen Leben‹ aufflammt und dem blutigen Alptraum ein Ende macht, dann werden die Leute, die die Völker Europas ausrotten, feige rufen: »Das ist nicht unsere Schuld! Nicht wir haben die Welt verwüstet, nicht wir haben Europa zerstört und ausgeplündert!«

Aber wir hoffen, daß zu dieser Zeit die ›Stimme des Volkes‹ wirklich die strenge und gerechte ›Stimme Gottes‹ sein wird, die selbst die schreiendste Lüge übertönt.

Alle, die an den Sieg über Schamlosigkeit und Wahnsinn glauben, müssen versuchen, ihre Kräfte zu vereinigen.

Letzten Endes siegt doch immer die Vernunft[51]!

Unzeitgemäße Gedanken

Novaja Žizn, Nr. 79
20. Juli (2. August) 1917

Ein Rechtsanwalt, einer von denen, die unter dem alten Regime ruhig ihre persönliche Freiheit riskierten, nicht an ihre Karriere dachten, wenn sie in politischen Prozessen mutig als Verteidiger auftraten und der Autokratie manchen empfindlichen Schlag versetzten – dieser Mann, der den ganzen Abgrund zynischer Rechtlosigkeit unter der Monarchie kennt, erzählte mir dieser Tage:

»Genauso wie unter Nikolaj Romanov muß ich jetzt wieder in übereilten politischen Prozessen als Verteidiger auftreten; genauso wie damals kommen die Mütter, Frauen und Schwestern der Verhafteten mit ihren Tränen und Klagen zu mir; genauso wie früher erfolgen die Verhaftungen ›wie ein Blitz aus heiterem Himmel‹; die Verhafteten werden unter den entsetzlichsten Bedingungen gehalten und von den Beamten des ›neuen Regimes‹ genauso bürokratisch und herzlos behandelt wie von den alten Beamten. Mir scheint, daß es auf meinem Gebiet keine Änderung zum Besseren gibt.«

Ich glaube sogar, daß man auf diesem Gebiet nur eine Wendung zum Schlechteren erwarten darf. Unter der Monarchie gestatteten die ergebenen Diener der Romanovs sich manchmal das Vergnügen, ›liberale Ansichten zu äußern‹, das Regime zu kritisieren, den Niedergang der Humanität zu beklagen und überhaupt ein wenig durch Milde zu glänzen, um dem unfreiwilligen Gesprächspartner zu zeigen, daß die eifrige Arbeit an der Erhaltung des alten Kehrrichts doch nicht alle guten Seiten im Herzen eines leidenschaftlichen Beamten auszumerzen vermochte.

Die Klügsten unter ihnen hatten wohl begriffen, daß ein ›Politischer‹ im Grunde genommen eher nützlich für sie war: Er hat ja für die Befreiung Rußlands und somit auch für die Befreiung des Beamten von der schuftigen ›höchsten Autorität‹ gearbeitet.

Jetzt gibt es keine Autokratie mehr, und der Beamte kann den ganzen ›Adel seiner Seele‹ zeigen, die von den strengen Vorschriften der Zirkulare befreit ist.

Ein Beamter des alten Regimes, ein Kadett oder Oktobrist sieht jetzt in jedem verhafteten Demokraten seinen persönlichen Feind[52]; die liberale Manilovščina ist jetzt unnötig und fehl am Platz[53].

Aus der Sicht der Parteiinteressen und des politischen Kampfes ist das alles ganz natürlich; vom ›Menschen her gesehen‹ ist es gemein, und es wird noch gemeiner werden, wenn sich die Beziehungen zwischen der Demokratie und ihren Feinden noch weiter verschärfen, was unvermeidlich sein wird.

*

In einer schmutzigen Boulevardzeitung veröffentlicht jemand seine Eindrücke von einem Besuch in Carskoje Selo[54]. In dem stümperhaft geschriebenen Artikelchen, das zur Belustigung der Straße bestimmt ist, wird berichtet, wie Nikolaj Romanov Holz sägt und seine Töchter im Gemüsegarten arbeiten. Unter anderem findet sich darin folgende Stelle:

Ein Matrose schiebt einen Rollstuhl, in dem Alexandra Fëdorovna sitzt[55]. Sie ist völlig abgemagert und ganz in Schwarz gekleidet. Mit Hilfe ihrer Töchter steigt sie langsam aus dem Rollstuhl und geht auf dem linken Bein stark hinkend ...

»Schau nur, wie krank sie ist«, bemerkt jemand in der Menge. »Ganz lahm ist sie ...«

»Den Griška sollte man ihr holen«, kichert jemand in der Menge, »dann würde sie schnell gesund werden[56].«

Schallendes Gelächter.

Über einen kranken und unglücklichen Menschen zu lachen, wer er auch sei, ist schuftig und gemein. Die hier lachen, sind die gleichen russischen Menschen, die noch vor fünf Monaten in

Furcht und Schrecken vor den Romanovs gelebt haben, obgleich sie deren Rolle in Rußland dunkel begriffen hatten.
Es geht aber nicht darum, daß fröhliche Menschen über eine unglückliche Frau lachen, sondern, daß der Artikel mit dem jüdischen Namen Ios. Chejsin gezeichnet ist.
Ich halte es für notwendig, Herrn Chejsin an einige Zeilen aus einem Artikel von Herrn Professor Baudouin de Courtenay in dem Sammelband *Ščit* [Schild] zu erinnern:
»In einem Eisenbahnwagen wurde ein Koffer gestohlen. Der Dieb war ein Pole. Man sagte aber nicht, der ›Pole‹ habe gestohlen, sondern nur, ein ›Dieb‹ habe gestohlen.
Ein anderes Mal war der Dieb ein Russe. Auch dieses Mal überführte man nicht den Russen des Diebstahls, sondern einfach einen ›Dieb‹.
Hätte man den Koffer aber bei einem Juden gefunden, würde es heißen, der ›Jude hat gestohlen‹ und nicht einfach – ein ›Dieb‹[57].«
Ich glaube, daß die Moral dieser Geschichte Herrn Chejsin und ähnlichen ›Sittenschilderern‹ wie David Ajzman u. a. verständlich sein muß, kann man doch auch von ihren Werken sagen, daß sie nicht von Menschen, die bis zur Verdummung erbost sind, sondern von ›Juden‹ geschrieben sind[58].
Es wird sich wohl kaum jemand finden, der so einfältig ist, mich aufgrund des oben Gesagten als Antisemiten zu verdächtigen.
Ich halte es vielmehr für notwendig, gerade jetzt darauf hinzuweisen, daß wohl nirgends so viel Takt und moralisches Empfinden nötig sind wie im Verhalten des Russen zum Juden und des Juden zu den Erscheinungen des russischen Lebens.
Das soll nicht bedeuten, daß es in Rußland Tatsachen gibt, die ein Tatar oder ein Jude nicht kritisieren dürfte. Man soll aber nicht vergessen, daß sogar ein ungewollter Fehler nicht nur dem einzelnen bösen oder dummen Juden, sondern dem ganzen Judentum angelastet werden kann; ganz zu schweigen von einer vorsätzlichen Gemeinheit, selbst wenn sie dem aufrichtigen Wunsch entsprungen ist, den Instinkten der Straße zu schmeicheln.
Man darf das nicht vergessen, wenn man unter Menschen lebt, die über einen kranken und unglücklichen Menschen lachen können.

Unzeitgemäße Gedanken

Novaja Žizn, Nr. 92
4. (17.) August 1917

Die Zeitung *Reč* ist sehr aufmerksam zu mir. Fast täglich entdecke ich in ihren bläulichen Spalten einige Worte, die an meine Adresse gerichtet sind[59].

Mehr als ein Dutzend Mal hat *Reč* das ›neueste Reuebekenntnis Gorkijs‹ hervorgehoben, obwohl ich niemand gegenüber jemals etwas bereut habe, schon gar nicht *Reč* gegenüber, denn ich habe einen Ekel vor solchen Beschäftigungen, die bei den Russen überaus beliebt sind. Aber ich habe auch gar nichts zu bereuen, ich fühle mich nicht sündiger als meine Landsleute.

Nicht weniger oft wiederholt *Reč* meine Worte, daß meine Kollegen und ich uns bei der Gründung der Zeitung *Luč* bewußt ›Zurückhaltung‹ auferlegten, was unter den Bedingungen des alten Regimes für jeden unvermeidlich war, der wirklich im Interesse der Demokratie arbeiten wollte und dem es zuwider war, sich bei der niederträchtigen Regierung einzuschmeicheln, die unser Land wirtschaftlich und moralisch zerstörte[60].

Gestern erwähnte *Reč* wieder einmal:

»Wir hörten aus dem Munde eines Schriftstellers, der sich zum Schutz kultureller Werte berufen fühlt, daß er jetzt keinen Grund mehr habe, Zurückhaltung zu üben[61].«

Das ist natürlich nicht wahr – ich habe nicht gesagt, daß ich jetzt, d. h. nach der Revolution, ›keinen Grund mehr habe, Zurückhaltung zu üben‹. Vernünftige und unvoreingenommene Leute sehen deutlich, daß *Novaja Žizn*, für die zu schreiben ich die Ehre und das Vergnügen habe, sich mit allen Kräften bemüht, Abenteurern der Linken und auch der Rechten klarzumachen, daß ›Zurückhaltung‹ notwendig ist. Ich sage das nicht, um mit *Reč* zu polemisieren – ›man kann einen Iltis nicht davon überzeugen, daß das Huhn nicht ihm gehört‹ –, aber ich halte es doch für nötig, die verehrten Herren von *Reč* daran zu erinnern, daß ›Zurückhaltung‹ manchmal dasselbe ist wie moralischer Selbstmord oder eine Selbstverstümmelung, die zum totalen Verlust der Persönlichkeit führt.

Zum Beispiel: als einer der Führer der Kadetten-Partei diese

zur ›Opposition Ihrer Majestät‹ erklärte – das zwar ›Zurückhaltung‹, nicht wahr?
Und als die ›Partei der Volksfreiheit‹ sich mit den Oktobristen zusammenschloß, einer Partei, die dem Henker Stolypin applaudiert hatte, – war das auch ›Zurückhaltung‹[62]?
Und als die Partei der Volksfreiheit sich bei Stolypin dafür entschuldigte, daß der redegewandte Rodičev so taktlos war, die Vorliebe Stolypins für ›Hanfkrawatten‹ zu erwähnen, mit denen er die Freiheit des Volkes erdrosselte – das war ebenfalls ›Zurückhaltung‹, nicht wahr[63]?
Man könnte den Mitarbeitern der *Reč* noch Dutzende ähnlicher Akte von ›Zurückhaltung‹ ins Gedächtnis rufen; die Partei der ›Volksfreiheit‹ hat äußerst maßlos, sozusagen wie ein Quartalsäufer ›Zurückhaltung‹ geübt. Das ist allen bekannt und in Erinnerung, der Zeitung *Reč* natürlich nicht.
Aber ich bin überzeugt, daß sogar die verehrten Mitarbeiter dieses Organs sehr erstaunt sein werden, wenn sie bei der Lektüre des ›Programms der Konstitutionell-Demokratischen Partei‹ klar erkennen, wie sehr sich diese Partei ›zurückgehalten‹ hat.
Hieraus wird verständlich, warum *Reč* so oft und beharrlich predigt, ›Zurückhaltung‹ sei nötig – sie macht das aus Gewohnheit.
Leute, die an die Aufrichtigkeit der *Reč* glauben, können sich den Luxus erlauben, zu hoffen, daß *Reč* und ihre Partei, die sich so scharf nach links abgegrenzt haben, bald beginnen werden, sich auch nach rechts abzugrenzen. Ich glaube nicht daran.
Aber ich sehe, daß die ›Zurückhaltung‹ der Kadetten-Partei bei den anderen Parteiorganisationen Nachahmer findet, und daß dieser Prozeß zum Selbstmord der Revolution, zur Einschränkung der gesetzlichen Rechte der Demokratie führen wird.

Man darf nicht schweigen![64]

Novaja Žizn, Nr. 156
18. (31.) Oktober 1917

Immer hartnäckiger verbreitet sich das Gerücht, daß am 20. Oktober eine ›Aktion der Bolschewiken‹ bevorstehe – mit anderen

Worten: vielleicht eine Wiederholung der abscheulichen Vorgänge vom 3. bis 5. Juli. Das bedeutet: Wieder Lastwagen, vollgestopft mit Menschen, die Gewehre und Revolver in den vor Furcht zitternden Händen halten und auf Schaufenster, Menschen und alles, was sie gerade treffen, schießen. Die Schüsse werden nur deshalb fallen, weil die Menschen, die diese Waffen in der Hand haben, ihre Furcht töten wollen. Sie werden zu wüten beginnen und die Menge, die ohnedies aufgebracht ist über den Zusammenbruch des Lebens, über die Lüge und den Schmutz in der Politik, mit Bosheit, Haß und Rachsucht verseuchen und alle dunklen Instinkte der Masse aufpeitschen. Die Menschen werden sich gegenseitig umbringen, wenn sie ihrer eigenen tierischen Dummheit nicht Herr werden können.

Eine unorganisierte Menge, die kaum weiß, was sie will, wird sich auf die Straße wälzen, und in ihrem Gefolge werden Abenteurer, Diebe und professionelle Mörder ›die Geschichte der russischen Revolution machen‹.

Mit einem Wort – dieses blutige, sinnlose Gemetzel, das wir schon einmal erlebt haben und das im ganzen Land die moralische Bedeutung der Revolution untergraben und ihre kulturelle Bedeutung in Frage gestellt hat, wird sich wiederholen.

Es ist sehr wahrscheinlich, daß die Ereignisse diesmal blutiger werden, mehr den Charakter eines Pogroms annehmen und der Revolution einen noch gefährlicheren Schlag versetzen werden.

Wem nützt dies alles, und wozu ist es gut? Das Zentralkomitee der sozialdemokratischen Bolschewiken scheint an dem geplanten Abenteuer nicht beteiligt zu sein, es hat jedenfalls die Gerüchte von der bevorstehenden Aktion weder bestätigt noch dementiert.

Die Frage liegt nahe: Gibt es denn wirklich Abenteurer, die, den Niedergang der revolutionären Energie des bewußten Teils des Proletariats vor Augen, diese Energie durch einen ausgiebigen Aderlaß zu vergrößern glauben?

Oder wollen diese Abenteurer den Gegenschlag der Konterrevolution beschleunigen und zu diesem Zweck die mühsam organisierten Kräfte wieder desorganisieren?

Das Zentralkomitee der Bolschewiken ist verpflichtet, die Gerüchte von der bevorstehenden Aktion am 20. Oktober zu dementieren; es muß so handeln, wenn es wirklich ein mächtiges und unabhängiges politisches Organ ist, das die Fähigkeit besitzt, die Massen zu lenken, und kein willenloses Spielzeug der Launen einer verwilderten Menge, kein Werkzeug in den Händen schamlosester Abenteurer oder wahnsinniger Fanatiker[65].

An die Demokratie

Novaja Žizn, Nr. 174
7. (20.) November 1917

Die sozialistischen Minister, die von Lenin und Trotzkij aus der Peter-und-Pauls-Festung entlassen wurden, sind nach Hause gefahren und haben ihre Genossen M. V. Bernatzkij, A. I. Konovalov, M. I. Tereščenko und andere in der Gewalt von Menschen gelassen, die keinerlei Vorstellung von der Freiheit der Person und den Menschenrechten haben[66].

Lenin, Trotzkij und ihre Gefährten sind bereits vom faulen Gift der Macht infiziert, davon zeugt schon ihre schändliche Einstellung zur Redefreiheit, zur Person und zu allen Rechten, für deren Sieg die Demokratie gekämpft hat.

Blinde Fanatiker und gewissenlose Abenteurer rasen Hals über Kopf angeblich der ›sozialen Revolution‹ entgegen. In Wirklichkeit aber ist dies der Weg in die Anarchie, in den Untergang des Proletariats und der Revolution.

Auf diesem Wege halten es Lenin und seine Mitkämpfer für möglich, Verbrechen aller Art zu verüben, wie das Massaker vor Petersburg[66a], die Zerstörung Moskaus[67], die Abschaffung der Redefreiheit und zahllose Verhaftungen – also alle Scheußlichkeiten, die Pleve und Stolypin begangen haben.

Stolypin und Pleve haben natürlich gegen die Demokratie und gegen alles Lebendige und Ehrenhafte in Rußland gekämpft; hinter Lenin steht vorläufig noch ein ziemlich bedeutender Teil der Arbeiter.

Ich glaube jedoch, daß die Vernunft der Arbeiterklasse und das Bewußtsein ihrer historischen Aufgaben ihr bald die Augen öffnen wird für die Unerfüllbarkeit der Versprechen

Lenins, für das Ausmaß seiner Unvernunft und seinen Anarchismus im Stile Nečaev-Bakunins[68].

Die Arbeiterklasse wird begreifen müssen, daß Lenin auf ihrer Haut und mit ihrem Blut nur ein Experiment macht und versucht, die revolutionäre Stimmung des Proletariats zum Äußersten zu treiben, um zu sehen, was dabei herauskommt.

Natürlich glaubt er unter den gegebenen Bedingungen nicht an die Möglichkeit des Sieges des Proletariats in Rußland, aber vielleicht hofft er auf ein Wunder.

Die Arbeiterklasse muß wissen, daß es in Wirklichkeit keine Wunder gibt. Sie muß wissen, was sie erwartet! Hunger, völlige Zerrüttung der Industrie, Zerstörung des Transportnetzes, dauernde, blutige Anarchie und danach die nicht weniger blutige und finstere Reaktion.

Dahin führt sein heutiger Führer das Proletariat, und man muß verstehen, daß Lenin kein allmächtiger Zauberer, sondern ein kaltblütiger Gaukler ist, der sich weder um die Ehre noch um das Leben des Proletariats kümmert.

Die Arbeiter dürfen Abenteurern und Wahnsinnigen nicht erlauben, schändliche, sinnlose und blutige Verbrechen auf das Haupt des Proletariats zu wälzen, für die nicht Lenin, sondern das Proletariat selbst bezahlen wird.

Ich frage:

Erinnert sich die russische Demokratie an die Ideen, für deren Sieg sie gegen den Despotismus der Monarchie gekämpft hat?

Hält sie sich für fähig, auch heute diesen Kampf fortzusetzen?

Erinnert sie sich daran, daß sie die Kampfmethoden der Monarchie niederträchtig genannt hat, als die Gendarmen der Romanovs ihre geistigen Führer ins Gefängnis und zur Zwangsarbeit schickten?

Wodurch unterscheidet sich das Verhalten Lenins zur Redefreiheit von dem der Stolypin, Pleve und anderer Untermenschen? Ergreift und schleift nicht die Regierung Lenins wie die Regierung der Romanovs alle Andersdenkenden ins Gefängnis?

Warum sitzen Bernatzkij, Konovalov und andere Mitglieder der Koalitionsregierung in der Festung[69]? Sind sie etwa auf irgendeine Weise schuldiger als ihre sozialistischen Genossen, die Lenin befreit hat?

Die einzige ehrliche Antwort auf diese Fragen muß die unver-

zügliche Forderung nach Befreiung der Minister und anderer unschuldig Verhafteter sein sowie nach der vollständigen Wiederherstellung der Redefreiheit.
Danach müssen alle vernünftigen Elemente der Demokratie weitere Konsequenzen ziehen: Sie müssen entscheiden, ob der Weg von Verschwörern und Anarchisten vom Typ Nečaevs auch ihr Weg ist[70]?

In Moskau[70]

Novaja Žizn, Nr. 175
8. (21.) November 1917

Am 26. Oktober liefen in Moskau Gerüchte um von einer Schlacht in den Straßen Petrograds, von fünfundsiebzigtausend Toten, von der Zerstörung des Winterpalais bis auf die Grundmauern, von zahllosen Plünderungen und Feuersbrünsten.
Der Russe liebt die Greuel wie ein Kind die Märchen und hat mehr als einmal bewiesen und wird es auch noch öfter beweisen, daß er fähig ist, solche Greuel selbst zu begehen. Aber die furchtbaren Gerüchte von Petersburg waren sogar für ihn kaum glaubhaft:
»Fünfundsiebzigtausend! Unsinn!«
Da er fühlte, wie sehr übertrieben wurde, zeigte er keine außergewöhnliche Besorgnis.
Am 27. Oktober fielen gegen Mitternacht in der Nähe der Theaterpassage die ersten Schüsse; am Theater des Arbeiterrats wurde ein verwundeter Soldat vorbeigeführt; das Gerücht verbreitete sich, man schieße auf die Fähnriche, die in den Kreml zogen, um seine Bewachung zu übernehmen[71]. Man konnte nicht feststellen, wer geschossen hatte, wahrscheinlich waren es jene ›Menschenjäger‹, die von der verworrenen Zeit und der russischen ›Tollkühnheit‹ zu Hunderten hervorgebracht wurden. Nach einigen Minuten gaben dieselben Helden von einer Straßenecke aus sieben Revolverschüsse auf zwei Droschkenkutscher ab, die in der Furkasovskij-Straße standen; dies wurde dem Sowjet gemeldet, und die Soldaten, die man hinschickte, verhafteten einige der ›Franktireurs‹.

Die ganze Nacht hindurch wurde geschossen; die Milizsoldaten schossen aus Angst und die Rowdys zum Vergnügen; am Morgen knallte es überall in Moskau; in die Gewehrschüsse mischte sich das abscheuliche Knattern der Maschinengewehre; aufgescheuchte Dohlen schrien wütend; es klang, als zerrisse ein verrottetes Gewebe . . .
Das alles aber störte den normalen Ablauf des Lebens noch nicht: Die Gymnasiastinnen und Gymnasiasten gingen in ihre Schulen, die Bürger gingen spazieren, vor den Geschäften standen ›Schlangen‹, Dutzende neugieriger Zuschauer drängten sich an den Straßenecken zusammen und versuchten zu erraten, wo gerade geschossen wurde. Die Welt scheint wirklich zum Vergnügen der Tagediebe erschaffen zu sein! Am Denkmal des ersten russischen Buchdruckers steht eine dichte Menschenmenge von mindestens fünfhundert Personen, die ruhig der Schießerei auf dem Theaterplatz zuhören und dazu ihr Urteil abgeben:
»Vom Strastnoj-Kloster haben sie die Kuppel heruntergeschossen[72].«
»Jetzt schießen sie aufs ›Metropol‹[73].«
Das sind Menschen, die niemals etwas begreifen, für die jedes Ereignis, und sei es noch so tragisch, nur ein Schauspiel ist.
Plötzlich wird einer von ihnen durch eine Kugel am Fuß verletzt. Sofort umringen ihn etwa hundertfünfzig Menschen, führen ihn zum Polomnyj-Tor, schauen ihm neugierig ins Gesicht und fragen:
»Tut's weh?«
»Halb so schlimm, der Knochen ist scheint's heil.«
Selbstverständlich entwickelt auch dieser menschliche Abfall eigene Aktivität, die natürlich wie immer den Weg des geringsten Widerstandes einschlägt; die Menschen sind nun einmal so erzogen; die ganze russische Geschichte hat sich in dieser Linie entwickelt.
Plötzlich taucht vor der Menge ein Soldat auf, der offenbar vor Angst den Kopf verloren hat. Er kniet nieder, zielt und schießt auf einen wehrlosen Fähnrich.
Die Menge, die den Schuß nicht verhindern konnte, stürzt sich auf den Soldaten, packt ihn und reißt ihn in Stücke. Ich bin überzeugt, daß die Menge auseinandergestoben wäre, wenn sie nicht einen, sondern drei Soldaten vor sich gehabt hätte.

*

Die Schießerei nimmt weiter zu, die Kugeln fliegen dicht und gefährlich nah vorbei; auf der Straße erscheinen Patrouillen, die die Zuschauer sehr besorgt zu überreden versuchen:
»Bitte, Genossen Bürger, geht auseinander! Seht ihr denn nicht, was hier vorgeht? Jeden Moment kann etwas passieren, so eine dumme Kugel kann jemanden töten oder verwunden. Wir bitten euch . . .«
Die Zuschauer gehen langsam auseinander, manche erkundigen sich bei den Patrouillen:
»Zu wem gehört ihr? Zur Duma oder zu den Sowjets?«
»Wir gehören zu niemandem. Ordnung muß sein, geht bitte auseinander . . .«
Unmittelbar darauf beginnen die Soldaten, die ›zu niemandem gehören‹, an einer Straßenecke aufeinander zu schießen; sie schießen nur ungern; ihre revolutionäre Pflicht, möglichst viele Leichen zu machen, erfüllen sie anscheinend gegen ihren Willen.
Mit jeder Stunde wird es deutlicher, daß der Aufstand nicht nach einem bestimmten ›strategischen‹ Plan abläuft, sondern daß die Aufständischen nach eigenem Gutdünken handeln, ›aufs Geratewohl‹ und ›wie's Gott einem gerade eingibt‹. Ein Teil der Soldaten marschiert in Richtung Kreml, wo sich die Fähnriche festgesetzt haben, die anderen vom Stadtzentrum durch die Mjasnickaja zur Telefonzentrale und zum Hauptpostamt, durch die Pokrovka und durch die Nikitskaja zum Arbat, zur Alexander-Offiziersschule und zum Sadovyj[74].
In der Mjasnickaja schießen Soldaten an einer Straßenecke in eine der Nebengassen. Irgendein Mann in Zivil will unbedingt dort hinein, man läßt ihn nicht passieren und redet ihm gut zu:
»Sie werden erschossen, Genosse! Dort sitzen welche . . .«
»Ist denn nicht das ganze Viertel in eurer Hand?«
»Woher wissen Sie das?«
Der Zivilist muß aber unbedingt in diese Gasse, die Soldaten lassen ihn nach langem Verhandeln passieren und bitten ihn mit naivem Lächeln:
»Genosse, zeigen Sie uns mit den Fingern, wie viele es sind!«
Der Zivilist lehnt den Auftrag ab, geht in die Gasse hinein und sieht, wie auf einem Hof hinter einem eisernen Torgitter

neun Soldaten eine Barrikade aus Kisten und Fässern errichten; der zehnte sitzt an einer Mauer und verbindet mit finsterer Miene seinen blutüberströmten Fuß.
»Gegen wen kämpft ihr?«
»Dort hinter der Ecke sind sie.«
»Das sind doch sicher eure eigenen Leute, Sowjets?«
»Wie? Unsere? Sie haben eben gerade einen Mann verwundet . . .«
Der Zivilist überredet die Soldaten, mit den Gegnern zu verhandeln, übernimmt die Rolle des Unterhändlers und begibt sich in Begleitung eines Soldaten in die Mjasnickaja. Es stellt sich heraus, daß sich Soldaten ein und desselben Regiments beschossen hatten, und nun beginnt ein typisch russischer Dialog:
»Teufel, seid ihr denn blind?«
»Und ihr?«
»Wir haben euch für Fähnriche gehalten!«
»Wir euch auch.«
Der Krieg hört zur allgemeinen Freude auf. Man bittet den Zivilisten um Zigaretten und gibt ihm freundliche Ratschläge mit auf den Weg:
»Genosse, gehen Sie nicht dorthin. Sie hören doch, daß dort geschossen wird.«
Es hat zweifellos viele solcher ›Versehen‹ gegeben, und sicherlich haben Dutzende von Soldaten mit dem Leben dafür bezahlen müssen. In den ersten Tagen glich die Stadt einem Blätterteig: eine Schicht ›Unsrige‹, eine Schicht ›Feinde‹, dann wieder eine Schicht ›Unsrige‹ und eine Schicht ›Feinde‹. In den winkligen, engen Moskauer Gassen wurde von vorn, hinten und allen Seiten völlig sinnlos geschossen; nachts kamen solche Schießereien zwischen Angehörigen gleicher Gruppen besonders häufig vor, und in den finsteren, von keiner Laterne erleuchteten Gassen herrschte das Grauen des Todes.
Um den Kreml herum stehen Sowjet-Truppen, auf dem Trubnaja-Platz erobert ein kleiner Trupp Fähnriche einen mit Gewehren beladenen Lastwagen und nimmt die dazugehörige Rote Garde gefangen. Man erzählt sich, im Stabe der Aufständischen sei ein Stoßtrupp von 110 Soldaten erschienen:
»Haben sich hier bei euch irgendwo Fähnriche festgesetzt? Gebt uns Gewehre, wir säubern das Nest!«

Man gab ihnen Gewehre, aber sie schlossen sich den Fähnrichen an, und durch dieses ›Versehen‹ wurde das Gemetzel natürlich noch viel schlimmer.

*

Erstaunlich war das herzliche Verhältnis der Soldaten zu den Bürgern, die sich auf die Straße gewagt hatten, um ›ein wenig zuzuschauen‹.

Es war zum Verzweifeln und schrecklich mit anzusehen, wie ein hungriger, kotbespritzter Proletarier im grauen Soldatenmantel sein Leben aufs Spiel setzte und sich bemühte, einen sauber gekleideten, neugierigen ›Bourgeois‹ zu überreden:

»Bürger, wo wollen Sie denn hin? Dort wird doch geschossen. Da kann man leicht eine abkriegen. Wir können keine Verantwortung übernehmen!«

»Ich war schon drei Tage nicht mehr auf der Straße!«

»Wer weiß, was alles passieren kann! Jetzt kann man nicht spazierengehen . . .«

Man möchte diese Leute fragen:

»Gegen wen kämpft ihr eigentlich, wenn ihr so sehr um das Leben eurer ›Klassenfeinde‹ besorgt seid?«

Fragt man sie aber, dann antworten sie:

»Gegen die Fähnriche, weil sie gegen das Volk sind . . .«

Dieselben gutmütigen, abgehetzten und gequälten Menschen töten aber mit unmenschlicher Grausamkeit verwundete Fähnriche, indem sie ihnen mit Gewehrkolben die Schädel zertrümmern; dieselben Soldaten geben auf eine Menge, die in einer Gasse einen Laden plündert, drei Salven ab, und zurückbleiben etwa zwanzig Tote und Verwundete. Dann aber helfen sie dem Ladenbesitzer, die zerbrochenen Fenster und Türen mit Brettern zu vernageln.

Diese Menschen sind entsetzlich. Einerseits sind sie zu Heldentaten fähig, opfern sich auf, handeln uneigennützig, andererseits begehen sie die schamlosesten Verbrechen und die gemeinsten Vergewaltigungen.

Man haßt und bemitleidet sie von ganzem Herzen und fühlt, daß man nicht die Kraft hat, das Glimmen und Aufleuchten der Seele des eigenen Volkes zu verstehen.

*

Kanonen dröhnen: der Kreml wird von den Sperlingsbergen aus beschossen[75]. Ein Mann, der wie ein verkleideter Soldat aussieht, sagt verächtlich:
»Diese Idioten schießen mit Schrapnells! Das ist ein Glück, sonst würden sie den ganzen Kreml zusammenschießen.«
Er erklärt seinen aufmerksamen Zuhörern ausführlich, in welchen Fällen es vorteilhaft ist, die Menschen mit Schrapnells zu vernichten, und wann man mit ›Brisanzgeschossen operieren‹ muß.
»Aber diese Narren schießen mit Schrapnells mit zu früher Zündung! Das ist zwecklos und dumm ...«
Jemand wendet etwas unsicher ein:
»Vielleicht schießen sie absichtlich so, weil sie den Leuten nur Angst einjagen und niemanden umbringen wollen?«
»Warum?«
»Aus Humanität?«
»Was weiß man bei uns schon von Humanität«, entgegnet der Fachmann für Mordtechnik ruhig.
Über die nassen Dächer fliegen Dohlen, die abscheulich krächzen; Maschinengewehre knattern; irgendwo in der Nähe fährt und schießt ein Panzerfahrzeug; ununterbrochen knallen Gewehre und Revolver. Man hat den Eindruck, als hätten sich Tausende von Menschen zu einem riesigen Haufen zusammengedrängt und als schlügen sie einander tot, als kämpfe jeder gegen jeden. Da rast ein Lastwagen vorbei, vollgestopft mit bewaffneten Männern. Sie schießen in die Luft, offensichtlich um ihren ›revolutionären Geist zu heben‹ und nicht daran zu denken, was sie tun.

*

Runde, ekelhafte Schrapnellkugeln prasseln wie ein Hagel auf die eisernen Dächer und fallen auf das Straßenpflaster; die Zuschauer wollen sich diese Kugeln ›zum Andenken‹ aufheben und kriechen im Schmutz umher.
In der Nähe des Kremls sind einige Häuserwände von Geschossen durchlöchert; in diesen Häusern sind wahrscheinlich Dutzende völlig unschuldiger Menschen umgekommen. Die Geschosse flogen völlig sinnlos umher; ebenso sinnlos war dieses ganze sechs Tage dauernde Gemetzel und die Zerstörung Moskaus.

Das Moskauer Gemetzel war im Grunde genommen ein grauenhafter, blutiger Kindermord. Auf der einen Seite blutjunge Rotgardisten, die nicht einmal wußten, wie man ein Gewehr hält, und Soldaten, die nicht wußten, warum sie in den Tod gingen und weshalb sie töteten; auf der anderen Seite ein verschwindend kleiner Haufen Fähnriche, die mutig ihre ›Pflicht‹ erfüllten, wie man es ihnen beigebracht hatte.
Es ist natürlich eine unverschämte Lüge, daß alle Fähnriche ›Söhne von Bourgeois und Gutsbesitzern‹ sind und daher ausgerottet werden müssen: Diese Lüge stammt von politischen Abenteurern und wildgewordenen Dogmatikern. Wenn die Zugehörigkeit zu einer bestimmten Klasse für das Verhalten der Menschen entscheidend wäre, dann müßte der Simbirsker Edelmann Uljanov-Lenin in den Reihen der russischen Großgrundbesitzer neben Puriškevič stehen, und Bronštejn-Trotzkij den Beruf eines Handlungsreisenden ausüben[76].
In diesem verfluchten Land ist das Los der Jugend entsetzlich! Seit den sechziger Jahren hat unsere Jugend immer wieder versucht, die Mauern der Autokratie zu durchbrechen; fünfzig Jahre wurde die russische Jugend in Gefängnissen, Zuchthäusern und in der Verbannung vernichtet; heute haben wir das tragische Resultat dieser ›Politik‹ vor Augen; es gibt in Rußland keine fähigen Menschen, nicht einmal Menschen, die zu einfachen Arbeiten taugen. Die Autokratie hat die geistige Kraft des Landes vergeudet, der Krieg hat Hunderttausende von jungen Menschen vernichtet; und die Revolution, die sich ohne Enthusiasmus entwickelt, kann offenbar keine geistig starken Menschen erziehen und setzt den Prozeß der Ausrottung der Jugend fort.
Ich weiß, daß den wahnsinnigen Dogmatikern die Zukunft des Volkes gleichgültig ist: sie betrachten es als Material zu sozialen Experimenten; ich weiß, daß ihnen alle Gefühle und Gedanken, die jedem aufrechten Demokraten das Herz zerreißen, fremd sind; ich wende mich auch nicht an diese Leute.
Aber ist denn wirklich unsere ganze Demokratie wahnsinnig geworden? Gibt es wirklich keine Menschen mehr, die sich bewußt sind, daß hier etwas Schreckliches geschieht, und die bereit sind, die toll gewordenen Sektierer zu verjagen?

Den Arbeitern zur Beachtung

Novaja Žizn, Nr. 177
10. (23.) November 1917

Vladimir Lenin führte in Rußland die sozialistische Regierungsform nach der Methode Nečaevs ein: ›Mit Volldampf durch den Sumpf‹[77].

Lenin, Trotzkij und all die anderen, die sie auf ihrem Weg in den Untergang im Sumpf der Wirklichkeit begleiten, sind offensichtlich wie Nečaev davon überzeugt, daß ›man den russischen Menschen mit dem Recht auf Ehrlosigkeit am leichtesten für sich begeistern kann‹; und nun entehren sie kaltblütig die Revolution, entehren die Arbeiterklasse, indem sie die Arbeiter zwingen, blutige Gemetzel und Pogrome zu veranstalten und völlig unschuldige Menschen wie A. V. Kartašev, M. V. Bernatzkij, A. I. Konovalov und andere, ins Gefängnis zu werfen[78].

Lenin und seine Helfer haben das Proletariat gezwungen, der Abschaffung der Pressefreiheit zuzustimmen, und dadurch die Feinde der Demokratie legitimiert, ihr den Mund zu verbieten; indem sie allen, die mit dem Despotismus Lenins und Trotzkijs nicht einverstanden sind, mit Hunger und Pogromen drohen, rechtfertigen diese ›Führer‹ den Despotismus eines Regimes, gegen das die besten Kräfte des Landes so furchtbar lange gekämpft haben.

›Der Gehorsam der Schüler und Narren‹, die Lenin und Trotzkij folgen, ›hat seinen Höhepunkt erreicht‹, die Schüler und Narren, die hinter dem Rücken auf ihre Führer schimpfen, bald sie verlassen und bald sich ihnen wieder zugesellen, dienen schließlich demütig dem Willen der Dogmatiker und wecken in der finsteren Masse der Soldaten und Arbeiter unerfüllbare Hoffnungen auf ein sorgloses Leben[79].

Die Anhänger Lenins, die sich für die Napoleons des Sozialismus halten, rasen und toben und vollenden die Zerstörung Rußlands. Das russische Volk aber muß dafür mit Strömen von Blut bezahlen[80].

Lenin selbst ist natürlich ein Mensch von außergewöhnlicher Kraft; fünfundzwanzig Jahre stand er in den ersten Reihen der Kämpfer für den Sieg des Sozialismus; er ist eine der

bedeutendsten und markantesten Figuren der internationalen Sozialdemokratie; er ist ein sehr begabter Mensch und besitzt alle notwendigen Eigenschaften eines ›Führers‹. Außerdem zeichnen ihn auch das für diese Rolle notwendige Fehlen jeglicher Moral und ein ausgesprochen herrisches, mitleidloses Verhältnis zum Leben der Volksmassen aus.
Lenin ist ›Führer‹ *und* russischer Adliger, und gewisse seelische Eigenschaften dieses ins Nichts verschwundenen Standes sind ihm nicht fremd; deshalb hält er sich für berechtigt, mit dem russischen Volk ein grausames Experiment zu machen, das schon im voraus zum Scheitern verurteilt ist.
Das durch den Krieg gequälte und ins Elend gestürzte Volk hat dieses Experiment schon mit Tausenden von Menschenleben bezahlt und wird es noch mit Abertausenden bezahlen müssen – und das wird es für lange Zeit führungslos machen.
Diese unausweichliche Tragödie berührt weder Lenin, den Sklaven des Dogmas, noch seine ihm sklavisch ergebenen Helfer. Die Vielfalt des Lebens ist Lenin unbekannt, er kennt die Volksmassen nicht, er hat nie mit ihnen zusammen gelebt; aber er weiß aus Büchern, wie man diese Massen zur Raserei bringen und ihre Instinkte am leichtesten aufpeitschen kann. Für die Lenins ist die Arbeiterklasse dasselbe, was für den Metallurgen das Erz ist. Ist es denn möglich, aus diesem Erz – unter allen gegebenen Bedingungen – den sozialistischen Staat zu gießen? Offensichtlich ist es unmöglich – aber warum sollte man es nicht einmal versuchen? Was riskiert Lenin, wenn das Experiment mißlingt?
Er arbeitet wie ein Chemiker im Labor. Während ein Chemiker aber totes Material benutzt und dabei für das Leben wertvolle Resultate erzielt, operiert Lenin mit lebendem Material und führt die Revolution in den Untergang. Die klassenbewußten Arbeiter, die Lenin folgen, müssen begreifen, daß mit der russischen Arbeiterklasse ein erbarmungsloses Experiment gemacht wird, das die besten Kräfte der Arbeiter vernichten und die normale Entwicklung der russischen Revolution für lange Zeit hemmen wird.

Unzeitgemäße Gedanken

Novaja Žizn, Nr. 178
11. (24.) November 1917

Junker, der bekannte russische Erforscher der Stämme des Sudans berichtet:
»Die unglücklichen Wilden wenden sich voll Abscheu vom Menschenfleisch ab, während Völker, die eine vergleichsweise hohe Kulturstufe erreicht haben, wieder in den Kannibalismus zurückfallen.«
Wir Russen haben zweifellos eine ›verhältnismäßig hohe Kulturstufe‹ erreicht; dafür zeugt am besten die Gier, mit der wir von jeher die politisch feindlichen Stämme uns einverleiben wollen.
Schon in den ersten Tagen der Revolution fiel ein gewisser Teil der Presse mit der Wildheit der Menschenfresser vom Stamm der ›Ham, Ham‹ über die Demokratie her und nagt nun tagtäglich an den Köpfen der Soldaten, Bauern und Arbeiter und wirft ihnen wütend vor, sie wollten nur Sonnenblumenkerne kauen, besäßen keine Vaterlandsliebe, kein persönliches Verantwortungsgefühl für das Schicksal Rußlands und begingen überhaupt alle erdenklichen Todsünden[81]. Niemand wird leugnen, daß die Faulheit, das Kauen von Sonnenblumenkernen, die soziale Apathie des Volkes und alles andere, was man ihm vorwarf, bittere Wahrheit ist. Man hätte aber ›dasselbe mit anderen Worten sagen‹ sollen. Man darf nicht vergessen, daß das Volk nun einmal nicht besser sein kann, als es eben ist, denn niemand hat sich viel darum gekümmert, es zu bessern.
Die schwächliche, hysterische Gereiztheit, die bei uns an die Stelle des ›heiligen Zorns‹ getreten ist, hat ein ganzes Lexikon beleidigender Ausdrücke erschöpft, ohne daran zu denken, welche Folgen diese Ausdrücke unausweichlich in den Herzen der beschuldigten Menschen hervorrufen mußten.
Die ›kultivierten‹ Leiter gewisser Presseorgane müßten doch begreifen, wie sehr die wahnsinnige Schmähung der Demokratie den Abenteurern und Demagogen hilft in ihrem Bestreben, sich der Seele der Masse zu bemächtigen.
Diese einfache Überlegung kam den weisen Politikern niemals in den Sinn, und wenn wir heute Menschen vor uns sehen, die

jedes menschliche Aussehen verloren haben, dann fällt die Hälfte der Schuld an dieser finsteren Erscheinung auf jene verehrten Bürger; denn sie haben die Menschen mit Worten geohrfeigt, gegeißelt und versucht, ihnen auf diese Weise Gefühl und Sinn für Kultur einzuimpfen.

Ist es vielleicht schon zu spät, darüber zu sprechen? Nein, es ist nicht zu spät. Das ›neue‹ Regime wird die Presse nicht lange knebeln können, indem es sich auf schändliche Weise der alten Methoden, die Redefreiheit zu unterdrücken, bedient. Bald werden die Zeitungen von neuem sprechen, und natürlich werden sie alles sagen müssen, was wir zu unserer Beschämung und Belehrung wissen sollen.

Wenn wir aber im schäbigen Gewand kraftlosen Zorns und kleinlicher Rachsucht voreinander paradieren, dann setzen wir die vergiftende Arbeit, schlechte Prinzipien und dunkle Gefühle zu erzeugen, fort; wir müssen uns dann von Anfang an darüber klar sein, daß wir für alle Reaktionen verantwortlich sind, mit denen das Volk auf die ihm zugefügten Kränkungen antwortet.

Die Erbitterung ist unvermeidlich; es liegt aber in unserer Macht, sie nicht zu heftig werden zu lassen. Sogar im Faustkampf gibt es gewisse Anstandsregeln. Ich weiß, daß es lächerlich ist, im Heiligen Rußland von einer ritterlichen Achtung vor dem Gegner zu sprechen; ich glaube aber, daß es sehr nützlich wäre, unserem schwächlichen Zorn einen faireren Ausdruck zu verleihen.

Jeder sollte es doch seinem Feind überlassen, sich schlimmer als er selbst zu gebärden; dann werden auch unsere Wortgefechte kraftvoller, überzeugender und schöner sein.

Offen gestanden möchte ich sagen:

»Seid menschlicher in diesen Tagen der allgemeinen Vertierung!«

Aber ich weiß, daß es kein Herz gibt, das diese Worte aufnehmen wird. Wir wollen also unsere Gedanken und Empfindungen nur etwas taktvoller und zurückhaltender ausdrücken; wir dürfen nicht vergessen, daß das Volk Bosheit und Haß letzten Endes von uns lernt . . .

Unzeitgemäße Gedanken

Novaja Žizn, Nr. 179
12. (25.) November 1917

Man wirft mir bereits vor, ich habe ›nach zwanzig Jahren im Dienste der Demokratie‹[82] die ›Maske abgenommen‹ und mein Volk verraten.

Die Herren Bolschewiken haben unbestritten das Recht, mein Verhalten so zu nennen, wie es ihnen paßt; ich muß diese Herren aber daran erinnern, daß ich mich von den außerordentlichen seelischen Eigenschaften des russischen Volkes niemals blenden ließ, daß ich nie meine Knie vor der Demokratie gebeugt habe und diese nicht so heilig halte, daß man sie weder kritisieren noch tadeln dürfte. 1911 schrieb ich in einem Artikel über *Die schriftstellernden Autodidakten*: »Scheußlichkeiten muß man entlarven, und wenn unser Bauer ein Tier ist, dann muß man es sagen. Wenn ein Arbeiter sagt: ›Ich bin ein Proletarier!‹ und dabei den widerlichen Tonfall eines Angehörigen einer Kaste, z. B. eines Adligen, nachahmt, wenn er sagt ›Ich bin ein Adliger!‹, dann muß man diesen Arbeiter schonungslos auslachen[83].«

Wenn jetzt ein bestimmter Teil der Arbeiter, angestachelt von den wahnsinnigen Beherrschern seines Willens, Geist und Methoden einer Kaste an den Tag legt und Gewalt und Terror ausübt – die gleiche Gewalt, gegen die die besten Führer der Arbeiterschaft und ihre klassenbewußten Genossen so lange mutig gekämpft haben –, dann kann ich mich selbstverständlich diesem Teil der Arbeiterschaft nicht anschließen.

Ich finde, es ist eine Schande für die Demokratie, wenn man *Reč* und anderen bürgerlichen Zeitungen nur deshalb mit Gewalt den Mund verbietet, weil sie gegen die Demokratie seien[84].

Hält die Demokratie vielleicht ihre eigenen Handlungen für ungerecht, und fürchtet sie deshalb die Kritik ihrer Feinde? Sind denn die Ideen der Kadetten so gewaltig, daß man sie nur mit physischer Gewalt besiegen kann?

Die Abschaffung der Pressefreiheit ist eine physische Vergewaltigung und der Demokratie unwürdig.

Es ist eine Schande für die Demokratie, wenn ein Mann wie

der greise Revolutionär Burcev, der der Monarchie so viele mächtige Schläge versetzt hat, im Gefängnis sitzen muß, weil er sich in der Rolle eines Latrinenreinigers der politischen Parteien gefällt[85]. Es ist eine Schande für die Demokratie, wenn anständige Männer wie A. V. Kartašev, begabte Arbeiter wie M. V. Bernatzkij und Leute wie A. I. Konovalov, der die Kultur bedeutend gefördert und seinen Arbeitern viel Gutes getan hat, im Gefängnis sitzen müssen.

Es ist schimpflich und verbrecherisch, Menschen, die nicht am tollen Tanz des Herrn Trotzkij auf den Trümmern Rußlands teilnehmen wollen, mit Terror und Pogromen einzuschüchtern.

Das ist alles unnötig und steigert nur den Haß gegen die Arbeiterklasse. Sie wird für die Fehler und Verbrechen ihrer Führer mit Tausenden von Menschenleben und Strömen von Blut bezahlen müssen.

Unzeitgemäße Gedanken

Novaja Žizn, Nr. 185
19. November (2. Dezember) 1917

In der *Pravda* steht folgendes:

»Gorkij hat angefangen, die Sprache der Feinde der Arbeiterklasse zu sprechen.«

Das ist nicht wahr. Ich wende mich an die intelligentesten Vertreter der Arbeiterklasse und erkläre:

Fanatiker und leichtsinnige Phantasten haben in den Arbeitern Hoffnungen erweckt, die unter den gegebenen historischen Bedingungen unerfüllbar sind. Diese Leute führen das russische Proletariat in den Untergang. Der Untergang des russischen Proletariats wird in Rußland eine anhaltende und finstere Reaktion hervorrufen.

Ferner steht in der *Pravda*:

»Im Entwicklungsprozeß jeder Revolution kommt es unvermeidlich auch zu negativen Erscheinungen, die die Zerstörung eines alten, tausendjährigen Staatswesens zwangsläufig mit sich bringt. Der junge Held baut ein neues Leben auf, berührt dabei mit seinen kraftvollen Händen auch fremdes, überlebtes Glück, und schon beginnen die Kleinbürger, über die Gorkij einst schrieb, zu brüllen, der russische Staat und die russische Kultur gingen zugrunde[86].«

Ich kann nicht glauben, daß Vorfälle wie die Plünderung von Nationaleigentum im Winterpalais, im Gatčinskij-Palais und in anderen Schlössern ›unvermeidlich‹ seien. Ich kann nicht begreifen, was der Vandalismus im Kleinen Theater in Moskau und die Diebstähle in der Garderobe unserer bekannten Schauspielerin M. N. Jermolova mit der ›Zerstörung eines tausendjährigen Staatswesens‹ gemeinsam haben.

Ich will die allgemein bekannten Beispiele von sinnlosen Pogromen und Plünderungen nicht einzeln aufzählen; ich behaupte nur, daß die Verantwortung für diese von Rowdys verübten Schandtaten auch auf das Proletariat fällt, weil es offenbar zu schwach ist, das Rowdytum in seinen eigenen Reihen auszurotten.

Ferner: ›Der junge Held, der ein neues Leben aufbaut‹, legt das Druckgewerbe fast völlig lahm; es gibt nämlich z. B. Druckereien, in denen die Setzer nur 38 % der Arbeit leisten, die die Druckergewerkschaft als Norm für Kinder festgesetzt hat.

Das Proletariat, das unter den hundert Millionen Menschen der halbanalphabetischen Landbevölkerung Rußlands nur eine ganz kleine Gruppe darstellt, müßte doch begreifen, daß es möglich und wichtig ist, die Bücher zu verbilligen und das Druckgewerbe weiter auszubauen. Zu seinem eigenen Unglück begreift es diesen Sachverhalt nicht.

Es müßte außerdem begreifen, daß es auf Bajonetten sitzt. Bajonette sind aber bekanntlich ein wackeliger Thron.

Es gibt also genug ›negative Erscheinungen‹; wo aber sind die positiven? Sie sind nicht zu bemerken, wenn man die ›Erlasse‹ Lenins und Trotzkijs nicht mitzählt; ich möchte aber bezweifeln, daß das Proletariat an der Verfertigung dieser ›Erlasse‹ bewußt mitgearbeitet hat. Nein, wenn das Proletariat sie mitverfaßt hätte, dann existierten sie auf keinen Fall in ihrer heutigen Form.

Der Artikel in der *Pravda* schließt mit folgender lyrischer Frage:

»Wenn die früheren unfreiwilligen Feinde sich am strahlenden Fest der Völker in gemeinsamem, brüderlichem Streben ver-

einen, wird dann Gorkij, der die Reihen der echten, revolutionären Demokratie so voreilig verlassen hat, bei diesem Festmahl der Völker ein willkommener Gast sein[87]?«
Selbstverständlich werden weder der Verfasser des Artikels noch ich dieses ›strahlende Fest‹ erleben: es ist noch weit entfernt. Es muß noch Jahrzehnte hartnäckig und stetig an der Kultur gearbeitet werden, bis ein solches Fest möglich ist.
Und bei dem Fest, an dem der Despotismus der halbanalphabetischen Massen einen leichten Sieg feiert und die menschliche Persönlichkeit wie bisher und wie immer unterdrückt bleibt – bei einem solchen Fest habe ich nichts zu suchen: für mich ist das kein Fest.
Wer auch immer die Macht in der Hand hat, ich lasse mir jedenfalls das Recht nicht nehmen, an ihr Kritik zu üben.
Besonders mißtrauisch und argwöhnisch bin ich aber, wenn ein Russe die Macht in der Hand hat: Dieser Sklave von gestern wird zum zügellosesten Despoten, wenn er selbst die Möglichkeit erhält, Herr zu sein über seinen Nächsten.

Unzeitgemäße Gedanken

Novaja Žizn, Nr. 194
6. (19.) Dezember 1917

Die Arbeiterklasse hat ungeheure Energien aufgewendet, um ihre Intelligenz zu schaffen, kleine Bebels, denen die Rolle wahrer Führer der Arbeiterklasse und aufrichtiger Vertreter ihrer materiellen und geistigen Interessen zukommt.
Sogar unter den schweren Bedingungen des Polizeistaates verstand es die Arbeiterintelligenz, selbstlos und täglich ihre Freiheit aufs Spiel setzend, mit Ehre und Erfolg für den Sieg ihrer Ideen zu kämpfen; denn unerschütterlich trug sie das Licht der sozialen Selbsterkenntnis in die unwissende Arbeitermasse hinein und wies ihr den Weg zu Freiheit und Kultur.
Einst wird die leidenschaftslose Stimme der Geschichte der Welt verkünden, wie groß, heldenhaft und erfolgreich die Arbeit der proletarischen Intelligenz seit den neunziger Jahren bis zum Beginn des Weltkrieges war.

Der verfluchte Krieg hat Zehntausende der besten Arbeiter vernichtet und sie an den Werkbänken durch Leute ersetzt, die in die ›Munitionsfabriken‹ gingen, um sich der Militärpflicht zu entziehen. Es sind politisch unreife Menschen, die Psyche des Proletariats ist ihnen fremd; es fehlt ihnen das Bewußtsein, das dem Proletarier selbstverständlich ist – das Bestreben, eine neue Kultur zu schaffen. Sie sind nur von dem kleinbürgerlichen Wunsch beseelt, so schnell wie möglich und um jeden Preis ihr persönliches Glück zu machen und organisch unfähig, die Ideen des reinen Sozialismus aufzunehmen und zu verwirklichen.

Und jetzt sieht sich der Rest der Arbeiterintelligenz, der durch Krieg und Bürgerkrieg nicht vernichtet wurde, plötzlich von Menschen umringt, die ihr psychisch fremd sind, die zwar die Sprache des Proletariers sprechen, aber nicht wie Proletarier fühlen; Menschen, deren Launen, Wünsche und Handlungen die beste, oberste Schicht der Arbeiterklasse der Schande und der Vernichtung preisgeben.

Die gereizten Instinkte dieser unwissenden Masse fanden Verkünder ihres zoologischen Anarchismus, und diese Führer der empörten Kleinbürger verwirklichen heute, wie wir sehen, die armseligen Ideen Proudhons, aber nicht die Ideen von Marx[88]. Sie verbreiten eine Anarchie im Sinne Pugačëvs und nicht den Sozialismus und propagieren, alles auf ein moralisch und materiell gleich erbärmliches Niveau einzuebnen[89].

Darüber zu sprechen ist schwer und schmerzlich; aber es ist notwendig, denn für alle Sünden und Gemeinheiten, die diese dem bewußten Proletariat fremde Gewalt begeht, wird man ebendieses Proletariat verantwortlich machen.

Kürzlich sagten die Vertreter eines Arbeiterkomitees zum Fabrikdirektor über ihre eigenen Leute: »Wir sind erstaunt, wie Sie mit dieser verrückten Bande auskommen konnten!«

Es gibt Fabriken, in denen die Arbeiter anfangen, Messing- und Kupferteile von Maschinen Stück um Stück mitgehen zu lassen und zu verkaufen; es gibt sehr viele Tatsachen, die von der wildesten Anarchie in der Arbeitermasse zeugen. Aber ich weiß, daß es auch Erscheinungen anderer Art gibt: In einer Fabrik kauften die Arbeiter zum Beispiel das Arbeitsmaterial an und verwendeten dafür ihren ganzen Arbeitslohn. Aber Beispiele dieser Art sind Einzelerscheinungen, während es Beispiele entgegengesetzter Art zu Hunderten gibt.

Der ›neue‹ Arbeiter ist ein Mensch, dem die Industrie etwas Fremdes ist und der ihre kulturelle Bedeutung für unser Bauernland nicht versteht. Ich bin überzeugt, daß ein bewußter Arbeiter solche Taten wie die Verhaftung der Sofja Vladimirovna Panina nicht gutheißt. In ihrem ›Volkshaus‹ in der Ligovka haben Hunderte von Proletariern denken und fühlen gelernt; ebenso im ›Volkshaus‹ von Nižnij-Novgorod, das mit ihrer Unterstützung gebaut wurde. Das ganze Leben dieser gebildeten, Frau war der kulturellen Tätigkeit unter den Arbeitern gewidmet. Und jetzt sitzt sie im Gefängnis[90]! Schon Turgenev hat darauf hingewiesen, daß gute Taten keinen Dank finden; aber ich will nicht von Dankbarkeit sprechen, sondern davon, daß man nützliche Arbeit würdigen sollte.
Die Arbeiterintelligenz sollte über diese Fähigkeit verfügen. Der ehemalige Minister A. I. Konovalov, ein makellos aufrichtiger Mensch, erbaute in seiner Fabrik in Vičuga ein ›Volkshaus‹, das vorbildlich für Einrichtungen dieser Art ist[91]. Auch Konovalov sitzt im Gefängnis. Die Verantwortung für diese unsinnigen Verhaftungen wird mit der Zeit dem Gewissen der Arbeiterklasse aufgebürdet werden.
In den Kreis der Personen, die angeblich ›den Willen des revolutionären Proletariats zum Ausdruck bringen‹, wurde eine große Anzahl von Schurken aufgenommen: ehemalige Schergen der politischen Polizei und Abenteurer; der lyrisch veranlagte, aber einfältige A. V. Lunačarskij schwätzt dem Proletariat einen so anrüchigen Dichter wie Jasinskij auf. Das bedeutet, die Fahnen der Arbeiterklasse besudeln, das Proletariat verderben[92].
Man will die Kadetten aus der Konstituierenden Versammlung hinauswerfen. Nun wünscht aber ein beträchtlicher Teil der Bevölkerung, daß gerade die Kadetten seine Meinung und seinen Willen in der Konstituierenden Versammlung zum Ausdruck bringen. Die Vertreibung der Kadetten würde also bedeuten, den Willen Hunderttausender Menschen zu vergewaltigen. Von dieser Schande will ich hier nicht sprechen, aber ich möchte darauf hinweisen, daß die kultiviertesten Menschen unseres Landes, die Tüchtigsten auf allen Gebieten geistiger Arbeit, der Kadetten-Partei angehören[93]. Es ist äußerst nützlich, einen klugen und standhaften Feind vor sich zu haben. Ein kluger Feind erzieht seinen Gegner, er macht ihn klüger und stärker.

Das muß die Arbeiterintelligenz begreifen. Und noch einmal: sie darf nicht vergessen, daß alles, was jetzt vor sich geht, in ihrem Namen geschieht; ihr, ihrer Vernunft und ihrem Gewissen wird die Geschichte ihr strenges Urteil präsentieren. Man darf sich nicht nur von Politik leiten lassen, man muß auch ein wenig Gewissen und andere menschliche Gefühle bewahren.

Unzeitgemäße Gedanken

Novaja Žizn, Nr. 195
7. (20.) Dezember 1917

›Das Proletariat ist der Schöpfer einer neuen Kultur‹, diese Worte enthalten den wunderbaren Traum vom Triumph der Gerechtigkeit, der Vernunft, der Schönheit, den Traum vom Sieg des Menschen über das wilde Tier und das Vieh; im Kampf für die Verwirklichung dieses Traumes sind Tausende von Menschen aller Klassen zugrunde gegangen.
Jetzt hat das Proletariat die Macht in der Hand und damit auch die Möglichkeit freier schöpferischer Arbeit. Es ist angebracht und an der Zeit zu fragen, worin sich diese Arbeit denn äußert. Die Erlasse der ›Regierung der Volkskommissare‹ sind Zeitungsfeuilletons, nichts weiter. Sie sind eine Literatur, die sozusagen ›in den Sand‹ geschrieben ist, und wenn diese Erlasse auch wertvolle Ideen enthalten, so bietet die heutige Wirklichkeit keinerlei Möglichkeiten zur Realisierung dieser Ideen.
Was bringt die Revolution also Neues; wie verändert sie unsere tierische russische Lebensweise; wird sie in der Finsternis des Volkslebens viel Licht verbreiten?
Seit dem Ausbruch der Revolution hat es schon zehntausend Fälle von ›Lynchjustiz‹ gegeben. Die Demokratie richtet ihre Sünder auf folgende Weise: In der Nähe des Alexandermarktes wurde ein Dieb erwischt; die Menge verprügelte ihn sofort und stimmte darüber ab, wie man ihn hinrichten solle, durch Ertränken oder Erschießen. Man entschied sich für das Ertränken und warf den Mann in das eiskalte Wasser. Er schaffte es aber, wieder aufzutauchen und an das Ufer zu schwimmen. Da ging einer aus der Menge hin und erschoß ihn.

Das russische Mittelalter war eine Epoche abscheulicher Grausamkeit. Wenn aber ein Verbrecher, den ein Gericht zum Tode verurteilt hatte, vom Galgen herunterfiel, weil der Strick gerissen war, ließ man ihn leben.
Welchen Einfluß hat die Lynchjustiz auf die heranwachsende Generation?
Soldaten führen einen halbtot geprügelten Dieb ab, um ihn in der Mojka zu ertränken[94]. Er ist blutüberströmt, sein Gesicht ist völlig zerschlagen, ein Auge ausgelaufen. Er wird von einem Haufen Kinder begleitet. Danach kommen einige von ihnen von der Mojka zurück und schreien fröhlich, auf einem Bein hüpfend: »Sie haben ihn ersäuft, sie haben ihn ersäuft.«
Das sind unsere Kinder, sie bauen das zukünftige Leben auf. Das Leben eines Menschen wird bei ihnen nicht hoch im Kurs stehen, der Mensch jedoch – das darf man nicht vergessen – ist die wunderbarste und wertvollste Schöpfung der Natur, das Beste, was es im Weltall gibt. Im Krieg war der Mensch weniger wert als ein winziges Stück Blei. Über diese Bewertung hat man sich mit Recht entrüstet und sie den ›Imperialisten‹ zum Vorwurf gemacht. Wem aber werden wir jetzt die tägliche, grausame Ermordung von Menschen zum Vorwurf machen?

*

Die Herstellung von Büchern und das ganze Verlagswesen sind bei uns aus verschiedenen Gründen fast völlig lahmgelegt, und gleichzeitig werden die wertvollsten Bibliotheken eine nach der anderen vernichtet. Erst kürzlich wurden die Landgüter von Chudekov, Obolenskij und vielen anderen von den Bauern ausgeplündert; sie schleppten alles nach Hause, was in ihren Augen von Wert war, die Bibliotheken aber wurden verbrannt, Konzertflügel mit Äxten in Stücke gehauen, Bilder in Fetzen gerissen. Erzeugnisse der Wissenschaft und Kunst, Werkzeuge der Kultur, haben für das Dorf keinen Wert; und man kann bezweifeln, ob sie für die städtischen Massen Wert haben.
Das Buch ist der wichtigste Kulturvermittler, und damit das kluge und anständige Buch dem Volk helfen kann, müßten die Druckereiarbeiter einige Opfer bringen; sie sind ja besonders und vor allen anderen daran interessiert, daß um sie herum ein geistiges Milieu entsteht, in dem sich ihre Ideale entwickeln und verwirklichen können.

Unsere Lehrer, Radiščev, Černyševskij und Marx, die geistigen Erzeuger von Büchern, opferten Freiheit und Leben für ihre Bücher[95]. Was aber tun heute die technischen Hersteller von Büchern für die Entwicklung des Buchwesens?

*

Seit vierzehn Tagen schon plündern Scharen von Menschen Nacht für Nacht die Weinkeller, besaufen sich, schlagen sich gegenseitig mit Flaschen die Schädel ein, zerschneiden sich an den Glasscherben die Hände und wälzen sich wie Schweine in Schmutz und Blut. In diesen Tagen hat man Wein für zehn Millionen Rubel vernichtet und wird wohl noch Wein für einige hundert Millionen vernichten.

Wenn wir diese wertvolle Ware an Schweden verkauften, würden wir Gold oder Waren dafür bekommen, die unser Land dringend braucht: Textilien, Arzneimittel und Maschinen.

Die Leute im Smolnyj, die sich ein bißchen spät besinnen, drohen den Säufern mit schweren Strafen, aber die Säufer fürchten sich nicht vor diesen Drohungen und vernichten weiter die Waren, die man längst hätte requirieren müssen, zum Eigentum der verarmten Nation erklären sollen und zum Nutzen aller vorteilhaft verkaufen[96].

Bei diesen Weinpogromen wurden Menschen wie tollwütige Wölfe abgeknallt; so gewöhnt man sich allmählich daran, seinen Mitmenschen seelenruhig zu erledigen.

In der *Pravda* heißt es aber, diese Pogrome seien ›von den Bourgeois provoziert worden‹, was natürlich eine Lüge ist, ›Schönfärberei‹, die das Blutvergießen noch vergrößern wird[97].

*

Diebstahl und Plünderungen nehmen zu; schamlose Beamte lassen sich ebenso skrupellos bestechen wie früher die Beamten des zaristischen Regimes. Finstere Typen, die sich um das Smolnyj geschart haben, versuchen, die eingeschüchterten Bürger zu erpressen. Die Brutalität der Vertreter der ›Regierung der Volkskommissare‹ wird allgemein beklagt, und das mit Recht.

Allerlei kleine Leute, die sich an der neuen Macht ergötzen, behandeln den Bürger wie einen besiegten Feind, d. h. genauso, wie die Polizei des Zaren ihn behandelt hat. Sie brüllen jeden an, sie brüllen wie die Polizeiposten in Konotop oder Čuchloma[98]. Das alles geschieht im Namen des ›Proletariats‹ und der ›sozialen Revolution‹, ist ein Sieg unserer Vertierung und vertieft weiter unsere Primitivität, an der wir bei lebendigem Leibe verfaulen.

Worin äußert sich denn jener ›Idealismus des russischen Arbeiters‹, von dem Karl Kautsky so viel Schmeichelhaftes gesagt hat[99]?

Wo und wie nimmt denn die Moral des Sozialismus – die ›neue‹ Moral – im Leben konkrete Gestalt an?

Ich rechne damit, daß irgendeiner der ›Realpolitiker‹ zu allem, was ich gesagt habe, verächtlich ausruft: »Was wollen Sie? Das ist die soziale Revolution!«

Nein, in diesem Ausbruch tierischer Instinkte sehe ich nicht die klar zum Ausdruck gebrachten Elemente einer sozialen Revolution. Das ist ein russischer Aufstand ohne Sozialisten im eigentlichen Sinn und ohne sozialistische Geisteshaltung[100].

Unzeitgemäße Gedanken

Novaja Žizn, Nr. 198
10. (23.) Dezember 1917

Vor nicht allzulanger Zeit wurde ich beschuldigt, ich hätte mich ›an die Deutschen verkauft‹ und ›verrate Rußland‹; jetzt beschuldigt man mich, ich hätte mich ›an die Kadetten verkauft‹ und ›verrate die Sache der Arbeiterklasse‹[101].

Mich persönlich verletzen diese Beschuldigungen nicht, sie lassen mich kalt, aber sie bringen mich auf wenig erfreuliche und wenig schmeichelhafte Gedanken über den sittlichen Wert der Gefühle der Ankläger und über ihr soziales Bewußtsein.

Hören Sie, meine Herren: Werfen Sie sich alle diese lumpigen Beschuldigungen über Treuebruch, Verrat und moralischen Wankelmut nicht etwas leichtfertig an den Kopf? Wenn man Ihnen glauben will, muß unser ganzes Land mit Menschen besiedelt sein, die nur daran denken, wie sie Rußland am vorteilhaftesten verkaufen und sich gegenseitig am besten verraten können!

Ich sehe es wohl ein: Die zahllosen Provokateure und Aben-

teurer in der revolutionären Bewegung mußten bei Ihnen natürlich Mißtrauen gegeneinander und auch Mißtrauen gegen die Menschen überhaupt aufkommen lassen; ich verstehe, daß diese schändliche Tatsache sogar die gesündesten Menschen mit Argwohn und Mißtrauen vergiften mußte.
Aber immerhin: Wenn Sie sich gegenseitig so leichtfertig der Untreue, des Verrats, der Habgier und Heuchelei beschuldigen, stellen Sie sich ganz Rußland offensichtlich als ein Land vor, das von lauter ehrlosen und käuflichen Menschen bewohnt wird. Sie, meine Herren, sind doch auch Russen!
Wie Sie sehen, ist das zwar recht komisch, aber es ist doch noch mehr als das – nämlich gefährlich; diejenigen, die dieses schamlose Spiel betreiben, können sich ja allmählich einreden, daß ganz Rußland tatsächlich ein Land ehrloser und käuflicher Menschen sei, und sich sagen:
»Na schön, wir sind auch nicht von gestern.«
Man stelle sich vor: Die Revolution wird bei uns entweder mit japanischem oder mit deutschem Geld gemacht; die Konterrevolution aber mit dem Geld der Kadetten und Engländer. Wo aber bleiben denn die russische Uneigennützigkeit, unsere gepriesene Gewissenhaftigkeit, unser Idealismus, unsere Heldenlegenden von den aufrichtigen Kämpfern für die Freiheit, unsere Donquichotterie und alle anderen guten Eigenschaften des russischen Volkes, die in der mündlichen und geschriebenen russischen Literatur so laut verherrlicht werden?
Ist das alles Lüge?
Begreifen Sie doch: indem Sie sich gegenseitig solcher Gemeinheiten beschuldigen, beschuldigen Sie auch sich selbst und die ganze Nation.
Wenn ich den gehässigen Brief eines solchen Anklägers lese, muß ich unwillkürlich an die Worte eines Bauern aus Orël denken: »In unserem Dorf saufen alle, nur einer nicht, aber der ist ein Schwachkopf.«
Ich muß auch an die schöne und gerechte Empörung denken, die ich einmal vor Jahren unter den Arbeitern beobachtete, als das Organ der ›Schwarzen Hundert‹, *Russkoe Znamja* [Das russische Banner], die Zeitung *Reč* beschuldigte, sie habe von den Finnen und sogar von den Eskimos Geld angenommen[102].
»Diese Schurken haben nichts zu sagen, und sagen deshalb das Gemeinste, was sie sich ausdenken können.«

Ich glaube, daß ich einfach und verständlich genug schreibe und daß kein vernünftiger Arbeiter mir ›Verrat an der Sache des Proletariats‹ vorwerfen wird. Ich halte die Arbeiterklasse für einen mächtigen kulturellen Faktor in unserem finsteren Bauernland und wünsche dem russischen Arbeiter von ganzem Herzen eine quantitative und qualitative Entwicklung. Ich habe wiederholt gesagt, daß die Industrie eine der wichtigsten Grundlagen der Kultur ist, daß die Entwicklung der Industrie die Rettung des Landes und seine Europäisierung bedeutet, daß der Fabrikarbeiter nicht nur eine physische, sondern auch eine geistige Kraft ist; daß er nicht nur das Werkzeug eines fremden Willens ist, sondern auch ein Mensch, der seinen eigenen Willen, seinen eigenen Verstand in die Praxis umsetzt. Er ist von den Naturelementen nicht so abhängig wie der Bauer, dessen schwere Arbeit unsichtbar und vergänglich ist. Was der Bauer erzeugt, das verkauft und verzehrt er; seine Energie wird völlig von der Erde aufgesaugt, während das Werk des Arbeiters auf der Erde bleibt, sie verschönert und die Naturkräfte in den Dienst des Menschen stellt.

Auf diesem Unterschied des Arbeitscharakters beruht auch der grundlegende Unterschied zwischen der Psyche des Bauern und der des Arbeiters, und ich halte den klassenbewußten Arbeiter für den Aristokraten der Demokratie.

Jawohl: Aristokratie in der Demokratie, das ist die Stellung des Arbeiters in unserem Bauernland, so soll sich der Arbeiter verstehen. Leider versteht er sich aber vorläufig noch nicht so. Es ist wohl klar, daß ich die Bedeutung der Arbeiterklasse für die kulturelle Entwicklung Rußlands sehr hoch einschätze, und ich habe keinen Grund, diese Ansicht zu ändern. Außerdem liebe ich den Arbeiter, fühle mich eng mit ihm verbunden, bewundere und achte seine Arbeit. Und schließlich liebe ich Rußland.

Die Volkskommissare lächeln verächtlich – oh, natürlich! Aber das bringt mich nicht um. Ich liebe Rußland mit schmerzlicher, besorgter Liebe, ich liebe das russische Volk.

Wir Russen sind ein Volk, das nie frei gearbeitet hat, das noch keine Zeit hatte, alle seine Kräfte und Fähigkeiten zu entwickeln. Wenn ich daran denke, daß die Revolution uns die Möglichkeit zu freier Arbeit und allseitiger Entfaltung geben kann, wird mein Herz selbst in diesen mit Blut und Wein besudelten Tagen mit großer Hoffnung und Freude erfüllt.

An diesem Punkt beginnt die Linie meiner entschiedenen und unversöhnlichen Trennung von der wahnsinnigen Tätigkeit der Volkskommissare.
Ich glaube, daß der Ideenmaximalismus für die labile russische Seele sehr nützlich ist; er kann in ihr große und kühne Bedürfnisse und die schon längst notwendige Arbeitsfähigkeit und Aktivität erwecken; er kann diese träge Seele formen, beleben und aktivieren.
Der praktische Maximalismus der Anarcho-Kommunisten und Phantasten aus dem Smolnyj ist jedoch für Rußland und vor allem für die russische Arbeiterklasse verderblich.
Die Volkskommissare betrachten Rußland als Material für Experimente. Das russische Volk ist für sie jenes Pferd, dem die Bakteriologen Typhusbazillen einimpfen, damit es im Blut das Antiserum bilde. Ein ebenso grausames und im voraus zum Scheitern verurteiltes Experiment stellen die Kommissare mit dem russischen Volk an, ohne daran zu denken, daß das gequälte, halbverhungerte Pferd krepieren könnte.
Den Reformatoren aus dem Smolnyj geht es nicht um Rußland, sie opfern es kaltblütig ihrem Wunschtraum von einer Weltrevolution oder einer europäischen Revolution.
Unter den gegenwärtigen Lebensbedingungen in Rußland ist eine Revolution undenkbar; man kann ja die 85 % Bauern Rußlands, unter denen es einige zehn Millionen nomadischer Fremdvölker gibt, nicht mit einem Zauberschlag zu Sozialisten machen.
Unter diesem wahnsinnigen Experiment wird vor allem die Arbeiterklasse leiden, denn sie ist die Avantgarde der Revolution und wird in einem Bürgerkrieg als erste aufgerieben werden. Wenn aber die Arbeiterklasse zerschlagen und vernichtet ist, dann sind auch die besten Kräfte und Hoffnungen des Landes vernichtet.
Ich wende mich also an die Arbeiter, die sich ihrer kulturellen Bedeutung für das Land bewußt sind: Der politisch aufgeklärte Proletarier muß sein Verhältnis zur Regierung der Volkskommissare ernsthaft überprüfen und ihre soziale Betätigung mit größter Vorsicht aufnehmen.
Meine Meinung ist: Die Volkskommissare vernichten die Arbeiterklasse Rußlands, legen der Arbeiterbewegung schwere, sinnlose Hindernisse in den Weg, drängen sie über die Grenzen

der Vernunft hinaus und erschweren dadurch in unbeschreiblicher Weise die zukünftige Arbeit des Proletariats und den Fortschritt unseres Landes.
Mir ist es gleichgültig, wie man mich wegen dieser Ansicht über die ›Regierung‹ der Experimentatoren und Phantasten nennen wird; das Schicksal der Arbeiterklasse und Rußlands ist mir aber nicht gleichgültig.
Solange ich kann, werde ich dem russischen Proletarier beständig wiederholen:
Man führt dich ins Verderben, man benutzt dich als Material für ein unmenschliches Experiment – in den Augen deiner Führer bist du immer noch kein Mensch[103].

»In der Tiefe Rußlands«

Novaja Žizn, Nr. 202
15. (28.) Dezember 1917

In den letzten Tagen habe ich einige Erzählungen über das Leben ›in der Tiefe Rußlands‹ gehört. Ich gebe dem Leser diese Erzählungen hier so wieder, wie ich sie gehört habe, und ich bin überzeugt, daß er die nötigen Schlußfolgerungen selbst ziehen wird.

*

»Wie wir leben? Na ja, so einigermaßen, man gewöhnt sich dran«, sagt ein Bürger aus einer stillen Gouvernementsstadt. Er schämt sich zuzugeben, daß er ein Kadett ist und den Sozialismus zutiefst ablehnt.
»Die jüngeren Leute sind sehr eifrig und machen viel Wind, sie wollen die ›neue Ordnung‹ einführen, aber das gelingt nicht so ganz – alle reden, aber keiner arbeitet. Die Stadt ist völlig verdreckt und verkommen, ganz im Schnee versunken, auf den Straßen kann man weder gehen noch fahren; Diebstahl, Raub und betrunkene Plünderer, genau wie bei Ihnen in Petrograd. Die älteren Leute haben anscheinend gemerkt, daß nichts Gutes zu erwarten ist, und leben wie früher. Ihre einzige Sorge ist, sich satt essen, interessant Karten spielen und boshaft klat-

schen. Und am traurigsten ist, daß die Leute sich allmählich daran gewöhnen. Sie glauben an nichts, erwarten nichts, tun nichts, sie ›gewöhnen sich‹ nur.
Vor vierzehn Tagen war ich bei Bekannten und ging gegen elf Uhr nachts nach Hause; da höre ich, daß irgendwo in der Nähe geschossen wird; ich bleibe stehen und überlege: soll ich einen Bogen um die gefährliche Stelle machen? Nein, das ist ein Umweg, und dazu bin ich zu faul. Ich gehe also geradeaus und denke: vielleicht ist mir der Herrgott gnädig! Da sehe ich – auf einer Haustreppe sitzt ein Mann, der scheint auf mich zu warten! Ich hatte einen Revolver, aber keine Patronen; ich zog ihn trotzdem und ging ganz dicht an den Schneewehen entlang, um dem Mann auszuweichen. Da fragt er mich höflich:
›Bürger! Wohin gehen Sie?‹
›Nach Hause.‹
›In welche Straße?‹
Ich sage es ihm.
›Ich muß auch in diese Gegend‹, sagt er, ›aber ich kann nicht gehen, hier war gerade eine Schießerei, und ich bin ins Bein getroffen worden. Können Sie mir nicht helfen und mich heimbringen?‹
Lügt er? denke ich, er spricht so ruhig! Aber es stellt sich heraus, daß er tatsächlich am Bein verwundet war und überhaupt nicht gehen konnte.
›Warten Sie‹, sage ich, ›ich suche eine Droschke oder hole Hilfe; allein werde ich mit Ihnen nicht fertig!‹
›Danke‹, sagt er, ›aber machen Sie bitte schnell, ich habe schon viel Blut verloren und friere. Da vorn ist noch jemand gegangen, der ist auch hingefallen – schauen Sie mal um die Ecke!‹
Ich biege um die Ecke und sehe einen Mann, der sich an den Häusern und an den Zäunen entlangschleppt. Bald kriecht er auf dem Bauch, bald auf allen vieren.
Ich frage ihn:
›Sind Sie verwundet?‹
Er setzt sich in den Schnee, bekreuzigt sich und antwortet:
›Gott sei Dank, nein, ich bin nicht verwundet, aber ich bin furchtbar erschrocken und will jetzt nach Hause!‹
Er sagte so einfach und froh, ›ich will nach Hause‹, als sei er sein Leben lang auf dem Bauch oder auf allen vieren gekrochen. Na ja, wir gewöhnen uns eben daran.«

»Aber vielleicht hatten wir keine Zeit, es uns abzugewöhnen?«
»Ich weiß nicht. Vielleicht.«

*

Ein Bauer, Kommissar eines Landkreises im Gouvernement Orël[103a], ein kluger und weitblickender Mann, der an den Ereignissen von 1905 und 1906 beteiligt war und vieles erlebt hat, erzählt:
»Auf dem Land bekämpfen sich auch ›die eigenen Leute‹. In unserem Kreis gibt es so was Ähnliches wie eine Räuberbande: hundert Fuhrwerke kommen gefahren, fünf- bis sechshundert Bauern gehen nebenher, vorn ein paar Reiter, hinten auch – alles, wie sich's gehört! Sie plündern die Güter, zurück bleibt Schutt und Asche. Wir mußten uns ganz schön anstrengen, damit sie mit dieser ›Arbeit‹ aufhören. Wir sagten:
›Was macht ihr da, ihr Lumpen? Ihr ruiniert ja Rußland, vernichtet das nationale Gut. Das alles haben doch eure Vorfahren mit ihrer Arbeit geschaffen, das ist die Grundlage eures zukünftigen Wohlstandes.‹
Sie sagen:
›Wir haben Angst! Wenn wir die Güter nicht anstecken, geht's genauso wie nach 1905, die Gutsbesitzer kommen zurück, und dann sind wir wieder die Dummen! Wenn wir ihre Häuser anstecken, können sie nicht wiederkommen!‹
Sie machen das nicht aus Zerstörungswut, sondern weil sie Angst haben, die Vergangenheit könnte wiederkommen. Es ist vorgekommen, daß Weiber, die zusammengeraubte Sachen aus den Gutshäusern schleppten, weinend riefen:
›Lieber Gott. Dafür müssen wir noch büßen!‹
Auf dem Land hat man die furchtbaren Lehren der Jahre 1905 und 1906 nicht vergessen; das beweist zum Beispiel folgende Tatsache:
Die Herrschaft Kaledins bedeutete Zwangsarbeit auf den Feldern und überhaupt stürmische Zeiten; trotz alledem kamen mehr als fünfhundert Bauern aus dem ganzen Kreis – die Bevollmächtigten verschiedener Bauernorganisationen – auf völlig erschöpften Pferden nach Malo-Archangelsk. All diese Leute erklärten wie ein Mann, sie seien bereit, die Revolution unter allen Umständen zu verteidigen.

›Das alte Regime darf nicht wiederkommen! Und wenn sie uns alle totschlagen, aber wir geben nicht nach!‹
Im Jahre 1905 gab es diese Einigkeit nicht und man war sich nicht bewußt, wie gefährlich die Konterrevolution ist; jetzt weiß das jeder vernünftige Bauer. Als ein Kommissar zu diesen Bevollmächtigten sagte, sie sollten Moskau und Petrograd mit Korn versorgen, gaben sie es kostenlos her und sagten:
›Die Leute in Petrograd kämpfen und leiden für uns alle, für ganz Rußland! Keine Angst, das begreifen wir schon‹!«
»Und welchen Einfluß hat der Bolschewismus auf das Dorf?«
»Überzeugte Bolschewiken, feine Sozialisten, gibt es auf dem Land nicht. Die Bolschewiken dort sind Etappensoldaten. Diese Etappensoldaten und ›Bolschewiken‹ benehmen sich meistens wie Rowdys. Sie sind tierische, völlig verdrehte Menschen und nennen sich deshalb ›Bolschewiken‹, weil sie überzeugt sind, daß es immer mehr Leute von ihrer Sorte gibt[103b]. Diese Kerle stiften die Pogrome an. Aber sie sind Schlappschwänze, wenn sie verhaftet und eingesperrt werden, flennen sie und bereuen alles. Sie sind überhaupt widerwärtig. Aber auf manche hat das Dorf einen merkwürdigen Einfluß. Das zeigt sich zum Beispiel so:
Ein Soldat kam in unser Dorf, ein energischer Bursche und nicht dumm. Er spielte ungefähr einen Monat den Bolschewiken, aber vor den Wahlen zur Konstituierenden sagte er zu seiner Frau:
›Ich bin ein Bolschewik, aber du gibst trotzdem deine Stimme der Bauernpartei, den S.R.‹
Die Frau lacht:
›Sag das doch allen Bauern, das wäre nicht schlecht!‹
Und er:
›Glaubst du, ich hätte Angst? Ich sag's ihnen schon.‹
Und tatsächlich: er kam zur Versammlung und erklärte den Bauern:
›Ich als Bolschewik kann nicht für die S.R. stimmen, aber ich rate euch allen nach meinem Gewissen: gebt eure Stimme den S.R., das ist eure Partei!‹
Auf dem Land gibt es eine Menge negative Erscheinungen – Diebstahl, Rowdytum, Trunksucht und Unzucht. Und im Frühjahr wird es noch schlimmer, noch schrecklicher; es kann sein, daß dann ein Dorf über das andere herfällt und das gibt eine

richtige Schlacht, weil die Bauern Gewehre, Patronen und Handgranaten haben – die Soldaten haben viel von diesem Zeug mit heimgeschleppt. Im Frühjahr regt sich bei den Bauern die Besitzgier –, sie fangen an zu pflügen und kriegen sich wegen der Äcker in die Haare. Außerdem werden in vielen Dörfern die Frontsoldaten und die Frauen der Kriegsgefangenen bei der Landaufteilung übers Ohr gehauen. Wenn ihre Männer von der Front und aus der Gefangenschaft zurückkommen, dann gibt's einen mörderischen Streit. Das ist fast unvermeidlich.

Aber ich glaube trotzdem ganz fest, daß alles besser wird. Es wird gut werden in Rußland, jawohl! Wir müssen nur Schulen bauen und die kulturelle Arbeit erweitern! Das ist so nötig, daß sogar die Bauern, die die Bücher zerreißen und die Bibliotheken der Gutsbesitzer verbrennen, heulen:

›Bringt uns etwas bei, wir sind blind und begreifen nichts!‹

Das Streben zu lernen, der Wunsch, sich mit seinem eigenen Verstand im Leben zurechtfinden – dieses Streben wächst beständig. Sogar jetzt gehen aus dem Dorf ›neue Menschen‹ hervor, wirklich neue Menschen, die von den Schrecken und Enttäuschungen des Jahres 1905 unberührt sind. Diese Menschen beteiligen sich nicht an Zerstörungen, sie vermögen sogar andere von ihrer unglückseligen Leidenschaft abzubringen, jenes Fundament zu zerstören, auf dem die landwirtschaftliche Kultur aufgebaut werden soll.

Über das Dorf kann man viel Gutes und tausendmal mehr Schlechtes sagen. Aber zu guter Letzt wird alles gut werden, wir werden es meistern!

Das bäuerliche Rußland wird der Erbauer des neuen Staates sein – sonst niemand. Wo sind andere Kräfte? Falls die Arbeiterklasse, die klein an Zahl und schlecht organisiert ist, nicht im Bürgerkrieg untergeht, wird sie durch dieses Gemetzel stark geschwächt und schließlich vernichtet werden. Und die Bourgeoisie? Das Proletariat wird ihr nicht die Möglichkeit geben, sich zum Kampf gegen das Dorf zu organisieren. Und außerdem: Was für Kräfte kann sie den vielen Millionen Bauern denn entgegen stellen, zu denen auch die Soldaten gehören? Alle Umstände sprechen dafür, daß das dörfliche, bäuerliche Rußland siegen wird ...«

*

Nun zwei Tatsachen, die das ›Rechtsbewußtsein‹ der Bauern charakterisieren:
Ein junger Mann aus Moskau erzählte mir:
»Ein Bauer kam zu mir und fragte treuherzig:
›Sind sie eine Amtsperson?‹
›Ja.‹
›Sind sie ein Genosse?‹
›Ja.‹
›Also, Genosse, wir haben bei uns im Kreis Klin eine Ärztin eingesperrt – wo sollen wir sie hintun?‹
›Warum habt ihr sie denn eingesperrt?‹
›Lies das Papier, da steht's drin, das ist das Protokoll.‹
Auf dem schmuddligen, zerknitterten Fetzen Papier stand kurz:
›Ferdacht daß sie für die Kadeten gestimmt hat und verhaftet. Petja Tichii Nikolaj.‹
›Ihr müßt sie herauslassen.‹
›Was?‹
›Unbedingt.‹
›Wofür haben wir sie dann vier Tage im Keller auf Brot und Wasser gesetzt?‹
›Das fragt euch selbst.‹
›Ach du lieber Gott! Heißt das, daß wir sie unnütz eingesperrt haben?‹
›Jawohl.‹
›Da soll sich noch einer auskennen! Sie ist ja auch eine ordentliche Frau und war gut zu uns . . .‹
Er ging sehr niedergeschlagen hinaus.
Und dann kam ein Bauer mit seiner Frau und erzählte:
›Unser ganzes Dorf hat geschlossen für die Bolschewiken gestimmt, nur zwei haben uns Schande gemacht – sie haben für die Kadetten gestimmt. Einen haben wir schon gefunden und verprügelt, aber den anderen finden wir einfach nicht. Könnten Sie uns nicht einen klugen Menschen schicken, damit er diesen gemeinen Kerl aufstöbert? Wir wären ihm sehr dankbar . . . ‹!«
Ich wiederhole, ich ziehe keine Schlußfolgerungen aus diesem Durcheinander von Tatsachen und Meinungen, aber es wäre wünschenswert, daß der Leser über all das nachdenkt.

Unzeitgemäße Gedanken

Novaja Žizn, Nr. 205
19. Dezember 1917 (1. Januar 1918)

Die Revolution vertieft sich ...

Die unbekümmerte Demagogie der Leute, die die Revolution ›vertiefen‹, trägt Früchte, die für die bewußtesten und kultiviertesten Vertreter der sozialen Interessen der Arbeiterklasse offenkundig verhängnisvoll sind. Schon beginnt in den Fabriken und Betrieben allmählich ein wütender Kampf zwischen den ungelernten und den qualifizierten Arbeitern; die Ungelernten behaupten schon, Schlosser, Dreher, Gießer usw. seien ›Bourgeois‹.

Die Revolution vertieft sich immer mehr zum Ruhm der Leute, die am lebendigen Leib der Arbeiterschaft ihre Experimente anstellen[103c].

Aber die Arbeiter, die die Tragik des Augenblicks erkennen, machen sich große Sorgen um das Schicksal der Revolution.

»Ich fürchte«, schreibt mir einer von ihnen, »daß der Tag nicht mehr fern ist, wo die Massen, die mit dem Bolschewismus nicht zufrieden sind, jeden Glauben an eine bessere Zukunft und an den Sozialismus verlieren, ihre Blicke wieder in die Vergangenheit richten und sich dem finsteren Monarchismus zuwenden werden; dann ist aber der Kampf für die Befreiung der Völker für Jahrhunderte verloren.

Ich glaube, daß es so kommen wird, denn der Bolschewismus wird nicht die Hoffnungen der ungebildeten Massen erfüllen können; und ich weiß nicht, was wir, die wir uns inmitten dieser Masse befinden, tun sollen, damit der Glaube an den Sozialismus und an ein besseres Leben auf Erden nicht erlischt.«

Ein anderer Arbeiter berichtet:

»Der leidlich gebildete Arbeiter kommt sich in der abgestumpften Masse genauso vor wie ein Mensch, der sich unter seinesgleichen fremd fühlt.«

Solche Klagen hört man immer häufiger, und sie kündigen an, daß eine tiefe Spaltung im Innern der Arbeiterklasse möglich ist. Andere Arbeiter aber sagen und schreiben mir:

»Sie müßten sich doch freuen, Genosse – das Proletariat hat gesiegt!«

Ich habe keinen Grund, mich zu freuen: Das Proletariat hat niemanden und nichts besiegt. Ebenso wie es selbst unbesiegt blieb, als das Polizeiregime es an der Gurgel gepackt hatte, so ist auch jetzt, wo das Proletariat die Bourgeoisie an der Gurgel packt, diese Bourgeoisie noch nicht besiegt. Ideen können durch physische Gewalt nicht besiegt werden. Sieger sind gewöhnlich großmütig – vielleicht, weil sie müde sind; das Proletariat ist aber nicht großmütig, wie man am Fall S. V. Panina, Boldyrëv, Konovalov, Bernatzkij, Kartašev, Dolgorukov und anderen sehen kann, die aus unbekannten Gründen ins Gefängnis gesperrt wurden[104].

Außer den genannten Leuten hungern in den Gefängnissen noch Tausende – jawohl, Tausende! – Arbeiter und Soldaten.

Nein, das Proletariat ist weder großmütig noch gerecht; die Revolution müßte aber doch ein gewisses Maß an Gerechtigkeit im Lande gewährleisten.

Das Proletariat hat nicht gesiegt; im ganzen Land tobt der Bürgerkrieg; Hunderte und Tausende von Menschen bringen sich gegenseitig um. In der *Pravda* hetzen Wahnsinnige: »Schlagt die Bourgeois tot. Schlagt die Kaledin-Kosaken tot!« Aber die Bourgeois und die Kaledin-Kosaken sind ja selbst Bauern und Arbeiter; sie werden hingemordet und morden ihrerseits die Rotgardisten[105].

Wenn doch der Bürgerkrieg nur darin bestünde, daß Lenin sich in die kleinbürgerlichen Haare Miljukovs verkrallen und Miljukov die prächtigen Locken Lenins zerzausen würde!

»Bitte! Rauft euch, ihr Herren[106]!«

Aber nicht die Herren raufen sich, sondern die Knechte, und es gibt keinen Grund anzunehmen, daß diese Schlägerei bald aufhören wird. Wie soll man sich freuen, wenn man mitansehen muß, wie die gesunden Kräfte des Landes zugrunde gehen, weil sie sich gegenseitig vernichten. Durch die Straßen ziehen Abertausende von Menschen und schreien, als ob sie sich selbst verhöhnen wollten: »Es lebe der Friede!«

Das Volk hat sich der Banken bemächtigt? Das wäre gut, wenn in den Banken Brot läge, mit dem man die Kinder satt machen könnte. Aber Brot gibt es in den Banken nicht; die Kinder hungern, und Unterernährung und Sterblichkeit nehmen von Tag zu Tag zu[107].

Der Bürgerkrieg hat die Eisenbahnlinien gründlich zerstört;

selbst wenn die Bauern Brot hergäben, könnte man es nicht so bald herbeischaffen.

Am allermeisten aber bin ich darüber erstaunt und erschrocken, daß die Revolution keinerlei Anzeichen einer geistigen Wiedergeburt des Menschen in sich birgt, die Menschen weder ehrlicher noch offenherziger macht, noch ihre Selbsteinschätzung und die moralische Bewertung ihrer Arbeit hebt.

Es gibt natürlich Leute, die ›einherstolzieren‹ wie ein Ringer im Zirkus, der seinen Gegner erfolgreich ›auf die Schultern gelegt hat‹ – über solche Leute lohnt es nicht zu reden. Aber im allgemeinen ist in der Masse nichts davon zu merken, daß die Revolution das soziale Gefühl im Menschen wiederbelebt hätte. Ein Menschenleben gilt genausowenig wie früher; die alten Gewohnheiten verschwinden nicht. Die ›neue Obrigkeit‹ ist genauso grob wie die alte und hat sogar noch schlechtere Manieren als diese. In den neuen Polizeirevieren schreit und stampft man mit den Füßen genauso wie früher. Man läßt sich ebensogern bestechen wie die früheren Bürokraten und treibt die Menschen herdenweise in die Gefängnisse. Alles Alte und Häßliche ist noch lange nicht verschwunden.

Das ist ein schlechtes Zeichen: es zeugt davon, daß die physische Gewalt sich nur verschoben hat; diese Verschiebung kann aber das Wachstum der geistigen Kräfte nicht beschleunigen.

Der Sinn des Lebens und die Rechtfertigung für alle seine Scheußlichkeiten kann nur in der Entwicklung all unserer geistigen Kräfte und Fähigkeiten liegen.

»Darüber zu sprechen ist verfrüht. Zuerst müssen wir die Macht in unsere Hände bekommen.«

Es gibt kein gemeineres Gift als die Macht über Menschen; daran müssen wir immer denken, damit uns die Macht nicht vergiftet und uns nicht zu noch abscheulicheren Menschenfressern macht als jene, gegen die wir unser ganzes Leben lang gekämpft haben.

Unzeitgemäße Gedanken

Novaja Žizn, Nr. 207
21. Dezember 1917 (3. Januar 1918)

Am Ufer der Fontanka stehen mehrere Bürger. Sie blicken in die Ferne, auf die Brücke, die schwarz von Menschen ist und machen ruhig und teilnahmslos ihre Bemerkungen[108]:
»Sie ertränken Diebe.«
»Haben sie viele erwischt?«
»Es wurde von dreien gesprochen.«
»Einen, 'nen ziemlich jungen, haben sie geprügelt.«
»Totgeprügelt?«
»Was denn sonst!«
»Man muß sie unbedingt alle totschlagen, sonst machen sie einem das Leben zur Hölle.«
Ein bejahrter, grauhaariger Mann, rotgesichtig und irgendwie einem Metzger ähnelnd, versichert:
»Es gibt jetzt keine Gerichte, also müssen wir uns selber richten...«
Ein abgerissener Mensch mit flinken Äuglein fragt:
»Ist das nicht gar zu einfach, wenn wir uns selbst richten?«
Der Grauhaarige antwortet träge, ohne ihn anzublicken:
»Je einfacher, um so besser. Hauptsache, es geht schnell!«
»Hört nur, wie er heult!«
Die Menge verstummte und lauschte. Aus der Ferne, vom Fluß her, hallt ein wilder, wehmütiger Schrei.

*

Die Herren Volkskommissare haben im Namen des Proletariats die alten Gerichte abgeschafft und dadurch die ›Lynchjustiz‹, das tierische Recht der ›Straße‹ zum Gesetz erhoben. Auch früher, vor der Revolution, machte es unserer Straße Spaß zu prügeln; mit wahrer Wonne trieb sie diesen gräßlichen ›Sport‹. Nirgends prügelt man einen Menschen so häufig, mit solchem Eifer und mit solcher Freude wie bei uns in Rußland. ›Eine in die Fresse geben‹, ›ins Gekröse‹, ›in den Bauch treten‹, ›den Hals umdrehen‹, ›das Genick brechen‹, ›den Rotz aus der Nase schlagen‹ – das sind unsere lieben russischen Zerstreuungen; damit wird geprahlt. Die Menschen sind zu sehr daran gewöhnt, daß man sie ›von klein auf unaufhörlich prügelt‹; die Eltern prügelten, die Meister, und die Polizei prügelte auch.

Diesen Menschen, die durch Mißhandlungen erzogen worden sind, ist gleichsam das Recht eingeräumt worden, sich gegenseitig ungehindert zu quälen. Sie machen von ihrem ›Recht‹ mit unverhohlener Wollust, mit unvorstellbarer Grausamkeit Gebrauch. Die ›Lynchjustiz‹ ist zu einer alltäglichen ›Lebenserscheinung‹ geworden, und man muß daran erinnern, daß jeder Fall von ›Lynchjustiz‹ die stumpfsinnige, krankhafte Grausamkeit der Menge vergrößert und vertieft.

Der Arbeiter Kostin versuchte, die Geprügelten zu schützen, – er wurde auch erschlagen. Man wird zweifellos jeden umbringen, der es wagt, gegen die ›Lynchjustiz‹ der Straße zu protestieren.

Ist es denn schon selbstverständlich geworden, daß die ›Lynchjustiz‹ niemanden abschreckt und die Plünderungen und Räubereien auf offener Straße immer unverschämter werden?

Aber das Schrecklichste und Gemeinste ist, daß man die Schuld für die wachsende Grausamkeit auf der Straße der Arbeiterklasse anlasten wird; man wird unvermeidlich sagen, daß ›die Regierung der Arbeiter die tierischen Instinkte der finsteren Massen entfesselt hat‹. Niemand wird daran denken, wie sehr dem aufrichtigen und bewußten Arbeiter das Herz blutet, wenn er all diese Fälle von ›Lynchjustiz‹, dieses ganze Chaos eines zerrütteten Lebens sieht.

Ich weiß nicht, was man gegen die abscheulichen Abrechnungen auf offener Straße unternehmen kann, aber die Volkskommissare müssen unverzüglich entscheidende Schritte unternehmen. Sie müssen doch einsehen, daß die Verantwortung für das von der vertierten Masse vergossene Blut auch auf sie fällt – und auf die Klasse, deren Interessen sie vertreten wollen. Dieses Blut besudelt die Fahnen des Proletariats, beschmutzt seine Ehre und erstickt seinen sozialen Idealismus.

Gerade der Arbeiter weiß, daß Diebstahl, Plünderung und Raubmord tiefe Wunden in der sozialen Ordnung sind; er weiß, daß die Menschen nicht als Diebe und Mörder zur Welt kommen, sondern dazu gemacht werden. Der klassenbewußte Arbeiter muß selbstverständlich besonders stark gegen die ›Lynchjustiz‹ der Straße kämpfen, die an Menschen verübt wird, die sich an der ›heiligen Institution des Eigentums‹ vergriffen haben.

Die Früchte der Demagogie

Novaja Žizn, Nr. 208
22. Dezember 1917 (4. Januar 1918)

Die Redaktion von *Novaja Žizn* erhielt folgenden Brief:

Die Kanonenabteilung der Putilov-Werke hat beschlossen, Euch, den Schriftstellern von *Novaja Žizn*, eine Rüge zu erteilen; dem Strojev, der war irgendwann mal Schriftsteller, und genauso dem Bazarov, Gimer-Suchanov, Gorkij und allen Mitarbeitern des *Novaja Žizn*, euer Organ entspricht nicht unserem heutigen Leben, ihr lauft den Vaterlandsverteidigern nach. Aber laßt die Finger von unserm Arbeiterleben der Proletarier, *denkt an die Demonstration vom Sonntag, ihr habt die Demonstration nicht gemacht und ihr dürft sie nicht kritisieren*[109]. Und überhaupt ist unsere Partei die Mehrheit und wir unterstützen unsere politischen Führer, die wirklichen Sozialisten, wo das Volk vom Joch der Bourgeoisie und der Kapitalisten befreien, und wenn weiter konterrevolutionäre Artikel geschrieben werden, schwören wir Arbeiter, schreibt es euch hinter die Ohren, daß wir eure Zeitung zerreißen, und wenn ihr wollt, erkundigt euch bei eurem Sozialisten dem sogenannten Neutralisten, er war bei uns in den Putilov-Werken mit seinen rückständigen Reden, fragt ihn, ob wir ihn haben reden lassen, aber ihr werdet bald verboten und Eure Zeitung auch, die ist genauso wie die Kadetten, und wenn Ihr rückständigen Schriftsteller weitermacht mit Eurer Polemik gegen das Regierungsorgan *Pravda*, dann wird Euer Mistblatt bei uns in Narva-Peterhof nicht mehr verkauft[110]. Adresse

Putilov-Fabrik Kanonenabteilung schreibt eine Antwort sonst gibt es Repressalien.

Ein fürchterlicher, ein wütender Brief!

Mit einer solchen Wut urteilen Kinder, die die gräßlichen Bücher von Gustave Aimard gelesen haben und sich einbilden, sie seien wilde Indianer[111].

Kinder muß man belehren. Zur Belehrung des Autors – oder der Autoren – des zornigen Briefes sage ich:

Man darf nicht so urteilen, wie ihr urteilt: »Ihr habt die Demonstration nicht gemacht, und ihr dürft sie nicht kritisieren.«

Die politische und wirtschaftliche Unterdrückung der Arbeiterklasse wurde auch ›nicht von uns gemacht‹, aber wir haben Systeme, die den Menschen unterdrücken, immer kritisiert und werden sie auch weiterhin kritisieren, ganz gleich, wer sie ›anwendet‹.
Die Schriftsteller, die in dem Brief genannt werden, haben nicht deshalb gegen die Herrschaft von Betrügern und Schurken gekämpft, damit statt ihrer Leute an die Macht kommen, die sich in politischer Hinsicht wie Wilde benehmen.
Man droht uns, wenn wir »die Polemik gegen das Regierungsorgan *Pravda* fortsetzen, dann ...«
Wir werden weiterhin gegen die Regierung polemisieren, da sie die Arbeiterklasse zugrunde richtet; wir halten diese Polemik für unsere Pflicht, die Pflicht ehrlicher Bürger und unabhängiger Sozialisten.

Unzeitgemäße Gedanken

Novaja Žizn, Nr. 209
23. Dezember 1917 (5. Januar 1918)

Iraklij Cereteli, ein begabter Politiker und grundanständiger Mensch, soll verhaftet werden[112].
Die alte Regierung hat Cereteli für seinen Kampf gegen die Monarchie, für seine Verteidigung der Interessen der Arbeiterklasse und für die Propaganda sozialistischer Ideen mit Zuchthaus und Tuberkulose belohnt.
Heute will eine Regierung, die angeblich im Namen und nach dem Willen des ganzen Proletariats handelt, Cereteli mit Gefängnis belohnen. Wofür? Ich kann es nicht begreifen.
Ich weiß, daß Cereteli gefährlich krank ist, aber selbstverständlich würde ich es nicht wagen, diesen tapferen Mann zu kränken, indem ich um Mitleid für ihn flehe. Und wen sollte ich auch anflehen? Die ernsten, vernünftigen Menschen, die den Kopf noch nicht verloren haben, kommen sich heute wie in einer ›leider nicht menschenleeren Wüste‹ vor. Im Sturm der erregten Leidenschaften sind sie machtlos. Die Gewalt über das Leben haben jedoch Menschen, die sich fortwährend in einem

Zustand von ›Jähzorn und Erregung‹ befinden. Für das Gericht gilt ein solcher Zustand zwar als ›strafmildernd‹, er ist aber trotzdem ein Zustand von ›Zurechnungsfähigkeit‹.
Der ›Bürgerkrieg‹, in dem sich die Demokratie zur großen Freude ihrer Feinde selbst vernichtet, wurde von diesen Leuten angezettelt und geschürt. Heute ist es aber selbst dem von ihrer demagogischen Rhetorik berauschten Proletariat klar, daß sie nicht an die praktischen Interessen der Arbeiterklasse, sondern an einen möglichen Triumph ihrer anarcho-syndikalistischen Ideen denken[113].
Diese Sektierer und Fanatiker erwecken in der ungebildeten Masse Instinkte und Hoffnungen, die unter den gegebenen Verhältnissen unerfüllbar sind, isolieren dadurch die proletarische, wahrhaft sozialistische, bewußt revolutionäre Intelligenz und berauben die Arbeiterklasse ihres Hauptes.
Wenn sie das Schicksal einer ganzen Klasse aufs Spiel setzen, was bedeutet ihnen dann einer ihrer ältesten, besten Genossen, das Leben eines makellosen Ritters des Sozialismus?
Wie der fanatische Protopope Avvakum stellen sie das Dogma über den Menschen.
Womit wird das alles für die russische Demokratie enden, der man so hartnäckig das Gesicht nehmen will?

[Ohne Titel]

Novaja Žizn, Nr. 210
24. Dezember 1917 (6. Januar 1918)

Wir erleben einen Sturm dunkler Leidenschaften; die Vergangenheit hat ihr tiefstes Inneres geöffnet und zeigt uns, wie widerlich entstellt der Mensch ist; um uns herum tobt ein Sturm von Habgier, Haß und Rache; ein Tier, das jahrhundertelang gequält wurde und nach langer Gefangenschaft rasend ist, hat voller Rachsucht sein Maul aufgerissen und schreit seine Wut und Bosheit triumphierend heraus.
Aber alles Gemeine und Abscheuliche, was es auf der Welt gibt, wurde und wird von uns gemacht; alles Schöne und Vernünftige, wonach wir streben, lebt in uns.

Der Sklave von gestern sieht heute seinen Herrn ohnmächtig und verängstigt im Staube liegen; dieser Anblick erfreut den Sklaven zutiefst, denn er hat eine menschenwürdigere Freude noch nicht kennengelernt: die Freude, frei von Haß gegen den Nächsten zu sein.

Aber die Menschen werden diese Freude kennenlernen. Es lohnt sich nicht zu leben, wenn man nicht an die Brüderlichkeit aller Menschen glauben kann; das Leben hat keinen Sinn, wenn man nicht vom Sieg der Liebe überzeugt ist.

Gewiß, wir stecken bis zum Hals in Blut und Schmutz, dichte Wolken ekelerregender Gemeinheit umgeben uns und blenden viele von uns; manchmal scheint es, als werde diese Gemeinheit alle die schönen Träume, die wir unter Mühen und Qualen geboren haben, vergiften und ersticken, als werde diese Gemeinheit alle Fackeln, die wir auf dem Weg zur Wiedergeburt entzündet haben, wieder auslöschen.

Der Mensch bleibt aber immer Mensch, und letzten Endes kann doch nur das Menschliche siegen; darin liegt auf der ganzen Welt der eigentliche Sinn des Lebens; einen anderen Sinn hat das Leben nicht.

Sollten wir doch zugrunde gehen?

Es ist besser, im Feuer der Revolution zu verbrennen, als in der Abfallgrube der Monarchie langsam zu verfaulen, so wie wir vor der Februarrevolution verfault sind.

Für Rußland und für uns ist offensichtlich der Zeitpunkt gekommen, da alle zutiefst erregten Menschen den seit Jahrhunderten angesammelten Schmutz unserer Lebensweise von sich abwaschen und abschütteln müssen. Wir müssen unsere slawische Trägheit und alle unsere Gewohnheiten ausrotten; die Erscheinungsformen des Lebens, Ideen und Menschen müssen wir neu bewerten. Alle unsere Kräfte und Fähigkeiten müssen wir erwecken und uns schließlich als entschlossene und geschickte Arbeiter der universalen Aufgabe widmen, unserem Planeten eine neue Ordnung zu geben[114].

Unsere Lage ist tragisch, aber gerade in der Tragödie ist der Mensch am erhabensten.

Es ist schwer zu leben; zu viel kleinliche Gehässigkeit ist an die Oberfläche des Lebens gelangt, und es fehlt der heilige Zorn, der die Gemeinheit töten könnte.

Aber Synesius, der Bischof von Ptolemais, sagte:

»Der Philosoph bedarf der Seelenruhe – nur die Stürme erziehen den geschickten Steuermann.«
Laßt uns glauben, daß diejenigen, die im Chaos und im Sturm nicht zugrunde gehen, stark werden und eine unerschütterliche Widerstandskraft gegen die alten, grausamen Lebensprinzipien entwickeln werden.
Heute ist der Tag der Geburt Christi, eines der beiden größten Symbole, die der Mensch in seinem Streben nach Gerechtigkeit und Schönheit geschaffen hat.
Christus ist die unsterbliche Idee der Barmherzigkeit und Menschlichkeit, Prometheus ist der Feind der Götter, der erste Rebell gegen das Schicksal; der Mensch hat nichts Erhabeneres geschaffen als diese beiden Verkörperungen seiner Wünsche.
Der Tag wird kommen, an dem die beiden Symbole – Stolz und Barmherzigkeit, Demut und Tollkühnheit beim Verfolgen eines Zieles – in der Seele des Menschen zu einem großen einzigen Gefühl verschmelzen werden und alle Menschen ihre eigene Bedeutung, die Schönheit ihres Strebens und ihre gemeinsame Herkunft erkennen, die sie alle miteinander verbindet.
Diese aufrührerischen, blutigen und feindseligen Tage sind für viele schrecklich und man darf nicht vergessen, daß wir unter großen Qualen und unerträglichen Prüfungen den Weg zur Wiedergeburt des Menschen gehen und daß wir an dem irdischen Werk arbeiten, das Leben von den schweren, rostigen Ketten der Vergangenheit zu befreien.
Laßt uns also an uns selbst glauben, laßt uns hartnäckig arbeiten; alles liegt in unserer Macht, und es gibt im Weltall keinen anderen Gesetzgeber als unseren vernünftigen Willen.
Allen, die sich im Sturm der Ereignisse einsam fühlen, deren Herz von bösen Zweifeln gepeinigt wird, deren Geist tiefe Trauer bedrückt – ihnen gilt mein herzlicher Gruß.
Und meinen herzlichen Gruß auch denen, die unschuldig eingekerkert sind.

[Ohne Titel]

Novaja Žizn, Nr. 214
31. Dezember 1917 (13. Januar 1918)

Was wird uns das neue Jahr bringen? Alles, was wir selbst tun können.

Aber um handlungsfähige Menschen zu werden, müssen wir daran glauben, daß diese tollen, mit Blut und Schmutz besudelten Tage die großen Tage der Geburt eines neuen Rußlands sind.

Gerade jetzt, da die Menschen, betäubt von der Verkündigung von Gleichheit und Brüderlichkeit, ihren Nächsten auf offener Straße berauben und bis aufs Hemd ausziehen, da der Kampf gegen das Idol ›Eigentum‹ die Menschen nicht hindert, kleine Missetäter, die gegen das Gesetz von der Unantastbarkeit des Eigentums verstoßen, grausam zu mißhandeln und zu erschlagen, da die ›freien Bürger‹ einen feinen Handel treiben und einander unbarmherzig und schamlos übers Ohr hauen – in diesen Tagen ungeheurer Widersprüche wird ein neues Rußland geboren.

Es ist eine schwere Geburt: im tosenden Zusammenbruch der alten Lebensformen, unter den morschen Trümmern der schmutzigen Kaserne, in der das Volk dreihundert Jahre lang nach Atem gerungen hat und in der es so gehässig und unglücklich geworden ist.

Alle Niederträchtigkeiten und Gemeinheiten, die wir unter der bleiernen Glocke der scheußlichsten aller Monarchien aufgespeichert haben, brechen hervor, und in dem Ausbruch dieses Schmutzvulkans geht der alte russische Mensch, der selbstgefällige Träumer und Faulenzer, zugrunde; an seine Stelle wird der kühne und gesunde Arbeiter treten, der Erbauer eines neuen Lebens.

Der Russe ist jetzt kein guter Mensch – er ist schlechter als je zuvor. Er ist von der Dauerhaftigkeit seiner Eroberungen noch nicht überzeugt, empfindet noch keine Freude an seiner Befreiung und zeigt deshalb mit kleinlicher Bosheit seine Krallen und probiert noch immer, ob er wirklich schon frei ist. Diese Versuche aber kommen ihm selbst und seinen Versuchsobjekten teuer zu stehen.

Aber das Leben, unser harter und unbarmherziger Lehrer, wird ihn bald mit der Kette der Notwendigkeiten fesseln, und diese wird ihn zwingen, zu arbeiten und in der gemeinsamen Arbeit alles Kleinliche, Sklavische und Schändliche zu vergessen, das ihn jetzt gefangenhält.
Neue Menschen werden von neuen Lebensbedingungen geschaffen, neue Bedingungen schaffen neue Menschen.
Ein Mensch kommt in die Welt, der die Qualen der Sklaverei nicht kennt, nicht durch Unterdrückung entstellt wurde; dieser Mensch wird nicht fähig sein, einen anderen Menschen zu unterdrücken.
Laßt uns glauben, daß dieser Mensch die kulturelle Bedeutung der Arbeit fühlen und die Arbeit lieben wird. Arbeit, die mit Liebe getan wird, ist eine schöpferische Kraft.
Wenn der Mensch nur lernt, seine Arbeit zu lieben, wird ihm alles übrige von selbst zufallen.

Die Früchte der Demagogie

Novaja Žizn, Nr. 3 (217)
5. (18.) Januar 1918

Eine Gruppe von Angestellten, die bei den Petrograder öffentlichen Einrichtungen arbeiten, schreibt mir Folgendes:

> Da wir Ihre früheren literarischen Werke kennen, halten wir Sie für einen Menschen, der für die Forderungen des Augenblicks ein sehr gutes Gespür und für die unterdrückten Völker ein mitfühlendes Herz besitzt. Da wir auch wissen, welche Autorität Ihre Meinung für das Volk darstellt, warteten wir auch jetzt darauf, ein starkes Wort von Ihnen zu hören, das alle Arbeiter eint; aber auf keinen Fall haben wir das erwartet, was Sie in ›Früchte der Demagogie‹ (*Novaja Žizn*, Nr. 208) schreiben. Wenn man diese Zeilen liest, versteht man nicht, was Sie den ›Kindern‹ der Putilov-Werke damit sagen wollten; wir haben den Eindruck, daß Sie in dieser wichtigen Frage vieles noch nicht ausgesprochen haben; sie haben es entweder bewußt nicht getan, damit der Durchschnittsmensch nicht sofort begreift, worum es geht, oder weil Sie die Frage einfach nicht klarer und genauer beantworten wollten. Wenn Sie diese Kinder belehren wollen und wenn ein Kind Fragen stellt, muß der Lehrer unserer Ansicht nach auf all diese Fragen klar, genau und – das ist besonders wichtig – ohne Leidenschaft antworten; aber Sie haben nicht geantwortet, sondern polemisiert.

Ich verstehe das Befremden der ›Gruppe der Angestellten‹ nicht; denn ich glaube, daß ich den Verfassern des Briefes aus den Putilov-Werken völlig überzeugend und klar geantwortet habe.

Sie schrieben mir damals: »Wenn Sie die Regierung der Volkskommissare noch länger kritisieren, werden wir *Novaja Žizn* zumachen.«

Ich antwortete: »*Novaja Žizn* wird die Regierung der Volkskommissare ebenso kritisieren wie jede andere Regierung.« Zum besseren Verständnis fügte ich hinzu: »Die Leute, die bei *Novaja Žizn* arbeiten, haben nicht deshalb gegen die Herrschaft von Betrügern und Schurken gekämpft, damit statt ihrer

Leute an die Macht kommen, die sich in politischer Hinsicht wie Wilde benehmen.«
Denn mit der Anwendung physischer Gewalt drohen nur Wilde, freie Bürger sollten im ideologischen Kampf nicht zu solchen Methoden greifen.
Das ist alles völlig selbstverständlich. Was begreift die ›Gruppe der Angestellten‹ daran nicht?
Die ›Gruppe der Angestellten‹ schreibt weiter:
»Wir können einfach nicht begreifen, wodurch und wie Ihrer Meinung nach die Sowjetregierung, in der die Arbeiterklasse das Übergewicht hat, diese zugrunde richtet.«
Aus der Tatsache, daß die ›Arbeiterklasse‹ in der Regierung dominiert, folgt noch lange nicht, daß die Arbeiterklasse auch alles begreift, was die Regierung tut. Die ›Regierung der Sowjets‹ redet den Arbeitern ein, daß es möglich sei, in Rußland die sozialistische Ordnung zu verwirklichen.
Novaja Žizn hat in einer Reihe von Artikeln, die von seiten der Regierungsorgane keine prinzipielle Ablehnung erfuhren, festgestellt und wird auch in Zukunft feststellen, daß die notwendigen Voraussetzungen zur Einführung des Sozialismus in unserem Land nicht gegeben sind und daß der russische Arbeiter für die Regierung im Smolnyj nur ein Reisigbündel ist, das sie anzündet, um zu probieren, ob sich nicht am russischen Feuer eine gesamteuropäische Revolution entzündet.
Das bedeutet, ›aufs Geratewohl‹ zu handeln, ohne sich um die Arbeiterklasse zu kümmern, ohne an ihre und Rußlands Zukunft zu denken; möge Rußland sinnlos verbrennen, möge es zu Asche werden, wenn nur das Experiment durchgeführt wird!
So handeln Fanatiker und Utopisten, aber der vernünftige und kultivierte Teil der Arbeiterklasse kann nicht in dieser Weise handeln.
Ich stelle deshalb nachdrücklich fest: Mit dem russischen Proletariat wird ein Experiment durchgeführt, für welches das Proletariat mit seinem Blut und mit seinem Leben bezahlen wird. Aber das Schlimmste daran ist, daß es vom hohen Ideal des Sozialismus auf lange Zeit enttäuscht sein wird!
Man sollte nicht vergessen, daß ›die Skrupellosigkeit der Zaren fähig war, ganze Generationen auszurotten‹ und daß deshalb alle Menschen, die vom Gift der Macht berauscht sind, diese ›Skrupellosigkeit‹ besitzen.

Der Brief der ›Gruppe der Angestellten‹ ist gehässig geschrieben und mit Zweideutigkeiten verziert, z. B. mit einem Hinweis auf meine ›eigene Villa‹ usw.

Ich erkläre dieser ›Gruppe‹ und allen anderen, die ›Zweideutigkeiten‹ lieben, ein für allemal, daß ich nie eine ›eigene Villa‹ besessen habe und auch jetzt keine besitze; ich lebe vom Kapital meiner Lebenserfahrungen und meines Wissens, das ich der Gruppe der Angestellten und auch allen anderen Leuten wünsche, die ›Eigentum‹ so lange hassen, bis sie es selbst besitzen. Aber selbst wenn ich eine eigene Villa besäße, würde ich mich nicht als Sünder fühlen.

Ich möchte die ›Gruppe‹ und alle anderen, die gehässige Briefe schreiben, fragen: Warum seid ihr alle so ärgerlich, Bürger? Warum sind die Briefe so gereizt, so nörgelig und spitzfindig?

Ihr seid doch keine ›unterdrückten Menschen‹ mehr, sondern Sieger; ihr solltet die Freude am Sieg auskosten, die ruhige Überzeugung von Menschen, deren heilige Hoffnungen sich verwirklichen. Ihr habt so lange und geduldig darauf gewartet, daß euch Gerechtigkeit widerfährt – jetzt ist es eure Pflicht, euch darum zu bemühen, daß die Gerechtigkeit in der ganzen Welt siegt.

Aber ihr ärgert euch, schreit und schimpft in einem fort. Warum eigentlich?

Wenn ihr eure Gefühle, eure Einstellung zu euch selbst und zu euren Nächsten nicht ändert, werdet ihr auch eure Lebensbedingungen nicht verändern können.

9. Januar – 5. Januar

Novaja Žizn, Nr. 6 (220)
9. (22.) Januar 1918

Als am 9. Januar 1905 die gequälten und gepeinigten Soldaten auf kaiserlichen Befehl auf die unbewaffneten und friedlichen Arbeitermassen schossen[115], liefen die Intellektuellen und die Arbeiter zu den Soldaten – den unfreiwilligen Mördern – und schrien ihnen ins Gesicht:

»Verdammt, was macht ihr! Wen bringt ihr um! Das sind doch eure Brüder, sie sind unbewaffnet, und sie haben nichts gegen euch – sie gehen zum Zaren, um ihn zu bitten, ihrer Not Aufmerksamkeit zu schenken. Sie fordern es nicht einmal, sondern bitten darum, ohne Drohungen, gutmütig und friedfertig! Begreift doch, was ihr tut, ihr Idioten!«

Es schien, daß diese einfachen und klaren Worte, die die Trauer und der Schmerz über die unschuldig getöteten Arbeiter hervorgerufen hatten, einen Weg zum Herzen des ›sanften‹ russischen Bauern im grauen Soldatenmantel hätten finden müssen.

Aber der sanfte Bauer schlug diese Menschen, die ein Gewissen besaßen, mit dem Gewehrkolben, stach mit dem Bajonett oder brüllte wutschnaubend:

»Verschwinde, wir schießen!« Man verschwand nicht, und schon schoß er scharf, und Dutzende, Hunderte von Toten lagen auf der Straße.

Die Mehrheit der zaristischen Soldaten antwortete auf Vorwürfe und Überredungsversuche mit trostlosen und sklavischen Worten:

»Wir schießen auf Befehl. Wir wissen nichts – wir gehorchen.«

Und sie schossen wie Maschinen in die Menschenmenge. Vielleicht taten sie es ungern, widerstrebend, aber sie schossen.

Am 5. Januar 1918 demonstrierte die Petersburger Demokratie – Arbeiter und Angestellte – friedlich zu Ehren der Konstituierenden Versammlung.

Die besten russischen Menschen haben fast hundert Jahre für die Idee der Konstituierenden Versammlung gelebt, für die Idee eines politischen Organs, das der gesamten russischen Demokratie die Möglichkeit geben sollte, ihren Willen frei zu äußern. Im Kampf für diese Idee ließen Tausende von Intellektuellen, Zehntausende von Arbeitern und Bauern in Gefängnissen, in der Verbannung, bei der Zwangsarbeit, am Galgen und unter den Kugeln der Soldaten ihr Leben. Ströme von Blut flossen auf dem Opferaltar dieser heiligen Idee, und jetzt haben die ›Volkskommissare‹ befohlen, die Demokratie zu erschießen, die zu Ehren dieser Idee demonstrierte. Ich erinnere daran, daß sogar viele ›Volkskommissare‹ während ihrer gesamten politischen Tätigkeit den Arbeitern eingeredet haben, wie notwendig es sei, für die Einberufung der Konstituierenden

Versammlung zu kämpfen. Die *Pravda* lügt, wenn sie schreibt, daß die Demonstration am 5. Januar von der Bourgeoisie, den Bankiers usw. organisiert wurde und daß vor allem ›Bourgeois‹ und ›Kaledin-Kosaken‹ zum Taurischen Palais gezogen seien.

Die *Pravda* lügt, sie weiß sehr genau, daß die ›Bourgeois‹ keinen Grund haben, sich über die Eröffnung der Konstituierenden Versammlung zu freuen; daß die ›Bourgeois‹ unter 246 Sozialisten einer einzigen Partei und 140 Bolschewisten nichts ausrichten können[115a].

Die *Pravda* weiß, daß an der Demonstration Arbeiter der Obuchov- ,Patronyj- und anderer Fabriken teilgenommen haben, daß die Arbeiter der Vasilij-Insel, des Vyborger Bezirks und anderer Bezirke unter den roten Fahnen der Sozialdemokratischen Partei Rußlands zum Taurischen Palais gezogen sind.

Gerade diese Arbeiter wurden erschossen, und wenn die *Pravda* auch noch so sehr lügt, sie wird diese schändliche Tatsache nicht verheimlichen können.

Vielleicht haben sich die ›Bourgeois‹ gefreut, als sie sahen, wie die Soldaten und die Rote Garde den Arbeitern die Revolutionsfahnen aus den Händen rissen, sie mit Füßen traten und auf Scheiterhaufen verbrannten. Aber es ist möglich, daß dieses angenehme Schauspiel nicht alle ›Bourgeois‹ begeisterte, denn sogar unter ihnen gibt es anständige Leute, die ihr Volk und ihr Land aufrichtig lieben.

Einer von diesen war Andrej Ivanovič Šingarëv, den irgendwelche Bestien auf niederträchtige Weise umgebracht haben[116].

Am 5. Januar wurden also die unbewaffneten Arbeiter Petrograds zusammengeschossen. Sie wurden ohne vorherige Warnung zusammengeschossen, und man erschoß sie so feige, wie es nur Mörder tun: aus dem Hinterhalt und durch Zaunritzen.

Und genauso wie am 9. Januar 1905 fragten Leute, die noch nicht den Verstand verloren hatten, die Schützen:

»Was macht ihr, ihr Idioten? Marschieren da nicht eure eigenen Leute? Seht doch, überall sind rote Fahnen und kein einziges Plakat, das gegen die Arbeiterklasse gerichtet ist, kein einziger Aufruf gegen euch!«

Und ebenso wie die Soldaten des Zaren, antworteten diese Mörder ›auf Befehl‹:

»Es ist Befehl. Wir schießen auf Befehl.«
Und ebenso wie am 9. Januar ruft der Bürger, den alles gleichgültig läßt und der in der Tragödie des Lebens immer nur Zuschauer ist, voll Bewunderung:
»Sie schießen wie der Teufel!«
Und er überlegt scharfsinnig:
»Auf diese Weise werden sie sich gegenseitig schnell um die Ecke bringen.«
Natürlich, sehr schnell! Unter den Arbeitern laufen Gerüchte um, daß die Rote Garde des Erikson-Werks auf die Arbeiter der Lesnoj-Fabrik geschossen habe, und die Arbeiter des Erikson-Werks von der Roten Garde irgendeiner anderen Fabrik beschossen wurden.
Es gibt viele solcher Gerüchte. Vielleicht sind sie falsch, aber das wird nicht verhindern, daß sie sicher die Psyche der Massen beeinflussen.
Ich frage die ›Volkskommissare‹, unter denen es doch ehrliche und einsichtige Leute geben muß:
Begreifen sie nicht, daß sie die gesunde russische Demokratie unvermeidlich ersticken und alle Errungenschaften der Revolution vernichten?
Verstehen sie dies? Oder denken sie vielmehr: entweder wir haben die Macht, oder alles und alle sollen zugrunde gehen?

An den Intellektuellen aus dem Volk

Novaja Žizn, Nr. 7 (221)
11. (24.) Januar 1918

Sie beenden Ihren Artikel in der *Pravda* mit folgenden Worten:
»Man möchte glauben, daß sich Gorkij von der sozialen Revolution, die wir gerade erleben, nur deshalb abgewendet hat, weil er ihr wahres schönes Gesicht in den ersten verworrenen Tagen nicht erkennen konnte; aber er scheint es langsam zu sehen und wird bald mit all jenen zusammen froh sein und trauern, die mit den Freuden und Schmerzen unserer Oktoberrevolution leben[117].«

Nein, verehrter Genosse, ich werde nicht zusammen mit Ihnen ›froh sein‹, und ich glaube auch nicht, daß Sie sich freuen. Worüber sollte man sich denn freuen? Darüber etwa, daß das wahrhaft revolutionäre aber zahlenmäßig unbedeutende russische Proletariat durch den Bürgerkrieg im Süden ausgerottet wird? Daß man begonnen hat, das Proletariat in den Straßen Petersburgs zusammenzuschießen? Daß die Arbeiterintelligenz des Proletariats, Fleisch von seinem Fleische, von der ungebildeten Masse terrorisiert wird, in ihr untertaucht und zu schwach ist, diese beeinflussen zu können? Daß die Industrie des Landes, die restlos zerstört ist, ein weiteres Anwachsen der Arbeiterklasse unmöglich macht?

Eine soziale Revolution ohne das Proletariat ist eine Absurdität, eine sinnlose Utopie, und nach einiger Zeit wird das Proletariat verschwunden sein, niedergemetzelt im Bürgerkrieg, demoralisiert von jenem Pöbel, von dem Sie sprechen. Das Proletariat hängt ohne Demokratie in der Luft; Sie aber reißen Demokratie und Proletariat auseinander.

Womit werden Sie die soziale Revolution machen – mit den Bauern? Mit den Soldaten? Mit Bajonett und Kugel? Begreifen Sie doch – was sich im Augenblick ereignet, ist nicht der Prozeß einer sozialen Revolution, sondern zerstört auf lange Sicht alle Voraussetzungen, die in Zukunft eine solche Revolution ermöglichen könnten. Das Proletariat wird, wie ich mehr als einmal gesagt habe, von seinen Führern als Brennmaterial benutzt, um eine allgemeine europäische Revolution zu entfachen.

Bevor dies gelingt, wird der europäische Soldat die russische Arbeiterschaft zerschmettert haben. Glauben Sie denn wirklich, daß Deutschland, England, Frankreich und Japan es uns, machtlos und waffenlos wie wir sind, erlauben werden, eine Flamme zu entfachen, die sie selbst verbrennen kann?

Glauben Sie das ja nicht, teurer Genosse!

Wir sind allein und werden es so lange bleiben, wie wir uns wie Wahnsinnige gegenseitig ausrotten.

Und unsere Freunde im Ausland?

Im Ausland gibt es ausgezeichnet disziplinierte und patriotisch gesinnte Soldaten, von denen die einen uns für Verräter und Abtrünnige, die anderen für ein kraftloses Volk halten, das zu schöpferischer Arbeit auf staatlichem Gebiet völlig unfähig ist.

Nein, es gibt nichts, worüber man sich freuen könnte, Genossen; aber es ist Zeit, daß wir zur Vernunft kommen! Wenn es nicht schon zu spät ist!

Unzeitgemäße Gedanken

Novaja Žizn, Nr. 9 (223)
13. (26.) Januar 1918

»Der Krieg hat zweifellos in der Entwicklung unserer Revolution eine ungeheure Rolle gespielt. Der Krieg hat den Absolutismus materiell zerrüttet, er hat die Armee zersetzt und dem Massenmenschen Dreistigkeit eingeimpft. Doch zu unserem Glück ist die Revolution nicht eine Folge des Krieges, zum Glück, denn eine Revolution, die aus einem Krieg hervorgeht, ist eine kraftlose Revolution. Sie entsteht in einer Ausnahmesituation, stützt sich auf eine äußere Kraft und erweist sich zu guter Letzt als unfähig, die eroberten Positionen zu halten.«

Diese klugen und sogar prophetischen Worte hat Trotzkij im Jahr 1905 gesagt; ich zitiere sie aus seinem Buch *Unsere Revolution,* wo sie auf der 5. Seite prangen. Seitdem ist viel Zeit vergangen, und Trotzkij denkt jetzt wahrscheinlich anders – jedenfalls wird er kaum sagen wollen, daß ›eine Revolution, die aus einem Krieg hervorgeht, eine kraftlose Revolution ist‹.

Diese Worte haben jedoch weder ihre Bedeutung noch ihre Richtigkeit verloren. Die aktuellen Ereignisse und ihr Verlauf bestätigen das voll und ganz.

Der Krieg von 1914 bis 1917 hat die Macht in die Hand des Proletariats gegeben – ja, gegeben, denn niemand behauptet, das Proletariat habe selbst, aus eigener Kraft, die Macht ergriffen. Sie fiel ihm zu, weil der Verteidiger des Zaren, der Soldat, von drei Jahren Krieg zermürbt war und sich weigerte, die Interessen der Romanovs weiterhin zu verteidigen, für die er sich im Jahr 1906 so eifrig eingesetzt hatte, als er das revolutionäre Proletariat vernichtete. Man darf nicht vergessen, daß die Revolution von den Soldaten der Petrograder Garnison ausging und daß diese Soldaten, wenn sie ihre Uniform ausziehen, in ihre Dörfer zurückkehren werden. Dann wird das Proletariat allein dastehen, was ihm recht unbehaglich sein dürfte.

Es wäre naiv und lächerlich, von dem Soldaten, der wieder Bauer geworden ist, zu verlangen, daß er den Idealismus des Proletariers zu seiner Religion macht und den proletarischen Sozialismus in sein dörfliches Leben einführt.

Der Bauer hat während des Krieges und der Soldat im Laufe der Revolution etwas Geld verdient, und beide wissen sehr gut, daß in Rußland Geld das beste Mittel ist, die Freiheit eines Menschen zu sichern. Unmöglich, ihn von seinen Überzeugungen abzubringen oder ihn auch nur schwankend zu machen.

Man darf nicht vergessen, daß 1905 das Proletariat quantitativ und qualitativ stärker war als heute und daß damals die Industrie nicht völlig zerstört war.

Eine Revolution, die aus einem Krieg hervorgeht, wird sich mit Sicherheit als kraftlos erweisen, wenn das Proletariat seine ganze Tatkraft nicht dem sozialen Aufbau widmet, sondern, seinen Führern gehorchend, die technischen Einrichtungen der ›Bourgeoisie‹ bis auf den Grund zerstört, anstatt ihre Funktionsweise beherrschen zu lernen und ihre Arbeit zu kontrollieren, wie es notwendig wäre.

Die Revolution wird an innerer Erschöpfung zugrunde gehen, wenn sich das Proletariat der fanatischen Unversöhnlichkeit der Volkskommissare unterordnet und sich immer weiter von der Demokratie entfernt. Die Ideologie des Proletariats ist keine Ideologie des Klassenegoismus; seine besten Lehrer, Marx, Kautsky und andere, erlegen seinen guten Kräften die Verpflichtung auf, alle Menschen von sozialer und wirtschaftlicher Knechtschaft zu befreien[117a].

Der soziale Idealismus, der große Traum von der Brüderlichkeit aller Menschen, regiert das Leben der Welt. Glaubt das Proletariat, diesen Traum dadurch verwirklichen zu können, daß es gegen seine ideologischen Feinde Gewalt anwendet? Der soziale Kampf ist keine blutige Schlacht, obwohl die verängstigten Führer dem russischen Arbeiter ebendies einreden wollen.

Die Revolution ist groß und wahrhaftig; sie ist notwendig zu unserer Erneuerung. Aber mit sinnlosen Pogromen, die den Reichtum unserer Nation vernichten, hat sie nichts zu tun. Die

Revolution wird sich als kraftlos erweisen und zugrunde gehen, wenn wir ihr nicht das Beste geben, was in unseren Herzen ist, wenn wir die Grausamkeit, die Bosheit, die die Massen trunken machen und den russischen Arbeiterrevolutionär in Verruf bringen, nicht beseitigen oder zumindest bekämpfen.

Unzeitgemäße Gedanken

Novaja Žizn, Nr. 11 (225)
17. (30.) Januar 1918

Alles, was grausam und sinnlos ist, spricht die Gefühle eines Ignoranten oder eines Wilden stets an.
Kürzlich übersetzte der Matrose Železnjakov die flammenden Reden seiner Führer in die primitive Sprache des Massenmenschen[118]. Er sagte, wenn es um das Wohl des russischen Volkes gehe, könne man ruhig eine Million Menschen umbringen.
Ich halte diese Erklärung nicht für Prahlerei. Meiner Meinung nach lassen sich Massenmorde unter keinen Umständen rechtfertigen, aber ich glaube trotzdem, daß man es bei uns fertigbringen wird, eine Million ›freier Bürger‹ umzubringen. Vielleicht noch mehr. Warum sollte man sie nicht umbringen?
In Rußland gibt es viele Menschen und auch viele Mörder. Und wenn es darum geht, sie vor Gericht zu bringen, stößt die Macht der Volkskommissare auf irgendwelche geheimnisvollen Hindernisse, wie das bei der Untersuchung des abscheulichen Mordes an Šingarëv und Kokoškin offensichtlich der Fall war[119]. Die Massenvernichtung Andersdenkender ist eine alte, erprobte Methode der russischen Innenpolitik. Von Iwan dem Schrecklichen bis zu Nikolaus II. haben unsere politischen Führer diese einfache und bequeme Methode, Aufstände niederzuwerfen, großzügig angewandt. Warum sollte Vladimir Lenin auf diese höchst einfache Methode verzichten?
Er tut es auch nicht, er erklärt offen, er werde vor nichts zurückschrecken, um seine Feinde zu vernichten.
Aber ich glaube, daß solche Erklärungen einen langen und höchst erbitterten Kampf der gesamten Demokratie und des besten Teils der Arbeiterklasse gegen jene tierische Anarchie nach

sich ziehen, welche die Führer aus dem Smolnyj so eifrig heranzüchten.
Das droht Rußland, wenn anarchistisch-kommunistische Parolen simplifiziert und in die primitive Sprache unserer Hinterwäldler übersetzt werden[120].
Pr. Roman Petkevič – praporščik [Fähnrich] oder Professor? – schreibt mir: »Ihr Streit mit dem Bolschewismus ist ein großer Irrtum, Sie kämpfen gegen den Geist der Nation, der zur Erneuerung drängt. Im Bolschewismus drückt sich die Besonderheit, die Eigenart des russischen Geistes aus. Behalten Sie im Auge: Jedem das Seine! Jede Nation entwickelt ihre eigenen, besonderen individuellen Mittel und Methoden des sozialen Kampfes. Die Franzosen und Italiener sind Anarcho-Syndikalisten, die Engländer neigen vor allem zu den Trade Unions, während der Kasernensozialdemokratismus der Deutschen voll und ganz ihrer Unbedarftheit entspricht.
Wir aber sind, wie zum Beispiel unsere großen Lehrer, Dostojevskij und Tolstoj, prophezeiten, das Messiasvolk, dem es bestimmt ist, allen anderen Völkern voranzuschreiten und weiter zu gehen als sie. Unser Geist wird es sein, der die Welt von den Ketten der Geschichte befreit.«
Und so weiter, im Ton der Moskauer Neoslawophilen, der zu Anfang des Krieges so schrill erklang.
Wie verloren ist doch der russische Mensch!

Unzeitgemäße Gedanken

Novaja Žizn, Nr. 13 (227)
19. Januar (1. Februar) 1918

Jede Regierung, wie sie sich auch nennen mag, ist bestrebt, den Willen der Volksmassen nicht nur zu ›lenken‹, sondern ihn ihren Prinzipien und Zielen gemäß zu formen. Die demagogischsten und schlauesten Regierungen beschönigten ihr Streben, den Willen des Volkes zu lenken und zu formen, gewöhnlich mit den Worten: »Wir repräsentieren den Willen des Volkes.«
Diese Worte sind selbstverständlich nicht aufrichtig; denn letz-

ten Endes bezwingt die intellektuelle Kraft der Regierung die Instinkte der Massen. Wenn dies den Regierungsorganen nicht gelingt, wenden sie physische Gewalt an, um den Willen des Volkes zu unterdrücken, der gegen ihre Ziele ist.
Ob mit Hilfe eines Beschlusses, der im voraus im Kabinett gefaßt wird, oder mit Bajonett und Kugel – die Regierung ist immer und zwangsläufig bestrebt, den Willen der Massen zu beherrschen und das Volk davon zu überzeugen, daß sie es auf dem einzig richtigen Weg zum Glück führt.
Diese Politik ist für jede Regierung unvermeidlich: da sie überzeugt ist, die Vernunft des Volkes zu sein, zwingt ihre Position sie dazu, dem Volk die Überzeugung zu suggerieren, daß es die klügste und beste Regierung besitzt, die die Interessen des Volkes wirklich vertritt.
Die Volkskommissare erstreben ebendieses Ziel und scheuen sich nicht – wie jede Regierung – Andersdenkende zu erschießen, zu ermorden und zu verhaften; sie haben keine Skrupel, über ihre Feinde Verleumdungen und Lügen aller Art zu verbreiten. Die Volkskommissare, die das ›russische Element‹ im allgemeinen schlecht kennen, suchen das Vertrauen des Volkes zu gewinnen, rechnen aber nicht mit der entsetzlichen psychologischen Atmosphäre, die eine Folge des fruchtlosen, fast vier Jahre dauernden Krieges ist und die bewirkte, daß das ›russische Element‹ – die Psyche der russischen Massen – noch düsterer, schroffer und verbitterter wurde.
Die Herren Volkskommissare begreifen folgendes überhaupt nicht: wenn sie die Parole von der ›sozialen‹ Revolution ausgeben, übersetzt das geistig und psychisch erschöpfte Volk diese Parolen mit einigen kurzen Worten in seine eigene Sprache:
»Plündern, rauben und zerstören ...!«
Und es zerstört die wenigen Stellen moderner Landwirtschaft in Rußland, zerstört die Städte Persiens, seine Weinberge, Obstfelder und sogar sein Bewässerungssystem, es zerstört alles und überall[121].
Und wenn die Volkskommissare, von Panik ergriffen, allzu laut schreien, der Kampf gegen die ›Bourgeois‹ sei unvermeidlich, dann nimmt die ungebildete Masse dies als direkte Aufforderung zum Mord, wie sie bereits bewiesen hat.
Wenn ich sage, daß die Volkskommissare ›nicht begreifen‹, welches Echo ihr hysterisches Geschrei über die zunehmende

Konterrevolution im Volk hervorruft, mache ich bewußt ein Zugeständnis, das ihre wahnsinnigen Handlungen bis zu einem gewissen Grad erklärt, aber ich rechtfertige sie keineswegs. Wenn sie sich zur Regierung gedrängt haben, müssen sie wissen, wen und unter welchen Bedingungen sie regieren.

Das Volk hat viel gelitten und erduldet, es ist unbeschreiblich erschöpft und von Rachsucht, Bosheit und Haß erfüllt. Diese Gefühle werden immer stärker und bestimmen, ihrer Intensität gemäß, den Willen des Volkes.

Halten die Herren Volkskommissare sich für berufen, der Zerstörungswut dieses kranken Willens Ausdruck zu verleihen? Oder halten sie sich für fähig, diesen Willen zu heilen und zu organisieren? Sind sie stark und unabhängig genug, diese zweite, dringend notwendige Aufgabe zu erfüllen?

Sie müßten sich diese Frage mit der Direktheit und Entschlossenheit anständiger Menschen stellen. Aber es gibt keinen Grund zu der Annahme, daß sie fähig sind, diese Frage vernünftig und nach bestem Gewissen zu beurteilen.

Von dem erregten russischen Element umringt, sind sie intellektuell und moralisch blind geworden und schon jetzt hilflose Opfer in den Pranken einer rasenden, von der Vergangenheit gepeinigten Bestie, die sie nun gereizt haben.

»Lustige Geschichten«

Novaja Žizn, Nr. 15 (229)
21. Januar (3. Februar) 1918

Aus Moskau kam ein Mann und erzählte belustigt folgendes:

»Ein Arbeiter ging nachts die Straße entlang, als plötzlich hinter einer Ecke zwei Helden in Soldatenmänteln und mit Gewehren auftauchten und auf ihn zukamen:

›Halt‹, schrien sie. ›Bist du bewaffnet?‹

Der Arbeiter zog einen Revolver aus der Tasche und nahm sie, ohne sich lange zu besinnen, aufs Korn.

›Jawohl‹, sagte er, ›Hände hoch!‹

Die Helden erschraken – ihre Gewehre waren offensichtlich nicht geladen –, und er kommandierte:

›Legt die Gewehre auf die Erde. Zieht die Mäntel aus, die Stiefel – und jetzt die Hosen. So ist's recht und jetzt lauft die Straße hinunter und schreit ‚Hilfe'.‹

Die Helden führten alles gehorsam aus, liefen barfuß und ohne Hosen durch den Schnee und brüllten gewissenhaft:

›Hilfe!‹

Der Arbeiter ließ ihre Kleider auf dem Bürgersteig liegen, brachte ihre Gewehre aufs Kommissariat und berichtete dort von dem lustigen Abenteuer...

Ein anderer ähnlicher Vorfall ereignete sich beim Puškin-Denkmal. Zwei Diebe überfielen einen Artelarbeiter, der auf dem Weg von der Fabrik zum Bahnhof war. Sie überfielen ihn und befahlen:

›Gib deine Waffen her!‹

Er gab ihnen einen ungeladenen Revolver, behielt aber einen zweiten, geladenen, in der hinteren Hosentasche. Sie zogen ihm den Pelzmantel aus, erleichterten ihn um zweiundfünfzigtausend Rubel und wollten sich aus dem Staube machen mit den Worten:

›Danke Gott, daß du noch lebst!‹

Bei jedem anderen wäre die Geschichte hiermit zu Ende gewesen, aber der Artelarbeiter war kein Dummkopf. Er flehte sie an:

›Freunde, ich bin ein Angestellter; das Geld gehört nicht mir, sondern der Fabrik, dem Unternehmer; es sind Lohngelder für die Arbeiter. Sie werden mir nicht glauben, daß man mich beraubt hat, sie werden sagen, ich hätte das Geld gestohlen. Es sind keine Spuren an mir zu sehen, ich bitte euch: Ich habe hier noch zweitausend Rubel von mir; das gebe ich euch, und ihr schießt mir dafür in die Jacke, damit jeder sieht, daß ich überfallen worden bin.‹

Die Diebe waren gutmütige Burschen, sie begriffen seinen Einfall, freuten sich sogar darüber und schossen ihm in die Jacke. Er wendete den Rock auf die andere Seite, und sie feuerten aus nächster Nähe, daß sogar der Stoff versengt wurde.

›Das reicht jetzt‹, sagten sie.

Aber er bat:

›Ruhig noch mal.‹

›Wir haben keine Patronen mehr‹, sagten sie.

›Nein?‹

›Keine einzige.‹
›Na, wenn das so ist‹, sagte der Artelarbeiter und zog den geladenen Revolver, ›dann gebt das Geld zurück und den Pelz, sonst . . .‹
Was tun? Die Burschen bekamen Angst und gaben ihm alles zurück. Er entdeckte in einiger Entfernung neben dem Wächterhäuschen einen Schlitten und sagte zu ihnen:
›Bringt den Schlitten her und fahrt mich zum Bahnhof!‹
Sie fuhren ihn hin. Wenn man einen Revolver im Rücken hat, bleibt einem wohl auch nichts anderes übrig.«

*

Solche und ähnliche Anekdoten kommen immer öfter vor; man erzählt sie fast ohne Empörung und in einem heiteren Ton. Will man so das schreckliche Element der Anekdote oder die eigene Verwilderung, die man dunkel fühlt, verbergen?
Ich verstehe das nicht, aber für mich ist klar, daß die Räuber, die auf den Straßen ihr Unwesen treiben, ganz gewöhnliche Russen sind, vielleicht sogar nette, sympathische Menschen, die gewohnt sind, ›in den Tag hinein zu leben‹. Und das Schlimmste daran ist, daß es ganz ›gewöhnliche‹ Menschen sind.
Ich glaube, daß diese Heldentaten der Straße so entstehen:
Zwei gewöhnliche Leute sitzen irgendwo in einer Ecke und schwatzen gemütlich:
»Immerhin, wir haben die volle Freiheit doch noch erlebt.«
»Hmm, keine Polizei, keine Gerichte . . .«
»Wunderbar.«
Diese Leute haben nicht die geringste Vorstellung vom Recht, von der Kultur und vom Wert des Lebens. Sie sind in einem Land aufgewachsen, wo sich die Minister wie professionelle Diebe benahmen. Wenn sie über diese neue, ungewohnte Lebensweise gesprochen haben, überlegen sie:
»Wie wär's, wenn wir auf die Straßen gingen, um einen Bourgeois zu erleichtern?«
»Nehmen wir ihm seinen Pelz ab?«
»Wollen wir?«
»Warum nicht, ich hab' in der Zeitung gelesen, daß man sie ausziehen darf!«
»Wollen wir gehen?«
»Los, vielleicht verdienen wir was.«

Sie gehen hinaus und ›arbeiten‹. Manchmal müssen sie einen widerspenstigen Bourgeois erschlagen, manchmal werden sie auch selbst erwischt und gelyncht.
Diese beiden Tatsachen – Mord und Lynchjustiz – sind erschreckend ›selbstverständlich‹.
So eilt das Leben dahin: Die einen rauben und morden, die anderen ersäufen und erschießen die Räuber, wieder andere reden und schreiben darüber. Und alles ist ›selbstverständlich‹. Manchmal sogar lustig.
Aber wenn man sich ins Gedächtnis ruft, daß all das in einem Land geschieht, in dem ein Menschenleben so lächerlich wenig gilt, in dem es keine Achtung vor der Person und ihrer Arbeit gibt, und wenn man bedenkt, daß der ›selbstverständliche‹ Mord ›zur Gewohnheit‹ wird, zur ›alltäglichen Erscheinung‹, wird einem Angst um Rußland. Und so schreckliche Ereignisse wie das folgende werden verständlich: Drei Leute besuchten einen Bekannten, aber irgend etwas gefiel den Gästen am Gastgeber nicht; also hieben sie ihn in zwölf Stücke, steckten sie in Säcke und warfen sie in den Obvodnyj-Kanal. Selbstverständlich!
Und dann geschah der Mord an Šingarëv und Kokoškin. Dieser Mord an kranken Menschen, die im Gefängnis gequält werden, ist einfach unglaublich gemein.
Wenn diese auch einen engeren Begriff vom Wohl der Heimat hatten als andere, so wird doch niemand zu behaupten wagen, sie hätten nicht für das Volk gearbeitet und gelitten. Sie waren aufrichtige Russen, und wir haben nur wenige anständige Menschen.
Und jetzt hat man sie umgebracht, gemein und ›selbstverständlich‹ umgebracht.
Ich frage mich: Wenn ich Richter wäre, könnte ich dann diese ›einfachen Menschen‹ richten?
Ich glaube, ich könnte es nicht. Oder sie verteidigen? Auch das könnte ich nicht.
Ich habe nicht die Kraft, diese Menschen zu richten oder zu verteidigen, Menschen, die unsere verfluchte Geschichte zu unserer Schande und zum Hohn der ganzen Welt hervorgebracht hat.

Unzeitgemäße Gedanken

Novaja Žizn, Nr. 43 (258)[122]
16. (3.) März 1918

Ein gewisser Teil unserer Intelligenz, der die schöpferische Kraft des russischen Volkes nach deutscher Methode erforscht hat, ist sehr rasch zum Slawophilentum, zum Panslawismus und ›Messianismus‹ gelangt. Mit der schädlichen Idee von der Einzigartigkeit Rußlands haben diese Leute einen anderen Teil denkender Menschen infiziert, die europäisch denken und russisch fühlen. Dies führte sie zu einer sentimentalen Vergötterung des ›Volkes‹, das in Knechtschaft, Trunkenheit und im finsteren Aberglauben der Kirche lebt und dem die Träume der Intelligenz völlig fremd sind.

Das russische Volk ist aufgrund seiner Geschichte ein riesiger, schlaffer Körper; es findet keinen Geschmack an staatlicher Organisation und ist für Ideen, die Willensakte veredeln können, so gut wie unempfänglich. Die russische Intelligenz ist ein krankhaft aufgedunsener Kopf, der allzu viele fremde Ideen aufgenommen hat; er ist nicht durch das kräftige Rückgrat gemeinsamer Ziele und Wünsche, sondern durch einen kaum wahrnehmbaren, fadendünnen Nerv mit dem Körper verbunden.

Das Moskauer Volk wurde von der grausamen Wirklichkeit bis zur Verblödung unterdrückt; es trinkt, ist abstoßend geduldig und auf seine Art durchtrieben. Deshalb war und ist sein Charakter der russischen Intelligenz immer völlig fremd. Unsere Intelligenz ist reich an Bücherwissen und arm an Wissen über die russische Wirklichkeit. Der Körper liegt auf der Erde, aber der Kopf ist hoch in den Himmel gewachsen – aus der Ferne erscheint bekanntlich alles besser als aus der Nähe.

Selbstverständlich führen wir das Experiment der sozialen Revolution durch – eine Beschäftigung, die sehr angenehm für die Wahnsinnigen ist, die diese schöne Idee verkünden, und sehr nützlich für Gauner. In unserer spezifisch russischen Revolution war bekanntlich eine der lautesten Losungen, die man sich besonders zu Herzen nahm: Beraubt die Räuber!

Man raubte erstaunlich, geradezu artistisch; die Geschichte wird zweifellos mit großer Begeisterung davon berichten, wie Rußland sich selbst ausgeplündert hat.

Kirchen und Kriegsmuseen werden ausgeraubt, Kanonen und Gewehre verkauft, die Armeevorräte werden weggeschleppt. Die Paläste der ehemaligen Großfürsten werden ausgeraubt; es wird alles geraubt, was man nur rauben kann und alles verkauft, was sich irgendwie verkaufen läßt. In Theodosija handeln die Soldaten sogar mit Menschen: sie haben Türkinnen, Armenierinnen und Kurdinnen aus dem Kaukasus gebracht und verkaufen sie, ›das Stück‹ für 25 Rubel. Das ist sehr originell, wir können stolz darauf sein – selbst während der großen Französischen Revolution hat es nichts Ähnliches gegeben.

Ehrliche Leute, von denen es bei uns immer zuwenig gegeben hat, sind heute fast völlig ausgestorben; kürzlich hörte ich folgende Aufforderung:

»Besuchen Sie uns, Genosse, außer drei Arbeitern gibt es bei uns keinen einzigen ehrlichen Menschen.«

Und dieses schwache, unwissende Volk, das eine natürliche Neigung zum Anarchismus hat, soll jetzt der geistige Führer der Welt, der Messias Europas sein!

Man sollte annehmen, daß diese kuriose und sentimentale Idee das tragische Spiel der Volkskommissare nicht stört. Aber die ›Führer des Volkes‹ verbergen ihre Absicht nicht; sie wollen aus den feuchten russischen Holzscheiten ein Feuer anzünden, dessen Flamme die westliche Welt erhellen soll, eine Welt, in der das Feuer sozialer Ideen heller und vernünftiger brennt als bei uns in Rußland.

Das Feuer ist angezündet, aber es brennt schlecht; es stinkt nach Rußland, dem schmutzigen, betrunkenen und grausamen Rußland. Sie stoßen und zerren dieses unglückliche Rußland nach Golgatha, um es zu kreuzigen, damit die Welt gerettet werde.

Ist das nicht ›Messianismus‹ mit hundert Pferdestärken?

Aber die westliche Welt ist streng und mißtrauisch und ohne jede Sentimentalität. Die Einschätzung des Menschen ist in dieser Welt sehr einfach: Liebst du die Arbeit, und kannst du arbeiten? Wenn ja, dann bist du ein Mensch, den die Welt braucht, der Mensch, durch dessen Kraft alles Wertvolle und Schöne geschaffen wird. Liebst du die Arbeit nicht, und kannst du nicht arbeiten, dann bist du trotz aller möglichen guten Eigenschaften überflüssig in der Werkstatt der Welt. – Das ist alles!

Da aber die Russen nicht gern arbeiten und auch nicht zu arbeiten verstehen und da die westeuropäische Welt diese Eigenschaft sehr gut kennt, wird es uns sehr schlecht ergehen, schlechter, als wir erwarten. . .

*

Unsere Revolution hat allen üblen und tierischen Instinkten, die sich unter dem bleiernen Druck der Monarchie angesammelt hatten, freien Lauf gelassen; gleichzeitig hat sie alle intellektuellen Kräfte der Demokratie, alle moralische Energie des Landes achtlos beiseite geworfen. Wir sehen, daß unter den Dienern des Sowjetregimes immer wieder bestechliche Leute, Spekulanten und Gauner erwischt werden, während ehrliche und arbeitsame Menschen auf den Straßen Zeitungen verkaufen oder körperlich arbeiten, um nicht zu verhungern und die Masse der Arbeitslosen nicht noch zu vergrößern.
Das ist ein Alptraum, eine echt russische Absurdität, und es ist keine Lüge, wenn man sagt: das ist Idiotie!
Alle realen Bedingungen diktieren gebieterisch den Zusammenschluß der demokratischen Kräfte. Jedem vernünftigen Menschen ist klar, daß nur eine einige Demokratie die Revolution vor dem totalen Untergang bewahren und ihr helfen kann, den inneren Feind zu überwinden und gegen den äußeren zu kämpfen. Aber das Sowjetregime begreift das nicht, da es ausschließlich damit beschäftigt ist, sich vor dem unvermeidlichen Untergang zu retten.
Das Sowjetregime richtet den Blick auf die Zukunft und vergißt, daß die Zukunft aus der Gegenwart geschaffen wird. Gegenwärtig aber gibt es in unserem Land eine desorganisierte Arbeiterklasse, die im Bürgerkrieg aufgerieben wird, und eine restlos zerstörte Industrie; der Staat, der Leuten mit tierischen Instinkten zur vollständigen Ausplünderung überlassen wurde, ist kahl gerupft.
Das Sowjetregime ist machtlos im Kampf gegen diese Leute; es ist machtlos, auch wenn es noch so viele ›unschuldige‹ Menschen ›versehentlich‹ erschießt.
Und es wird in diesem Kampf so lange machtlos sein, bis es sich entschließt, alle intellektuellen Kräfte der russischen Demokratie zum Aufbau des Lebens heranzuziehen.

Novaja Žizn, Nr. 44 (259)
17. (4.) März 1918

Heute ist ›Versöhnungssonntag‹[123].

An diesem Tag bitten die Menschen nach altem Brauch einander um Vergebung für ihre Sünden gegen die Ehre und Würde des Mitmenschen. Das war zu einer Zeit, als es in Rußland noch ein Gewissen gab, als sogar das unwissende russische Volk dunkel eine Neigung zu sozialer Gerechtigkeit spürte, die es vielleicht eng auffaßte, aber die es immerhin verstand.

In unseren grauenvollen Tagen ist das Gewissen tot. Alle erinnern sich daran, daß die gesamte russische Intelligenz, ohne Rücksicht auf die häßlichen Streitigkeiten zwischen den Parteien, über den schamlosen Bejlis-Prozeß empört war und ebenso über die niederträchtige Erschießung der Lena-Arbeiter, die Judenpogrome und die Verleumdungen, die ausnahmslos alle Juden des Verrats an Rußland beschuldigten[124]. Unvergessen ist auch die Empörung des Gewissens, die der Prozeß gegen Polovnev, Laričkin und die anderen Mörder Iollos' und Gercenštejns hervorrief[125].

Aber jetzt sind Šingarëv und Kokoškin, unschuldige und anständige Menschen, ermordet worden, und unsere Regierung hat weder die Kraft noch das Gewissen, die Mörder vor Gericht zu bringen.

Man hat sechs völlig unschuldige Studenten erschossen, aber diese gemeine Tat empört das Gewissen der kultivierten Menschen in der demoralisierten Gesellschaft nicht[126].

In Sewastopol und Eupatoria werden Dutzende von ›Bourgeois‹ ermordet, und niemand wagt, die Schöpfer der ›sozialen‹ Revolution zu fragen, ob nicht sie die moralischen Anstifter dieser Massenmorde sind[127].

Das Gewissen ist tot. Das Gerechtigkeitsgefühl ist auf die Verteilung der materiellen Güter gerichtet. Der Sinn dieser ›Verteilung‹ wird dort besonders gut verstanden, wo ein Bettler dem anderen ein Scheit Holz, das in eine dünne Teigschicht gehüllt ist, als Brot verkauft. Gegenwärtig ist es üblich, daß halbverhungerte Bettler einander betrügen und berauben. Die Feinde der Arbeiterklasse aber werden in Zukunft die Schuld an allem – am Blutvergießen, an der Bosheit und Gemeinheit – auf die Arbeiterklasse und ihre Intelligenz abwälzen, die zu schwach ist, dem moralischen Verfall der verwilderten Masse Einhalt zu gebieten. Wo es zuviel Politik gibt, ist kein Platz für die Kultur. Wenn Politik sich nur noch vor den Massen fürchtet und ihnen schmeichelt, wie es die Sowjetregierung tut, dann ist es wahrscheinlich völlig nutzlos, von Gewissen, Gerechtigkeit, Achtung vor dem Menschen und vielem anderen zu sprechen; denn all das nennt man in der Politik so zynisch ›Sentimentalität‹. Aber ohne diese ›Sentimentalität‹ kann man nicht leben[127a].

Unzeitgemäße Gedanken

Novaja Žizn, Nr. 47 (262)
21. (8.) März 1918

Bürger Mich. Nadeždin fragte mich in der *Krasnaja Gazeta* [Die Rote Zeitung]:
»Sagen Sie mir, ist zur Zeit der Leibeigenschaft, als Hunderte von Bauern zu Tode geprügelt wurden, das Gewissen lebendig gewesen? . . . Und wessen Gewissen[128]?«
In dieser verfluchten Zeit, als sich das Recht, gegen den Menschen physische Gewalt anzuwenden, immer mehr verbreitete, loderte die herrliche Flamme des Gewissens auf und erhellte die stickige Finsternis des russischen Lebens. Wahrscheinlich sind Mich. Nadeždin die Namen Radiščev und Puškin, Herzen und Černyševskij, Belinskij und Nekrasov noch in Erinnerung, eine herrliche Plejade hochbegabter Russen, die eine ungewöhnliche, originelle Literatur geschaffen haben; ungewöhnlich deshalb, weil sie ganz und gar den Fragen des Gewissens und den Problemen der sozialen Gerechtigkeit gewidmet war. Gerade diese Literatur formte die revolutionäre Energie unserer demokratischen Intelligenz; dem Einfluß dieser Literatur verdankt der russische Arbeiter seinen sozialen Idealismus.
›Das Gewissen‹ wurde also nicht einfach ›mit Knüppeln und Peitschen eingebleut‹, wie M. Nadeždin behauptet, es war in

der Seele des Volkes, wie die Tolstojs, Turgenevs, Grigorovičs und eine ganze Reihe anderer Menschen behauptet haben, denen man glauben muß; sie kannten das Volk und liebten es auf ihre Art, wobei sie seine Vorzüge sogar ein wenig ausschmückten und übertrieben[129].

Auch Bürger Nadeždin liebt offensichtlich sein Volk; er liebt es mit jener etwas sentimentalen und schmeichelhaften Liebe, die für die russischen Bewunderer des Volkes im allgemeinen kennzeichnend ist. Heute wird diese Liebe in unserem Land durch leichtsinnige und widerliche Demagogie noch mehr verdorben.

Nadeždin wirft mir vor:

»Gerade Ihnen, Alexej Maximovič, als Lehrer des Volkes, der selbst aus dem Volk stammt, kann man nicht verzeihen, daß Sie Ihren eigenen Brüdern solche Beschuldigungen an den Kopf werfen.«

Ich habe das Recht, die unangenehme und bittere Wahrheit über das Volk zu sagen, und ich bin davon überzeugt, daß es für das Volk besser ist, wenn ich diese Wahrheit als erster sage, und nicht jene Volksfeinde, die jetzt schweigen und die Rache und Bosheit ansammeln, damit sie zu einem für sie günstigen Zeitpunkt dem Volk diese Wut ins Gesicht spucken können, wie sie es nach 1905 und 1906 getan haben.

Man darf nicht annehmen, das Volk sei nur deshalb heilig und gerecht, weil es ein Märtyrer ist; sogar in den ersten Jahrhunderten des Christentums wurden viele durch eigene Dummheit zu Märtyrern. Und man darf die Augen nicht davor verschließen, daß ›das Volk‹ heute, wo es das Recht gewonnen hat, physische Gewalt gegen Menschen anzuwenden, ein nicht weniger tierischer und grausamer Peiniger geworden ist als seine ehemaligen Peiniger.

Mich. Nadeždins Art zu argumentieren, führt ihn in einen ausweglosen Kreis: Weil das Volk gequält wurde, hat es selbst das Recht, andere zu quälen. Dadurch gibt er ihm das Recht, sich für Qualen durch Qualen, für Gewalt durch Gewalt zu rächen. Wie kann man aus diesem Kreis herauskommen?

Nein, wir wollen lieber die Wahrheit sagen – sie ist heilsam, und nur sie kann uns kurieren.

Leute, die sehen, daß ihre Dorfnachbarn hungern, und ihnen kein Brot geben, sondern Kwas und Schnaps daraus machen, weil das mehr einbringt, sind schlecht. Man kann ein Volk nicht loben, das bestimmt: jeder Dorfgenosse, der dieses oder jenes Produkt nicht im eigenen Dorf, sondern im Nachbardorf verkauft, bekommt drei Monate Gefängnis.

Nein, wir wollen es schlicht und offen sagen: die bolschewistische Demagogie, die die egoistischen Instinkte des Bauern zur Weißglut gebracht hat, erstickt sein soziales Gewissen im Keim.

Ich verstehe, daß es der *Krasnaja Gazeta*, der *Pravda* und ihresgleichen unangenehm ist, das zu hören, besonders jetzt, da der Bolschewismus das Steuer allmählich nach rechts legt, weil er sich auf die ›Dorfarmut‹ stützen will und die Interessen der Arbeiterklasse vergißt.

Ich erinnere Mich. Nadeždin an einige Sätze aus der Moskauer Rede Lenins:

»Wenn wir Frieden schließen, verraten wir die estnischen Arbeiter, das ukrainische Proletariat usw. Aber wenn unsere Genossen untergehen, müssen wir dann wirklich zusammen mit ihnen untergehen? Wenn die Einheiten unserer Genossen von bedeutenden feindlichen Kräften eingeschlossen sind und keinen Widerstand mehr leisten können, müssen wir dann auch kämpfen? Nein, und wieder nein!«

Wahrscheinlich wird Mich. Nadeždin zugeben, daß das nicht die Politik der Arbeiterklasse ist, sondern eine altrussische, eine wahrhaft Suzdaler Politik – die Politik eines feudalen Kleinstaates.

Weiter sagt Lenin noch zynischer:

»Martov rief uns mit bebender, überschnappender Stimme zum Kampf. Nein, er rief uns nicht zum Kampf, er rief uns in den Tod, er forderte uns auf, für Rußland und für die Revolution zu sterben. Die Mehrheit des Kongresses – *die bäuerliche Masse* –, anderthalbtausend Menschen (die Zahl der Arbeiter auf dem Kongreß war unbedeutend), *blieb den Aufforderungen Martovs völlig gleichgültig. Sie wollte nicht für Rußland und die Revolution sterben, sie wollte leben, um Frieden zu schließen*[130].«

Diese Worte bedeuten die totale Unterordnung des ganzen ›Volkes‹ und – das Todesurteil für die Arbeiterklasse.

Für die abstoßende Demagogie, die das Volk verdorben hat, ist dieses Ende sehr bezeichnend.

Unzeitgemäße Gedanken

Novaja Žizn, Nr. 48 (263)
22. (9.) März 1918

Das Recht auf Kritik verpflichtet uns dazu, nicht nur die Handlungen der Feinde, sondern auch die Fehler der Freunde schonungslos zu kritisieren. Für die Entwicklung des sozialen Gerechtigkeitsgefühls im Menschen ist es aus moralischen und taktischen Gründen weit besser, wenn wir selbst unsere Fehler und Schwächen ehrlich eingestehen, bevor unser Feind die Gelegenheit ergreift, schadenfroh auf sie hinzuweisen; er wird es sich auch in diesem Fall nicht nehmen lassen, triumphierend auszurufen:

»Aha!«

Aber dann wird der Zorn des Triumphs stumpf sein und das Gift des Zorns nicht wirken.

Man darf nicht vergessen, daß die Feinde oft recht haben, wenn sie unsere Freunde tadeln, und daß die Wahrheit den Schlag des Feindes noch stärker macht. Eine traurige und bittere Wahrheit über Freunde sagen, bevor der Feind es tut, heißt dem Angriff des Feindes die Kraft nehmen.

*

Die Grünschnäbel aus den Reihen der Bolschewiken sagen mir fast jeden Tag, ich hätte mich vom ›Volk getrennt‹. Ich war niemals so ›dick‹ mit dem Volk, daß ich seine Fehler nicht sah, und da ich mich nicht zu einem hohen Posten dränge, habe ich nicht das Verlangen, diese Fehler zu verschweigen und der ungebildeten Masse des russischen Volkes demagogische Litaneien vorzusingen.

Wenn ich sehe, daß mein Volk eine angeborene Neigung zur Gleichheit in der Nichtigkeit hat, eine Neigung, die aus der erbärmlichen asiatischen Vorstellung kommt, daß es einfacher, leichter und mit weniger Verantwortung verbunden ist, eine Null zu sein – wenn ich das sehe, muß ich es sagen.

Wenn ich sehe, daß die Politik des Sowjetregimes ›zutiefst national‹ ist – was sogar die Feinde der Bolschewiken ironisch zugeben – und der Nationalismus der bolschewistischen Politik sich ›in der Orientierung auf Armut und Nichtigkeit‹ ausdrückt

– dann muß ich mit Bitterkeit zugeben, daß diese Feinde recht haben, daß der Bolschewismus ein nationales Unglück ist, da er in dem Chaos grober Instinkte, die er weckte, die schwachen Keime der russischen Kultur zu vernichten droht.
Wir alle haben etwas Angst vor Kritik, und Selbstkritik erregt fast unseren Abscheu.
Wir rechtfertigen ebenso gern wie wir verurteilen, aber aus dieser Neigung zur Rechtfertigung spricht weit mehr die Sorge um die eigene Person als um den Mitmenschen; diese Neigung läßt immer den Wunsch erkennen, seine eigenen zukünftigen Sünden zu entschuldigen. Das ist sehr klug, aber widerlich.
Der Lieblingsheld des russischen Lebens und der russischen Literatur ist der unglückliche und bedauernswerte Pechvogel. Helden haben bei uns keinen Erfolg[131]. Das Volk liebt die Gefangenen, wenn sie zur Zwangsarbeit getrieben werden, und hilft sehr gern dem Starken, den Kittel und die Ketten des Verbrechers anziehen.
Starke Menschen liebt man in Rußland nicht, und deshalb können starke Menschen in unserem Land nicht lange leben.
Das Leben liebt ihn nicht, und ebensowenig die Literatur, die auf alle nur erdenkliche Weise versucht, seinen starken Willen in Widersprüche zu verwickeln, in die dunkle Ecke des Unlösbaren zu treiben, auf das Niveau schändlicher Lebensbedingungen herabzuziehen und zu brechen. Man sucht und liebt nicht den Kämpfer, nicht den Erbauer neuer Lebensformen, sondern einen Gerechten, der die widerlichen kleinen Sünden der Dutzendmenschen auf sich nimmt.
Aus diesem Material – aus ungebildeten, willensschwachen Bauern – wollen die Phantasten und Buchgelehrten einen neuen sozialistischen Staat schaffen – neu nicht nur in der Form, sondern auch im Wesen, im Geist. Es ist klar, daß die Erbauer bei ihrer Arbeit die Besonderheiten des Materials berücksichtigen müssen. Die wichtigste und am schwersten zu überwindende Besonderheit der Bauern ist ein wilder, nur auf Besitz bedachter Individualismus, der den sozialistischen Bestrebungen der Arbeiterklasse unausweichlich einen grausamen Krieg erklären muß.
Die Bauern haben die Pariser Kommune abgeschlachtet – daran muß sich der Arbeiter erinnern[132].
Seine Führer haben es vergessen.

Unzeitgemäße Gedanken

Novaja Žizn, Nr. 51 (266)
26. (13.) März 1918

Unter den Anordnungen und Maßnahmen der Regierung, die dieser Tage in einigen Zeitungen veröffentlicht wurden, las ich mit großer Verwunderung eine lautstarke Erklärung der ›Sonderversammlung der Matrosen der Roten Flotte der Republik‹. In dieser Erklärung geben die Matrosen bekannt:

»Wir Matrosen haben beschlossen: wenn unsere besten Genossen weiterhin ermordet werden, dann rücken wir mit der Waffe in der Hand aus und bringen für jeden unserer Genossen hunderttausend Reiche um, die in hellen, luxuriösen Palästen wohnen und konterrevolutionäre Banden gegen die Arbeitermassen organisieren, gegen die Arbeiter, Soldaten und Bauern, die im Oktober die Revolution auf ihren Schultern getragen haben[133].«

Ist das ein Schrei empörter Gerechtigkeit?

Dann habe ich, wie jeder andere Bürger unserer Republik das Recht, die Bürger Matrosen zu fragen:

Welche Beweise haben sie, um behaupten zu können, Mjasnikov und Zabello seien durch die ›verräterische Hand von Tyrannen‹ umgekommen? Und, falls es solche Beweise gibt, warum wurden sie nicht veröffentlicht?

Warum hat die Regierung es für nötig gehalten, das drohende Geheul ›der Zierde und des Stolzes‹ der russischen Revolution in ihre ›Maßnahmen und Verordnungen‹ aufzunehmen[134]?

Ist die Regierung etwa mit der Methode einverstanden, welche die Matrosen anwenden wollen?

Oder ist sie zu schwach, sie daran zu hindern?

Hat sie nicht selbst den Matrosen diese wilde Idee von physischer Vergeltung eingeredet?

Ich glaube, daß die Regierung diese letzte Frage mit einem offenen Eingeständnis ihrer Schuld beantworten muß.

Jeder wird sich an folgende Geschichte erinnern: Als irgendein Schelm oder ein gelangweilter Faulpelz die Karosserie des Autos, das Lenin benutzte, mit einem Taschenmesser zerkratzt hatte, erblickte die *Pravda* darin einen Anschlag auf das Leben Vladimir Ilič' und erklärte drohend[134a]:

»Für jeden von uns fallen hundert Köpfe der Bourgeoisie.«
Diese Arithmetik des Wahnsinns und der Feigheit hat ihre Wirkung auf die Matrosen offenbar nicht verfehlt – sie fordern für einen Kopf nicht hundert, sondern bereits tausend Köpfe.
Die Russen schätzen sich selbst immer höher ein.
Aber für mich – und wahrscheinlich auch für alle, die ihren Verstand noch nicht ganz verloren haben – ist die drohende Erklärung der Matrosen kein Schrei nach Gerechtigkeit, sondern das wilde Geheul hemmungsloser und feiger Bestien.

*

Ich wende mich direkt an die Matrosen, an die Verfasser dieser unheildrohenden Erklärung:
Meine Herrschaften, da Sie bewaffnet sind, können Sie natürlich so viele ›Bourgeois‹ straflos umbringen, wie Sie wollen. Daran kann es keinen Zweifel geben. Ihre Genossen haben bereits versucht, Massenmorde an der bürgerlichen ›Intelligenz‹ zu organisieren. Nachdem sie in Sewastopol und Eupatoria ein paar hundert gebildete Menschen umgebracht hatten, erklärten sie:
»Geschehen ist geschehen, und man kann uns nicht vor Gericht stellen.«
Diese Worte klingen halb reuig, halb drohend. Meine Herren Matrosen, in diesen Worten lebt und triumphiert der Geist des blutigen Despotismus derselben Monarchie, deren äußere Formen Sie zerstört haben, deren Geist Sie aber nicht töten können – er lebt in Ihrer Brust weiter, zwingt Sie, wie Tiere zu heulen, und nimmt Ihnen Ihr menschliches Gesicht.
Sie, meine Herren, sollten sich genau daran erinnern, daß Sie durch Gewalt und Mord erzogen wurden. Und Sie sagen nicht deshalb ›wir können nicht vor Gericht gestellt werden‹, weil Sie eingesehen haben, daß Sie ein Recht auf die Macht haben, sondern nur, weil Sie wissen, daß unter der Monarchie niemand wegen Massenmords verurteilt oder bestraft wurde. Wegen der Ermordung von vielen tausend Menschen am 9. Januar 1905, wegen der Erschießung der Lena- und Zlatoust-Arbeiter, wegen der Ermordung Ihrer *Očakov*-Genossen, wegen all dieser Massenmorde, an denen die Monarchie so reich war, wurde niemand verurteilt[135].

In dieser Atmosphäre unbestrafter Verbrechen sind Sie aufgewachsen, und dieses blutige Überbleibsel der alten Zeit klingt auch in Ihrem Gebrüll nach.
Die monarchistische Regierung zeigte dadurch ihre moralische Schwäche, daß sie Hunderte von Matrosen, Arbeitern, Bauern und Soldaten ermordete. Die Matrosen der Roten Flotte geben durch ihre drohende Erklärung zu, daß sie außer Bajonett und Kugel keinerlei Mittel für den Kampf um die soziale Gerechtigkeit haben. Es ist natürlich einfacher, einen Menschen umzubringen, als ihn zu überzeugen. Diese einfache Methode wird offensichtlich von Leuten gut verstanden, die mit dem Mord aufgewachsen und zu Mördern ausgebildet sind.
Ich frage Sie, meine Herren Matrosen: Wie unterscheidet sich denn die tierische Psychologie der Monarchie von Ihrer Psychologie? Die Monarchisten waren aufrichtig davon überzeugt, das Glück Rußlands sei allein durch massenhafte Ausrottung Andersdenkender möglich – Sie denken und handeln in der gleichen Weise.
Ich wiederhole: Einen Menschen umzubringen ist einfacher und leichter, als ihn zu überzeugen. Aber hat nicht gerade die Gewalt gegen das Volk die Macht der Monarchie zerstört? Sie teilen nur die materiellen Reichtümer Rußlands untereinander auf; Rußland wird dadurch weder reicher noch glücklicher und Sie werden weder besser noch menschlicher. Neue Lebensformen fordern einen neuen geistigen Inhalt: sind Sie fähig, dieses geistig Neue zu schaffen? Nach Ihren Worten und Taten zu urteilen, sind Sie noch nicht dazu fähig. Sie sind die wilden Russen, die das alte Regime demoralisiert und gequält hat; die furchtbaren Krankheiten und all der sinnlose Despotismus des alten Regimes sind Ihnen in Fleisch und Blut übergegangen.
Wenn Sie aber so handeln, wie Sie jetzt handeln, dann kann sich eine zukünftige Reaktion zu Recht auf Sie berufen und Ihnen ins Gesicht sagen: Als ihr die Macht hattet, habt ihr unter einer sozialistischen Regierung ebenso wie wir vor der Revolution die Menschen massenweise umgebracht. Ihr habt uns also selbst das Recht gegeben, euch umzubringen.
Meine Herren Matrosen! Sie müssen Vernunft annehmen und versuchen, Menschen zu sein. Das ist schwer – aber notwendig.

Unzeitgemäße Gedanken

Novaja Žizn, Nr. 53 (268)
28. (15.) März 1918

Immer häufiger schreiben mir alle möglichen Leute:
»Wir glauben nicht an das Volk.« »Ich habe den Glauben an das Volk verloren.« »Ich kann nicht an das Volk glauben, ich glaube den Parteien und den Führern nicht.«
Das sind aufrichtige Klagen von Menschen, die über das phantastische und dunkle Leben in Rußland erschüttert sind und lieben und glauben möchten.
Meine verehrten Korrespondenten mögen mir verzeihen, aber ihre Stimmen kommen mir nicht wie die Stimmen von Menschen vor, die etwas wissen und arbeiten möchten. Das ist das Seufzen desselben russischen Volkes, an dessen Fähigkeit zu geistiger Erneuerung und schöpferischer Arbeit meine Korrespondenten nicht glauben wollen. Meine verehrten Herren Korrespondenten sollten zugeben, daß sie Fleisch vom Fleisch des russischen Volkes sind, das immer überzeugend bewiesen hat (und besonders jetzt überzeugend beweist), daß ihm der Glaube an sich selbst völlig fehlt. Es ist ein Volk, das sein ganzes Leben darauf aufgebaut hat, ›in den Tag hinein zu leben‹ und in seinen Träumen von irgendwo, von außen, auf Hilfe zu hoffen – von Gott und dem heiligen Nikolaus, von ›fremden Königen und Herrschern‹, von irgendeinem ›Herrn‹, der irgendwo herkommt und ›unsere Streitigkeiten schlichten wird‹[136]. Sogar jetzt, da das Volk wirklich ›Herr über das Leben‹ ist, hat es nicht aufgehört, auf den ›Herrn‹ zu hoffen; für einen Teil des Volkes ist dieser Herr das europäische Proletariat, für den anderen ist es der Deutsche – der Organisator einer eisernen Ordnung; wieder andere Leute denken, daß Japan sie retten wird, und keiner glaubt an seine eigene Kraft.
Der Glaube ist immer gut, er tröstet und beruhigt die Seele, macht den Menschen blind und erlaubt ihm, die quälenden Widersprüche des Lebens nicht zu bemerken. Es ist natürlich, daß wir alle danach streben, an irgend etwas zu glauben, an irgendeinen ›Herrn‹, der ›unsere Streitigkeiten zu schlichten‹ vermag und sowohl um uns als auch in uns eine gute Ordnung schafft. Wir glauben sehr leicht: Die Volkstümler haben den

Bauern so verlockend beschrieben wie einen Pfefferkuchen, und wir haben gern geglaubt, daß unser Bauer gut ist, ein richtiger Chinese, dem der europäische Bauer das Wasser nicht reichen kann.

Es war sehr bequem, an die einzigartigen seelischen Eigenschaften unserer Karatajevs zu glauben – sie sind nicht einfach Bauern, sondern Übermenschen[137]. Gleb Uspenskij hat mit seinem Roman *Die Macht der Erde* diesem Glauben einen schweren Schlag versetzt, aber die Gläubigen haben das nicht bemerkt. Čechov, den wir so zärtlich lieben, zeigte uns *die Bauern* in noch düstererem Licht und wurde beschimpft, weil er nicht an das Volk glaubte. Ivan Bunin hat die dunklen Farben mutig hervorgehoben, und man sagte ihm, er sei ein Gutsbesitzer und blind vor Klassenhaß gegen den Bauern[138].

Und man übersah natürlich, daß bäuerliche Schriftsteller wie Iv. Volnyj, Semën Podjačev und andere den Bauern in noch düstereren Farben darstellten als Čechov und Bunin und sogar noch düsterer als so eingefleischte Feinde des Volkes wie z. B. Rodionov, der Verfasser des sensationellen Buches *Unser Verbrechen*[139].

In unserem Land glauben die Menschen nicht deshalb, weil sie etwas kennen und lieben, sondern um ihre Seele zu beruhigen. Es ist der fruchtlose und kraftlose Glaube kontemplativer Menschen, er ist ›tot‹. Wir haben nicht den Glauben, der Berge versetzen kann. Jetzt, da unser Volk allen Reichtum seines Charakters, der von Jahrhunderten wilder Finsternis, scheußlicher Sklaverei und tierischer Grausamkeit geformt wurde, vor aller Welt frei entfaltet hat, fangen wir an zu schreien:

»Wir glauben nicht an das Volk.«

Man muß die Ungläubigen fragen:

»Woran habt ihr früher geglaubt, und warum? All das, was ihr jetzt am Volk abstoßend findet, war zur Zeit Stepan Razins und Jemeljan Pugačëvs, in den Jahren der Kartoffel- und Choleraaufstände, in den Jahren der Judenpogrome und der Reaktion von 1907 bis 1908 doch auch in diesem Volk. Woran habt ihr denn geglaubt[140]?«

Ein guter, ehrlicher Handwerksmeister kennt das Material, mit dem er arbeiten will, bevor er dieses oder jenes damit macht.

Unsere Meister sozialer Angelegenheiten hatten den grandiosen

Einfall, einen Tempel des neuen Lebens zu errichten. Sie hatten vielleicht eine ziemlich genaue Vorstellung von den materiellen Lebensbedingungen des Volkes, aber nicht die geringste Ahnung von der geistigen Umgebung, den geistigen Eigenschaften des Materials.

Wir müssen lernen; wir müssen vor allem die Arbeit lieben und ihre rettende Kraft begreifen lernen.

Einen Glauben haben, ist sehr angenehm, aber etwas wissen ist notwendig. Politik ist unvermeidlich wie schlechtes Wetter, aber um Politik zu veredeln, ist kulturelle Arbeit erforderlich, und es ist höchste Zeit, das Schöne und Gute in die Sphäre übler politischer Emotionen hineinzubringen. Man muß an sich selbst glauben, an seine Fähigkeit zu schöpferischer Arbeit, und alles Weitere wird sich finden.

»Wir sind nicht auf die Welt gekommen, um alles hinzunehmen«, sondern um gegen die Häßlichkeiten des Lebens zu kämpfen und sie zu überwinden.

Glauben ist bequem; es ist viel besser, ein gutentwickeltes Gefühl für die eigene Würde zu haben und nicht über Dinge zu stöhnen, an denen wir alle gleichermaßen schuld sind.

Unzeitgemäße Gedanken

Novaja Žizn, Nr. 56 (271)
31. (18.) März 1918

Aus der Provinz kam ein Mann zu mir, einer jener unverwüstlichen Optimisten, die niemals mutlos werden, ›stur sind wie ein Esel‹, niemals stöhnen und von denen es in Rußland leider viel zuwenig gibt.

Ich fragte ihn:

»Was gibt es Neues bei euch? Was Interessantes?«

»Eine ganze Menge, Herr, eine ganze Menge; das Interessanteste und Wichtigste ist, daß der Bourgeois blüht und gedeiht! Sie staunen, Sie lachen? Anfangs war ich auch erstaunt, aber ich habe nicht gelacht, ich war traurig. Denn – wie ist das möglich? Ein sozialistisches Vaterland, und auf einmal gedeiht der Bourgeois! Wie die Pilze in einem nassen Sommer. Ein kleiner

Bourgeois, aber kräftig und zäh, wie ich sehe. Ich habe genauer hingesehen und gedacht: was kann man da machen? Das ist eine Laune des Schicksals, der Wille der Geschichte. Und dagegen kann man nicht an; das muß man halt hinnehmen.«

»Aber hören Sie mal! Wo soll der Bourgeois denn herkommen?«

»Von überall, zum Beispiel vom Land. Sehen Sie, im Krieg hat so ein Bauer ein bißchen Geld verdient – nicht viel, dreitausend, fünftausend oder auch zwanzigtausend. Er hat einen Gutsbesitzer ausgeraubt – das ist freilich kein ehrliches Einkommen, aber es ist gut. Ihr sagt doch und schreibt, der Bauer wäre ein Spieler und Säufer geworden, aber das ist ganz falsch; saufen tun nur die Bauern, denen es schlechtgeht, die nichts zum Beißen haben; der Abschaum, unnützes Gesindel, das schon längst vom Schnaps vergiftet ist. Die saufen, denen ist alles egal, die verkommen und krepieren unter jedem Regime. Die saufen wirklich scheußliches Zeug und sterben deshalb sehr schnell. So wird das Dorf sein Gesindel und alle Lumpen los. Hier herrscht ein ziemlich rauhes Gesetz: die Cholera ist ein Test für einen guten Magen, der Suff für einen guten Organismus. Ja, der Abschaum stirbt aus, das ist natürlich traurig, aber ein Trost. Daß die Bauern ganz fürchterlich Karten spielen, das stimmt. Alle haben viel Geld, da schlagen sie halt über die Stränge. Aber das schadet nichts, weil der kaltblütigste und raffinierteste Spieler immer gewinnt. Das ist eine natürliche Auslese: der Starke besiegt den Schwachen.

Da kam ein Soldat, der hatte auch einen Haufen Geld. Er hat's in Umlauf gesetzt und einen schönen Profit gemacht. Die Soldaten haben eine eigene Sektion gebildet, das ist sehr vorteilhaft für sie: uns hat die Unterhaltung eines Bezirkskomitees 1500 Rubel gekostet; aber die Soldaten stecken jetzt zweiundfünfzigtausend ein! Offen gesagt, auf dem Land wird überhaupt unglaublich geschoben. Aber das ist nicht so schlimm, wie Sie sehen werden ... Und dann sehen Sie mal, wie geschickt und raffiniert die Weiber sind, wenn es was zu raffen gibt.

Dann ist ein Matrose erschienen, auch mit einem Haufen Geld. Ich habe zwei gesehen, die ganz offen gesagt haben, sie hätten jeder 3000 ›verdient‹. Wie denn? Ja, wissen Sie, als die Armee weg war, haben sie türkische Armenier auf Torpedobooten in russische Häfen transportiert und pro Kopf tausend Rubel genommen.«

»Aber was ist das Geld denn heute wert?«

»Keine Sorge, das ist einkalkuliert! Sie geben nicht viel auf Geld und verstecken es nicht; kleine Scheine tragen sie bei sich, aber große Summen legen sie an; sie kaufen alles, was einen mehr oder weniger festen Wert hat. Sie sollten mal sehen, wie sich der neue Bauer anstrengt, damit er Vieh kaufen und züchten kann! Besonders die Weiber! Erstaunlich, wie habgierig das Volk ist! Nicht nur das – manche Leute sind so gewieft, daß sie schon jetzt an Sachen denken, die in Zukunft vielleicht gebraucht werden. In unserem Nachbarbezirk zum Beispiel haben neun Soldaten, Bauern und irgendein Matrose eine Ziegelfabrik aufgemacht. Unser Gouvernement hat nicht viel Wald, aber doch Wald genug – wozu brauchen sie dort eine Fabrik, weit weg von der Eisenbahn? ›Ja wissen Sie, Genosse, wir haben uns das so gedacht: wenn sich alles ein bißchen beruhigt, bauen sich die Leute Häuser aus Backstein. Die meisten Leute haben jetzt Geld, und deshalb ist ihnen eine Bauernhütte nicht mehr gut genug.‹ In unserem Dorf hat ein Wachtmeister eine Beschälstelle eingerichtet. Er hat sich drei Hengste zugelegt und will ein richtiges Gestüt aus seinem Betrieb machen. Es gibt viele solcher Unternehmen, man hört überall davon.

Na ja, bis zum Sozialismus ist es natürlich noch weit, aber es wäre naiv, von den Bauern in Rußland den Sozialismus im Dorf zu erwarten. Haben wir damit gerechnet? Na, wir haben uns eben geirrt, aber ›Irren ist menschlich‹. Das Wesentliche ist, daß auf dem Land ein Bourgeois entsteht, der stark ist und weiß, was er wert ist. Der wird bestimmt einmal Herr über sein Land sein, ein Mensch mit einem ›Vaterland‹[141]. Versuchen Sie mal, diesem Herrn etwas wegzunehmen, was er für sein Eigentum hält: Er wird's Ihnen schon zeigen, denn jetzt hat er Waffen. Zuerst stürzt er sich vielleicht auf billige deutsche Waren, aber das wird nicht lange dauern. In zehn Jahren wird er den wahren kulturellen Wert seiner eigenen billigen Waren erkennen, und er wird sich nicht scheuen, einen neuen Krieg mit den Deutschen anzufangen.«

»Ja, genau so ist es gekommen, der Sozialismus hat den Bourgeois hervorgebracht! In Rußland ist natürlich vieles zerstört und gestohlen worden, aber es ist wenigstens nicht ins Ausland geschoben, sondern unter die vielen Einwohner Rußlands verteilt worden. Die Bourgeois sind bei uns zahlreicher geworden, und ich sage Ihnen eins: Das sind zwar nur kleine Bourgeois, aber sie sind sehr stark und werden sich bald bemerkbar machen!«

»Und die Arbeiterklasse?«

»Wenn der Arbeiter nicht zusammen mit dem Bauern die Politik macht und die Wichtigkeit der Interessen des Dorfes nicht begreifen will, dann wird sich dieser kleine Bourgeois bald auch der Arbeiterklasse bemerkbar machen.«

... Das klingt alles etwas ironisch und grotesk, aber mir scheint, in diesem Bericht liegt ein gut Teil Wahrheit. Und jede Wahrheit muß laut verkündet werden, damit wir aus ihr lernen können.

Unzeitgemäße Gedanken

Novaja Žizn, Nr. 59 (274)
4. April (22. März) 1918

Mein Artikel über die Erklärung einer Gruppe von Matrosen, sie seien bereit, wehrlose und völlig unschuldige Menschen massenweise zu ermorden, hat Gesinnungsgenossen dieser Gruppe veranlaßt, einige Briefe an mich zu schreiben, in denen schamlose Gesellen und Wahnsinnige mir mit fürchterlichen Strafen Angst einjagen wollen.

Das ist dumm, denn mit Drohungen kann man mich nicht zum Schweigen bringen. Ganz gleich, womit man mir droht, ich werde immer sagen, daß ein Vieh ein Vieh und ein Idiot ein Idiot ist und daß man durch Mord, Gewalt und ähnliche Methoden den Sieg der sozialen Gerechtigkeit nicht erreichen kann.

Hier ist aber ein Brief, der meiner Ansicht nach veröffentlicht werden muß, weil er die einzige menschliche Antwort auf meinen Artikel ist.

> Nachdem ich Ihren Artikel ›Unzeitgemäße Gedanken‹ in der Zeitung *Novaja Žizn*, Nr. 51 (266) gelesen habe, glaube ich, daß Sie nicht alle, die Matrosenuniformen tragen, für entfesselte Wilde halten. Gestatten Sie jedoch die Frage, was

ich tun soll, wenn ich Ihnen oder einem Bürger in Zivil begegne, der Ihre Meinung und Ansicht über die Matrosen teilt. Das betrifft nicht nur mich, sondern hundert Menschen, die im engsten Kreis mit mir leben und die ich sehr gut kenne. Ich weiß, daß Sie, wie ich, nie daran gedacht haben, irgendwelches Unheil anzurichten, geschweige denn zu morden. Wie können wir anderen in die Augen sehen, da wir ja Matrosenuniform tragen?

Als ich Ihren Artikel las, war ich sehr betrübt. Ich habe nicht nur an mich gedacht, sondern auch an meine Kameraden, die unschuldig an den Pranger der öffentlichen Meinung gestellt wurden. Ich lebe unter ihnen, kenne sie wie mich selbst und kenne sie als unauffällige, aber ehrliche Arbeiter, deren Gedanken der breiten Öffentlichkeit unbekannt bleiben. Deshalb bitte ich Sie, ein offenes Wort über sie zu schreiben, denn ihre und auch meine Leiden sind unverdient.

Matrose: Unterschrift unleserlich.

Kronstadt, 27. März 1918.

Es versteht sich von selbst, daß ich weit davon entfernt bin, alle Matrosen der Neigung zu bestialischen Morden beschuldigen zu wollen. Nein, ich habe nur die gemeint, die durch die Morde in Sewastopol und Eupatoria sowie durch die Ermordung Šingarëvs und Kokoškins bekannt wurden. Gemeint habe ich auch die Gruppe von Matrosen, die die wohlbekannte, wahnsinnige Proklamation verfaßte und unterschrieb. Ich spreche von der Proklamation, die in den ›Anordnungen und Maßnahmen der Regierung‹ veröffentlicht wurde.

*

Ich will nicht bestreiten, daß es in Rußland viele Menschen ›mit einem Gewissen‹ gibt – sogar unter professionellen Dieben und Mördern. Das weiß jedermann. Ein Mensch beraubt seinen Nächsten oder bringt ihn um, und dann ›grämt sich seine Seele‹, er hat Gewissensbisse. Sehr viele gute russische Menschen trösten sich mit diesem ›Seelengram‹. Sie halten diese Empfindlichkeit des Gewissens für ein Zeichen geistiger Gesundheit. Diese Sensibilität ist jedoch höchst wahrscheinlich ein Zeichen krankhafter Willenlosigkeit bei jenen Menschen, die, bevor sie töten, die bescheidene Schönheit einer Feldblume bewundern und es fertigbringen, ein aufrichtiger Revolutionär und gleichzeitig ein nicht weniger aufrichtiger Spitzel zu sein – was bei uns allzuoft vorgekommen ist.

Ich glaube, daß wir alle – Matrosen und Schriftsteller, ›Bourgeois‹ und Proletarier – willenlos und feige sind; aber das hindert uns keineswegs daran, einander physisch und psychisch auf das grausamste zu quälen. Zum Beweis dieser traurigen Wahrheit schlage ich dem Leser vor, die Psychologie der Lynchjustiz mit den Methoden der ›Zeitungspolemik‹ zu vergleichen. In beiden Fällen, sowohl in den Zeitungen als auch auf der Straße, wird er gleichermaßen blinde und rasende Menschen sehen, deren Hauptziel und höchster Genuß es ist, ihren Nächsten möglichst schmerzhaft und heftig ›in die Fresse‹ zu schlagen oder ihn tief zu verletzen.

Das ist die Psychologie von Menschen, die immer noch nicht vergessen können, daß sie vor 56 Jahren Sklaven waren und jeder von ihnen mit Ruten geschlagen werden durfte, daß sie in einem Lande leben, in dem Massenpogrome und Massenmorde ungestraft möglich sind und wo ein Menschenleben nichts wert ist. Gar nichts. Wo es keine Achtung vor dem Menschen gibt, werden Menschen, die sich selbst achten können, selten geboren und sie leben nicht lange.

Woher soll diese Achtung denn kommen?

In der *Pravda* hetzen allerlei kleine Kläffer das Proletariat gegen die Intelligenz auf. In *Naš Vek* [Unser Zeitalter] hetzen schlaue Ratten die Intelligenz gegen das Proletariat auf. Das nennt man ›Klassenkampf‹, trotz der Tatsache, daß die Intelligenz bereits völlig proletarisiert und drauf und dran ist, zusammen mit dem Proletariat den Hungertod zu sterben. Ihr sagt, die Intellektuellen seien Saboteure? Aber das moralische Empfinden des Intellektuellen erlaubt ihm nicht, mit einer Regierung zusammenzuarbeiten, die die wohlbekannte Drohung jener Gruppe von Matrosen und ähnlich abstoßende Dinge in ihre ›Verordnungen und Maßnahmen‹ aufnimmt. Ganz gleich, was die Weisen des Bolschewismus über die Sabotage der Intelligenz sagen und wie beredt sie es sagen, es ist eine Tatsache, daß die Russische Revolution deshalb untergeht, weil es ihr an intellektueller Kraft fehlt. In dieser Revolution gibt es sehr viel krankhaft gereiztes Gefühl und zuwenig kulturell entwickelte, geschulte Vernunft.

Jetzt sind die Bolschewiken zu sich gekommen und fordern die Vertreter der Intelligenz auf, mit ihnen zusammenzuarbeiten. Das ist spät, aber trotzdem nicht schlecht[141a]. Wahrscheinlich wird jedoch ein wüstes Feilschen beginnen, in dem die einen zuviel verlangen und die andern allmählich nachgeben. Unterdessen wird das Land immer weiter zerstört und das Volk immer mehr demoralisiert.

Unzeitgemäße Gedanken

Novaja Žizn, Nr. 61 (276)
7. April (25. März) 1918

»Wenn einer am Boden liegt, schlägt man ihn nicht« ist eine sehr schöne Regel, und wir alle wären uns selbst und einander viel angenehmer, wenn wir uns ehrlich an diese Regel hielten. Aber wenn einer, der am Boden liegt, den Kopf hebt und langsam hinter euch kriecht, in der heimtückischen Absicht, euch ins Genick zu hauen – dann muß man in dem Ton über ihn sprechen, den seine jesuitischen Absichten verdienen. Diese Aufgabe ist höchst unangenehm, ihr Anlaß abstoßend.

Man kann nicht bestreiten, daß der am Boden Liegende im Prozeß des sozialen Kampfes nicht erlitten hat, was er verdient, sondern viel mehr. Was tun? Wie den Soldaten die Kaserne, so erzieht jeden von uns das Klassenmilieu, in das die Geschichte ihn gestellt hat. Wir haben uns immer willenlos dem Einfluß der Tatsachen untergeordnet und uns zuwenig um Selbsterziehung, um die Kultivierung unseres Willens und unserer Gefühle gekümmert. Wir alle sind viel schlechter und ungeschliffener, als wir sein sollten, und manche von uns bemühen sich sehr, soviel Grobheit und Grausamkeit wie möglich zu zeigen, denn sie hoffen, auf diese Weise ihren Mangel an Begabung und Kraft verbergen zu können.

Der am Boden Liegende hebt also den Kopf, kriecht und zischt; das hört man nicht nur in Izgojevs Artikel ›Die Tragödie und Schuld‹ sehr deutlich, nicht nur in allen Artikeln des *Novyj Vek*, des *Sovremennoje Slovo* [Das aktuelle Wort] und dergleichen[142]; dieses böse, rachsüchtige Zischen ertönt immer lauter in den Reihen der ›Kadetten‹. Die ›Kadetten‹ sind die vortrefflichsten Politiker in Rußland; davon sind sie überzeugt, und ebenso davon, daß sie die einzige Macht seien, die Rußland vor dem drohenden Untergang retten könne. In dem schweren Freiheitskampf spielten sie dieselbe Rolle wie die Mücke bei Krylov, die bekanntlich ihre Arbeit etwas überschätzte[143]. Das sind sehr kluge Leute, diese Kadetten, sie hüten sich nicht nur, die Handlungen des Sowjetregimes scharf zu kritisieren, sondern sind ihm gegenüber sogar recht nachsichtig, wofür sie von der sowjetischen Presse wiederholt mit schmeichelhaftem Beifall belohnt wurden. Sie wissen sehr wohl, daß der sowjetische ›Kommunismus‹ nicht nur die Ideen der Sozialdemokratie, sondern auch alle Hoffnungen der Radikaldemokratie mehr und mehr kompromittiert, und sie wollen ihren tiefen Haß gegen ein demokratisches Rußland nicht mehr verbergen.

Ein guter Kadett ist vor allem Politiker, genauer – Politikaster; er ist genau so ein Fanatiker seiner Ideen wie der bolschewistische ›Kommunist‹, er glaubt genauso sektiererisch und blind an die Möglichkeit der völligen Vernichtung des Sozialismus, wie der Bolschewik an die Notwendigkeit einer unverzüglichen Verwirklichung sozialistischer Ideen glaubt.

Der Führer der Konstitutionell-Demokratischen Partei, P. N. Miljukov, sagte im Jahre 1905 voller Stolz zu dem bulgarischen Schriftsteller Petko Todorov:

»Ich habe in Rußland die erste politische Partei gegründet, die vollkommen frei ist von Sozialismus.«

Und jetzt sind die Kadetten auf diese ›Freiheit vom Sozialismus‹ stolz, und da die Demokratie nicht anders als sozialistisch sein kann, ist es natürlich, daß Kadettentum und Demokratie spinnefeind sind.

Das heuchlerische Politikastertum, der Opportunismus der Konstitutionell-Demokratischen Partei und ihre schamlose Hetze gegen die besiegten Arbeiter waren nach 1906 das geistige Geschwür, das die Intelligenz des Landes zehn Jahre lang zerfraß. Die ›Opposition Ihrer Majestät‹ scheute vor nichts zurück, um an die Macht zu kommen. Damals geschah das nicht – die Kadetten hoffen, daß es jetzt geschieht. Sie beginnen ihre Arbeit ebenso wie sie es 1907 taten – mit der Hetze gegen die Demokratie und versuchen auch jetzt wieder, alle Renegaten und Feiglinge, alle Feinde des Volkes und des Sozialismus zu organisieren. Allmählich lösen sich ihre Zungen und sie beabsichtigen wieder, beleidigt zu schreien und jenes widerliche Rachegeheul auszustoßen, mit dem sie Rußland nach der ersten Revolution betäubten. Dies Gezeter der ›Erniedrigten und Beleidigten‹ beginnt schon, und bald wird der Demokratie eine ellenlange, sorgfältig und schadenfroh vorbereitete Anklageschrift präsentiert werden, in der alle Verbrechen übertrieben und alle Fehler als Betrug dargestellt werden. Diese Leute wissen sehr gut, daß die Verleumdung ein Vergrößerungsglas ist, durch das man ein Insekt als ein Ungeheuer sehen kann und einen Mückenstich als tiefe Wunde.

›Die Kadetten‹ halten sich für den Denkapparat und das Sprachrohr der Bourgeoisie, aber in Wirklichkeit sind sie einfach eine Gruppe der Intelligenz, die ihre Kräfte und ihre Bedeutung in unserem Land überschätzt und den lebendigen Geist der Demokratie völlig verloren hat.

Leute, die der Bourgeoisie ›dienen‹, sind gefährlicher als die Bourgeoisie selbst, sie sind machthungriger und weniger tüchtig. Der Unterschied zwischen Handel und Politikastertum besteht darin, daß der Händler alles in seinen Umsatz einbezieht, was man kaufen oder verkaufen kann, das Gewissen mit inbegriffen, während der Politikaster mit Menschen und mit seinem eigenen Gewissen handelt. Diese Leute sind gebildet, mit allen Wassern der Politik gewaschen und nicht sehr wählerisch in ihren Kampfmitteln. Sie verstehen es, Leute, die weniger gebildet aber aufrichtiger und zu positiver Arbeit fähiger sind, in die Netze ihrer jesuitischen Rhetorik zu ziehen. Sie sind durchaus imstande, erneut jene düstere Atmosphäre von Stimmungen zu schaffen, die die Seele bedrücken, Stimmungen, die die grauenhafte Reaktion der Jahre 1908–1916 so stark unterstützten.

Diese Leute sind deshalb so gefährlich, weil man nicht erkennen kann, was ihnen eigentlich teuer ist, wem ihre Liebe und ihr Herz gehören.

Die Demokratie hat zwei Feinde: die Herren ›Kommunisten‹, die sie physisch zerschlagen haben, und die Kadetten, die bereits daran arbeiten, den Geist der Demokratie auszulöschen.

Unzeitgemäße Gedanken

Novaja Žizn, Nr. 62 (277)
9. April, (27. März) 1918

Dieser Tage erhielt ich den unten angeführten Brief. Ich möchte ihn der Aufmerksamkeit der Genossen empfehlen, die davon überzeugt sind, daß sie ein ›sozialistisches Vaterland‹ erbauen.

> Sie schreiben in Ihrem letzten Artikel, daß die Soldaten sehr viel Geld nach Hause ins Dorf mitbringen, und Sie wundern sich, woher sie soviel Kapital haben. Hier ein Beispiel: Mein Bruder ist Soldat und war nicht im Krieg. Er hat in Petersburg einen leichten Dienst geschoben und ist dann bei der Eisenbahnwache untergekommen. Und da fuhren Züge mit Sprit, die er mit anderen überwachen mußte. So hat er sich zwei Monate herumgedrückt und ist dann mit fünftausend Rubel heimgekommen. Er hat sie aber ehrlich verdient: wenn ein Zug stehenblieb, haben sie die Waggons aufgemacht und die Fässer angebohrt (manchmal haben sie es vielleicht auch anders gemacht), haben ein bißchen Sprit in ihre Flaschen gegossen und den Waggon wieder zugemacht. Der Plombierer hat ihn plombiert, und alles war wieder in Ordnung. Das Geld haben sie dem Alter nach geteilt und so war's zwei Monate. Er ist vorige Woche heimgekommen, hat das Geld auf die Bank gebracht, alle waren zufrieden, und alle Nachbarn haben ihn um die Wette eingeladen; und er hat sich eine reiche Braut genommen – Geld liebt eben Geld. *Kein einziger hat ihn verurteilt; nur ich, seine Schwester, eine einfache Bäuerin, schäme mich. Es tut mir weh, daß mein Bruder ein Dieb ist, einer, der Staatseigentum klaut. Und solche wie ihn gibt es hunderttausend.*
>
> Eine Bäuerin aus dem Gouvernement N und dem Kreis N, und das Dorf schreibe ich nicht.

Diese ›einfache Bäuerin‹ ist ein ehrlicher Mensch und ›schreibt‹ das Dorf nicht. Offensichtlich deshalb, weil sie fürchtet, daß ihr die Nachbarn den Kopf abreißen.

Genossen, die ihr das sozialistische Paradies in Rußland erbaut: »Sehet die Vögel unter dem Himmel an: sie säen nicht, sie ernten nicht, aber sie sammeln in ihre Scheunen«, schaut und sagt ehrlich – sind das die Vögel des Paradieses? Sind das nicht schwarze Krähen, und hacken sie nicht das Stadtproletariat tot?

Ich weiß, daß der Brief einer ›einfachen Bäuerin‹ die starre Sicherheit jener, die ›sofort‹ den Sozialismus haben wollen, nicht erschüttern kann. Auch Dutzende oder Hunderte ähnlicher Angaben über die gegenwärtige Stimmung der armen Bauern und Zeugnisse wie die kleine Skizze von Ivan Volnyj, die in der Nummer 12 von *Delo Naroda* veröffentlicht wurde, werden sie nicht erschüttern.

Ivan Volnyj ist selbst Bauer und hat an den Ereignissen in den Jahren 1905 und 1906 teilgenommen. Er ist ein geschlagener und gequälter Mensch, den seine Schulkameraden ins Gefängnis eskortierten. Er hat viel durchgemacht, aber seine lebendige und leidenschaftlich liebende Seele bewahrt und konnte daher die düstere Epopöe über die Bewegung der Schwarzen Hundertschaften auf dem Lande nach 1906 ohne Gehässigkeit und wahrheitsgetreu schreiben. Das ist ein ehrlicher und rechtschaffener Zeuge, und ich weiß, wie schwer es ihm fällt, die bittere Wahrheit über seine Leute zu sagen, die er aufrichtig liebt. Er ist ein Mensch, dem man glauben kann und muß.

Die Wirklichkeit aber, die immer gerechter und begabter als alle, ja, sogar geniale Schriftsteller ist, stellt das russische Dorf unserer Tage noch grausamer dar.

Ich empfehle diese Quellen zum Verständnis des heutigen Lebens besonders Herrn Gorlov von der *Pravda*; denn er ist ein sehr hitziger Mensch und muß, da er – wahrscheinlich – ein anständiger Mensch ist, genau wissen, worüber er spricht und was er verteidigt. Er weiß das nicht.

Er hat kein Recht, Unsinn zu schwatzen: »Gorkij spuckt dem Volk verächtlich ins Gesicht.« Das, was er ›verächtliches Spucken‹ nennt, ist eine Überzeugung, die ich in Dutzenden von Jahren gewonnen habe. Wenn Herr Gorlov belesen ist, muß er wissen, daß ich mich nie für das russische Dorf begeistern konnte und daß ich mich nie für die ›Dorfarmen‹ begeistern kann, die der Psyche, den Ideen und Zielen des Stadtproletariats naturgemäß feindlich gegenüberstehen müssen[144].

Wenn die ›hurtigen Sozialisten‹ die Arbeiterklasse immer weiter von sich wegstoßen, dann ist es selbstverständlich ganz natürlich, daß sie sich auf das Dorf stützen müssen; sie werden dann auch als erste in seiner bärenhaften Umarmung aufheulen. Dann werden auch die zahlreichen Gorlovs, die erst lernen müssen, bevor sie anfangen zu lehren, aufschreien und bittere Tränen vergießen.

Herr Zinovjev hat mich zu einem verbalen und öffentlichen Zweikampf ›herausgefordert‹[145]. Ich kann dem Wunsch Herrn Zinovjevs nicht nachkommen – ich bin kein Redner, mag keine öffentlichen Auftritte und bin nicht gewandt genug, um mich mit professionellen Demagogen in einem rhetorischen Wettstreit messen zu können.

Warum ist dieses Duell notwendig? Ich schreibe, und jeder gebildete Mensch hat ebenso die Möglichkeit, meine Artikel zu lesen, wie er das Recht hat, sie nicht zu begreifen oder so zu tun, als begreife er sie nicht.

Herr Zinovjev behauptet, ich ›leckte der Bourgeoisie die Stiefel ab‹, weil ich die vom Volk begangenen Grausamkeiten und Roheiten verurteile.

Dieser Ausfall ist grob und unvernünftig, aber von Herrn Zinovjev und seinesgleichen kann man nichts anderes erwarten. Er hat jedoch den Arbeitern verschwiegen, daß ich immer wieder sage, wenn ich ihre Handlungen verurteile: Demagogen wie Zinovjev verderben die Arbeiter; die unbekümmerte Demagogie des Bolschewismus weckt die dunklen Instinkte der Masse und versetzt die Arbeiterintelligenz in die tragische Lage von Menschen, die in ihrer Heimat Fremde sind!

Die sowjetische Politik ist im Hinblick auf die Arbeiterklasse eine Politik des Verrats. Genau das müßte Herr Zinovjev den Arbeitern erzählen.

Unzeitgemäße Gedanken

Novaja Žizn, Nr. 80 (295)
30. (17.) April 1918

Es ist natürlich, daß die Aufmerksamkeit denkender Menschen von der Politik gefesselt wird, dem Bereich der Gewalt, der Bosheit und Lüge, wo verschiedene Parteien, Gruppen und Personen, die sich angeblich zum ›letzten und entscheidenden Kampf‹ zusammenfinden, die Idee der Freiheit zynisch mit Füßen treten und im Kampf um die physische Macht über die Menschen allmählich ihr menschliches Gesicht verlieren. Diese Aufmerksamkeit ist natürlich; aber sie ist einseitig und deshalb abnorm und schädlich. Der Prozeß des sozialen Wachstums erschöpft sich nicht im Klassenkampf und im politischen Kampf, dem der rohe Egoismus der Instinkte zugrunde liegt. Neben diesem unvermeidlichen Kampf entwickelt sich immer stärker eine andere, höhere Form des Existenzkampfes – der Kampf des Menschen mit der Natur. Nur in diesem Kampf wird der Mensch die Kräfte seines Geistes vollkommen entwickeln, nur hier wird er das erhebende Bewußtsein seiner Bedeutung erlangen und hier wird er jene Freiheit erobern, die seine animalischen Wesenszüge beseitigt und ihm erlaubt, klug, gut und ehrlich, also wahrhaft frei zu werden.

Ich möchte allen sagen, die unter den grausamen Qualen der Wirklichkeit leiden und deren Geist bedrückt ist: Sogar in diesen Tagen, da Rußland der Untergang droht, ist das geistige Leben nicht versiegt, nicht einmal erstarrt. Im Gegenteil – es entfaltet sich kraftvoll und breit.

Die höchste wissenschaftliche Institution des Landes, die Akademie der Wissenschaften, arbeitet angestrengt; die von ihr geleitete Erforschung der Produktivkräfte Rußlands schreitet voran; eine Reihe sehr wertvoller Berichte und Arbeiten werden zum Druck vorbereitet und veröffentlicht; in Kürze wird ein Überblick über die Erfolge der russischen Wissenschaft erscheinen, ein Buch, das uns erlaubt, auf die großen Arbeiten und Leistungen des russischen Talents stolz zu sein.

Die Universität beabsichtigt, freie wissenschaftliche Kurse im Geist der Sorbonne zu halten; viele wissenschaftliche Gesellschaften arbeiten, obwohl die Ignoranz unserer Politik und die Politik von Ignoranten sie auf das gröbste bei der Arbeit hindert.

Die bescheidenen Helden des reinen Wissens lassen nichts außer acht, was ihrer verwüsteten, gequälten Heimat von Nutzen sein kann, und planen die Gründung verschiedener Institute, die für den Wiederaufbau und die Entwicklung der russischen Industrie notwendig sind. In Moskau beginnt das ›Wissenschaftliche Institut‹, das von Herrn Mark finanziert wird, unter der

Leitung von Professor Lazarev seine Arbeit. In Petrograd gündete die ›Freie Vereinigung zur Förderung und Verbreitung der Naturwissenschaften‹ Forschungsinstitute für Chemie, Biologie usw.

Der Umfang eines Zeitungsartikels erlaubt mir nicht, alle Unternehmungen aufzuzählen, die unsere Wissenschaftler während der Revolution geplant haben. Ohne die Bedeutung dieser Unternehmungen zu übertreiben, kann man mit Sicherheit sagen, daß die wissenschaftlichen Kräfte Rußlands eine energische Aktivität entfalten, und daß diese große und edle Arbeit der besten Gehirne unseres Landes ein Unterpfand und der Anfang unserer geistigen Erneuerung ist.

Wenn die Menschen, die sich für die politischen Führer Rußlands halten, die Nöte des Volkes und Interessen des Staates nur richtig begriffen, wenn sie nur genügend Takt besäßen, um das große Werk des wissenschaftlichen Schaffens nicht zu stören, und genug Verstand, um die Arbeit der Gelehrten zu unterstützen!

*

Der Schaffensprozeß auf dem Gebiet der reinen und angewandten Wissenschaft bleibt den breiten Schichten der demokratischen Intelligenz leider fast unbekannt; sie muß aber die Entwicklung dieses Prozesses verfolgen, denn das Wissen vermag gequälte Seelen zu heilen, erschöpfte Menschen zu trösten und ihre Arbeitsenergie zu erhöhen.

Die Akademie der Wissenschaften würde ein gutes und nützliches Werk tun, wenn sie eine kleine Zeitschrift herausgäbe, die die gebildeten Menschen über alles unterrichtet, was in der russischen Wissenschaft geschieht. Eine solche informierende Zeitschrift hätte zweifellos eine große erzieherische Bedeutung, sowohl in sozialer als auch in nationaler Hinsicht. Ich habe mich nicht versprochen, als ich ›nationale‹ Bedeutung sagte; ich meine nämlich, wir – das Volk, dessen Kräfte unsere ›Freunde‹ im Kampf gegen ihre Feinde so raffiniert und ausgiebig ausgenutzt haben – müßten endlich begreifen, daß wir keine anderen Freunde haben als uns selbst.

Schließlich müssen wir, als völlig unkultivierte Menschen, auch begreifen, daß unsere Lebensbedingungen von der Wissenschaft abhängen, ohne die kein Ziegelstein, kein Knopf, absolut nichts produziert werden kann, was unser Leben erleichtert und verschönert; sie bewahrt uns davor, unsere Kräfte nutzlos zu verschwenden und hilft uns, die Elemente zu überwinden, die das Leben zerstören. Wir müssen endlich begreifen, daß die Wissenschaften eine Kraft sind, ohne die der Wiederaufbau des Landes unmöglich ist.

›Wir sind träge und gleichgültig‹[146], aber wir sollten darauf hoffen, daß die grausame, blutige Lehre, die uns die Geschichte erteilte, uns von unserer Faulheit befreit und uns zwingen wird, ernsthaft darüber nachzudenken, warum wir und Rußland unglücklicher sind als andere. Ich wiederhole: Wenn die Akademie der Wissenschaften eine informierende Zeitschrift herausgäbe, die in kurzen Beiträgen und Mitteilungen über alles informiert, was sich in der geheimnisvollen Wissenschaft, die dem Uneingeweihten verschlossen ist, ereignet, dann würde die Akademie der Wissenschaften das wichtige und notwendige nationale Werk vollbringen, Vernunft und Menschlichkeit in einem Lande zu verbreiten, das den Glauben an seine eigene Kraft verloren hat und durch die zynischen Folterungen der Dummheit – des furchtbarsten Feindes der Menschen – vertiert ist.

Unzeitgemäße Gedanken

Novaja Žizn, Nr. 81 (296)
1. Mai (18. April) 1918

Die kulturell am weitesten fortgeschrittenen Gruppen der Arbeiterklasse beginnen einzusehen, wie wichtig es für den Arbeiter ist, über wissenschaftliches und technisches Wissen zu verfügen. Intelligente Arbeiter fühlen, daß sie sich um die Industrie kümmern müssen und daß diese die Grundlage der Kultur ist und den Wohlstand des Landes garantiert; sie fühlen, daß der Arbeiter für die Erneuerung und Entwicklung der Industrie solide wissenschaftliche Kenntnisse benötigt. Diese Beurteilung von Wissen und Arbeit ist neu in Rußland; das wird von jenen Tatsachen bezeugt, die Arbeiter und Gewerkschaftsmitglieder in Memoranden angeführt haben, in denen sie feststellen, wie notwendig es sei, Institute für verschiedene Industriezweige –

z. B. für die Keramik-, Glas- und Porzellanindustrie – in unserem Land zu gründen.

Es ist sehr charakteristisch, daß es Arbeiter waren, die darauf hinwiesen, wie notwendig eine möglichst rasche Entwicklung des Kunstgewerbes sei. Man könnte denken, daß sich hier die emotionale Begabung des Volkes und sein angeborener ›Mutterwitz‹ ausdrücken; die Menschen begreifen anscheinend, daß der Deutsche, der bereit ist, Rußland mit billigem Schund zu überschwemmen, nicht imstande sein wird, mit unserem Kunstgewerbe zu konkurrieren. Man hat einmal von den Deutschen gesagt: »Der Deutsche besitzt die perfekte Disziplin eines mechanischen Apparats und ist ein gehorsames Werkzeug in den Händen der Macht, die ihn regiert. Er kann von der Philosophie bis zum Kautschuk alles wunderbar imitieren, aber für die Poesie der Arbeit hat er kein Verständnis.« An dieser Feststellung ist sehr viel Wahres!

Aber das ist ebenfalls wahr: Wir Russen sind unserem Wesen nach Anarchisten; wir sind eine grausame Bestie und in unseren Adern rollt noch immer das verbrecherische, böse Sklavenblut – das giftige Erbe der Tataren und der Leibeigenschaft. Man kann den Russen mit jedem nur denkbaren Wort beschimpfen; man weint sich zwar dabei die Augen aus, aber man schimpft; denn dieser Unglückliche hat uns immer allen Grund gegeben, ihn mit dem traurigen Geheul eines Hundes anzubellen, dessen Liebe seinem wilden Herrn, der auch ein Tier ist, unbegreiflich und unverständlich bleibt.

Das sündigste Volk der Erde – unempfindlich für Gut und Böse, vom Schnaps betrunken, vom Zynismus der Macht entstellt, scheußlich grausam und zugleich unbegreiflich gutmütig – ist letztlich doch ein begabtes Volk.

Das bürokratische Polizeiregime ist wie eine Eiterbeule aufgeplatzt und der jahrhundertelang angesammelte Eiter hat sich über das ganze Land ergossen; und jetzt müssen wir alle die qualvolle und brutale Rache für die Sünden der Vergangenheit, für unsere asiatische Trägheit, mit der wir uns vergewaltigen ließen, erdulden.

Aber dieser Ausbruch seelischer Gemeinheit, dieser eitrige Sturm, wird nicht lange dauern, denn es ist der Reinigungs- und Gesundungsprozeß eines kranken Organismus. ›Die Krankheit kam heraus‹ und zeigte ihre ganze Scheußlichkeit.

Aber wir weigern uns zu glauben, daß es eine tödliche Krankheit ist, an der wir zugrunde gehen müssen. Nein, wir werden nicht zugrunde gehen, wenn wir alle gemeinsam mit der Behandlung beginnen und sie konsequent durchführen.
Die russische Intelligenz muß noch einmal die große Aufgabe übernehmen, das Volk geistig zu heilen. Sie hat jetzt mehr Freiheit für diese Aufgabe, und es gibt keinen Zweifel daran, daß sie gemeinsam mit dem kultiviertesten Teil der arbeitenden proletarischen Intelligenz, die heute in der ungebildeten Masse versinkt und erstickt, an der geistigen Erneuerung des Landes arbeiten wird.
Die demokratische und proletarische Intelligenz hat die Aufgabe, alle intellektuellen Kräfte des Landes auf der Grundlage kultureller Arbeit zu vereinigen. Aber diese Arbeit ist nur dann erfolgreich, wenn wir uns vom Sektierertum der Parteien lossagen und begreifen, daß man den ›neuen Menschen‹ nicht nur durch Politik heranbildet und daß wir nicht der Wahrheit dienen, wenn wir Methoden zu Dogmen erstarren lassen, sondern die Zahl der verderblichen Irrtümer, die unsere Kräfte zersplittern, nur vergrößern.
Unsere Kräfte sind nicht groß, wir müssen sie schonen; wir müssen mit unserer Energie haushalten und die von einander unabhängigen Bemühungen und Aktionen einzelner Personen, Gruppen und Organisationen koordinieren. Wir müßten eine einzige Organisation gründen, deren Ziel es ist, die gesamte kulturelle und erzieherische Arbeit so zu leiten, daß das Land geistig gesundet und neu auflebt.
Ein Teil der Intelligenz, der fast keine sektiererischen Neigungen kennt und noch nicht durch Partei- und Fraktionskämpfe handlungsunfähig geworden ist, scheint allmählich zu erkennen, daß die tragischen Bedingungen der Gegenwart gebieterisch eine breite kulturelle Arbeit fordern.
Für diese Feststellung spricht, daß Vertreter unterschiedlichster politischer Ansichten versuchen, unter dem Motto ›Kultur und Freiheit‹ eine überparteiliche Gesellschaft zu gründen[147]. Wenn diese Gesellschaft die Aufgaben des Augenblicks wirklich begreift, kann sie zweifellos die schwere Rolle übernehmen, all diese Personen und Gruppen zu organisieren, die aufrichtig bereit und äußerst geeignet sind, für das Wohl des Landes zu arbeiten.

Aber auch hier muß man zuerst eine informierende Zeitschrift herausgeben, wenn die Arbeit dieser Gesellschaft erfolgreich sein soll. Diese Zeitschrift sollte einen mehr oder weniger genauen Überblick über den Fortschritt aller kulturellen und erzieherischen Vorhaben geben. Wir müssen unsere Kräfte richtig einschätzen; wir müssen wissen, wer, wo, auf welchem Gebiet arbeitet oder arbeiten möchte, denn es kommt häufig vor, daß Leute, die das gleiche Gebiet bearbeiten, nichts voneinander wissen!

Unser Land braucht zwei Organe mit verschiedenen Aufgaben: das eine sollte über die Arbeit der reinen und angewandten Wissenschaft berichten, das andere über die kulturelle und erzieherische Arbeit; diese Organe könnten für die Erziehung der Gedanken und Gefühle sehr nützlich sein. Wir müssen arbeiten, verehrte Bürger, wir müssen arbeiten! Nur die Arbeit kann uns retten, nichts anderes.

Das sadistische Vergnügen, mit dem wir uns gegenseitig an die Gurgel fahren, obwohl wir kurz vor dem Untergang stehen, ist ein gemeines Vergnügen, selbst wenn es unseren unendlichen Kummer ein wenig trösten kann. Aber es lohnt sich wirklich nicht, daß wir uns gegenseitig voller Eifer foltern und vernichten; wir sollten uns erinnern, daß es genug Menschen gibt, die nicht nur den Wunsch haben, uns auszurotten, sondern auch durchaus in der Lage dazu sind.

Laßt uns um unserer Rettung willen arbeiten, damit wir nicht untergehen ›wie die Awaren, von denen es weder Stamm noch Sippe gibt‹[148]!

Unzeitgemäße Gedanken

Novaja Žizn, Nr. 82 (297)
3. Mai (20. April) 1918

Vor einigen Tagen haben ein paar verdammte Narren einen siebzehnjährigen jungen Mann zu siebzehn Jahren Arbeitseinsatz verurteilt, weil er offen und ehrlich erklärt hatte:

»Ich erkenne die Sowjetmacht nicht an.«

Ich spreche nicht davon, daß in Rußland viele Millionen Men-

schen leben, die die Autorität des Regimes der Kommissare nicht anerkennen und die man deshalb auch nicht alle umbringen kann; ich halte es jedoch für nützlich, die strengen, aber unvernünftigen Richter daran zu erinnern, wo dieser ehrliche junge Mann herkommt, den sie so absurd und hart verurteilt haben.
Dieser junge Mann ist Fleisch vom Fleische jener freimütigen und furchtlosen Menschen, die in einer Atmosphäre polizeilicher Überwachung, Bespitzelung und des Verrats jahrzehntelang unermüdlich an der Zerstörung des bleiernen Gefängnisses der Monarchie gearbeitet haben, indem sie unter Einsatz ihrer Freiheit und ihres Lebens die Ideen von Freiheit, Recht und Sozialismus in die ungebildeten Arbeiter- und Bauernmassen hineintrugen. Dieser junge Mann ist ein geistiger Nachkomme jener Menschen, die sich voller Verachtung gegenüber ihrem siegreichen Feind weigerten, in den Verhören mit den Polizisten zu sprechen, wenn sie gefangen waren und im Gefängnis schmachteten.
Diesen jungen Mann erzog das große Vorbild jener besten Russen, die zu Hunderten und Tausenden in der Verbannung, im Gefängnis und bei der Zwangsarbeit umkamen und auf deren Gebeinen wir jetzt ein neues Rußland aufbauen wollen.
Er ist ein Romantiker, ein Idealist, dem die ›Realpolitik‹ der Gewalt und des Betrugs, die Politik der Fanatiker des Dogmas zutiefst zuwider ist. Wie diese selbst zugeben, sind sie von Gaunern und Scharlatanen umgeben.
Um unter den gemeinen Bedingungen des russischen Lebens einen mutigen und anständigen jungen Mann zu erziehen, war ein enormer Aufwand an geistigen Kräften und fast ein ganzes Jahrhundert angestrengter Arbeit nötig.
Und jetzt haben jene Leute, für deren Freiheit diese Arbeit getan wurde, nicht begriffen, daß ein ehrlicher Feind besser ist als ein niederträchtiger Freund; und sie haben diesen jungen Mann verurteilt, weil er, wie es sich gehört, ein Regime nicht anerkennen will, das die Freiheit unterdrückt. Es gibt eine sehr kluge Fabel von einem Schwein unter einer jahrhundertealten Eiche – vielleicht finden die weisen Richter einmal die Zeit, sie zu lesen? Sie müßten die Moral dieser Fabel unbedingt kennenlernen[148a].

*

In Moksau wurde I. D. Sytin verhaftet, der kürzlich sein fünfzigjähriges Jubiläum als Verleger gefeiert hat. Als Minister für Volksbildung hat er für das russische Dorf sehr viel mehr und Nützlicheres getan als Graf Dm. Tolstoj und andere Minister des Zaren. Die vielen hundert Millionen von Sytins Kalendern und Broschüren haben die Rückfälle ins Analphabetentum zweifellos um die Hälfte verringert. Sytin hat sich sein Leben lang bemüht, die besten Kräfte der russischen Intelligenz zu gewinnen, und es ist nicht seine Schuld, daß sein aufrichtiger Wunsch, das ›Sytinsche Buch‹ ›zu veredeln‹, falsch verstanden wurde. Trotzdem gelang es ihm, Menschen wie L. N. Tolstoj[149], A. P. Čechov, N. A. Rubakin, Vachterov, Kljužev, A. M. Kalmykova und Dutzende anderer für seine Sache zu interessieren und ihre Hilfe zu gewinnen. Er gründete den Verlag ›Posrednik‹ [Der Vermittler], gab dem Charkover Komitee für Erziehung die Anregung, die vielbändige und nützliche *Enzyklopädie der Landwirtschaft* herauszugeben. Fünfzig Jahre leistete der Autodidakt Ivan Sytin eine riesige Arbeit, die unbestreitbar kulturelle Bedeutung besaß. In Frankreich oder England – den ›bürgerlichen‹ Ländern – hätte man Sytin als genialen Menschen anerkannt und diesem Freund und Erzieher des Volkes nach seinem Tod ein Denkmal gesetzt.

Im ›sozialistischen‹ Rußland, ›dem freiesten Land der Welt‹, sperrte man Sytin ins Gefängnis, nachdem man vorher das gewaltige, ausgezeichnet organisierte Unternehmen zerstört und den alten Mann völlig ruiniert hatte. Es wäre natürlich klüger und nützlicher gewesen, wenn das Sowjetregime Sytin als einen der besten Verleger zur Wiederherstellung des zusammengebrochenen Verlagswesens herangezogen hätte[150]. Aber darauf ist das Sowjetregime nicht gekommen. Statt dessen hielt man es für nötig, diesen selten guten Arbeiter für seine Lebensarbeit mit Gefängnis zu belohnen. Auf diese Weise versperrt uns unsere tiefverwurzelte russische Dummheit mit ihren merkwürdigen Einfällen und absurden Ideen die Wege und Pfade zur Erneuerung des Landes; auf diese Weise verschwendet das Sowjetregime seine Energie daran, völlig sinnlos Bosheit, Haß und Schadenfreude zu wecken, die für es selbst und für das ganze Land verderblich sind und mit denen die eingefleischten Feinde des Sozialismus jeden falschen Schritt, jeden Irrtum, alle freiwilligen und unfreiwilligen Sünden des Regimes registrieren.

Unzeitgemäße Gedanken

Novaja Žizn, Nr. 86 (301)
10. Mai (27. April) 1918

Am 3. Mai erschien in *Naš Vek* ein Artikel des Bürgers D. Filosofov über Gorkij; er schreibt darin, Gorkij versuche, die Wissenschaftler, Schriftsteller und Künstler in den Dienst der Arbeiter-, Bauern- und Soldatenräte zu ziehen[151].

Das Ereignis ist unwichtig; der Artikel hingegen ist so merkwürdig geschrieben, daß ich mich gezwungen sehe, dem Verfasser einige Fragen zu stellen und dem Leser einige Erklärungen zu geben.

Ich frage mich, was den Bürger Filosofov zu folgenden Behauptungen veranlaßte:

»Es ist sehr schwer, mit Gorkij zu diskutieren. Er kann keinen ›Widerspruch‹ vertragen. Aber so schreckliche und komplizierte Fragen wie das ›kulturelle Kompromißlertum‹ kann man nicht auf eine persönliche Basis stellen. Haben wir etwa deshalb die Revolution durchgemacht, um zu den alten, autokratischen Gewohnheiten zurückzukehren, als es verboten war, eine eigene Meinung zu haben? Gorkij tritt öffentlich auf und betätigt sich öffentlich. Muß man denn in allem derselben Meinung sein wie er, um ihn nicht zu ›beleidigen‹? Es wäre an der Zeit, diese Gewohnheiten aufzugeben. Jede Meinung und jede Handlung unterliegen freier Kritik.«

Wie ist Bürger Filosofov darauf gekommen, daß ich ›keinen Widerspruch vertrage‹?

Seit ich öffentlich auftrete, habe ich niemandem zu der Behauptung Anlaß gegeben, ich könne eine offene und scharfe Kritik meiner Ansichten ›nicht vertragen‹. Ich lerne gern, und ein Streit mit einem Feind ist oft nützlicher als ein Gespräch mit einem Freund.

Warum hält Bürger Filosofov es für möglich zu behaupten, daß ich ›gesellschaftliche Fragen auf eine persönliche Basis stelle‹?

Wenn Bürger Filosofov meinen angeborenen Ekel vor dem krankhaften und aufgeblähten Ehrgeiz von Saboteuren aus Prinzip und vor Menschen, die › für einen Groschen Verstand und für einen Rubel Ehrgeiz‹ haben, für ›persönlich‹ hält, dann hat er recht. Ich kann ›Faulenzer aus Prinzip‹ nicht ausstehen. Die zornigen Klagen unbegabter Pechvögel, die nicht stark und großmütig genug sind, um die Stöße und Schmerzen zu vergessen oder zu verzeihen, die ihnen unvorsichtige oder verwilderte Mitmenschen im Getriebe des Alltags zufügten, waren mir immer zuwider.

Filosofov spricht von dem ›Plan Gorkijs, die Akademie der Wissenschaften in eine Šanjavskij-Universität umzuwandeln‹[152].

Das ist eine Lüge. Ich habe niemals dergleichen gesagt, wenn ich auch dafür bin, die Wissenschaft unbedingt zu popularisieren. Aber es versteht sich von selbst, daß die freie Entwicklung der Wissenschaft ihrer freien Verbreitung vorausgehen muß. Es ist grundsätzlich notwendig, daß die höchste wissenschaftliche Institution unseres Landes in ihrer schöpferischen Aktivität völlig unabhängig ist.

Filosofov weist darauf hin, daß Professor Kravkov und Professor Pavlov aus der Vereinigung ausgetreten sind, aber er sagt nicht, wann sie es getan haben, denn das ist unvorteilhaft für ihn. Er möchte, daß der Leser denkt, die Professoren seien aus der Vereinigung ausgetreten, als Gorkij anfing, die Freie Vereinigung dem Sowjet der Kommissare zu ›freien‹. Filosofov verschweigt, daß der hochgeschätzte I. P. Pavlov schon vor einigen Monaten aus der Vereinigung austrat und daß Kravkov schon vor der Gründung der Vereinigung aus dem Organisationskomitee ausschied.

Er sagt zum Beispiel: »Das Vorhaben Gorkijs, die Akademie zu zwingen, ›eine Art *Vestnik Samoobrazovanija* [Bote des Selbstunterrichts] herauszugeben‹, ist sehr nett und spricht für seine guten Vorsätze, den ›Genossen‹ Lesen und Schreiben beizubringen. Aber können wir bei unserer Armut mit unseren echten Wissenschaftlern so verschwenderisch umgehen?

I. Pavlov, Mitglied der Akademie der Wissenschaften, hat sich durch seine Arbeiten die Bewunderung der ganzen europäischen Wissenschaft erworben und der ganzen Menschheit gedient. Und jetzt will Gorkij ihn zwingen, ›einen kurzen Lehrgang der Physiologie‹ zu halten, den jeder Student zustande bringt. Das zeigt, daß Gorkij, der sich um die Verbreitung der Wissenschaft so sehr bemüht, nur sehr wenig Achtung vor der Wissenschaft selbst und vor ihren treuen Dienern hat.«

Das ist geschickt gemacht. Herr Filosofov gebraucht zweimal das völlig unangebrachte Wort ›zwingen‹. Auf diese Weise versucht er, den angesehenen Vertretern der freien und reinen Wissenschaft einzuflüstern:

»Stellen Sie sich vor, Gorkij will Sie ›zwingen‹! Sehen Sie, wie er ist? Der wird's Ihnen zeigen!«

Ich ›zwinge‹ die Akademie der Wissenschaften nicht, ›eine Art *Vestnik Samoobrazovanija*‹ herauszugeben. Ich sage nur, daß die Akademie sowohl in nationaler als auch in sozialer Hinsicht ein wichtiges Werk vollbringt, wenn sie die Mühe auf sich nimmt, die breite Öffentlichkeit mit dem Fortgang ihrer Arbeiten über die ›Entwicklung der Wissenschaft‹ bekannt zu machen. Vorschlagen heißt nicht zwingen.

Wie kommt Filosofov darauf, daß ich I. P. Pavlov ›zwingen‹ will, einen kurzen Lehrgang der Physiologie zu halten? Er setzt diese Worte in Anführungszeichen, als ob ich sie wirklich gesagt hätte.

Er betont absichtlich, daß ich mich nur um ›die Verbreitung der Wissenschaften‹ sorge, und vergißt, ihre Entwicklung zu erwähnen. Das muß er tun, um sagen zu können, Gorkij ›sei bereit, Freiheit und Kultur für das Linsengericht‹ einer Volksuniversität zu verkaufen, und ›rufe die russische Intelligenz zum Verrat auf‹.

Soweit ist es also schon gekommen! Ein Aufruf, zum Nutzen des Staates und des Volkes zu arbeiten, bedeutet einen Aufruf zum Verrat. Was ist das – die Blindheit des Zorns oder spießbürgerliche Dummheit?

Aber warum hat Filosofov denn früher nicht aufgepaßt? Ich rufe doch schon lange, seit vielen Jahren, die Intelligenz auf, um jeden Preis und unter allen Umständen an die Arbeit zu gehen. Die Kühnheit der Tapferen ist die Kühnheit jener, die trotz allen Widerstands und trotz aller qualvollen Marter unentwegt danach streben, ihren Willen durchzusetzen und ihre Ideen selbst unter schwierigsten Bedingungen zu verwirklichen. Das ist nicht nur die Kühnheit Garibaldis, sondern auch die Giordano Brunos und anderer Märtyrer ihrer Ideen. Die Wissenschaft ist die grandioseste und erstaunlichste Kühnheit der Menschheit; sie ist ihre erhabendste Kühnheit!

Es mag wie ein Paradoxon klingen, aber wenn Herr Filosofov über die Bedingungen nachdächte, unter denen sich die reine

Wissenschaft entwickelt hat, dann müßte sogar er, hoffe ich, begreifen, wieviel Wahrheit darin steckt – traurige Wahrheit vielleicht.

An sich lohnt es sich nicht, über die Ausfälle des Herrn Filosofov zu sprechen; seine Erfindungen sind nicht so bedeutend, daß man sie widerlegen müßte.

Sein Artikel ist jedoch in *Naš Vek* erschienen, und zwar nicht ›aufgrund eines Versehens‹ des Redakteurs, sondern wahrscheinlich deshalb, weil dieser Herr dieselben Ansichten vertritt.

Was ist der Kern dieser Ansichten?

Ihr Kern ist Haß gegen die Demokratie, und wie aus dem Artikel des Herrn Filosofov hervorgeht, wird dieser Haß immer unverschämter. Ich habe schon darauf hingewiesen, daß die sozialistische Demokratie keinen böseren Feind hat als den, der täglich in den Zeilen von *Naš Vek* sein Gift verspritzt. Die Mitarbeiter dieses Organs plaudern immer offener aus, wie sie zur Revolution stehen; sie werden immer reaktionärer und bereiten sich zweifellos wieder darauf vor, die verräterische und korrumpierende Rolle zu übernehmen, mit der sie nach 1905 Erfolg hatten – die politische und geistige Reaktion zu organisieren.

Von neuem schwillt eine Eiterbeule am Körper des gequälten Rußland.

Eine revolutionäre Demokratie muß wissen, daß die politische Strömung, die von *Naš Vek* organisiert wird, ihr höchst feindselig ist. Es ist ein unversöhnlicher Feind, denn es ist ein geistiger Feind.

Unzeitgemäße Gedanken

Novaja Žizn, Nr. 89 (304)
14. (1.) Mai 1918

Das Sowjetregime hat wieder einige Zeitungen abgewürgt, die ihm feindlich gesinnt waren[153].

Es ist nutzlos zu sagen, daß eine solche Methode, gegen Feinde zu kämpfen, nicht ehrenhaft ist; es ist nutzlos, daran zu erin-

nern, daß unter der Monarchie die anständigen Menschen einhellig die Schließung von Zeitungen für niederträchtig hielten; das alles ist nutzlos; denn Begriffe wie Anständigkeit und Redlichkeit liegen offensichtlich außerhalb der Kompetenz und der Interessen eines Regimes, das in törichter Weise davon überzeugt ist, sie könne ein neues Staatswesen auf den Fundamenten des alten schaffen – auf Willkür und Gewalt.
Aber die folgenden, übrigens nicht neuen Gedanken, werden von einem neuen Akt der politischen Weisheit der Kommissare hervorgerufen.
Die Abschaffung unangenehmer öffentlicher Organe kann nicht die praktischen Folgen haben, die das Regime wünscht, denn dieser Akt des Kleinmuts kann die Zunahme feindseliger Stimmungen gegen die Herren Kommissare und die Revolution nicht aufhalten.
Die Herren Kommissare schlagen mit aller Kraft zu, ohne zu unterscheiden, wer nur ein Gegner ihrer wahnsinnigen Aktionen und wer aus Prinzip ein Feind der Revolution ist. Dadurch, daß sie die ersteren an der Kehle packen, schwächen sie die Stimme der revolutionären Demokratie, die Stimme der Ehre und der Wahrheit; dadurch, daß sie den letzteren den Mund stopfen, schaffen sie Märtyrer unter den Feinden der Demokratie. Sie krönen die wachsende Reaktion mit dem Heiligenschein des Märtyrertums; dadurch versorgen sie sie mit einem Strom neuer Energie und schaffen eine Rechtfertigung zukünftiger Gemeinheiten, die sich nicht nur gegen die gesamte Demokratie, sondern hauptsächlich gegen die Arbeiterklasse kehren werden. Die Arbeiterklasse wird als erste und am teuersten für die Dummheiten und Fehler ihrer Führer bezahlen müssen.
Wenn die Herren Kommissare also die Redefreiheit abschaffen, werden sie keinen Nutzen davon haben und der Sache der Revolution großen Schaden zufügen.
Wovor fürchten sie sich? Warum sind sie so kleinmütig? Denken die Realpolitiker, die anscheinend fähig sind, die Bedeutung der Kräfte, die das Leben schaffen, richtig einzuschätzen, sie könnten die Macht des Wortes auf mechanische Weise vernichten? Leute, die in Untergrundarbeit erfahren sind, müssen wissen, daß das verbotene Wort eine besondere Überzeugungskraft gewinnt.

Und schließlich – haben sie denn den Glauben an sich selbst wirklich in einem solchen Maße verloren, daß sie ein Feind schreckt, der offen und mit lauter Stimme spricht? Und versuchen sie jetzt, ihn wenigstens etwas zu übertönen?
Eine unterdrückte Idee, sogar eine reaktionäre, erhält einen Anflug von Adel und weckt Sympathie.
Gebt Redefreiheit und möglichst viel Freiheit, denn wenn die Feinde viel reden, sagen sie schließlich viele Dummheiten, und das ist sehr nützlich.

Unzeitgemäße Gedanken

Novaja Žizn, Nr. 91 (306)
16. (3.) Mai 1918

Der Artikel N. N. Glebovs ist ein echter Aufschrei[154]. Er kommt aus einem Herzen, das über die düsteren Wirren des Lebens zutiefst empört ist. Ich weiß, daß es schon jetzt in Rußland viele Menschen gibt, die ebenso leidenschaftlich wie Glebov versuchen, sich von den Fesseln der schmutzigen, beleidigenden Wirklichkeit zu befreien, und die ›empor zur Kultur‹ streben, zu wahrer Freiheit und zum Licht.
Mir scheint jedoch, daß sowohl Glebov als auch die Menschen, die sich wie er voller Qual nach einem besseren Leben sehnen, keine klare und umfassende Vorstellung davon haben, was ›Kultur‹ oder ›Kultiviertheit‹ bedeutet. Der humane, zutiefst idealistische Gehalt dieser Begriffe ist ihnen offenbar entgangen. Woran denken sie eigentlich, und welche Art von Gefühlen und Gedanken stellen sie sich vor, wenn sie von einer neuen Kultur träumen?
Wir sehen in unserer Umgebung viele sogenannte ›kultivierte Menschen‹; diese Menschen sind politisch gebildet und besitzen viel Wissen verschiedener Art; aber ihre alltägliche Erfahrung und ihr Wissen hindern sie nicht daran, Antisemiten, Antidemokraten und sogar überzeugte Verteidiger eines Staatssystems zu sein, das auf die Unterdrückung der Volksmassen und der Freiheit der Person gegründet war. Diese Menschen, die persönlich anständig und in privater Hinsicht manchmal sogar sehr sen-

sibel sind, scheuen sich nicht, im Kampf um den Sieg ihrer Ideen, d. h. bei ihrer gesellschaftlichen Tätigkeit, unlautere Methoden anzuwenden: Lüge, Verleumdung des Feindes, niederträchtige jesuitische Ränke, sogar Grausamkeit – Eintreten für die Todesstrafe, Rechtfertigung von Erschießungen usw. Und das alles hindert sie nicht daran, sich für ›kultivierte Menschen‹ zu halten. Oder nehmen wir die Sozialdemokratische Partei Deutschlands; sie galt als sehr kultiviert, und ihre Organisationen haben in der Tat nicht wenig dazu beigetragen, die Kultur Deutschlands im Ausland zu verbreiten.

Aber nun haben Hunderttausende deutscher Sozialdemokraten, mit gräßlichen Vernichtungswerkzeugen bewaffnet, vier Jahre lang Menschen wie sie selbst zu Wasser, zu Lande, in der Luft und unter Wasser getötet. Sie haben die friedliche Bevölkerung, Frauen und Kinder, getötet, Städte, Weinberge, Obst- und Gemüsefelder, Äcker, Kirchen, Schiffe und Fabriken zerstört. Sie haben die große, heilige, in Jahrhunderten geschaffene Arbeit Belgiens, Frankreichs usw. vernichtet.

Ich spreche deshalb von den Deutschen, weil sich ihre abstoßenden Taten während des ganzen Krieges auf fremdem Boden abspielten; aber es versteht sich von selbst, daß es in diesem gemeinen Krieg keine Unschuldigen gibt. Alle sind am Krieg schuld, wir nicht weniger als die anderen; nur war uns das Los beschieden, mehr unter ihm zu leiden als die anderen, weil wir, was die innere und äußere Kultur angeht, die schwächsten von allen waren.

Worum geht es denn, und wie muß der wahre Gehalt des Begriffs Kultur aufgefaßt werden, damit so schimpfliche Widersprüche wie die oben beschriebenen unmöglich werden?

Es ist offensichtlich, daß wir diese schändlichen Widersprüche erst dann beseitigen können, wenn wir fähig sind, unsere Gefühle und unseren Willen zu kultivieren.

Man muß sich daran erinnern, daß alles in uns ist, daß alles von uns kommt; wir sind es, die alle Tatsachen und alle Phänomene schaffen. Können wir einen echten Abscheu vor der tierischen Hälfte unseres Wesens in uns entwickeln, einen Abscheu vor jenen animalischen Elementen in unserer Psyche, die uns erlauben, roh und grausam zueinander zu sein? Können wir uns selbst und einander Abscheu vor Leiden, Verbrechen, Lüge, Grausamkeit und der gemeinen Leidenschaft einflößen, von der es so viel in der Seele eines jeden von uns gibt, wer er auch sei und für wie ›kultiviert‹ man ihn auch halten mag?

Das wahre Wesen der Kultur und ihr Sinn liegen in einem echten Abscheu vor allem, was schmutzig, gemein, verlogen und roh ist, den Menschen erniedrigt und ihn leiden läßt. Wir müssen lernen, das Leiden zu hassen; nur dann können wir es beseitigen. Wir müssen lernen, den Menschen so zu lieben, wie er ist, und wir müssen den Menschen auch so, wie er sein wird, leidenschaftlich lieben.

Jetzt ist der Mensch zermürbt und zerquält, sein Herz ist vor Trauer, Bosheit, Enttäuschung und Verzweiflung in tausend Stücke zerrissen. Der Mensch ist zermartert und kommt sich selbst bedauernswert, unangenehm und widerwärtig vor. Einige verbergen ihren Schmerz aus falscher Scham und machen sich immer noch wichtig, brüllen, lärmen und spielen den starken Mann; sie sind aber tief unglücklich und todmüde.

Was wird uns heilen und unsere Kräfte wiederbeleben? Was kann uns von innen heraus erneuern?

Nur der Glaube an uns selbst und sonst nichts. Wir müssen uns an mancherlei erinnern, denn im Kampf um die Macht und um ein Stück Brot haben wir allzu vieles vergessen.

Wir müssen uns daran erinnern, daß der Sozialismus eine wissenschaftliche Wahrheit ist, daß uns die gesamte historische Entwicklung der Menschheit zu ihm hinführt und daß er ein ganz natürliches Stadium der politischen und ökonomischen Evolution der menschlichen Gesellschaft ist. Wir müssen von seiner Verwirklichung überzeugt sein, diese Überzeugung wird uns beruhigen.

Der Arbeiter darf das idealistische Prinzip des Sozialismus nicht vergessen – er wird sich nur dann als Apostel einer neuen Wahrheit und als mächtiger Kämpfer für ihren Sieg fühlen, wenn er sich daran erinnert, daß der Sozialismus nicht für die Arbeiter allein notwendig ist und sie rettet, sondern daß er alle Klassen, die ganze Menschheit, von den rostigen Ketten der alten, kranken, verlogenen und sich selbst negierenden Kultur befreit.

Die privilegierten Klassen nehmen den Sozialismus nicht an, empfinden seine Freiheit und Schönheit nicht, und vermögen sich nicht vorzustellen, wie sehr er das Individuum und seine schöpferische Kraft erhöhen kann.

Aber begreifen das viele Arbeiter? Für die meisten von ihnen ist der Sozialismus nur eine ökonomische Doktrin, die auf dem Egoismus der Arbeiterklasse beruht, ebenso wie andere soziale Lehren auf dem Egoismus der Besitzenden beruhen.
Im Klassenkampf darf man das allgemeinmenschliche Streben nach dem Besten nicht verwerfen.
Kultur kann man nur dann wirklich empfinden und verstehen, wenn man alles Grausame, Rohe und Gemeine sowohl in sich selbst als auch in seiner Umgebung zutiefst verabscheut.
Versuchen Sie, diesen Abscheu in sich zu entwickeln?
In seiner Antwort auf meinen Plan, kulturell und wissenschaftlich informierende Zeitschriften herauszugeben, ruft Glebov aus:
»Ereignet sich bei uns wirklich nur noch Schlechtes, weil unser Land nicht zwei zusätzliche Publikationsorgane hat?«
Dieser Ausruf paßt nicht zu dem klugen Anfang seines Artikels, wo er ›die anarchistische und rebellische Geisteshaltung eines spöttischen Verhältnisses zum Buch‹ beklagt.
Daß wir die Kräfte des Wissens nicht begreifen oder unterschätzen, ist ein ernstes Hindernis ›auf dem Weg empor zur Kultur‹. Ohne Wissen und Selbstbewußtsein werden wir aus dem faulen Sumpf der Gegenwart nie herauskommen. Gerade jetzt sind Publikationsorgane notwendig, die uns eine mehr oder weniger genaue Vorstellung davon geben, was bei uns an Gutem existiert – gerade an Gutem.
Jeden Tag zählte und zählt man bei uns zufrieden negative Eigenschaften und Tatsachen auf, aber es ist Zeit, genau hinzuschauen, ob es in unserer Umgebung nicht auch positive Erscheinungen und Tatsachen gibt.

Unzeitgemäße Gedanken

Novaja Žizn, Nr. 92 (307)
17. (4.) Mai 1918

Gemessen an jenen vom Menschen erschaffenen Dingen, in die er seine besten Gefühle, seine stolzesten Träume hineinzulegen vermochte, waren die negativen Erscheinungen schon immer in der Überzahl – das ist eine ebenso offenkundige wie traurige

Wahrheit. Je leichter realisierbar der Triumph von Freiheit, Gerechtigkeit und Schönheit zu sein scheint, desto abstoßender kommt uns alles Brutale und Gemeine vor, das dem Sieg des menschlich Schönen im Wege steht. Schmutz und Gerümpel fallen uns an einem sonnigen Tag immer besonders auf, aber es geschieht oft, daß wir unsere Aufmerksamkeit zu intensiv auf die Tatsachen richten, die dem Verlangen nach besseren Dingen unversöhnlich feindlich sind; dann hören wir auf, die Strahlen der Sonne zu sehen, und scheinen ihre lebenspendende Kraft nicht mehr zu empfinden.

Vor drei Jahren fingen wir an, voller Pein, Angst und Zorn zu schreien, Rußland stehe am Rand des Verderbens; aber wir haben schon lange vorher von dem unvermeidlichen Untergang unserer Heimat gesprochen – flüsternd, halblaut, in einer Sprache, die von der qualvollen monarchistischen Zensur verstümmelt worden war. Seit drei Jahren erleben wir eine ununterbrochene Katastrophe. Die Schreie über den Untergang Rußlands werden immer lauter, die äußeren Bedingungen seiner staatlichen Existenz verschlechtern sich zusehends. Sein innerer Zerfall zeigt sich immer klarer, und man hat den Eindruck, als hätte es schon längst in den Abgrund politischer Vernichtung stürzen müssen. Aber bis heute ist Rußland nicht zusammengebrochen; und es wird auch morgen nicht sterben, wenn wir es nicht wollen. Wir brauchen uns nur daran zu erinnern, daß alles Abstoßende, aber auch alles Schöne unser Werk ist; wir müssen ein Bewußtsein in uns wecken, das uns bisher unbekannt war, das Bewußtsein, daß wir für das Schicksal unseres Landes persönlich verantwortlich sind.

Wir führen ein elendes, schimpfliches Leben – darüber braucht man nicht zu reden, das wissen alle; so leben wir schon lange Zeit, aber unter der Monarchie haben wir noch elender und schmachvoller gelebt. Damals träumten wir von Freiheit, ohne ihre lebendige schöpferische Kraft in uns zu fühlen, aber heute fühlt das ganze Volk endlich diese Kraft. Es gebraucht sie egoistisch, brutal, dumm und abstoßend – das alles stimmt. Aber es ist Zeit, die ungeheuer bedeutende Tatsache zu erkennen und zu würdigen, daß Menschen, die in grausamer Sklaverei lebten, von schweren, entstellenden Ketten befreit wurden. Innerlich haben wir das Erbe der Knechtschaft noch nicht überwunden, wir sind noch nicht sicher, daß wir frei sind, wir wissen die Gaben der Freiheit nicht richtig zu nutzen. Deshalb – vor allem aus Unsicherheit – sind wir so abstoßend grob und krankhaft grausam, deshalb fürchten und erschrecken wir einander so lächerlich und dumm.

Dennoch ist ganz Rußland bis auf den Grund, bis zum letzten seiner Wilden, nicht nur äußerlich frei, sondern auch innerlich bis in seine Grundfesten und in deren Grundschichten erschüttert: seiner asiatischen Trägheit, seiner orientalischen Passivität.

Die Qualen, die Leiden, vor denen das russische Volk aufbrüllt und sich wälzt wie ein Tier, müssen seinen psychischen Habitus, seine Vorurteile und vorgefaßten Meinungen, sein geistiges Wesen verändern. Es muß eines rasch begreifen: so stark und gierig der äußere Feind auch sein mag, das russische Volk hat einen inneren Feind, der weit gefährlicher ist – seine Einstellung zu sich selbst und zum Menschen, den es nicht achten und würdigen gelehrt wurde; sein Verhältnis zu seinem Vaterland, für das es kein Gefühl hat, seine Einstellung zu Vernunft und Wissen, deren Macht es nicht kannte und nicht würdigte. Es hielt beides für eine Erfindung der adligen Gutsbesitzer, die dem Bauern nur schaden könne.

Das russische Volk lebte in alter asiatischer Schlauheit dahin, ohne an morgen zu denken, und ließ sich von dem dummen Sprichwort leiten: »Wieder ein Tag vorbei – Gott sei Dank!« Jetzt hat ihm der äußere Feind gezeigt, daß die Schlauheit eines gejagten Tieres nichts ist im Vergleich zu dem ruhigen, eisernen Willen organisierter Vernunft. Jetzt wird es den sechs Monate dauernden Winter dem Denken und der Arbeit widmen müssen, statt sich halb schlafend, halb hungrig dem Nichtstun zu überlassen. Nun ist es gezwungen zu begreifen, daß seine Heimat nicht an den Grenzen eines Gouvernements oder eines Bezirks aufhört, sondern ein riesiges Land voll unerschöpflicher Reichtümer ist, das ehrliche und überlegte Arbeit mit märchenhaften Gaben belohnen kann.

Trägheit ist Dummheit des Körpers,
Dummheit ist Trägheit des Geistes.

Das wird das Volk nun verstehen, und es wird lernen wollen, um an Geist und Körper gesund zu werden.

Die Revolution ist ein Krampf, auf den eine langsame und gemäßigte Bewegung zu dem Ziel folgen sollte, das von dem

Akt der Revolution gesetzt wurde. Die große Französische Revolution erschütterte und quälte das heroische französische Volk zehn Jahre, bevor es ganz Frankreich als seine Heimat zu empfinden begann, und wir wissen, wie tapfer dieses Volk die Freiheit seines Landes gegen alle Mächte der europäischen Reaktion verteidigte. Das italienische Volk machte im Verlauf von vierzig Jahren zehn Revolutionen, bevor es ein vereinigtes Italien schaffen konnte.

Dort, wo sich das Volk an der Schaffung seiner eigenen Geschichte nicht bewußt beteiligte, kann es kein Gefühl für seine Heimat haben und vermag nicht zu erkennen, daß es für das Unglück seiner Heimat verantwortlich ist. Jetzt nimmt das ganze russische Volk an der Schaffung seiner Geschichte teil – das ist ein Ereignis von größter Wichtigkeit, und davon muß man ausgehen, wenn man alles Schlechte oder Gute, das uns quält oder freut, beurteilen will. Ja, das Volk ist halb verhungert und erschöpft; ja, es begeht viele Verbrechen, und man kann es einen ›Elefanten im Porzellanladen‹ nennen – nicht nur im Hinblick auf die Kunst. Es ist eine ungefüge, von der Vernunft nicht organisierte Kraft, eine ungeheure Kraft, die voll potentieller Begabung und zu allseitiger Entwicklung wahrhaft fähig ist. Wer die revolutionäre Demokratie so wütend und rückhaltlos verdammt und bekämpft, um ihr die Macht zu entreißen und sie wieder den egoistischen Interessen der privilegierten Klassen zu unterwerfen, sei es auch nur für kurze Zeit, der vergißt die schlichte Wahrheit, die für ihn unvorteilhaft ist: »Je größer die Zahl der Menschen, die in Freiheit vernünftig arbeiten, desto besser ist die Qualität der Arbeit, desto rascher gelangen wir zu neuen, höheren Formen der sozialen Existenz. Wenn wir alle Hirne jedes Landes zwingen, energisch zu arbeiten, werden wir ein Wunderland schaffen!«

Wir sind nicht gewohnt, mit allen Kräften unseres Herzens und unseres Verstandes zu leben. Deshalb sind wir der Revolution müde – das ist eine Müdigkeit, die vorzeitig und für uns alle gefährlich ist. Ich persönlich glaube nicht an diese tiefe Müdigkeit, ich meine, daß sie verschwinden wird, wenn eine zuversichtliche, ermunternde Stimme im Land ertönt – diese Stimme muß erklingen!

In einer Schlacht im Westen führte ein französischer Hauptmann seine Kompanie zum Angriff auf die feindlichen Stellungen. Er sah voller Verzweiflung, wie seine Soldaten einer nach dem andern fielen. Manche wurden von Kugeln getötet, aber die meisten ließen sich vor Angst einfach fallen, sie glaubten nicht an die eigene Kraft und verzweifelten angesichts einer Aufgabe, die ihnen unerfüllbar schien. Da schrie der Hauptmann, wie es sich für einen Franzosen gehört, den eine heroische Geschichte erzog:

»Steht auf, ihr Toten!«

Die vor Angst halb toten Soldaten standen auf, und der Feind wurde besiegt. Ich glaube von ganzer Seele, der Tag ist nahe, da jemand, der uns sehr liebt und der alles verstehen und verzeihen kann, uns zurufen wird:

»Steht auf, ihr Toten!«

Und wir werden aufstehen und unsere Feinde besiegen.

Daran glaube ich.

Unzeitgemäße Gedanken

Novaja Žizn, Nr. 93 (308)
18. (5. Mai) 1918

Wir wissen kaum, wie das Dorf heute lebt; nur selten und zufällig erreichen uns ›aus der Tiefe Rußlands‹ die Stimmen der Menschen aus den Dörfern. Aus diesem Grund halte ich es für nötig, den unten angeführten Brief, den ich dieser Tage erhielt, zu veröffentlichen:

»Sehr geehrter Freund und Genosse!« Es folgen mehrere Zeilen freundschaftlicher Ergüsse, aber das Wesentliche dieses Briefes lautet dann wie folgt:

> In unserem Dorf hat es in der letzten Zeit und vor allem in der vergangenen Woche sehr viel Neues gegeben. Am 3. und 4. April machten wir, die Leute aus Baska, alle eine sehr schwere Zeit durch; vor allem am 3. April, als etwa 3000 Rotgardisten zu uns ins Dorf kamen und alle wohlhabenden Hausbesitzer beraubten, d. h. die Kontribution eintrieben – vom einen tausend Rubel, von einem andern zwei bis sechstausend; insgesamt bekamen sie in unserem Dorf 85 350 Rubel zusammen, die sie auch mitgenommen

haben. Es läßt sich absolut keine Rechnung aufstellen, wieviel sie bei unseren Bürgern außerdem noch an Gütern verschiedenster Art, wie z. B. Brot, Mehl, Kleidung usw., geraubt haben; und dem Sergej Timofejevič haben sie seinen Hengst abgenommen, aber sie konnten nicht mit ihm umgehen: sie kamen nur bis zum Dorf Tolstovka, wo er an der Kirche tot umfiel. Und es ist kaum zu beschreiben, wie sie die Leute mit der Nagaika geschlagen haben; sie haben so furchtbar geprügelt, daß sich einem noch die Haare sträuben, wenn man nur daran denkt; es war einfach entsetzlich! Wir aus Baska haben in diesen zwei Tagen so viel Angst ausgestanden, daß mir die Kraft fehlt, alle Schrecken zu beschreiben. Wir glauben alle, daß die Qualen der Hölle leichter zu ertragen sind als die Folterungen dieser Räuber.

Weiter gibt es keine besonderen Neuigkeiten aus unserem Dorf zu berichten; als die Rote Garde verschwunden war, haben wir, die ärmste Klasse, in Baranovka, Boldasievo und Slavkino selbst damit angefangen, nach dem Vorbild dieser Räuber die wohlhabenden Bürger unseres Dorfes zu berauben. Nachts haben wir sogar andere Dörfer überfallen. Mit einem Wort: das Leben hier wird unerträglich! Also dann – auf Wiedersehn, wir erwarten Ihren Besuch und bis dahin – leben Sie wohl!

Nichts beweist die Wahrheitsliebe des Verfassers überzeugender als die epische Einfachheit dieser Erzählung, denn sie entlarvt ihn als wahren Russen, einen von jenen, die sich schon seit jeher immer mit allem abgefunden haben; die von den ›Qualen der Hölle‹ nur der schönen Worte wegen sprechen und nicht, weil sie sich über die Plünderungen und Folterungen empörten. Dieser Mensch sah, wie ein ›sehr armer Bauer‹, der beim Militär gewesen war, als ›reichster‹ Bauer ins Dorf zurückkehrte; jetzt beobachtet er, wie dieser ›reichste‹ Bauer wieder zum ›ärmsten‹ wird; er weiß, wenn die Rotgardisten die ›reichsten‹ Bauern ausgepowert haben und an deren Stelle getreten sind, wird man auch sie berauben können.

Er hält dieses Bockspringen für ›unerträglich‹ aber doch nicht für so unerträglich, daß er den Besuch eines Freundes absagen würde. Das Bockspringen empört seinen Verstand, aber sein Gerechtigkeitsgefühl wird anscheinend nicht sehr tief verletzt, und es ist sehr gut möglich, daß er zuversichtlich darauf wartet,

seinerseits die Reichen arm zu machen. All das gleicht einer Karikatur, einer Farce, ist aber leider eine ›Lebenswahrheit‹, die tief in den tierischen Instinkten der Bauern wurzelt und durch die Parole ›beraubt die Räuber‹ geweckt wird.
Man beraubt also eifrig ›diese armen Dörfer‹, wo man an die 85 000 Rubel zusammenbekommen kann. Man raubt, weil man sich sehr genau an ein gar nicht so dummes Sprichwort erinnert, das der Zynismus von Räubern und die dumpfe Hoffnung von Pechvögeln geprägt haben: ›Mit ehrlicher Arbeit erwirbst du dir keine Paläste‹. Die mühselige Arbeit des Bauern, die völlig von der Gunst der Elemente abhängt, die von alten Gewohnheiten und nicht von den neuesten Erkenntnissen der Wissenschaft geleitet wird, trägt nicht dazu bei, einen Sinn für ›rechtschaffene‹, beharrliche und ehrliche Arbeit zu entwickeln. Aber die Geschichte der ökonomischen Entwicklung Rußlands könnte sogar einen Kretin davon überzeugen, daß tatsächlich ›Eigentum Diebstahl ist‹.
Und so raubt und stiehlt man und wird dabei von einer weisen Regierung ermuntert, die allen Städten und aller Welt ihre neueste Losung von einer guten, sozialen Ordnung laut verkündet hat:
»Alle Mann an Deck!« – was in die Sprache von heute übersetzt heißt: »Beraubt die Räuber[155]!«
Man erinnert sich an die Verse aus einer Farce von Šumacher[156]:

> Dürfen wir den Bauern dafür schlagen,
> daß er Bauer ist seit Kindestagen?

Man darf den Bauern nicht anklagen, denn er folgt nur gehorsam dem Weg, den ihm weise Leute, Leute mit Verstand, gezeigt haben.

Unzeitgemäße Gedanken

Novaja Žizn, Nr. 94 (309)
19. (6.) Mai 1918

Auf die Frage, wer die Armee zerstört habe, gibt es in gewissen Kreisen eine völlig eindeutige Antwort: die Sozialisten haben die Armee erstört. Das ist einer der Grundrefrains in dem endlos langen Lied vom Untergang Rußlands, das immer noch nicht untergegangen ist und offenbar auch nicht untergehen will; das ist ein prinzipieller Vorwurf, den Patrioten, die Rußland wie hungrige Wölfe lieben, gegenüber den Sozialisten erheben; und dieser Vorwurf ist zutiefst unaufrichtig und geheuchelt.

Schon das Memorandum des Verteidigungskomitees, das im Jahre 1916 dem Zaren übergeben wurde, sprach davon, daß die Armee unausweichlich zusammenbrechen müsse. Aber das hat man vergessen, weil es für die Verfasser der Anklageschrift gegen die Sozialisten nicht nützlich ist, daran zu erinnern.

Kürzlich fiel mir ein Stoß Briefe in die Hände, die man mir in den Jahren 1916 und 1917 von der Front geschickt hatte: einige sollte man veröffentlichen, denn sie geben genau die Gründe an, weshalb die Armee zusammengebrochen ist. Hier ist zum Beispiel der Brief eines Soldaten vom März 1916:

> Ich schicke Ihnen diesen Brief geheim durch einen Kameraden, der nach Hause fährt. Man kann nämlich in gewöhnlichen Briefen über nichts mehr schreiben, weil die Militärzensur alles liest, und wenn sie auch nur zwei oder drei Worte über gewisse Dinge findet, sofort nachforscht: wer hat geschrieben, von welcher Kompanie, von welchem Zug? Und dann setzt es fünfundzwanzig Rutenhiebe, oder sie lassen einen oben auf den Schützengräben Wache schieben, damit die Deutschen auf einen schießen sollen. Das hat man sehr oft so gemacht, aber Gott sei Dank haben die Deutschen nicht geschossen, sondern gerufen: ›Hab' keine Angst Russ', wir werden nicht schießen, weil dich deine Kommandeure dort oben hingestellt haben.‹
>
> Wir stehen hundert Schritte vom Feind entfernt, so daß wir auf keine Weise ausweichen können; er schießt, was das Zeug hält; unser Regiment verlor in vierzig Tagen ohne Kampf hundertzwölf Männer. Bis zu den Knien in Schmutz, Kälte, Schnee, Krankheit ... Und zu essen kriegen wir nur eine armselige Grütze, manchmal ist Fleisch drin, aber meistens nicht; und wenn man sagt, man habe Hunger, dann sagen sie: wir bringen euch doch ständig Brot. Das sieht dann so aus: achtundvierzig Männer bekommen für den Tag sieben Brote zu je elf Pfund. Aber wir müssen die ganze

Nacht schwer arbeiten, wenn wir die Schützengräben ausheben. Brot kann man natürlich beim Train kaufen, aber das Pfund Schwarzbrot kostet zwanzig Kopeken und Weißbrot sogar fünfundvierzig. Das kann man sich einfach nicht leisten.

In einem anderen Brief vom Juni desselben Jahres, beklagt sich ein Unteroffizier, ein Freiwilliger, der dreimal mit dem St. Georgs-Orden ausgezeichnet wurde:

Ich bin ein einfacher Soldat, ich kämpfe nicht aus Egoismus, sondern aus Liebe zum Vaterland, aus Haß gegen den Feind; aber auch ich begreife langsam, daß die Lage schlecht ist, daß wir nicht standhalten können. Jetzt, nachdem ich aus dem Lazarett, aus Rußland, zurückgekehrt bin, sehe ich, weshalb diese Unordnung herrscht; es liegt daran, daß sich die Männer an der Front bis zur Erschöpfung verausgabt haben und daß es von ihnen nicht mehr genug gibt; und Zehntausende sitzen nutzlos in der Etappe herum, schlagen die Zeit tot, fressen sich voll, indem sie in Rußland wie die Schmarotzer leben. Wer erteilt solche empörende Befehle?

Die Sozialisten haben diese Befehle nicht erteilt.

Ein junger Bursche, ein Artillerist, berichtet:

Der Kommandierende General A. sagt zu Offizieren, die ihm sympathisch sind: ›Nehmen Sie von diesem Gesindel soviel, wie Sie brauchen, und handeln Sie! Worauf warten Sie eigentlich noch?‹ Seine Lieblinge nahmen eine Kompanie oder zwei und führten die Soldaten ohne Artillerievorbereitung gegen die Schützengräben der Deutschen. Die Soldaten fielen, die Offiziere erhielten Orden. Ein verwundeter Infanterist sagte zu mir: ›Wir werden totgeschlagen wie Läuse – es ist furchtbar. Entweder läßt man die Cholera los, oder man fängt einen Krieg an. Bei Gott, es ist zum Weglaufen!‹

Was haben die Sozialisten damit zu tun?

Ich fragte einen verwundeten Träger des St.-Georg-Kreuzes:

»Habe ihr es schwer in den Schützengräben?«

Er antwortete:

»Die Soldaten haben es schwer; ich begreife nicht, wie sie es aushalten können. Nehmen Sie mich zum Beispiel: ich lag oben, wie eine Decke, als Unterlage diente der Soldat. Sehen Sie, wenn sich bei schlechtem Wetter Wasser in den Schützengräben ansammelte, lagen die gemeinen Soldaten im Dreck, und wir Offiziere deckten sie von oben zu. Sie bekamen Rheumatismus und wir Erfrierungen.«

Der bekannte Schriftsteller G-v schrieb im Jahre 1916[157]: »Von morgens bis abends werden die Soldaten in den Schützengräben geprügelt; man schlägt Soldaten, Flüchtlinge und Juden. Aber sie können nicht arbeiten – sie sind erschöpft.«

Die Soldaten in der Etappe kennen die Lage an der Front. Verwundete, verkrüppelte, halberfrorene und an Tuberkulose erkrankte Soldaten haben ihnen davon berichtet. Und in der Etappe breitete sich eine völlig hoffnungslose Stimmung aus, mit der man nicht siegen kann.

Die Massen in der Etappe sangen Liedchen wie zum Beispiel dieses:

Junger Rekrut, zügle deinen Übermut:
Der Deutsche tötet jeden – gut!

Großer, weißer Zar, deine Macht
Hat plötzlich einen Krieg entfacht!
Gabst uns keine Zeit,
Waren schon dem Tod geweiht.

Wollen keine Arbeit tun,
Für Románovs die geruhn,
Ihren Dienern, ach wie nett,
In den Bauch das Bajonett.

Und die Mädchen, welche die dem Tod geweihten Burschen begleiten, singen bitter:

Blitz und Donner fahret nieder,
Trefft den Staat an Haupt und Gliedern.
Zerschmettert dort den bösen Feind,
Er raubte mir den besten Freund.

Die Truppenverstärkungen aus der Etappe kamen schlecht bewaffnet, schlecht ausgebildet und schon niedergeschlagen an die Front, da sie so viel von ihr gehört hatten.

Die Sozialisten sind an all dem in keiner Weise schuld.

Hier ist ein Ausschnitt aus dem Brief eines Offiziers, der der Intelligenz angehört:

Diese Masse ist so ignorant, daß vielen völlig unbegreiflich ist, was um sie herum geschieht. Sie trauen niemandem – weder Kerenskij noch den S.R., noch den S.D., noch der Provisorischen Regierung[158]. Diese Bezeichnungen sind für sie nur sinnlose Geräusche. Ich habe solche Urteile mit eigenen Ohren gehört, daß mir das Wort buchstäblich im Halse steckenblieb, und ich wußte nicht, was ich auf Äußerungen wie die folgende antworten sollte: ›Weiß der Teufel, wer dieser Kerenskij ist, vielleicht will er noch drei weitere Jahre Krieg führen!‹

Die S. R. und die S. D. sind ihrer Meinung nach, Soldaten in der Etappe, die nicht an die Front wollen, aber dafür schreien: ›Krieg bis zum Sieg!‹

Ein anderer Offizier schreibt:

Und dennoch besitzen diese blinden Märtyrer so etwas wie einen zivilisatorischen Instinkt. Anders läßt es sich nicht erklären, warum sie nicht ihre Bajonette in die Erde stecken und weglaufen.

Letzten Endes liefen sie davon, weil sie die Geduld verloren hatten, weil die Armee solche Tatsachen kannte und sich daran erinnerte, daß man eine Attacke nicht mit Gewehren, sondern mit Knüppeln gemacht hatte und eine Attacke nicht mit Schrapnells, sondern mit Steinen zurückschlagen wollte.

In den Jahren 1914 und 1915 besang die gesamte Presse täglich und sehr laut die Tapferkeit des russischen Soldaten. Als 1916 die Sozialisten noch schwiegen, waren die Lobeshymnen schon leiser geworden, und am Ende des Jahres begannen einige mutige Journalisten an den kämpferischen Eigenschaften der siegreichen russischen Armee zu zweifeln. Dieser Zweifel war ziemlich unangebracht, da fast die ganze reguläre Armee in Kämpfen, durch Krankheiten und durch die entsetzliche Behandlung der Soldaten vernichtet war.

Ich schreibe das nicht, um die Sozialisten zu verteidigen; ich glaube nicht, daß man sie verteidigen muß, aber ich beobachte mit Widerwillen, wie eine Lüge, die tausendmal wiederholt wird, für viele einen Anschein von Wahrheit erhält.

Aber die gegenwärtige harte und leidenschaftslose Wahrheit besteht darin, daß nicht nur die Armee, sondern ganz Rußland zusammenbrach, bevor die Sozialisten auch nur das Recht hatten, ihre Stimme zu erheben. Jetzt sind sie vor der Geschichte für die Heilung und Erneuerung Rußlands verantwortlich.

Unzeitgemäße Gedanken

Novaja Žizn, Nr. 95 (310)
21. (8.) Mai 1918

Bei uns in Rußland muß man endlos und drei Tage über Kultur reden.

Neulich kam ein Dichter zu mir, Autodidakt, ein gesunder, glatter Bursche um die zwanzig, mit guten, aber ein wenig pfiffigen Augen. Er las mir einen Meter belangloser Verse vor, und plötzlich klingt folgendes Verspaar in meinen Ohren:

> Der listige Teutone, geschickt maskiert,
> Gedachte nach Rußland Kultur einzuführen!

Ich fragte den Dichter:

»Erklären Sie mir doch bitte, was nach Ihrer Meinung Kultur ist.«

Er gab seinem unfertigen Gesicht einen herablassenden Ausdruck und erläuterte:

»Unter Kultur verstehe ich alles, was den Menschen einengt, etwa: Organisationen, Parteien und überhaupt alles, was gegen die Freiheit der Person gerichtet ist.«

»Sind Sie Anarchist?«

»Nein, mit denen habe ich mich überworfen, die sind auch eine Partei und zwingen einen, Bücher zu lesen.«

»Und Sie lesen nicht gern?«

»Ich lese Romane und Gedichte, aber nicht viel, das stört mich beim Versemachen; man liest und liest, aber aus einem selbst kommt nichts mehr heraus. Ein Dichter muß sich in acht nehmen, darf sich von niemandem beeinflussen lassen, sondern muß die Inspiration aus seiner eigenen Seele schöpfen.«

»Welche Dichter haben Sie denn gelesen?«

»Severjanin, dann noch ein paar andere ... viele[159]! Ich bin nur mit einem einverstanden – ich komme nicht auf seinen Namen – der sagt:

> Lerne nicht aus diesen Büchern,
> Die vor deinen Augen liegen.
> Heuchler haben sie geschrieben,
> Und die Menge preist sie drum ...

Das ist sehr richtig gesagt – finden Sie nicht auch?«
»Es gibt verschiedene Bücher ...«
Er fiel mir lebhaft ins Wort:
»Nein, für den Dichter ist alles Fremde schädlich, er darf nur aus sich selbst leben. Und überhaupt müssen alle Russen aus sich selbst leben, denn wir sind ein besonderes Volk; sehen Sie – niemand darf sich weigern zu kämpfen, aber wir haben uns geweigert!«
»Haben wir das wirklich getan? Wir schlagen doch so grausam aufeinander ein!«
»Das ist unsere innere Angelegenheit. Aber die deutsche oder französische Kultur werden wir trotzdem nicht annehmen – die prügeln sich doch bestialisch, alles dasselbe! Eine Schande!«
»Sind Sie Bauer?«
»Ja. Aber ich halte mich für nichts, ich mag das Dorf nicht und die Bauern auch nicht; diese Leute sind mir fremd, die können mich nicht verstehen.«
Sein rundes, halb kindliches Gesicht wurde traurig, er kniff gekränkt die Augen zusammen, strich sich mit der sauber gewaschenen Hand übers Haar, das sich an den Enden ringelte, und seufzte schwer. Ein wahrer Dulder. Eine unverstandene Seele.
Als ich ihm sagte, daß er meiner Ansicht nach keine Verse zu schreiben verstehe und daß er lernen müsse, glaubte er mir nicht, schien aber nicht sehr gekränkt.
»Lernen«, sagte er, nachdenklich die Stirn runzelnd, »das heißt – so sein wie alle? Dafür tauge ich nicht, ich will auf meine Art leben, wie ich bin. Die Gymnasiasten und die Studenten sind doch alle gleich. Nein, ich werde schon allein zu was kommen ...«
Er ging betrübt fort, und ich weiß, daß er zwei, drei, vielleicht auch fünf Jahre nutzlos vergeuden wird, um zu der für ihn unerreichbaren Möglichkeit ›zu kommen‹, nicht so zu sein wie die anderen.
Und in fünf Jahren wird er irgendeinen einträglichen Posten ergattern und seine Arbeit nicht schlecht und nicht sehr gern machen. Er wird sich von jedermann gekränkt fühlen und alle, die irgendwie von ihm abhängig sind, verachten.

*

Frau Z. G. schreibt mir[160]:
»Ich kann mir Dutzende, ja Hunderte von Bauern vorstellen, die imstande wären, Kultur anzunehmen, aber wenn ich daran denke, daß alle Bauern samt ihren Frauen lernen werden, ihre Fingernägel sauberzumachen oder sich in Taschentücher zu schneuzen, dann kommt mir das wie eine lächerliche Utopie vor.«

*

Der Tierarzt A. N. urteilt folgendermaßen über Kultur:
»Schon aus dem Wort ›Kultur‹ selbst ist ihr Sinn klar ersichtlich – Kult, Religion. Kultur kann sich nur auf religiöser Grundlage entwickeln, und das wird eine echte Kultur sein. Alles übrige ist eine Kultur der Dinge, etwas Äußerliches, und kommt vom Teufel. Heutzutage, da der Mensch zum Tier geworden ist, kann er nur durch die Rückkehr zu Gott, zur Kirche, zum naiven Glauben gerettet werden: ›Seid wie die Kinder‹, das muß man den Menschen sagen, das muß man ihnen beibringen. Ihr aber lehrt sie: ›Seid wie die Tiere.‹ Das ist der deutsche Einfluß, der Einfluß der schmutzigen Bücher von Nietzsche, Marx, Comte und anderen Jesuiten, die sich alle diese Ideen ganz speziell für uns Russen ausgedacht haben, denn der Deutsche weiß, daß wir auf Ideen so scharf sind wie ein Karpfen auf Würmer.«

*

»Es ist widerlich und abscheulich, von Kultur zu reden, wenn die Bauern satt sind und die Intelligenz hungert«, schreibt eine Lehrerin. Eine ›Gruppe von jungen Leuten‹ ist überzeugt:
»Es ist sehr gut, daß alles Äußerliche von den Menschen abfällt, alles, was sie sich selbst auferlegt haben, um ihrer Pflicht und der Lehre der heiligen Väter der Literatur, Philosophie und Wissenschaft nachzukommen. Das alles wird verblassen und verschwinden, und dann wird der Mensch wirklich frei sein. Vielleicht wird er noch einmal dasjenige akzeptieren, das er verworfen hat, aber er muß eine Weile ohne Ideen, Prinzipien und jegliche Tradition leben – es gibt schon genug Literatur, Kultur, Sozialismus und dergleichen.«

*

Man könnte noch ein Dutzend ebenso origineller Meinungen

über Kultur anführen, Meinungen, die bezeugen, daß sich das Denken in den einheimischen Philosophenschulen von Tambov und Kaluga entwickelt[160a]; aber auch die zitierten Meinungen beweisen zur Genüge, daß unser Empfinden für das Leben schärfer wird, die Einsicht in den Sinn und das Ziel des Lebens hingegen abstumpft. Und was die Prinzipien des gesellschaftlichen Benehmens, die Konventionen der Beziehungen zueinander angeht, die man auf ein tiefes animalisches Lebensgefühl zurückführen kann, so versprechen sie uns keine Freude, denn sie werden die allgemeine Verwilderung noch mehr verstärken, der sich nicht nur das Dorf, sondern auch die Stadt, nicht nur das Volk, sondern auch die sogenannten ›Halbgebildeten‹ widerstandslos unterwerfen werden.
Hieraus ergibt sich noch einmal ganz klar, daß wir unverzüglich und beharrlich eine systematische, umfassende kulturelle und erzieherische Arbeit leisten müssen.

Unzeitgemäße Gedanken

Novaja Žizn, Nr. 97 (312)
23. (10.) Mai 1918

Ein Mann, der unlängst aus dem Ausland kam, erzählt:
»In Stockholm handeln ungefähr sechzig Antiquitätenläden mit Bildern, Porzellan, Bronze, Silber, Teppichen und anderen Kunstgegenständen, die aus Rußland exportiert wurden. In Kristiania habe ich zwölf solcher Läden gezählt; in Göteborg und anderen Städten Schwedens, Norwegens und Dänemarks gibt es auch sehr viele. An manchen Läden sind Schilder: ›Antiquitäten und Kunstgegenstände aus Rußland‹ und ›Russische Antiquitäten‹. In den Zeitungen sieht man oft Inserate wie: ›Wir bieten Teppiche und andere Gegenstände aus den kaiserlichen Palästen Rußlands an‹.«
Es gibt keinen Zweifel daran, daß diese Erzählung eine traurige Wahrheit ist, ebenso traurig wie schimpflich für uns. Um sich davon zu überzeugen, daß das wahr ist, braucht man nur zwei, drei Tage zu beobachten, was in den Galerien des Alexandermarkts, in den Antiquitätenläden Petrograds und den unzähli-

gen Kommissionsgeschäften geschieht, die in allen Straßen der Stadt aufgemacht wurden. Leute amerikanischen Schlages, die gut rasiert sind, aber schlecht russisch sprechen, laufen überall herum und kaufen...; sie kaufen alles, was einen Kunstwert hat, und sei er noch so gering. Besonders eifrig und erfolgreich machen sie Jagd auf östliche Kunstgegenstände, wie chinesisches und japanisches Porzellan, Bronze, alte Lackarbeiten, Seidenstickereien, Zeichnungen, Email, Cloisonné und so weiter. Die Ausländer wissen sehr wohl, daß es in Rußland zahllose östliche Kunstgegenstände gibt – besonders seit dem Marsch auf Peking, wo unsere Krieger sehr unzeremoniell mit dem Eigentum der Chinesen umsprangen und von wo unsere Generalität kostbare Gegenstände waggonweise abtransportierte[161]. Das mandschurische Abenteuer verstärkte den Zustrom östlicher Gegenstände sehr[162]. Auch während des Russisch-Japanischen Krieges wurden sie in großer Zahl nach Rußland exportiert. Aber es versteht sich, daß vor allem unsere unmittelbare Nachbarschaft zu China die Saturierung Rußlands mit östlicher Kunst begünstigte.

Sammler und Experten, die die Geschichte der östlichen Kunst kennen, versichern, daß man seltene und alte Stücke, wie es sie weder in China noch in Japan gibt, bei uns in erstaunlicher Fülle finden kann. Viele Ausländer wundern sich darüber, daß wir trotz dieses Reichtums an Kunstschätzen des Ostens, trotz der geistigen Bindung zwischen russischer und östlicher Kunst kein Museum ostasiatischer Altertümer und ostasiatischer Kunst haben.

Das ist natürlich die Verwunderung naiver Menschen, die völlig unfähig sind, unsere russische Originalität und unsere nationale Eigenart zu verstehen. Diese Leute wissen offenbar nicht, daß wir das beste Ballett der Welt und das schlechteste Verlagswesen haben, obwohl Rußland der größte Büchermarkt der Welt ist. Sie wissen nicht, daß man im waldreichen Sibirien die Zeitungen auf Papier druckt, das aus Finnland importiert wird, und daß wir Baumwolle aus Turkestan nach Moskau schaffen, sie dort verarbeiten und dann wieder von Moskau nach Turkestan transportieren.

Die Ausländer sind überhaupt naive und unwissende Menschen, und Rußland ist ein Rätsel für sie. Es ist auch für einige Russen ein Rätsel, und zwar ein sehr dummes, aber diese Russen sind einfach Menschen, die keine Heimatliebe, keinen Patriotismus und so weiter haben. Sie sind Ketzer, und nach Meinung von Menschen, die einen wölfischen Patriotismus haben, gleichen sie Ham: sie haben kein Mitleid mit der Nacktheit ihrer Väter, angeblich deswegen, weil Nacktheit widerwärtig ist, wenn sie häßlich und schmutzig ist.

Aber Scherz beiseite. Es geht darum, daß nicht nur die Russen selbst, sondern auch Ausländer das Land ausrauben. Das ist bedeutend schlimmer, denn ein russischer Räuber bleibt mit seiner Beute im Land, der fremde aber verschwindet nach Hause, wo er auf Kosten der russischen Nachlässigkeit seine Museen und Sammlungen füllt. Das heißt, er vergrößert in seinem Land die Zahl von Kulturschätzen, deren Wert ebenso unermeßlich ist wie ihre ästhetische und praktische Bedeutung. Sie bilden nicht nur den Geschmack, sie wecken nicht nur die Liebe zum Schönen und die Achtung vor den schöpferischen Kräften des Menschen, sondern regen auch zur Schaffung neuer Werke und neuer Formen der Schönheit an und beeinflussen auf diese Weise die Entwicklung des Kunstgewerbes. Mit der unvermeidlichen Veränderung der sozialen Bedingungen und mit der Einbeziehung der Kultur in die Demokratie wird das Kunstgewerbe eine große Rolle spielen und sich rasch entwickeln.

Wir werden auch hier hinter den anderen herhinken, und unsere Weisen werden seufzend ihr verspätetes, sinnloses Bedauern ausdrücken:

»Wir hatten doch in Rußland so viele schöne Dinge von größter künstlerischer und wissenschaftlicher Bedeutung, und jetzt ist alles verschwunden! Wie schade, daß wir nicht rechtzeitig darauf gekommen sind, sie zu sammeln und Museen zu bauen! Das wäre so schön gewesen!«

Sie werden seufzen und sich dann beruhigen. Aber es ist noch nicht zu spät, man könnte noch vieles retten, was für die Kultur Rußlands wertvoll und notwendig ist.

*

Vera Alexejevna Petrova, eine Ärztin, eine der ersten Frauen, die die Medizinische Schule für Frauen absolvierten, ist am Verhungern. Man hat mir mitgeteilt:

»Ich weiß nicht, wen ich bitten soll, einem alten kranken Menschen zu helfen, der *tatsächlich am Verhungern ist.* Es handelt sich um eine Ärztin, die ihr ganzes Leben dem Volk, der Semstwo-Arbeit gewidmet hat. Jetzt liegt sie im Sterben, hilflos, schmutzbedeckt, in einem verstaubten, furchtbaren Zimmer. Sie sollten ihre Worte hören, die Worte eines Menschen, der fast schon im Jenseits ist: ›Hunger ist entsetzlich!‹ Sie stirbt einen langsamen, sicheren Tod, sie hat keinen Menschen, der ihr heißes Wasser oder ein Stück Brot bringt. Wir haben soviel von Liebe und Güte geredet ... wo sind sie denn? Ein gleichgültiges Tier, ohne gute Gefühle und Impulse, ein hungriger Bauch – dazu hat man uns gemacht ...«

Hilfe ist dringend nötig. Die Adresse V. A. Petrovas: Roždestvenskajastr. 8, Zimmer 46. Geld kann man auch an die Redaktion von *Novaja Žizn* schicken.

Unzeitgemäße Gedanken

Novaja Žizn, Nr. 100 (315)
26. (13.) Mai 1918

Von den vielen Briefen, die ich aus allen Teilen des Landes erhalte, sind die der Frauen am interessantesten. Diese Briefe spiegeln die stürmische Wirklichkeit wider, sie sind voller Trauer, Zorn und Unwillen. Aber das Gefühl der Hilflosigkeit und Gleichgültigkeit klingt seltener darin an als in den Briefen der Männer. Jeder dieser Briefe ist der Schrei einer lebenden Seele, die von den vielfältigen Foltern unserer harten Zeit gequält wird.

Wenn man diese Briefe liest, empfindet man mit ganzer Seele, daß sie alle eigentlich von einer einzigen Frau geschrieben wurden: von der Mutter des Lebens, aus deren Schoß alle Stämme und Völker der Welt hervorgingen, die alle Genies geboren hat und gebären wird, die dem Mann geholfen hat, den primitiven tierischen Trieb in die zarte und edle Ekstase der Liebe zu verwandeln. Diese Briefe sind der Zornesschrei eines Geschöpfes, das die Dichtkunst ins Leben gerufen hat, das die Kunst inspirierte und inspirieren wird und das ewig an einem unstillbaren Verlangen nach Schönheit, Liebe und Freude leidet.

Ich glaube, die Frau ist vor allem Mutter, auch wenn sie physisch noch eine Jungfrau ist. Sie ist Mutter nicht nur in den Gefühlen ihren eigenen Kindern gegenüber, sondern auch gegenüber dem Mann, dem Geliebten, und ganz allgemein gegenüber dem Menschen, der von ihr und durch sie auf die Welt gekommen ist. Als ein Wesen, das beständig die Verluste ausgleicht, die dem Leben von Tod und Zerstörung zugefügt werden, muß sie gegen alles, was die Arbeit des Todes und der Zerstörung fördert, einen tieferen, stärkeren Haß und Abscheu empfinden als ich, ein Mann. So ist meiner Ansicht nach das Wesen der Frau beschaffen.

»Idealismus!«

Vielleicht. Aber wenn das Idealismus ist, so entspringt er Überzeugungen, die mir angeboren und offensichtlich die Grundlage meines Wesens sind. Jedenfalls habe ich diese Ansichten nicht erst seit gestern, ich habe sie seit meiner Jugend. Aber auch wenn sie mir erst gestern gekommen wären, würde mich das nicht stören; denn ich finde, daß sozialer Idealismus gerade in der Epoche einer Revolution höchst notwendig ist. Ich meine natürlich den gesunden Idealismus, der das Gefühl veredelt, einen Idealismus, ohne den eine Revolution ihre Kraft verlieren würde, den Menschen sozial bewußter zu machen, als er vor der Revolution war, einen Idealismus, ohne den eine Revolution ihre moralische und ästhetische Rechtfertigung verlieren würde. Ohne diesen Idealismus würde sich eine Revolution – und das ganze Leben – in eine trockene Mathematikaufgabe verwandeln, in die Verteilung materieller Güter. Das ist eine Aufgabe, deren Lösung blinde Grausamkeit und Ströme von Blut verlangt, eine Aufgabe, die tierische Instinkte weckt und dadurch den sozialen Geist des Menschen abtötet, wie wir in unserer Zeit sehen.

Die Briefe, von denen ich spreche, sind übervoll mit der Klage einer Mutter über die Vernichtung von Menschen, über die wachsende Grausamkeit unter ihnen und darüber, daß die Menschen immer brutaler, gemeiner und ehrloser werden und die Sitten mit erschreckender Schnelligkeit verrohen. Diese Briefe sind angefüllt mit Flüchen gegen die Bolschewiken, die Bauern und die Arbeiter – eine Frau beschwört alles Böse, Schrecken und Grauen auf ihr Haupt herab. »Hängt sie auf, erschießt sie, schlagt sie tot!« fordert die Frau, die Mutter und Amme aller Helden und Heiligen, der Genies und der Verbrecher, der Schurken und anständigen Menschen, die Mutter Christi, aber auch des Judas, Ivans des Schrecklichen und des schamlosen Machiavelli, des sanftmütigen und gütigen heiligen Franziskus von Assisi und des düsteren Feindes der Freude, Savonarola; die Mutter König Philipps II., der nur ein einziges Mal in seinem Leben vor Freude lachte – als er die Nachricht von der Bartholomäusnacht erhielt, dem größten Verbrechen der Katharina von Medici, die auch vom Weibe geboren war, eine Mutter war und sich auf ihre Art aufrichtig um das Wohl vieler Menschen sorgte.

Die Frau und Mutter, die Grausamkeit verdammt, Tod und Zerstörung von Natur aus haßt, sie, die die besten Gefühle im Mann erweckt, Gegenstand seiner Begeisterung, Quelle des Lebens und der Poesie ist, schreit:

»Schlagt sie tot, hängt sie auf, erschießt sie!«

Darin liegt ein schrecklicher und finsterer Widerspruch, der den Heiligenschein, mit dem die Geschichte die Frau umgeben hat, von Grund auf zerstören kann. Vielleicht kommt dieser Widerspruch daher, daß die Frau ihre große kulturelle Rolle nicht erkennt, daß sie sich ihrer schöpferischen Kraft nicht bewußt ist und sich zu sehr der Verzweiflung überläßt, die von dem Chaos der Revolutionstage in ihrer Mutterseele hervorgerufen wurde.

Ich werde diese Frage nicht untersuchen, aber ich erlaube mir, auf folgendes hinzuweisen:

Ihr Frauen wißt genau, daß es keine Geburt ohne Schmerzen gibt, daß ein neuer Mensch in Blut geboren wird – das ist die böse Ironie der blinden Natur. Im Augenblick der Geburt schreit ihr wie Tiere auf – und lächelt mit dem glücklichen Lächeln der Gottesmutter, wenn ihr das Neugeborene an die Brust drückt.

Ich kann euch wegen eures tierischen Schreis keinen Vorwurf machen; ich verstehe die Qualen, die unerträglichen Schmerzen, die diesen Schrei hervorrufen. Ich selbst sterbe fast vor Qual, obwohl ich keine Frau bin.

Und ich wünsche von ganzem Herzen und ganzer Seele, daß ihr bald mit dem Lächeln der Gottesmutter lächelt, wenn ihr den neugeborenen Menschen Rußlands an eure Brust drückt!

*

Ihr Frauen könnt den schwierigen Prozeß der Geburt beschleunigen, könnt die furchtbaren Qualen unseres Landes verkürzen. Um das zu tun, müßt ihr euch daran erinnern, daß ihr Mütter seid und daß die unerschöpfliche, lebendige Kraft der Liebe in eurem Herzen lebt. Überlaßt euch nicht den üblen Einflüssen des Lebens, steht über der Realität! Das verlangt Kraft – ihr werdet sie finden. Jetzt, hier, in Rußland, seid ihr freier als irgendwo in der Welt – was hindert euch, euer Bestes zu zeigen, eure Mütterlichkeit?

Man darf nicht vergessen, daß die Revolution nicht nur aus Grausamkeiten und Verbrechen besteht, sondern auch aus Triumphen des Mutes, der Ehre, der Selbstlosigkeit und des Opfermutes. Seht ihr das nicht? Vielleicht seht ihr es deshalb nicht, weil ihr blind vor Haß und vor Feindseligkeit seid.

Aber wenn ihr auch auf den zweiten Blick nichts Lichtes und Hoffnungsvolles im Chaos und Sturm unserer Tage findet, dann schafft selbst etwas Lichtes und Gutes! Ihr seid frei, ihr seid stark durch den Zauber eurer Liebe, ihr könnt uns Männer zwingen, mehr Menschen, mehr Kinder zu sein.

Vierzig Jahre Bürgerkrieg im 17. Jahrhundert führten in Frankreich zu einer widerwärtigen Verrohung der Sitten und zu prahlerischer Grausamkeit. Denkt daran, welch einen wohltätigen, heilsamen Einfluß Julie Recamier auf das ganze Land ausübte. Ähnliche Beispiele vom Einfluß der Frau auf die Entwicklung menschlicher Gefühle und Meinungen könnt ihr viele finden. Ihr, die Mütter, müßt maßlos in der Liebe zum Menschen und zurückhaltend im Haß gegen ihn sein.

Die Bolschewiken? Vergegenwärtigt euch doch, daß auch sie Menschen sind wie wir alle, von Frauen geboren. Sie sind nicht tierischer als jeder von uns. Die besten unter ihnen sind prächtige Menschen, auf die die russische Geschichte einmal stolz sein wird, und eure Kinder und Enkel werden sich an ihrer Tatkraft begeistern. Ihre Taten werden scharf kritisiert und sogar böse verlacht – damit wird den Bolschewiken vielleicht schlimmer vergolten, als sie es verdient haben. Sie sind von der erstickenden Atmosphäre des Hasses ihrer Feinde umgeben und, was noch schlimmer, noch verderblicher ist, von der heuchlerischen und gemeinen Freundschaft derer, die sich wie Füchse die Macht erschlichen haben, sie wie Wölfe gebrauchen und hoffentlich wie Hunde krepieren werden.

Verteidige ich die Bolschewiken? Nein, ich bekämpfe sie, so gut ich kann. Aber ich verteidige Menschen, die, wie ich weiß, ehrlich von ihrer Sache überzeugt, persönlich anständig sind und das Wohl des Volkes aufrichtig wünschen. Ich weiß, daß sie ein furchtbar grausames wissenschaftliches Experiment an dem lebenden Körper Rußlands durchführen. Ich vermag zu hassen, aber ich ziehe es vor, gerecht zu sein.

O ja, sie haben viele, sehr schwere Irrtümer begangen – Gott hat sich auch geirrt, als er uns alle dümmer als nötig machte. Auch die Natur hat viele Irrtümer begangen – vom Standpunkt unserer Wünsche aus gesehen, die zu den Zielen und zur Ziellosigkeit der Natur im Widerspruch stehen. Aber wenn man will, kann ich auch über die Bolschewiken etwas Gutes sagen: ohne zu wissen, zu welchen Resultaten ihre politische Tätigkeit uns schließlich führen wird, sage ich: Psychologisch haben die Bolschewiken dem russischen Volk bereits einen großen Dienst erwiesen. Sie haben die ganze Masse des Volkes vom toten Punkt weggebracht und haben im Volk eine positive Einstellung zur Wirklichkeit geweckt, eine Einstellung, ohne die unser Land untergehen würde.

Es wird jetzt nicht untergehen, denn das Volk ist zum Leben erwacht, im Volk reifen neue Kräfte. Diese Kräfte lassen sich weder durch den Wahnsinn allzu fanatischer politischer Neuerer noch durch die Gier ausländischer Räuber schrecken, die sich ihrer Unbesiegbarkeit allzu sicher sind.

*

Rußland wird nicht untergehen, wenn ihr Mütter alles Schöne, alles Zärtliche, das in euren Seelen ist, voll Opfermut in das blutige, schmutzige Chaos unserer Zeit gießt.

Hört auf, vor Haß und Verachtung zu schreien, schreit vor Liebe. Kann es sein, daß ihr, die ihr in Schmerzen gebärt, die wunderbare Macht des Mitleids mit dem Menschen nicht versteht? Ihr habt alles, das die Menschen weich und menschlich machen kann, denn im Herzen einer Mutter ist immer mehr Sonnenwärme als im Herzen eines Mannes. Erinnert doch diese verdammten Männer, die Bolschewiken und andere, die bei der Arbeit, den morschen Tempel des alten Regimes zu zerstören, verwildert und verroht sind; erinnert sie daran, daß sie alle einmal Neugeborene waren; man mußte ihnen die Nase putzen

wie allen kleinen Jungen, und sie waren hilflos wie alle kleinen Kinder. Und gibt es denn einen Menschen, der euch nicht die besten Tage seines Lebens verdankt? Ihr Mütter solltet euch an all das erinnern, was eure Liebe ins Leben bringt. Das wird euch vor der qualvollen Bürde des Hasses bewahren, der das erhabenste aller Gefühle abtötet – das mütterliche Gefühl.
Habt ihr es wirklich versucht – versucht es! –, die Grausamkeit des erbitterten Kampfes zu mildern? Habt ihr wirklich versucht, die Sitten zu ändern und das Verhalten der Menschen, das euren gerechten Zorn hervorrief, zu veredeln? Ihr laßt euch von fruchtlosem Haß gegen Erwachsene hinreißen; wäre es nicht nützlicher und besser, die Jugendlichen und Kinder vor dem verderblichen Einfluß der heutigen Zeit zu bewahren? Ihr verschwendet eure Aufmerksamkeit und eure Gefühle an das Sammeln von Fakten, die wirklich eine Schande für den Menschen sind und Abscheu gegen ihn erwecken. Aber wäre es nicht besser, wenn ihr nach Dingen suchtet oder versuchtet, aus eigener Kraft Dinge zu schaffen, die den Menschen in seinen eigenen und in euren Augen erhöhen würden?
Physisch seid ihr die Mütter der Welt des Menschen, ihr könntet auch ihre geistigen Mütter sein. Denn wenn ihr tadelt, bedeutet das, daß ihr auf einer Höhe steht, die euch erlaubt, mehr zu sehen als andere. Erhebt auch andere zu dieser Höhe!
Rußland wälzt sich krampfhaft in den furchtbaren Geburtswehen – ihr wollt doch, daß das Neue, Herrliche, Gute, Schöne und Menschliche bald geboren wird? Erlaubt mir, euch Müttern zu sagen, daß Zorn und Haß schlechte Hebammen sind.

Unzeitgemäße Gedanken

Novaja Žizn, Nr. 103 (318)
30. (17.) Mai 1918

Vertreter der Hausbediensteten haben sich schon mehrere Male mit der Bitte an mich gewandt, ich möge mich dafür ›einsetzen‹, daß in den Zeitungen Stellenangebote und Stellengesuche veröffentlicht werden dürfen[163].
Hier ist eine solche Bitte, die in einem Brief erläutert wird:

> Versuchen Sie dem jetzigen Regime zu erklären, es möge irgendeine Zeitung wählen, die ihm gefällt, und die Veröffentlichung von Anzeigen erlauben, damit wir wie früher Arbeit finden können. Früher nahm man sich eine Zeitung und wählte ein Stellenangebot nach seinen Fähigkeiten aus; aber heute putzt man bei allen Gewerkschaften die Klinken, bekommt ein schmutziges Grinsen zu sehen und grobe Witze zu hören, aber Arbeit gibt's keine. Das Sowjetregime sollte eine Zeitung auswählen und Stellenanzeigen veröffentlichen. Die Anzeigen werden ihm große Einnahmen bringen, und das ist ja besonders wichtig, da die Sowjets kein Geld haben.

Ich weiß nicht, ob es wahr ist, daß die Arbeitsuchenden in den Gewerkschaftsbüros mit ›einem schmutzigen Grinsen‹ empfangen werden, aber da die Klagen alle einmütig sind, glaubt man unwillkürlich daran, daß ›grobe Witze‹ und Grobheiten jeder Art der neuen Bürokratie schon zur Gewohnheit geworden sind. Die ›Bourgeois‹ schreiben viel darüber, aber den Bourgeois glaubt man selbst dann nicht, wenn sie völlig richtig feststellen, daß alle Brünetten dunkelhaarig sind. Es sind jedoch Arbeiter, die anfangen sich zu beklagen.

Einer von ihnen schreibt mir:

> Ich habe mich um die Revolution genauso verdient gemacht wie jene Kinder von der Gorochovaja-Straße, die mich wie Hunde anbellen[164]. Ich bin seit 1904 Bolschewik und nicht erst seit dem Oktober; ich saß zwei Jahre und sieben Monate im Gefängnis und verbrachte fünf Hungerjahre in der Verbannung. In meiner Eigenschaft als Vorsitzender eines Bezirkskomitees gehe ich mit den Bauern zu meinen Vorgesetzten. Man brüllt uns an, und ich schäme mich, den Genossen Bauern in die Augen zu sehen, denn sie könnten mich auf einmal fragen: ›Warum schreien die genauso wie unter dem Zaren?‹ Wirken Sie doch auf irgendeine Weise auf diese Leute ein, damit sie zur Vernunft kommen!

Ein Arbeiter, den man inhaftierte, weil er einem betrunkenen Rotgardisten seine Grobheiten vorwarf, wurde ›konterrevolutionärer Neigungen‹ beschuldigt. Wie er selbst berichtet, steckte man ihm während des Verhörs »einen Revolver ins Maul und sagte: ›Antworte!‹ Ich antwortete: ›Sind wir Genossen oder nicht?‹ Und sie: ›Genossen wie du einer bist sollte man die Zähne einschlagen!‹ Ich möchte doch feststellen, daß man in der alten Zeit genug Zähne eingeschlagen hat, und wenn es jetzt so weitergeht, dann hat sich die ganze Sache nicht gelohnt.«

Solche Beschuldigungen hört man immer öfter, und ich sehe nicht, wie sich jene Leute rechtfertigen könnten, die solch beschämende Beschuldigungen und Klagen provozieren. Unter dem alten Regime ließ sich die Verachtung gegen einen Menschen der Arbeiterklasse mit der Psychologie eines Schweines erklären, das die Wahrheit gefressen hat; nach 1905 grunzte das Schwein ganz besonders laut und unverschämt, da es sich als Sieger fühlte – es feierte seinen Sieg[165].

Aber in unseren Tagen gibt es keine Sieger, obwohl wir ununterbrochen kämpfen; niemand kann einen Sieg feiern – und wen soll man demütigen? Wäre es möglich, daß wir uns nur deshalb gegenseitig demütigen, weil wir es gewohnt sind und weil man uns seinerzeit gedemütigt hat?

»Ich bin nicht für die Armee verantwortlich!« antwortete ein Soldat, als er die bekannten Vorwürfe der Zivilisten hörte.

Die Vertreter des Regimes – Grünschnäbel, die gestern politisch noch völlig farblos waren und jetzt tief rot sind – können sich mit dieser Antwort des Soldaten nicht rechtfertigen. Jeder von ihnen hält sich wahrscheinlich für den Träger einer neuen, in sozialer Hinsicht humanen und gerechten Herrschaft, und jeder muß sowohl für sich persönlich als auch für eine ganze Armee von Erbauern des neuen Lebens die Verantwortung übernehmen. Das ist doch wohl ihre ideale Bestimmung, nicht wahr? Waren es denn nicht sie, welche die alten Säer des ›Vernünftigen, Guten und Ewigen‹ abgelöst haben[166]? Wieviel Neues, wieviel Vernünftiges und Gutes tragen sie denn in unser tägliches Leben, in unseren schweren, hungrigen Alltag hinein?

Wenn sie keinen Verstand haben, haben sie vielleicht ein klein wenig Gewissen. Dieses wird sie veranlassen, über die Beschuldigungen nachzudenken, die die Vertreter jener Klasse, deren Interessen sie angeblich dienen, gegen sie erheben.

Die *Petrogradskaja Pravda* [Die Petrograder Pravda] registriert mit der Gier des Hungrigen jedes gute Wort, das über die ›Bolschewiken‹ gesagt wird – psychologisch ist das durchaus verständlich. Ob nun Izgojev mit der Ironie des Jesuiten über die Bolschewiken spricht oder ob Clara Zetkin ein Lob durch viele Erläuterungen ins Gegenteil verkehrt, die *Pravda* veröffentlicht diese zweifelhaften Komplimente sofort auf all ihren Seiten, da sie sich offenbar angesprochen fühlt[167]. Sie veröffentlichte auch einige Sätze aus meiner Antwort auf die Briefe der Frauen und versah sie mit folgender Frage:

»Ist Gorkij jetzt nicht auch der Meinung, daß viele seiner ›Gedanken‹, die er früher geäußert hat, tatsächlich ›unzeitgemäß‹ waren?«

Nein, ich bin nicht dieser Meinung. Alles, was ich über die wilde Roheit, die Grausamkeit, den Sadismus und die Unkultiviertheit der Bolschewiken, über ihre Unkenntnis der Psyche des russischen Volkes gesagt habe, und darüber, daß sie am Volk ein scheußliches Experiment durchführen und die Arbeiterklasse vernichten – all das und vieles andere, was ich über den ›Bolschewismus‹ gesagt habe – erhalte ich mit Nachdruck aufrecht.

Unzeitgemäße Gedanken

Novaja Žizn, Nr. 105 (320)
1. Juni (19. Mai) 1918

Das Obuchov-Männerkrankenhaus hat einen Professor des Polytechnischen Instituts, den Physiker Nikolaj Alexandrovič Hesechus ›mit Symptomen einer auf Unterernährung beruhenden Erschöpfung‹ aufgenommen. Professor Hesechus war seinerzeit als Gelehrter so populär, daß man manchen begabten Physiklehrer ihm zu Ehren ›Hesechus‹ nannte. Jetzt ist er zweiundsiebzig Jahre alt und liegt, vor Hunger aufgedunsen, mit Ödemen an den Beinen, im Obuchov-Krankenhaus.

Ich glaube, daß diese Tatsache keiner Kommentare und Lamentationen bedarf. Ich möchte nur daran erinnern, daß die große Französische Revolution zwar den Chemiker Lavoisier köpfte, aber die Gelehrten dennoch nicht verhungern ließ. Da bei uns wegen der allgemeinen moralischen Abstumpfung alles möglich ist, könnte irgendein Zyniker sagen:

»Der Professor ist immerhin zweiundsiebzig Jahre alt . . .«

Aber auch der schamloseste Zyniker wird entwaffnet sein, wenn er erfährt, daß allein in der Männerabteilung des Obuchov-Krankenhauses 134 Menschen liegen, die ›vor Hunger krank sind‹ oder ›infolge ungenügender oder anomaler Ernährung erkrankt sind‹; neunundfünfzig von ihnen sind unter 30 Jahre und etwa dreißig unter 20 Jahre alt. Alle diese Männer leisten körperliche Arbeit; sie brauchen normalerweise eine Ernährung, die bei 3000 Kalorien liegt, bekommen aber bei der heutigen Lebensmittelrationierung nur etwas 500–600 Kalorien, d. h. weniger als ein Viertel der Menge, die ein Mensch unbedingt braucht. Man muß dabei auch noch berücksichtigen, daß der Organismus bei weitem nicht alles, was ihm an Nahrung zugeführt wird, verarbeitet; das zur Hälfte aus Strohmehl bestehende Brot, die Heringsköpfe und ähnliche Nahrungsmittel schaden den Menschen mehr, als sie nützen.

Die Hungersnot in Petersburg hat begonnen, und sie nimmt in erschreckender Weise zu. In den Straßen werden fast täglich Menschen aufgelesen, die vor Entkräftung umgefallen sind: bald ist ein Fuhrmann umgefallen, bald ein Generalmajor; hier sammelt man einen Offizier auf, der Zeitungen verkaufte, dort eine Modistin.

Aber viel furchtbarer als der physische Hungertod ist die geistige Erschöpfung, die sich immer mehr bemerkbar macht. Die Ärzte wurden neuerdings auf das rapide Sinken des Körpergewichts bei Personen, die von geistiger Arbeit leben, aufmerksam. Die Menschen dieser Kategorie ernähren sich immerhin besser als die Arbeiter und brauchen auch etwa 1000 Kalorien weniger als Menschen, die körperlich arbeiten; aber auch sie magern immer mehr ab. Ärztliche Untersuchungen haben gezeigt, daß diese Menschen jetzt große Mengen von Phosphor ausscheiden, was auf eine anomale Abnutzung des Nervensystems hinweist und schließlich zur völligen Erschöpfung der geistigen und schöpferischen Kräfte führen muß – und gerade diese braucht unser Land jetzt dringender als je zuvor.

Petersburg stirbt; es stirbt als Stadt und als Zentrum des geistigen Lebens. In diesem Prozeß des Sterbens zeigt sich eine unheimliche Ergebenheit in das Schicksal und die passive russische Einstellung zum Leben.

Ich war tief gerührt von der Einmütigkeit, mit der Menschen verschiedener Klassen der von allen vergessenen, in Hunger und Schmutz dahinsterbenden Ärztin V. A. Petrova halfen.

Aber Frau Z. Vvedenskaja und M. A. Berens ließen mich wissen, daß Frau Petrova ›schon seit einigen Jahren unter diesen entsetzlichen Bedingungen lebt‹. Wir sind mit unserer Hilfe etwas zu spät gekommen! In welchem Zustand sich V. A. Petrova jetzt befindet, teilte mir Frau Ek. Pugovko mit:

»Gestern bot sich mir ein grauenhafter Anblick: der von Hunger erschöpfte Körper der Greisin, voller Eiterbeulen, in denen es von Läusen wimmelte.

Ich kann einfach nicht schildern, was ich in den Augen der Ärzte und selbst der Pflegerinnen, die schon manches gesehen haben, las, als sie Frau Petrova vor dem Bad entkleideten.

Eine der Pflegerinnen fragte mich: ›Wo haben Sie sie gefunden?‹

Ich sagte ihr, wo.

›Wer ist sie?‹

Auf meine Antwort, daß diese Frau eine Ärztin sei, starrte mich die Pflegerin mit weit aufgerissenen Augen an und fragte ungläubig, auf die in der Wanne sitzende Petrova zeigend:

›Was? Sie ist Ärztin?‹

Die Bemerkung einer anwesenden Ärztin klang wie bitterer Hohn:

›Offenbar sind nicht alle Ärzte reich.‹«

Man muß irgend etwas tun; man muß gegen den Prozeß der physischen und psychischen Erschöpfung der Intelligenz ankämpfen; man muß daran denken, daß die Intelligenz das Gehirn des Landes ist und daß dieses Gehirn noch nie so notwendig und wertvoll war wie in unseren Tagen.

Die intellektuellen Kräfte Petersburgs müssen sich unverzüglich organisieren, um sich selbst am Leben zu erhalten und um sich und andere vor Hunger und nervöser Erschöpfung zu schützen. Wir könnten erst einmal mit der Errichtung von Speisehallen anfangen und dann Mittel und Wege zu größeren Aufgaben suchen.

Wir dürfen uns nicht so apathisch und passiv zueinander verhalten; wenn der Hunger die Apathie verursacht, dann kann die Apathie ihrerseits den Hunger zu einer elementaren Katastrophe werden lassen.

Auf dem Weg zur Freiheit dürfen die Liebe und die Sorge um den Menschen nicht auf der Strecke bleiben.

Unzeitgemäße Gedanken

Novaja Žizn, Nr. 106 (321)
2. Juni (20. Mai) 1918

Man schickte mir einen ganzen Stoß antisemitischer Aufrufe, von denen einige vom ›Zentralkomitee des Verbandes Christlicher Sozialisten‹ in Moskau am 6. Mai und andere von der ›Petrograder Gruppe‹ dieses Verbandes herausgegeben wurden. Ich weiß nicht, ob dieser Verband tatsächlich existiert; aber wenn er existiert, dann sind seine Mitglieder natürlich weder Christen noch Sozialisten, sondern gewöhnliche Russen; jene verwilderten Taugenichtse und Faulenzer, die an ihrem Unglück selbst schuld sind und die dafür, daß sie überflüssig und lebensunfähig sind, immer andere verantwortlich machen, nur nicht sich selbst. Daß sie keine Christen und noch weniger Sozialisten sind, beweist ihr gemeiner Aufruf.

Dieser beginnt mit folgenden Worten:

»Antisemiten aller Länder, aller Völker und aller Parteien, vereinigt euch! ›Der Verband Christlicher Sozialisten‹ wendet sich an alle russischen Bürger mit der Aufforderung, *sich von der jüdischen Pest zu säubern,* die unser Vaterland von der oberen Gesellschaft bis hinunter ins Volk völlig verseucht hat. Unsere Intelligenz und unsere sogenannte gebildete Gesellschaft sind von dieser Pest besonders schwer betroffen; denn sie werden von der jüdischen Presse beeinflußt, *die die falschen Prinzipien von der Gleichheit und Brüderlichkeit aller Völker und Rassen predigt.* Aber jeder vernünftige Mensch weiß, daß es *Gleichheit und Brüderlichkeit weder gibt noch geben kann* und daß es folglich auch unmöglich ist, alle Menschen und alle Nationalitäten gleich zu behandeln.«

Sind das nicht wahre Jünger des liebreichen Christus, für den es ›weder Griechen noch Juden‹ gab, der ebenso wie seine Jünger Jude war und seinen Martertod für die Menschen aller Rassen und Stämme, für jeden Menschen erduldete? Und sind das nicht wirklich feine ›Sozialisten‹, die das Prinzip der Gleichheit für ›falsch‹, für eine ›jüdische Pest‹ halten?

Dumme und bedauernswerte Menschen, unglückliche Menschen! Wenn die Verfasser des Aufrufs behaupten, die russischen Bürger seien ›von den oberen bis zu den unteren Schichten‹ von

›*der jüdischen Pest*‹ verseucht, d. h. von ›*den Prinzipien der Gleichheit und Brüderlichkeit aller Rassen und Völker*‹ – heilige Prinzipien, die fast alle Religionen und die größten Denker aller Zeiten und Länder verkünden –, wenn die Verfasser das behaupten, beweisen sie, daß sie eine allzu schmeichelhafte, aber leider völlig falsche Vorstellung von den russischen Bürgern haben. Nur ein Beispiel: die bürgerlichen Mitglieder ›des Verbandes Christlicher Sozialisten‹ sind weder von den erhabenen Prinzipien der Gleichheit ›völlig verseucht‹, noch haben sie, wie die meisten russischen Bürger, die geringste Ahnung von dem universalen kulturellen Wert dieser Prinzipien.

Weiter heißt es:

»Die arische Rasse stellt in physischer wie in moralischer Hinsicht einen positiven, die Juden einen negativen Typus dar, der auf der tiefsten Stufe der menschlichen Entwicklung steht. Wenn unsere Intelligenz, ›das Salz der russischen Erde‹, dies begreift und versteht, dann wird sie die abgedroschenen Phrasen, wir und die Juden seien gleichberechtigt, und man müsse die Parias der Menschheit wie alle anderen Menschen behandeln, von sich werfen wie einen alten, unbrauchbaren Lappen.«

Man bedenke doch: außer den Juden darf man auch die ›anderen Menschen‹ nicht gleich behandeln. Wer sind denn diese ›anderen Menschen‹? Vielleicht die Deutschen, die als Angehörige der ›arischen Rasse‹ einen ›moralisch positiven Typus‹ darstellen? Das hindert diesen ›Typus‹ nicht daran, wehrlose russische Bauern und auch Juden massenweise zu erschießen! Oder sind es vielleicht die sanften Slawen, jene Russen, die sich heute so sinnlos und grausam gegenseitig berauben und umbringen?

Oder sollte man unter diesen ›anderen Menschen‹ überhaupt alle Menschen verstehen, die verhindern könnten, daß sich der wölfische Patriotismus der Verfasser des Aufrufs auf die eine oder andere Weise weiterentwickelt? Denn zweifellos stammt der Aufruf aus den Kreisen jener russischen Räuber, die gewohnt sind, ihren Gewinn zu verdoppeln, indem sie dem heißgeliebten Volk das Fell über die Ohren ziehen.

Die ›Christlichen Sozialisten‹ haben sich natürlich ungewollt versprochen, als sie in ihrer sozialen Verwilderung, ihrer moralischen und sonstigen Unwissenheit die ›anderen Menschen‹ erwähnten. Diese Unwissenheit ist jedoch stellenweise sehr verdächtig und vermutlich nur Verstellung.

Der Petrograder Aufruf wendet sich ›an die Arbeiter, Soldaten und Bauern‹ und rechnet offenbar mit den Gefühlen und der Denkweise der ungebildeten Adressaten.
Es wird darin die Frage gestellt:
»Kennt ihr viele jüdische Schmiede, Hausmeister, Hammerschmiede, Bauern, Wäscherinnen, Köchinnen und Geschirrwäscherinnen? Habt ihr schon einmal unsere Juden in den Straßen der Städte betteln sehen? Nein!«
Selbstverständlich hat man in Petrograd und Moskau noch nie jüdische Hausmeister gesehen, weil dieses Amt der Polizei unterstellt ist und deshalb aus begreiflichen Gründen nicht von Juden ausgeübt werden darf. Aber in Odessa sind die meisten Lastfuhrleute Juden; zweiundneunzig Prozent der Juden, die in den Ansiedlungsrayons leben, sind Handwerker und Arme.
Es ist völlig richtig, daß man außerhalb des Ansiedlungsrayons keine jüdischen Bettler sieht. Das beruht aber auf der ausgezeichneten Organisation der sozialen Selbsthilfe bei den Juden und darauf, daß die Polizei den Juden nicht erlauben würde zu betteln; außerdem beruht es, glaube ich, auch darauf, daß die liebreichen griechisch-orthodoxen Christen einem jüdischen Bettler statt eines Brotes einen Stein oder eine Schlange in die Hand drücken würden. Wie verlogen ist das alles; wie abstoßend der Antisemitismus dieser armseligen Gestalten!
Wenn man all diese dummen Gemeinheiten liest, die der ohnmächtigen und kleinmütigen Gehässigkeit der russischen Tölpel entstammen, dann fürchtet man um Rußland und schämt sich für das Land Lev Tolstojs, das die humanste Literatur der Welt hervorgebracht hat.
Der dritte Aufruf – ein provokatorisches Machwerk – ist noch dümmer und betrügerischer.
Er ist überschrieben:
»Geheim. An die Sektionsvorsitzenden des Israelitischen Weltbundes.« Auch hier wird den ›Vorsitzenden‹ empfohlen, die größte Vorsicht walten zu lassen. »Wir müssen beharrlich und unerschütterlich unser Ziel verfolgen, fremde Altäre und Throne zu zerstören«; »wir werden Rußland in die Knie zwingen«; »wir werden alles tun, um den Ruhm des großen jüdischen Volkes zu vergrößern« – aber ohne Eile und mit der nötigen ›Vorsicht‹.
Wen wollen diese Idioten mit ihren Machwerken einschüchtern?

Wenn sie wenigstens daran gedacht hätten, daß ein so wichtiges Schriftstück, das an die ›Vorsitzenden des Israelitischen Weltbundes‹ adressiert ist, sicher in Hebräisch und nicht in Russisch abgefaßt wäre! Oder wenn es ihnen wenigstens eingefallen wäre, hinzuzufügen: ›Übersetzung aus dem Hebräischen.‹

Wie stümperhaft und schändlich ist das alles!

Die übrigen Aufrufe sind nicht geistreicher als die zitierten.

Ich habe die Antisemiten schon mehrmals darauf hingewiesen, daß manche Juden nur deshalb die vorteilhaftesten und einträglichsten Positionen im Leben einnehmen, weil sie zu arbeiten verstehen und ihre Arbeit mit Begeisterung tun; weil sie gern etwas tun und fähig sind, an einer Tätigkeit Gefallen zu finden. Der Jude ist fast immer ein besserer Arbeiter als der Russe; es ist dumm, sich darüber zu ärgern – man muß arbeiten lernen! Der Jude tut seine Arbeit mit viel größerem Temperament als der geschwätzige Russe, gleichgültig, ob es sich um seinen persönlichen Erwerb handelt oder um eine öffentliche Tätigkeit. Welchen Unsinn die Antisemiten auch reden, sie hassen den Juden allein schon deshalb, weil er in vieler Hinsicht besser, geschickter und arbeitsamer ist als sie.

Heute, da wir uns Klarheit darüber verschafft haben, in welch erschreckender Weise die Monarchie uns verkommen ließ, uns entkräftete und geistig kastrierte, müssen wir geschickte Arbeiter – Menschen mit Initiative, die ihre Arbeit lieben – besonders schätzen. Aber wir brüllen wie wild:

»Schlagt sie tot, denn sie sind besser als wir!«

Das ist der Grund, ihr Herren Antisemiten, was ihr auch immer sagen mögt!

Die Aufrufe befassen sich natürlich besonders eingehend mit solchen Juden wie Zinovjev, Volodarskij und anderen, die eigensinnig vergessen, daß ihre Taktlosigkeiten und Dummheiten Material für eine Anklageschrift gegen alle Juden liefert[168]. Aber was soll das alles! ›In jeder Familie gibt es ein schwarzes Schaf‹, aber deshalb besteht noch lange nicht die ganze Familie aus schwarzen Schafen; und es gibt natürlich Tausende von Juden, die solche Leute wie Volodarskij wahrscheinlich ebenso leidenschaftlich hassen, wie die russischen Antisemiten es tun.

Das wird die Antisemiten selbstverständlich nicht davon überzeugen, daß nicht alle Juden gleich sind und daß die Klassen-

feindschaft innerhalb des Judentums nicht weniger ausgeprägt ist als bei anderen Nationen; das wird sie nicht überzeugen, denn sie wollen ja vom Gegenteil überzeugt sein.
Aber vielleicht haben jene, die man wie Hunde auf die Juden hetzen will, noch Zeit, sich gegen diesen neuen Versuch, Pogrome zu organisieren, zu empören. Vielleicht halten sie es für notwendig und zeitgemäß, den Verfassern der Aufrufe, den Mitgliedern der ›Camorra der Volksrache‹ und ähnlichen Organisationen zwielichtiger Abenteurer zu sagen:
»Verschwindet! Wir sind die Herren des Landes; wir haben seine Freiheit erkämpft, ohne unser Gesicht zu verbergen, und wir werden es nicht dulden, daß irgendwelche zwielichtigen Gestalten unseren Verstand und unseren Willen lenken. Verschwindet!«

Unzeitgemäße Gedanken

Novaja Žizn, Nr. 107 (322)
4. Juni (22. Mai) 1918

Durch die Eroberung der politischen Rechte hat das Volk die Möglichkeit bekommen, in Freiheit neue Formen des sozialen Lebens zu schaffen; aber es steht immer noch, innerlich und äußerlich, unter dem Einfluß von Schimmel und Rost der alten Lebensformen. In den Volksmassen finden sich keine Anzeichen eines bewußten Strebens, die überlebte Einstellung des Menschen zu sich selbst, zu seinen Mitmenschen und zum Leben überhaupt grundlegend zu ändern.
Das Leben ist überreich an wertvollen Ideen, die für die Massen vollkommen neu sind, aber diese Ideen dringen in eine Sphäre von Instinkten und Gefühlen ein, die grob und begrenzt sind. In dieser Sphäre werden Ideen nur mit Mühe aufgenommen, falls sie überhaupt aufgenommen werden, was leider zu bezweifeln ist.
Die Revolution, die durch die Kraft der energischsten Menschen geschaffen wird, verbraucht und verschlingt diese überaus wertvolle Kraft sehr schnell, aber der Prozeß der Sammlung und Organisierung neuer Kraft verläuft gefährlich langsam.

Das Wachstum und die Entwicklung dieser Kraft müssen unbedingt beschleunigt werden. Es ist notwendig, unverzüglich die Voraussetzungen zur Erziehung des neuen Menschen zu schaffen und möglichst rasch aktive Reserven zu sammeln, die in der Lage sind, an der Reorganisierung Rußlands überzeugt und sachkundig weiterzuarbeiten.
Es ist klar, daß politische Propaganda allein nicht genügt, um den neuen Menschen zu schaffen – es ist nicht genug, das Denken zu organisieren, man muß den Willen organisieren und die Gefühle erziehen, entwickeln und vertiefen.
Wir müssen dafür sorgen, daß sich die moralische und ästhetische Erziehung des Volkes zusammen mit seiner politischen Erziehung kontinuierlich entwickelt; nur unter dieser Bedingung wird unser Volk von der Last seiner unglückseligen Geschichte völlig befreit werden, nur so wird es aus der Gefangenschaft der alten Lebensformen entkommen. Nur wenn neue Gefühle, neue Ideen vorhanden sind, wird unser Volk klare, vernünftige und erreichbare Ziele erkennen und diese Ziele seinem Willen bewußt setzen.
Man muß sich daran erinnern, daß das Volk jahrhundertelang von der harten, strengen und trostlosen Lehre der Kirche von der Nichtigkeit des Menschen vor einer geheimnisvollen Macht, die sein Schicksal lenke, erzogen wurde und daß diese Lehre durch alle sozialen Lebensbedingungen, die eine Folge der sinnlosen Unterdrückung zur Zeit der russischen Monarchie waren, äußerst klar und hart bestätigt wurde.
Diese Lehre behauptet, der Verstand und der Wille des Menschen seien machtlos, und sie verlangt deshalb von ihm, gute Taten zu vollbringen. Da sie dem Menschen mit ewiger Strafe im Höllenfeuer droht, konnte und kann sie heute aktive Energie erwecken, die darauf gerichtet ist, ein irdisches Leben aufzubauen und Glück und Freude nach dem Willen und Verstand des Menschen zu schaffen. Diese Lehre stürzte den Menschen in den finsteren Abgrund des Bewußtseins, daß er nichts ist vor Gott. Ihre formale Logik wurde von sämtlichen Bedingungen des sozialen und politischen Lebens, an dessen Spitze der Zar stand, ausgezeichnet illustriert. Diese den Menschen erniedrigende Lehre verhinderte nicht nur die Aktivität, Initiative und freie Betätigung des Volkes, sondern drang auch tief in die Seele der Intelligenz ein; sie erfüllte die besten Werke der

russischen Literatur und hüllte unser ganzes Leben in einen Schleier von Hoffnungslosigkeit, stiller Trauer und elegischer Schicksalsergebenheit.

Das theoretische Rebellentum und der offene Kampf, den unsere Intelligenz tapfer und heldenhaft gegen die veralteten Lebens- und Denkformen führte, wurden nicht von den angeblich humanen klerikalen und monarchistischen Ideen bewirkt. Dieser Kampf wurde jenen Ideen zum Trotz geführt, aus Selbsterhaltungstrieb, einem heidnischen Trieb, der die Renaissance hervorbrachte und den Menschen immer dazu aufstachelte, sich gegen seine eigene menschliche Vorstellung aufzulehnen, daß das Schicksal unbesiegbar sei.

Diesen Aufstand fortzusetzen, zu intensivieren und zu vertiefen, ist die heilige und heroische Aufgabe der Intelligenz. Die Revolution, die allein den Menschen befreien und veredeln kann, muß in seinem Innern stattfinden und ist nur dann zu erreichen, wenn der Mensch vom Schimmel und vom Staub überlebter Ideen gereinigt wird.

Das Volk machte sich gewisse Ideen zu eigen, verwandelte sie aber in Emotionen, die die Freiheit seines Denkens und seines Willens versklavten. Um diese Emotionen zu bekämpfen, muß man andere, aktive Emotionen wecken.

Wir leben in einer Epoche voller Katastrophen, einer Epoche des Heldentums, und wir müssen dem Volk Schauspiele, Bücher, Bilder und Musik geben, die in den Massen die Fähigkeit entwickeln, das Pathos des Kampfes zu empfinden.

Die Tragödie erregt das Gefühl besonders stark; das Pathos der Tragödie entreißt den Menschen am leichtesten den schmutzigen Netzen des Lebens, und die Tragödie humanisiert.

Der Anblick einer Tragödie muß den empfänglichen Zuschauer über das Chaos des Alltäglichen, des Gewöhnlichen erheben; die großen Taten der Helden der Tragödie sind ein ungewöhnliches, festliches Schauspiel der großen Kraft des Menschen im Kampf gegen sein Schicksal.

*

Von diesen Überlegungen ausgehend, deren Skizzenhaftigkeit ihrer Klarheit hoffentlich keinen Abbruch tut, erlaube ich mir, einige Worte über die Praxis der kulturellen und erzieherischen Arbeit zu sagen, die heutzutage von verschiedenen Organisa-

tionen und Gruppen getan wird. Ich will mit folgender Tatsache beginnen:
Ein Arbeiterdistrikt in Petrograd richtete ein Theater ein. Das Bühnenbild stammte von einem sehr begabten Maler und zeigte muskulöse Arbeiter mit aufgekrempelten Ärmeln, Fabriken und Fabrikschlote; das alles im kubistischen Stil.
Die Arbeiter schauten sich diese Kunst an und erklärten kategorisch:
»Nehmt das weg, so was brauchen wir nicht! Was wir brauchen ist, daß man in uns die Liebe zur Natur, zu Feld und Wald, zu den weiten, vom lebendigen Spiel der Farben und der Sonne erfüllten Landschaften aufrechterhält und entwickelt. Bewahrt in uns die Liebe zur Schönheit, wir brauchen keine Langeweile und keine Alltäglichkeiten.«
Das ist wortwörtlich so gesagt worden, und zwar von Arbeitern. Aus diesen Worten spricht sehr klar die berechtigte und natürliche Forderung des gesunden Menschen, der in der Kunst einen Kontrast zu jener Wirklichkeit sucht, die seine Seele bedrückt und quält. Er kennt die abstoßenden Erscheinungen des Alltags besser als der Künstler, und wenn der Künstler kein Lyriker ist, der die graue Dämmerung des Arbeitslebens mit dem sanften und hellen Feuer seiner Seele erleuchten kann, wenn er kein Satiriker ist, der die Kraft hat, die schmutzige Hölle des Alltags so darzustellen, daß sein Bild, sein Gedicht oder seine Erzählung einen lebhaften Abscheu gegen das Alltagsleben, ein natürliches Streben zum Feiertag erregt, wenn er nicht fähig ist, im Üblichen und Gewohnten das Heroische und Bedeutende zu enthüllen – wenn der Künstler das alles nicht geben kann, ist seine Kunst für den Arbeiter nicht nötig; denn dieser ist ein Mensch, der gewohnt ist, aus den formlosen Massen des Rohmaterials die feinsten Dinge zu machen – komplizierte Apparate, mächtige Maschinen. Der Arbeiter ist auch ein Künstler, denn er gibt dem Formlosen vollendete Formen.
Der Kubismus und die ganze sogenannte lineare Malerei können ihm nicht gefallen und sagen ihm nichts Neues. Es ist sehr wahrscheinlich, daß die neuen Richtungen in der Malerei eine Zukunft haben, aber zur Zeit sind sie Laboratorien einer Technik, die nur für Leute mit feinem Geschmack, Kunstkritiker und Kunsthistoriker interessant sein kann. Alle diese Experimente Leuten zu zeigen, die nach vollkommener Schönheit

dürsten, heißt, ihnen L. Tolstojs *Krieg und Frieden* nach seinen Manuskripten mit ihren Hunderten von Korrekturen zu lesen geben.

Ich gehe nun von der Malerei zur Bühnenkunst über und werfe die scheinbar paradoxe Frage auf: Was ist für die soziale und ästhetische Erziehung der Massen nützlicher: *Onkel Vanja* von Čechov oder *Cyrano de Bergerac* von Rostand? *Das Heimchen am Herd* von Dickens oder ein Stück von Ostrovskij?

Ich bin für Rostand, Dickens, Shakespeare, die griechischen Tragiker und die geistreichen, heiteren Komödien des französischen Theaters. Ich bin deshalb für dieses Repertoire, weil ich – ich wage es zu sagen – die geistigen Bedürfnisse der Arbeitermasse kenne. Das Bewußtsein von der Klassenfeindschaft und den sozialen Unterschieden ist bei ihr weit genug entwickelt; sie will die Erscheinungsformen universaler Brüderlichkeit und Einigkeit sehen und begreifen; sie fühlt, daß das Bewußtsein von der Einigkeit der Gefühle und Gedanken die Grundlage der menschlichen Kultur ist, das Streben aller Menschen nach Freude und Glück und dem Feiertag auf Erden kennzeichnet.

Die Arbeitermasse will, daß ihre Seele mit dem Besten in Berührung kommt, was das Fühlen und Denken des Menschen geschaffen hat; sie will den Genius des Menschen bewundern, begreifen und lieben.

*

Der giftige Nebel des Alltagslebens, das von dem beständigen Kampf um ein Stück Brot verseucht wird, wurde in allen Zeiten und bei allen Völkern von dem Schaffen der Wissenschaft und der Kunst aufgehellt und gemildert, – nur Wissenschaft und Kunst können unsere tierischen Lebensformen veredeln. Es ist höchste Zeit und dringend notwendig, in unsere unglaublich wilde Gegenwart die größten Errungenschaften der Wissenschaftler und Künstler einzuführen – alles Wertvolle der Welt, alle Schätze ihres Geistes, alles, was die Kraft hat, den Menschen neu zu erziehen und ihn – den Schöpfer der Tatsachen – über die Tatsachen zu erheben.

Die Menschheit hat viel Schönes hervorgebracht, täglich schaffen die Menschen Unmengen von Schmutz und Schund, und unter diesem Haufen unvermeidlicher Kleinigkeiten wird das Schöne unsichtbar.

Wir müssen so leben, daß wir das Schöne immer vor Augen haben, dann wird es in uns Gefühle, Gedanken und Taten wecken, die des Menschen würdig sind.
Aber wenn man einen Menschen in einen Schweinestall steckt, ist es töricht, von ihm zu verlangen, er solle ein Engel sein.

Unzeitgemäße Gedanken

Novaja Žizn, Nr. 109 (324)
6. Juni (24. Mai) 1918

Wenn man heute die Arbeit der Revolutionäre betrachtet, lassen sich zwei Typen deutlich unterscheiden: der eine ist sozusagen der ewige Revolutionär, der andere der Revolutionär auf Zeit, der Eintagsrevolutionär.
Der erste Typus verkörpert das revolutionäre prometheische Prinzip. Er ist der Erbe des ganzen Ideenkomplexes, der die Menschheit auf ihrem Weg zur Vervollkommnung bewegt. Diese Ideen sind nicht nur ein Teil seines Verstandes, sondern auch seines Gefühls und sogar seines Unterbewußtseins. Er ist das lebendige, pulsierende Glied in der unendlichen Kette dynamischer Ideen, und all seine Gefühle und Ansichten müssen unter jeder nur denkbaren sozialen Ordnung unbefriedigt bleiben, weil er weiß und daran glaubt, daß die Menschen immer die Kraft haben, aus Gutem Besseres zu schaffen.
Er liebt leidenschaftlich seine ewig junge Wahrheit, aber nicht so sinnlich und fanatisch, daß er sie den Menschen, die noch im Bann einer alten, toten Wahrheit der Vergangenheit stehen oder unheilbar in längst Vergangenes verliebt sind, mit Gewalt eintrichtern wollte. Er sieht im Menschen eine unerschöpfliche, lebendige und nervöse Kraft, die unaufhörlich neue Empfindungen, Gedanken, Ideen, Dinge und Daseinsformen schafft. Er möchte das ganze Gehirn der Welt, das Gehirn in den Schädeln aller Erdbewohner, beleben und vergeistigen. Aber wenn er dieses einzige und wirklich revolutionäre Ziel verfolgt, wendet er Gewalt gegen Menschen erst dann an, wenn es sich auf keinen Fall vermeiden läßt; aber auch dann tut er es nur mit dem Gefühl körperlichen Ekels vor jedem Gewaltakt.

Er weiß sehr genau, daß, wie einer der bedeutendsten russischen Denker richtig feststellte, ›das Grauen der Geschichte und ihr größtes Unglück darin besteht, daß der Mensch grausam gekränkt ist‹[169]; – gekränkt von der Natur, die ihn geschaffen und als Tier unter Tiere geworfen hat und die ihm für seine Entwicklung und Vervollkommnung nur die gleichen Bedingungen wie jedem anderen Tier auch bietet; gekränkt von den Göttern, die er aus Freude über die Naturkräfte und aus Angst vor ihnen zu hastig und ungeschickt ›nach seinem Ebenbild‹ geschaffen hat; furchtbar gekränkt von seinem listigen oder starken Nächsten und am schlimmsten gekränkt von sich selbst, da er zwischen dem alten Tier und dem neuen Menschen ewig schwankt. Aber der ewige Revolutionär ist frei von persönlichem Haß auf die Menschen; er kann sich über alles Persönliche erheben und jeden kleinlichen und gehässigen Wunsch unterdrücken, sich an seinen Mitmenschen wegen der Leiden und Qualen, die sie ihm zufügen, zu rächen.
Sein Ideal ist der Mensch als physisch starkes und schönes Tier; aber diese physische Schönheit soll mit der Macht und Schönheit des Geistes vollkommen harmonieren. Das Menschliche ist das Geistige, alles, was von der Vernunft geschaffen wird; auf der Vernunft beruht die Wissenschaft, die Kunst und das von immer mehr Menschen dunkel empfundene Bewußtsein von der Einheit ihrer Ziele und Interessen. Der ewige Revolutionär bemüht sich mit all seinen Geisteskräften, dieses Bewußtsein zu vertiefen und zu erweitern, damit es die ganze Menschheit erfaßt; damit es alles vernichtet, was die Menschen in Rassen, Nationen und Klassen spaltet, und alle Menschen in einer einzigen Familie der Arbeiter vereinigt, die die Herren der Welt sind und alle Schätze und Freuden des Lebens für sich selbst schaffen.
Jede Verbesserung der sozialen Bedingungen des Daseins ist für den ewigen Revolutionär nur eine Stufe der unendlichen Leiter, die die Menschheit in die Höhe führt. Er ist sich bewußt, daß vor allem hier der Sinn des geschichtlichen Prozesses liegt, in dem er selbst nur eine der zahllosen Notwendigkeiten darstellt.
Der ewige Revolutionär ist die Hefe, die die Hirne und Nerven der Menschheit fortwährend gären läßt. Er ist entweder ein Genie, das die vor ihm geschaffenen Wahrheiten zerstört, um

neue zu begründen, oder er ist ein bescheidener Mensch, der von seiner Kraft fest überzeugt ist, die mit stillem, oft fast unsichtbarem Feuer brennt und die Wege in die Zukunft erleuchtet.

Der Revolutionär auf Zeit, der Eintagsrevolutionär, ist ein Mensch, der die sozialen Kränkungen und Beleidigungen und das Leid, das Menschen einander zufügen, besonders schmerzlich empfindet. Er nimmt alle revolutionären Ideen seiner Zeit mit der Vernunft auf; trotzdem bleibt er in der Skala seiner Empfindungen konservativ und bietet den tragischen, oft sogar tragikomischen Anblick eines Menschen, der nur auf die Welt gekommen ist, um den kulturellen, humanen und allgemeinmenschlichen Inhalt revolutionärer Ideen zu entstellen, zu schänden und ins Lächerliche, Gemeine und Absurde zu ziehen.

Er tut sich vor allem selbst leid, weil er unbegabt und schwach ist und weil man ihn sogar dafür beleidigte, daß er einst im Gefängnis, in der Verbannung war und das schwere Leben eines Emigranten geführt hat. Er hat sich wie ein Schwamm mit Haß vollgesogen und will alle Kränkungen, die er erleiden mußte, hundertfach rächen. Die Ideen, die er nur mit dem Verstand aufnahm, die aber nicht Teil seiner Seele wurden, stehen in direktem und unversöhnlichem Widerspruch zu allem, was er tut. Er benutzt die gleichen Kampfmittel wie seine Feinde; andere kennt er nicht.

Nur für kurze Zeit ist er der rebellisch gewordene Sklave eines strafenden und rächenden Gottes und kann deshalb die Schönheit des Gottes der Barmherzigkeit, der Vergebung und Freude unmöglich fassen. Er fühlt keinen organischen Zusammenhang mit der Vergangenheit der Welt und glaubt, er sei vollkommen frei; aber innerlich fesseln ihn der bedrückende Konservativismus seiner tierischen Instinkte und ein dichtes Netz kleiner, verletzender Eindrücke, über die er sich unmöglich erheben kann. Seine Denkgewohnheiten zwingen ihn, im Leben und im Menschen vor allem das Negative zu suchen; in der Tiefe seiner Seele verachtet er den Menschen, wegen dem er – einmal oder hundertmal – gelitten hat, der jedoch selbst zu sehr leidet, um die Qualen des anderen wahrnehmen und achten zu können. Der Eintagsrevolutionär ist zwar bestrebt, die äußeren Formen des sozialen Lebens zu verändern, aber er ist nicht imstande, die neuen Formen mit neuem Inhalt zu füllen; er trägt die gleichen Gefühle in sie hinein, die er bekämpft hat. Wenn es ihm durch ein Wunder oder durch einen Gewaltakt gelänge, eine neue Lebensweise zu schaffen, dann wäre er sicher der erste, der sich in der Atmosphäre dieses Lebens fremd und einsam fühlte, denn seinem Wesen nach ist er kein Sozialist, nicht einmal ein Prä-Sozialist, sondern ein Individualist.

Er behandelt die Menschen so, wie ein unfähiger Wissenschaftler Hunde und Frösche behandelt, die er für seine grausamen wissenschaftlichen Experimente benutzt. Der Unterschied zwischen ihnen besteht allerdings darin, daß der unfähige Wissenschaftler die Tiere nur deshalb sinnlos quält, weil er dem Menschen nutzen möchte, während die Motive des Eintagsrevolutionärs bei seinen Menschenversuchen durchaus nicht immer aufrichtig sind.

Die Menschen eignen sich um so besser als Material, je weniger sie denken. Wenn das persönliche und soziale Selbstbewußtsein des Menschen gegen die rein äußerlichen und formalen Erscheinungsformen revolutionären Geistes protestiert, dann scheut der Eintagsrevolutionär nicht davor zurück, den Protestierenden Strafen anzudrohen; so haben es viele Vertreter des oben beschriebenen Typus getan, und so tun sie es immer noch.

Der Eintagsrevolutionär ist ein kalter Fanatiker, ein Asket; er kastriert die schöpferische Kraft der revolutionären Idee. Man kann ihn nicht als Schöpfer der neuen Geschichte bezeichnen, und er wird auch nicht ihr idealer Held sein.

Sein Verdienst besteht vielleicht darin, daß er das Absterben des tierischen Elements im Menschen beschleunigte, indem er das alte grausame Tier in der menschlichen Masse weckte. Grausamkeit ermüdet den Menschen und kann mit der Zeit einen natürlichen Ekel hervorrufen. Dieser Ekel bedeutet das Ende der Grausamkeit.

Wir entwickeln anscheinend gerade diesen körperlichen Ekel vor allem Blutigen, Grausamen und Schmutzigen; dieser Ekel muß wachsen, damit er bei der großen Masse zur Idiosynkrasie wird.

In einer kranken Stadt
(Tagebuch)

Novaja Žizn, Nr. 111 (326)
8. Juni (26. Mai) 1918

I

In einer ruhigen und engen Nebengasse sitzen ein etwa fünfjähriger Junge und ein etwas älteres Mädchen auf dem vom Regen ausgewaschenen Bürgersteig vor einem schadhaften Bretterzaun. Beide sind mager und erbärmlich zerlumpt. Das Mädchen trägt rotbraune Schuhe eines Erwachsenen; der Junge hat an einem Fuß einen gestreiften, am anderen einen grauen Strumpf.

Die schrägstehende, kraftlose Sonne – fern und winterlich kalt – scheint vom blassen Himmel auf sie herab. Die Kinder stehen unmittelbar vor einer braunen Mauer mit einem riesigen, fest verschlossenen Tor. Das Mädchen träumt mit halb offenem Mund vor sich hin. Die blauen Augen des Jungen sind unverwandt auf die Mauer gerichtet; er hebt langsam den Kopf, schaut in die Sonne, verzieht unzufrieden das Gesicht und sagt laut, bestimmt und gedehnt:

»Ich habe Hunger.«

»Was du nicht sagst«, murmelt das Mädchen verschlafen, zieht ihre dünnen Beine ein und umhüllt sie mit dem Rock; sie kneift die Augen zusammen und lehnt sich wieder mit dem Hinterkopf gegen den Zaun; die Sonne scheint ihr jetzt direkt in das blutleere Gesicht.

Die Gasse ist still und verlassen. Aus der Ferne dringt das Röcheln und Stöhnen der Stadt. Eine blecherne Sonne – die Luft ist von den säuerlichen Ausdünstungen der vergifteten Erde erfüllt.

»Eine Katze«, sagt der Junge lächelnd und stößt das Mädchen mit seiner schmutzigen Hand ans Knie.

Die Katze geht langsam an der Mauer entlang und schmiegt sich fest an sie; sie hebt kaum ihre wollenen Pfoten und setzt sie, ohne wie üblich auf ihre Reinlichkeit zu achten, irgendwo hin. Ihr Kopf hängt entkräftet nach unten, das Fell auf ihrem Rücken ist gesträubt, die Rippen zeichnen sich deutlich ab, und der Bauch hängt wie ein leerer Sack und baumelt hin und her.

Die Sonne scheint von hinten auf die Katze und ihr Schatten hat einen abnorm langen Kopf. Sie bleibt einen Augenblick stehen, sieht die Kinder mit trüben Augen an, öffnet lautlos das Maul, fällt beinahe um und taumelt weiter.
Das Mädchen kratzt sich am Kopf und sagt:
»Sie geht gleich ein, ist ja schon halb krepiert . . .«
Aber der Junge atmet mit gespitzten Lippen viel Luft ein, läßt sie laut und unzufrieden wieder heraus und sagt:
»Ich habe Hunger!«
Das Mädchen blickt der Katze nach und wiederholt:
»Was du nicht sagst.«

*

2

Ein Pferd, vor Hunger und Arbeit erschöpft, ist auf einen Haufen Holzpflastersteine gestürzt; die scharfen Kanten der Holzwürfel schneiden in seine Flanke, die zerbrochene Deichselstange sticht in den aufgedunsenen Bauch. Das Pferd weint, die schlaffen Augenlider pressen verkrampft große, unsaubere Tränen aus den trüben Augen.
Mürrische Menschen, die offenbar viel Zeit haben, umringen das Pferd und sprechen davon, daß es alt sei und daß der schwerbeladene Wagen über seine Kräfte gehe; der Kutscher hat sich auf den Bordstein gesetzt, erzählt, wie teuer das Futter geworden sei, und prophezeit:
»Sie gehen alle ein, weil sie nichts zu fressen haben. Auch die Menschen.«
Jemand aus der Menge sagt:
»Die Ratten sind schon da.«
Die Kinder laufen hin und her und schleppen Grasbüschel an, die sie mit den Wurzeln aus der Erde gerissen haben; im Gras leuchtet der gelbe Löwenzahn. Sie kauern sich vor das ausgestreckte Pferdemaul, stopfen das Gras und die Blumen zwischen seine schlaffen Lippen und ziehen dabei ängstlich die kleinen Hände vor den breiten, grauen Zähnen zurück.
Das alles ist so rührend, als würde man einem qualvoll sterbenden Menschen zarte, lyrische Verse vorlesen.
Das Pferd kaut mechanisch und macht schwache, erfolglose Versuche, die Flanke von den scharfen Holzpflastersteinen wegzuziehen.

»Seht nur, wie es sich abmüht«, sagt mit tiefer Stimme einer der Zuschauer, die die leidende Kreatur aufmerksam beobachten.
Am Himmel ziehen graue Wolken in schweren Fetzen vorüber; dazwischen scheint das Blau des Himmels durch, den die Winterstürme reingefegt und die Regen reingewaschen haben.
Ein baumlanger Neger mit glänzendem Gesicht, in einem karierten Mantel, mit großen gelben Schuhen und einer Pfeife zwischen den Zähnen kommt dazu. Er blickt mit öligen Augen über die Köpfe der Zuschauer, steckt die Pfeife in die Tasche und schiebt die Leute mit seinen schweren, eisernen Händen leicht beiseite:
»Pardon ... Pardon ...«
Er hockt sich hin und legt mit den geschickten Bewegungen eines Athleten die Holzpflastersteine unter der Flanke des Pferdes gerade, richtet sich wieder auf, schneidet eine Grimasse, rollt mit den schwarzen Augen und schlägt sich mit der flachen Hand auf die Hüfte:
»Tut weh ... Nix gutt.«
Dann zeigt er mit dem schwarzen, dicken Finger auf das Pferd und fügt hinzu:
»Jetzt tut weniger weh.«
Er tippt an den Rand des eingedrückten Hutes auf seinem kraushaarigen Kopf, verzieht seine Lippen, die die Farbe von dunklen Kirschen haben, zu einem breiten Grinsen, steckt sich die Pfeife wieder zwischen die weißen Zähne und entfernt sich.
»Das ist vielleicht ein Kerl!« sagt der Mann mit der mürrischen Baßstimme, und ein anderer bemerkt gleichgültig:
»Ist ja selbst ein halber Gaul«[170].

Unzeitgemäße Gedanken

Novaja Žizn, Nr. 113 (328)
11. Juni (29. Mai) 1918

Hysterische Menschen schreiben mir wüste Briefe und drohen, mich zu töten.
Ich glaube, diese Absicht ist nicht ernst zu nehmen und weniger

verbrecherisch als dumm. Mit Mord kann man außer der Dummheit des Mörders nichts beweisen. Die Todesstrafe macht den Menschen nicht besser, als er ist. Wie viele Menschen man auch ermorden mag, die Überlebenden gehen doch den Weg, der ihnen von der Geschichte vorherbestimmt ist; der Tod vermag die Entwicklung der historischen Kräfte nicht aufzuhalten.

Hat man denn in Rußland, in all seinen Städten und tausend Dörfern nicht genug Menschen umgebracht, um ein Anwachsen der revolutionären Stimmung zu verhindern? Trotzdem hat die Revolution gesiegt! In diesen Tagen, da nicht weniger Menschen umgebracht werden als früher, wird letzten Endes doch nur das Vernünftigste und Gesündeste siegen. Die Anwendung physischer Gewalt ist immer ein unwiderlegbarer Beweis für moralische Schwäche – das ist seit langem bekannt und sollte von allen begriffen werden.

Aber einem Menschen mit dem Tod drohen, nur weil er so ist, wie er eben ist, zeugt von Unwissenheit und Dummheit.

*

Man wirft mir vor, ich habe mich ›an die Juden verkauft‹. Das ist ebenfalls dumm. Ich sehe natürlich ein, daß in einem Land, wo seit jeher alle gewohnt sind, zu bestechen und sich bestechen zu lassen, jeder Mensch, der für eine hoffnungslose Sache eintritt, als bestochen angesehen werden muß. Die Psychologie der Mehrheit verlangt, daß jeder Mensch in irgendeiner Weise lasterhaft und mit einem Schandmal gekennzeichnet ist. Das ist die typische Psychologie professioneller Gauner: sie können sich nicht vorstellen, daß ein Mensch ehrlich ist, nur weil er es eben sein möchte und weil es seine Art ist. Aber vielleicht sind sie auch neidisch: einer von ihnen wird immer bereit sein, sich für billiges Geld zu verkaufen; nur wenige sind für Geld nicht zu haben. Gerade deshalb sind sie ja so wütend: Wie ist das möglich – die Bedingungen, unter denen wir leben, zwingen uns doch, mit unserem Gewissen zu schachern, aber jene Menschen lassen sich einfach nicht kaufen!

Obwohl man selbst nicht an die Käuflichkeit jener ›Menschen‹ glaubt, schreit man:

»Er hat sich verkauft! Sie haben sich verkauft!«

Ach, ihr Unglücklichen! Ihr solltet lieber versuchen, selbst ehrliche Menschen zu werden – es hat auch seine guten Seiten!

*

Ich erhalte also wütende Briefe, in denen man mir vorwirft, ›ich hasse das Volk‹. Das verlangt eine Erklärung. Ich sage offen, daß Leute, die so viel von ihrer Liebe zum Volk reden, immer Argwohn und Mißtrauen in mir wecken. Ich frage mich und ich frage auch sie: Lieben sie wirklich jene Bauern, die sich mit Schnaps betrinken, bis sie zu toben beginnen und ihre schwangeren Frauen in den Bauch treten? Jene Bauern, die viele tausend Zentner Getreide zur Herstellung von ›Selbstgebranntem‹ verbrauchen und die verhungern lassen, von denen sie geliebt werden? Jene Bauern, die viele tausend Zentner Korn in der Erde verfaulen lassen, statt es den Hungernden zu geben? Jene Bauern, die einander bei lebendigem Leibe begraben, die auf offener Straße grausame Lynchjustiz üben und es genießen, wie ein Mensch totgeprügelt oder im Fluß ertränkt wird? Jene Bauern, die gestohlenes Brot für zehn Rubel das Pfund verkaufen?
Ich bin überzeugt, daß diese ›liebreichen‹ Bürger, die mir Haß gegen das Volk vorwerfen, dieses wilde und eigennützige Volk in der Tiefe ihres Herzens ebensowenig lieben wie ich. Sollte ich mich aber irren, und sie lieben das Volk wirklich so, wie es ist, dann bitte ich, meinen Irrtum zu verzeihen – aber ich bleibe bei meiner Meinung: ich liebe das Volk nicht.
Mehr noch: ich bin überzeugt, daß man das Volk so, wie es ist, gar nicht lieben darf, ebenso, wie man ihm nicht vorwerfen darf, daß es so und nicht anders ist. Ich glaube, es wäre für das Volk und für die, die es so sehr lieben, besser, wenn sie ihm selbstlos all ihr Wissen und den ganzen Reichtum ihrer Seele schenkten, damit es menschlicher werde. Aber wenn sie ihm auch ihr Bestes schenken, dürfen sie nicht damit rechnen, daß ihre selbstlose Arbeit in irgendeiner Weise vom Volk geschätzt oder belohnt wird. Das wird niemals geschehen!
Es ist unwichtig und uninteressant, wie die Menschen uns behandeln, aber es ist sehr wichtig, wie wir die Menschen behandeln – das sollte man endlich begreifen!

In einer kranken Stadt
(Tagebuch)

Novaja Žizn, Nr. 114 (329)
12. Juni (30. Mai) 1918

3

Der Nieselregen, halb Rauhreif, halb Nebel, ist über der Straße erstarrt und hängt fast unbeweglich in der Luft, wie ein feuchter Dunstschleier über einem Sumpf.

»Abendblatt!« ruft ein schmächtiges, junges Fräulein, das sich an die feuchte Mauer eines fünfstöckigen Hauses drückt.

Passanten gehen mit besorgten Mienen an ihr vorbei, die Hüte tief in die Stirn gedrückt, die Hände in den Taschen vergraben. Ein Lastwagen donnert vorbei und verspritzt den feuchten Straßendreck; einige Spritzer kommen auf den Rock der Zeitungsverkäuferin; sie schüttelt ihn und zeigt dabei ihre hohen Schuhe mit den schiefgetretenen Absätzen. Sie hat schmale Hände, große, ernste Augen leuchten in ihrem blassen Gesicht, die Brauen zittern angespannt. Ein solide gekleideter Herr, der wie ein verabschiedeter Gouverneur oder ein Koch aus einem vornehmen Klub aussieht, tritt ohne Eile an sie heran.

»Abendblatt!« ruft das Fräulein.

Der Herr bleibt stehen, reckt unternehmungslustig seinen massigen Körper, lächelt satt, sagt irgend etwas zu ihr und geht weiter. Das Fräulein senkt den Kopf, so daß man ihr Gesicht nicht sieht. Dann drückt sie mit der einen Hand den Stoß Zeitungen an die Brust und fährt mit der andern rasch über den Nacken. Sie schüttelt angeekelt die Finger, sieht sich um und wird über und über rot. Sie verbirgt das Gesicht hinter den Zeitungen, ihre schmalen Schultern zucken krampfhaft; ringsum eilen Menschen wie Schatten lautlos durch den feuchten Nebel.

*

4

Eine junge Frau erzählte mir folgendes:

»Ich war bis spät in die Nacht bei meiner kranken Schwester und ging erst nach Mitternacht nach Hause, als keine einzige Straßenlaterne mehr brannte. Auf den Straßen ist es jetzt unheimlich und einsam; und überall diese unheimlichen Gestalten, die sich in den Torbögen herumdrücken und von denen man nicht weiß, ob sie Wächter oder Diebe sind! Während ich gehe, höre ich plötzlich hinter mir feste, gleichmäßige und unerbittliche Schritte. Ich schaue mich um: ein Mann in Uniform folgt mir, groß, grau und – wie man sich denken kann – furchterregend. Keine einzige Droschke ist in der Nähe, die Straße ist abgelegen, und er verfolgt mich wie das Schicksal. ›Mein Gott‹, denke ich, ›er wird mich ausrauben oder mir sonst etwas antun‹. Ich stecke eine Hand in die Tasche, um das Portemonnaie herauszuholen, und nehme das Armband ab, damit dieser Mensch mich nur nicht anfaßt ... Aber er hat mich schon eingeholt, und ich höre seine leise, aber befehlende Stimme:

›Gnädige Frau ...‹

Ich laufe fast, aber bis zu meiner Wohnung sind es noch zwei Häuserblöcke; er sagt mir fast ins Ohr:

›Sie haben Angst vor mir, nicht wahr.‹

›Gehen Sie! Gehen Sie!‹ antworte ich und falle fast um.

Er lacht schrecklich auf, seine Stimme klingt als hätte sie einen Sprung, und er sagt:

›Begreifen Sie doch, ich will Sie nur um ein Almosen bitten ... Ich habe seit zwei Tagen nichts gegessen ... Ich bin Offizier, ein anständiger Mensch ... Aber, bei Gott, ich bin zu allem bereit ... Zum Teufel! Helfen Sie mir!‹

Ich blickte ihm ins Gesicht, und niemals werde ich seine schrecklichen Augen und die hungrigen Zähne unter dem dunklen Schnurrbart vergessen. Ich lehne mich an die Mauer und sage:

›Wo wollen Sie denn etwas zu essen finden? Es ist doch alles zu! Kommen Sie lieber zu mir.‹

Er lehnte ab.

›Nein‹, sagte er, ›ich gehe nicht mit; ich will nicht, daß auch nur ein Mensch erfährt, daß ...‹

Er verbeugte sich und trat einen Schritt zurück.

›Aber was wollen Sie morgen tun?‹ fragte ich.

›Ich danke Ihnen ... Entschuldigen Sie ... Ja, morgen? Nun, morgen ...‹

Er ging langsam zurück und sprach vor sich hin; es war entsetzlich, in der leeren, toten Straße seine unverständlichen Worte hören zu müssen.«

Unzeitgemäße Gedanken

Novaja Žizn, Nr. 12 [Moskauer Ausgabe][171]
15. (2.) Juni 1918

Der Mensch, der in diesen harten Tagen erbarmungslos gemartert und gequält wird, stöhnt immer lauter. Man hört sein Stöhnen und zerbricht sich vergeblich den Kopf, weil man nicht weiß, wie man ihm helfen kann.

Der russische Mensch, der früher immer gerne jammerte und sonst nichts zu tun verstand, stöhnt nicht mehr; er frohlockt jetzt hysterisch und schadenfroh, denn die traurigsten und düstersten Vorahnungen seines tierischen Pessimismus haben sich bewahrheitet. Er triumphiert und ruft täglich und stündlich aus:

»Aha! Was habe ich gesagt! Habe ich es nicht gewußt!«

Ein solcher Mensch wird immer und unter allen Bedingungen ein unmoralisches Leben führen, weil er keinen Sinn für das Gute hat und nicht danach strebt, etwas Besseres zu suchen oder zu schaffen.

Aber jetzt beginnen jene Menschen zu stöhnen, die noch vor kurzem genügend Kraft hatten, gegen die grausamen Grundbedingungen des alten Lebens Widerstand zu leisten und hartnäckig gegen sie zu kämpfen; und die Zahl dieser Menschen wächst ständig. Hier ist der Brief einer Frau, der für die seelische Verfassung dieser Leute besonders charakteristisch ist:

> Ich stand immer extrem links, sympathisierte mit den Bolschewiken, und der Sozialismus war meine Religion. Aber jetzt ... Sie schreiben, man müsse an die Zukunft und an den Menschen glauben; aber dieser Glaube stirbt in meiner Seele. Die Gegner des Sozialismus haben immer gesagt, das Leben sei ein Kampf, in dem der Stärkere siege; mal sei der eine oben, mal der andere – das sei nur ein Rollenwechsel, das Ergebnis bleibe immer das gleiche. Heute kommt es mir oft vor, als verhielte es sich wirklich so. Gibt es denn jetzt auch nur eine Spur von Gleichheit? Es ist dasselbe ehrgeizige Spiel, dasselbe Streben, vom allgemeinen Kuchen ein möglichst großes Stück zu erwischen, und es ist dieselbe ... Ungleichheit.
>
> Können Sie sich an eine Erzählung Andrejevs erinnern, die,

wenn ich nicht irre, *Der Abgrund* heißt[172]? Ein Mädchen und ein junger Mann, der das Mädchen rein und zärtlich liebt, gehen in einer einsamen Gegend vor der Stadt spazieren. Sie werden von einigen Rowdys überfallen, die den jungen Mann mit einem Schlag betäuben, das Mädchen in den Wald schleppen und sie dort einer nach dem anderen vergewaltigen. Als der junge Mann aus seiner Ohnmacht wieder erwacht und das Mädchen, das die Rowdys nach ihrem ›tierischen Mahl‹ ohnmächtig liegengelassen hatten, findet ... vergewaltigt er es auch. Früher hielt ich diese Erzählung für lebensfremd, grausam und unwahrscheinlich. Sie schien mir der Menschheit ins Gesicht zu spucken. Aber heute identifiziere ich unwillkürlich das Schicksal des Mädchens mit dem Schicksal Rußlands, denn ich sehe, daß auch Rußland nicht nur von Schurken, sondern auch von jenen, die es einst rein und heilig liebten, vergewaltigt wird. Alle handeln, wie der junge Mann in der Erzählung, unter dem Einfluß ihrer erwachten, dunklen Instinkte und ihres verdorbenen Charakters. Sie trösten sich dabei mit dem Gedanken, jetzt sei sowieso alles gleich. ›Wir haben nicht angefangen, aber jetzt wollen wir auch unser Teil bekommen.‹

Wie tief ist unsere Moral gesunken! Welches Niveau haben die einfachsten Begriffe von Anstand erreicht! Wie schändlich klang noch zu Beginn des Krieges das Wort ›Marodeur‹! Aber wer hat sich heute noch nicht am Hunger des Volkes bereichert? Leute mit akademischer Bildung befassen sich mit dem Kauf und Verkauf von Lebensmitteln, und keiner verheimlicht es; Beamte und Arbeiter sind auch Schieber. Niemand erhebt mehr seine Stimme gegen das Marodieren; dieses Wort hat seine schändliche Bedeutung völlig verloren. Jeder ist im Gegenteil darauf bedacht, diese Leute zu decken und sich bei ihnen einzuschmeicheln. Wenn sie wirklich jemand anzeigt, dann sind es Neider oder Pechvögel, denen die gleichen Geschäfte mangels Geld oder Talent nicht gelungen sind. Alle bemühen sich, mit den Schiebern gute Beziehungen zu unterhalten; sie zahlen ihnen horrende Preise und bedanken sich auch noch bei ihnen, wie früher bei den Arbeitgebern[173], auch wenn sie von ihnen ausgebeutet wurden. Ich schreibe Ihnen hier Dinge, die mich sehr bedrücken, aber ich kann mich um nichts in der Welt dazu entschließen, meinen richtigen Namen unter diesen Brief zu setzen. Ich verberge mich aus Feigheit hinter einem falschen Namen, denn ich kaufe auch bisweilen bei den Schiebern; von der jetzigen Brotration – einem achtel Pfund pro Tag – kann man nicht leben! Also zahle ich zehn Rubel für ein Pfund Schwarzbrot, zwanzig Rubel für ein Pfund Butter und bin noch froh, wenn ich für so viel Geld überhaupt etwas bekomme. Natürlich möchte ich die, bei denen ich kaufe, nicht verraten; es fällt mir allerdings sehr schwer, solche Preise zu zahlen, denn ich muß von einem Monatslohn von 400 Rubeln leben. Wenn ich aber krank werde, weil ich nichts zu essen habe, verliere ich meine Stelle. Also muß ich von zwei Übeln das kleinere wählen. Die ›Marodeure‹ sind jetzt unsere ›Ernährer‹, und ohne sie würden alle Einwohner Petrograds verhungern. Ich würde gerne wissen, was die heutige Regierung darüber denkt. Von den Lebensmitteln, die wir jetzt auf Marken für einen Monat bekommen, können wir noch nicht einmal eine Woche lang leben.

Ebenso wie früher erfreuen sich auch heute einige wenige Bevölkerungsschichten gewisser Privilegien, nur der Schwerpunkt hat sich verschoben. Es gibt auch heute Glückliche, die eine Sonderstellung einnehmen und hartnäckig an ihren Vorteilen festhalten: das sind die Rotgardisten und die Eisenbahner, die eine höhere Ration erhalten. Man erklärt es damit, daß die Sowjetregierung vor den einen wie vor den anderen Angst hat. Hat es das nicht alles auch schon früher, vor dem sogenannten ›Sozialismus‹ gegeben?

In der Zeit vor dem ›Sozialismus‹ galt es als Schande, wenn der Arbeitgeber jemanden verhöhnte, den das Schicksal verdammt hatte, für ihn zu arbeiten. Aber heute werden die Menschen, denen man einen Arbeitsplatz anbietet, von den Rednertribünen herab und in den Zeitungen, die im ganzen Land vertrieben werden, lautstark verhöhnt. Volodarskij nennt die Offiziere, die in die Revolutionsarmee eintreten wollen, ›käufliche Knechte, die bereit seien, jedem Regime zu dienen‹ (*Raboč. i Krest. Krasnaja Armija i Flot*, Nr. 69 (114) vom 24. April 1918)[174]. Wer, wenn nicht ›Hasardeure‹, wird nach einer solchen Erklärung noch in die Armee eintreten wollen? Und was erwartet man von diesen

›Hasardeuren‹? Die Sowjetregierung beschuldigt diese Leute absichtlich in aller Öffentlichkeit und kann dann sicher sein, daß nicht zufällig ein anständiger Mensch in ihre Dienste tritt.

Als ich in der Zeitung las, die Arbeiter wollten zugunsten der Hungernden auf ihre Sonderration verzichten, war das für mich der einzige Lichtstrahl in der gegenwärtigen Finsternis und Verwilderung. Es rief alte, halbvergessene Erinnerungen in mir wach ... Aber meine Bekannten ›beruhigten‹ mich: nur ein verschwindend kleiner Teil der Arbeiter habe diesen Beschluß gefaßt, die übrigen jedoch ... ›Wer ist schon gern sein eigener Feind?‹

Wie soll man in dieser Finsternis leben, woran soll man sich klammern, worauf sich stützen? Sie haben neulich geschrieben, wir Frauen sollten Milde und Geduld zeigen und auf die tierischen Sitten in unserem Land besänftigend einwirken. Wo sollen wir die Kraft zu kultureller Arbeit hernehmen? Früher lag für uns Proletarier der einzige Sinn des Kampfes um die Existenz in der Arbeit. Heute müssen wir uns neben der normalen täglichen Arbeit auch noch tagtäglich mühsam etwas zu essen besorgen. Wie oft muß man hin und her rechnen, Tricks anwenden, Schlange stehen und herumrennen, bis man sich sein Essen für einen einzigen Tag ›organisiert‹ hat; und am nächsten Tag fängt das Ganze wieder von vorn an. Wir haben jetzt die gleichen Schwierigkeiten wie die Höhlenmenschen, uns Nahrung zu beschaffen. Wir erkämpfen sie zwar nicht mit Keulen und Streitäxten, sondern mit anderen Mitteln, aber wir sind ebenso schlecht versorgt wie jene und müssen wie sie listig und tückisch sein. Der einzige Unterschied ist, daß sich das Leben des Höhlenmenschen darauf beschränkte, um seine Existenz zu kämpfen, während wir noch unsere Arbeit haben und auf irgendeine Weise Geld verdienen müssen.

Das einzige, wozu wir, d. h. ich und die anderen Frauen, noch fähig sind, ist – kein Unrecht zu begehen. Das ist jedoch nichts Positives, sondern sehr wenig. Und nicht einmal das geht immer glatt. Ich kaufe manchmal bei den Schiebern Lebensmittel, aber das ist verboten und gegen das Gesetz. Andererseits müßte ich verhungern, wenn ich es nicht täte. So geht es allen. Alle müssen gegen das Gesetz verstoßen, einige wenige ›Privilegierte‹ ausgenommen ... Aber ihre Privilegien sind ja auch ungerecht gegenüber den anderen ... Es ist ein Zauberkreis, aus dem man nicht herauskommt. Dieser Haß, diese Gereiztheit überall! Wie schwer ist es da, seine Ruhe zu bewahren! Wie schwer ist das Leben geworden! Wo ist der Ausweg, wo ist die Rettung?

Es ist nicht leicht, auf solche aufrichtigen, mit Herzblut geschriebenen Briefe zu antworten. Man fürchtet immer, die verletzte Seele eines unbekannten, aber seelisch verwandten Menschen mit einem unbedachten Wort zu kränken. Man weiß aus Erfahrung und empfindet es zuweilen selbst, wie erdrückend die Logik dieser hoffnungslosen Stimmung ist, und unterwirft sich ihr selbst oft genug. Aber man vergißt dabei leicht das Wichtigste: Diese Logik ist schwach und matt, wenn man ihr die eiserne Logik des historischen Prozesses entgegenhält.

Gewiß, ›alle befinden sich in einer solchen Lage, daß sie gegen das Gesetz verstoßen müssen‹; aber ich glaube, in dieser abscheulichen Lage befinden sich nicht nur die Gepeinigten, sondern auch die Peiniger selbst; der Unterschied zwischen ihnen ist nur, daß die einen sich befreien wollen, während die anderen das Schändliche nicht einmal empfinden, keinen Ausweg sehen und ihn auch nicht suchen. Diese Lage ist schändlich, sie entstellt den Menschen; wir leben ja seit alter Zeit ›ohne Gesetz‹, aber heute tritt die ›Gesetzlosigkeit‹ unseres ganzen Lebens völlig klar zutage und zeigt im trüben Spiegel der Gegenwart alles Grauen eines Daseins ›ohne Gesetz‹. Ist das ein Ergebnis der Vernunft? Nein, das alles beruht auf der gleichen Wirklichkeit, die wir von der Vergangenheit geerbt haben, der wir nicht ausweichen können und die wir uns für die Zukunft nicht wünschen. ›Die kleinen Sorgen des Lebens‹ sind erniedrigend, aber ich kenne keine Zeit, in der sie besser waren als jetzt. So wie wir uns jetzt auf der Suche nach Nahrung abquälen, mußten sich die meisten Menschen immer quälen – das darf man nicht vergessen.

Das Leben ist wirklich eine Qual, und nirgends kann man sich vor ihm verstecken. Aber einmal muß man doch für die Sünden der Vergangenheit bezahlen, den Wirrwarr um den Menschen und auch in ihm entwirren oder beseitigen. Es gibt keinen Zweifel, daß die Tragödie, die das russische Volk und der russische Mensch jetzt erleben, Teil eines unausweichlichen und

universalen Prozesses ist und auch von allen Kräften der historischen Entwicklung Rußlands vorbereitet wurde. Wir haben der westeuropäischen Welt lange gezeigt, wie man nicht leben soll; jetzt wollten wir ihr einmal zeigen, wie man leben soll.
Wir zeigen es sehr unglücklich. Doch in allem, was jetzt in Rußland geschieht, ist etwas objektiv Wertvolles enthalten, das uns noch unbekannt ist: ganz Rußland ist bis ins Innerste von einem elementaren Stoß erschüttert und als Staat vorübergehend zerstört; aber man muß daran glauben, daß dieser Stoß und diese Katastrophe, die alle unsere Leiden und Gebrechen aufgedeckt haben, uns heilen und uns zu neuer Arbeit und schöpferischer Tätigkeit befähigen werden.
Ich weiß, daß diese Überlegungen und dieser Glaube nur wenige trösten wird. Aber es ist der einzige Glaube, der dem Leben einen klaren Sinn gibt.

In einer kranken Stadt
(Tagebuch)

Novaja Žizn, Nr. 115 (330)
16. (3.) Juni 1918

5

Hinter der Kirchhofmauer, auf dem zarten, jungen Rasen, unter dem Frühlingslaub der Bäume, spielen lärmend einige Kinder. Vor dem Tor des großen Hauses gegenüber der Kirche steht ein alter Jude. Er blickt auf die Kinder und lächelt leise in seinen silbernen Bart.
Es ist ein ganz besonderer Jude, offenbar ist er nicht von hier. Er trägt einen langen, bis an die Fersen reichenden Kaftan und eine Samtmütze mit einem hohen Rand. Die schwarzen Schläfenlocken, die seine gelblichen Wangen umrahmen, sind mit silbernen Haaren durchzogen, aber seine Brauen sind pechschwarz, wie bei einem jungen Mann. Sein mageres Gesicht ist sehr schön; die dunklen, traurigen Augen fallen besonders auf. Ihre Trauer wird von dem milden, halbverborgenen Lächeln noch unterstrichen. Groß und schlank, erinnert er an die raffinierten Zeichnungen Liliens.

Man muß unwillkürlich daran denken, wie furchtbar einsam er in dieser Stadt ist und daß er irgendwo in der Ferne seine Enkelkinder zurückgelassen hat, die ebenso ausgelassen sind wie die Kinder hinter der Kirchhofmauer.
Der alte Jude steckt eine Hand in die Tasche seines Kaftans und holt eine Handvoll Bonbons in buntem Papier heraus, mit der anderen Hand streicht er sich den Bart. Dann zieht er die Brauen zusammen, und auf sein Gesicht fällt ein tiefer Schatten. Er steckt die Hand wieder in die Tasche und bewegt sie leicht hin und her. Es ist offensichtlich, daß er den Kindern die Bonbons geben möchte, aber Angst hat, es zu tun. Hinter der Kirchhofmauer sitzen Frauen auf den Bänken; wer weiß, wie sie diese Freundlichkeit aufnehmen würden. – Man erzählt von jenen Menschen viel Dummes und Böses. Und vielleicht sind auch schon die Kinder von dem Gift verseucht, das im schlechten Blut der Erwachsenen entstanden ist.
Ohne daß das Lächeln in seinen schönen Augen erlischt, steckt der würdige Greis die Bonbons wieder in die Tasche.
Die Sonne schaut etwas verlegen auf die Kirche, die Kinder und den Juden herab.

*

Dieser Jude brachte mir einen anderen Juden und den Freund meiner Kindheit, Sergejka Semaško, in Erinnerung.
Ich war etwa neun Jahre alt und Sergejka ein Jahr jünger, aber viel aufgeweckter. Er war ein magerer Junge, zerzaust, stachelig wie ein Kaulbarsch, stürmisch und ruhelos. Seine flinken Augen besaßen die wunderbare Fähigkeit, allerlei seltsame und interessante ›Dinge‹ in der Welt zu entdecken: extrem abstoßende oder komische Menschen, drollige Fliegen und Käfer, Vogelnester, junge und alte Katzen, seltsam schöne Gräser und Blüten. Er untersuchte die Erscheinungen des Lebens mit dem Instinkt eines begabten Forschers, und das Leben, das denen, die es lieben, immer gewogen ist, eröffnete ihm gnädig und freigebig die kleinen Geheimnisse, die dem Herzen und dem Verstand eines Kindes zugänglich sind.
Einmal sagte er vielsagend zu mir:
»Heute habe ich ein tolles Ding entdeckt!«
Ich fragte ihn danach, schon im voraus überzeugt, daß Sergejka etwas ganz Ungewöhnliches gesehen hatte. Er zierte sich

und kokettierte eine Weile mit seinem Geheimnis und quälte mich so lange, bis ich vor Neugier fast platzte. Dann fragte er gewichtig:
»Hast du schon einmal gesehen, wie ein Jude betet?«
Nein, das hatte ich noch nie gesehen.
»Komm, ich zeig' es dir! Wir müssen aber zuerst in den Garten des Popen klettern, dann aufs Dach, auf den Schuppen, und vom Dach aus können wir in ein kleines Fenster schauen – ach, er betet einfach zu schön!«
Wir begaben uns sofort in den Garten, der an den des Popen angrenzt, kletterten über den Zaun und krochen dann so vorsichtig wie möglich auf das Dach, um nicht vom Knecht des Popen erwischt zu werden; denn der konnte – wie wir bereits wußten – Leuten, die fremde Gärten erforschten, sehr geschickt und äußerst schmerzvoll die Ohren umdrehen.
Vom Dach aus konnten wir das Fenster eines alten Holzhauses sehen, das einer Badestube glich. Hinter dem Fenster, in einem halbdunklen Raum, stand schwankend ein kleiner, buckliger Jude. Er war in einen weiten, gestreiften Mantel gehüllt, und an seiner Stirn war etwas befestigt, das aussah wie ein kleines schwarzes Kästchen; sein Arm war mit einem Riemen umwickelt. Er wankte wie ein Rohr im Wind und murmelte und sang etwas unsagbar Trauriges.
Ich hörte ihm eine Weile zu, bis ich mich langweilte, und fragte Sergejka:
»Warum ist er so?«
»Weil er ein Sünder ist«, antwortete Sergejka überzeugt. »Sie sind alle Sünder, aber wir sind Gerechte.«
Das von Sergejka entdeckte ›Ding‹ gefiel mir ganz und gar nicht; die traurigen Schreie des Sünders hatten mich schwermütig gemacht. Ich wollte meinen Freund ›hereinlegen‹ und stellte ihm eine hinterlistige Frage:
»Bist du auch ein Gerechter?«
Er antwortete ruhig:
»Aber natürlich.«
»Warum stiehlst du dann beim Popen Äpfel?« fragte ich noch hinterlistiger. Sergejka blickte mich jedoch mit ehrlicher Verwunderung an und sagte:
»Du stiehlst ja auch . . .«
Und tröstend fügte er hinzu:

»Äpfel sind halb so schlimm! In den Gärten darf man stehlen, denn ein Garten ist kein Haus, das ist der Grund. Nur in Häusern darf man nicht stehlen.«

»Warum?« fragte ich, als ich sah, daß ich den Freund weder widerlegen noch verwirren konnte.

»Was heißt hier, warum? Weil ... das Haus ist von einem Dach bedeckt, der Garten aber nicht. Die Häuser haben außerdem Türen ... Was von einem Dach bedeckt ist, das darf man nicht anrühren ... Sei still!«

Der Jude begann schneller hin und her zu schwanken und sang lauter und klagender. Er erinnerte an einen Vogel, der in einem finsteren Käfig hin und her flattert.

Sergejkas Gesicht verfinsterte sich und er flüsterte:

»Er quält sich!«

Ich wollte nicht schweigen und fragte den Freund, da ich mit ihm und seinem ›Ding‹ unzufrieden war:

»Warum bist du durch den Garten des Popen gegangen? Wir hätten ja auch über den leeren Platz hierherkommen können.«

Er antwortete:

»So ist es schrecklicher! Wenn der Knecht uns gesehen hätte, wäre er uns nachgelaufen ...«

Er stieß mich heftig in die Seite und flüsterte laut und hastig:

»Weißt du, was? Ich pflücke beim Popen ein paar Äpfel, und die legen wir dem Juden aufs Fensterbrett; er soll auch etwas essen. Einverstanden?«

Ich wandte ein:

»Er hat doch sicher keine Zähne.«

»Das macht nichts, er kann sie backen und dann essen ... Er ist so arm ...«

Klein und flink wie eine Maus sprang Sergejka vom Dach in den Garten des Popen, und im nächsten Augenblick hörte ich, wie es in den Ästen der Apfelbäume raschelte und die wurmstichigen Äpfel auf die trockene Erde fielen.

Schon ist Sergejka wieder auf dem Dach, seine Jacke ist vollgestopft mit Äpfeln; er holt sie mit beiden Händen heraus:

»Es sind ungefähr zwanzig, die Hälfte kriegt er, einverstanden?«

Wir stiegen in den schmalen, mit Unkraut bewachsenen Durchgang zwischen dem Schuppen des Popen und der Wand des

Häuschens. Sergejka schlich sich leise an das Fenster heran und begann, die Äpfel schnell auf das Fensterbrett zu legen. Plötzlich sprang er erschrocken zur Seite und flüsterte mir zu:
»Abhauen, er hat uns gesehen!«
Wir liefen hinter die Hausecke; Sergejka hielt an, lauschte und sagte:
»Es ist nichts, er läuft uns nicht nach, er hat sich nur erschreckt.«
»Warum bist du dann weggelaufen?«
»Ich bin auch erschrocken. Wie er mich angeschaut hat ... Ich habe Angst vor Buckligen!«
Ich trat hinter der Ecke hervor: im Fenster stand ein grauhaariger Jude mit einem winzigen Gesicht und schwarzen Augen. In seiner dunklen, kindlichen Hand lag ein leuchtend grüner Apfel; er sah ihn an und lächelte seltsam heiter, so daß alle Runzeln seines Gesichts zitterten und in der heißen Julisonne zu strahlen schienen.

Rede vor der öffentlichen Versammlung der Gesellschaft ›Kultur und Freiheit‹ in Moskau[175]

Novaja Žizn, Nr. 126 (341)
30. (17.) Juni 1918

Es ist überflüssig, die Notwendigkeit kultureller und erzieherischer Arbeit zu beweisen, diese Notwendigkeit ist offensichtlich; die schmutzigen Steine unserer Pflaster, der jahrhundertealte Schmutz in Herz und Hirn der Menschen flehen beredt darum. Heute sehen wir klarer als je zuvor, wie tief das russische Volk von Unwissenheit infiziert ist, in welch erschreckendem Maße ihm die Interessen des eigenen Landes fremd sind, wie primitiv es sich auf zivilisatorischem Gebiet verhält und wie kindlich unentwickelt sein Sinn für Geschichte und das Verständnis seines Platzes im historischen Prozeß sind.
Wenn ich ›russisches Volk‹ sage, verstehe ich darunter keineswegs nur die werktätigen Massen der Arbeiter und Bauern; nein, ich spreche ganz allgemein vom Volk, von allen seinen

Klassen, denn Unwissenheit und Unkultiviertheit sind der ganzen russischen Nation eigen. Aus dieser viele Millionen zählenden Masse ungebildeter Menschen, die vom Wert des Lebens keine Vorstellung haben, kann man nur die unbedeutenden paar tausend der sogenannten Intelligenz aussondern, d. h. Menschen, die sich der Bedeutung des intellektuellen Elements im historischen Prozeß bewußt sind. Diese Menschen sind, ungeachtet ihrer Fehler, das Bedeutendste, was Rußland im Laufe seiner ganzen schwierigen und widerwärtigen Geschichte hervorgebracht hat; diese Menschen waren und bleiben wirklich das Hirn und Herz unseres Landes. Ihre Fehler erklären sich durch den Boden Rußlands, der für intellektuelle Begabungen unfruchtbar ist. Wir alle sind gefühlsbegabt, sind begabt in Güte, Grausamkeit und im Unglück; unter uns gibt es viele Helden, aber nur wenige kluge und starke Menschen, die ihre Bürgerpflichten tapfer erfüllen können – unter russischen Bedingungen eine schwere Pflicht. Wir lieben Helden, wenn sie nicht gegen uns sind, aber es ist uns nicht klar, daß Heldentum nur eine Stunde oder einen Tag lang emotionale Anstrengung verlangt, Mut dagegen ein ganzes Leben lang.

Unter russischen Lebensbedingungen verlangt Kulturarbeit kein Heldentum, sondern Mut, dauernde, hartnäckige Anspannung aller Kräfte der Seele. Es ist eine äußerst schwierige Angelegenheit, ›Vernünftiges, Gutes und Ewiges‹ auf die trügerischen russischen Sümpfe zu säen, und wir wissen schon, daß die Saaten unseres besten Blutes, des besten Saftes unserer Nerven, auf den russischen Ebenen nur spärlich und kümmerlich aufgehen[176]. Trotzdem müssen wir säen, und das ist die Aufgabe der Intellektuellen, jener Intellektuellen, die heute gewaltsam vom Leben ausgeschlossen und sogar zu Volksfeinden erklärt werden. Aber gerade sie müssen ihre schon längst begonnene Arbeit fortsetzen, die Arbeit, das Land geistig zu reinigen und zu erneuern, denn wir haben keine andere intellektuelle Kraft außer ihnen.

Man kann nun fragen: Und das Proletariat, die führende revolutionäre Klasse? Und die Bauern?

Ich glaube nicht, daß man die Masse des Proletariats eine kultivierte, intellektuelle Kraft nennen kann. Aber vielleicht ist das bequem für die Polemik mit der Bourgeoisie, um sie einzuschüchtern und sich selbst Mut zu machen; aber hier, wo sich, wie ich glaube, Menschen versammelt haben, die aufrichtig und tief um die Zukunft des Landes besorgt sind, ist das überflüssig. Das Proletariat als Masse ist nur eine physische Kraft, nicht mehr; ebenso auch die Bauernschaft. Mit der historisch jungen Arbeiter- und Bauernintelligenz ist es anders; sie ist natürlich eine geistig schöpferische Kraft, und als solche ist sie nun von ihrer eigenen Masse abgeschnitten und ebenso einsam, wie unsere alte unterdrückte Intelligenz einsam und von der Masse der Werktätigen abgeschnitten ist – unterdrückt nicht nur deshalb, weil ein Teil von ihr in Arbeitslagern war, sondern aufgrund ihrer Existenzbedingungen in Rußland, aufgrund ihres ganzen Lebens und ihrer Arbeit.

Mir scheint, daß wir zuallererst die Notwendigkeit erkennen müssen, die intellektuellen Kräfte der alten erfahrenen Intelligenz mit den Kräften der jungen Arbeiter- und Bauernintelligenz zu vereinigen. Das Schema der allrussischen, kulturellen und erzieherischen Arbeit stelle ich mir folgendermaßen vor:

Am Anfang muß die Selbstorganisierung der gesamten Intelligenz stehen, die jetzt fühlt und begreift, daß es unmöglich ist, den neuen Menschen allein durch politische Programme und politische Propaganda zu erziehen; daß die Vertiefung von Feindschaft und Haß die Menschen zur völligen Verrohung und Verwilderung führt; daß unverzügliche intensive Kulturarbeit für die Erneuerung des Landes unerläßlich ist und daß wir nur dadurch von den inneren und äußeren Feinden befreit werden.

Die Konzentration unserer Kräfte ist die wichtigste Aufgabe des Tages, und wenn wir die intellektuellen Kräfte unseres Landes konzentrieren, müssen wir die ganze Reserve der Arbeiter- und Bauernintelligenz zu der Masse der Geistesarbeiter hinzuziehen, alle jene Arbeiter und Bauern, die jetzt ohnmächtig und einsam kämpfen – in einer Umgebung, die ihnen physisch verwandt, aber geistig schon fremd ist; die verdorben ist von der zynischen Demagogie echter Fanatiker oder maskierter Abenteurer. Diese Kräfte haben eine gewaltige Bedeutung als ein eisernes Kettenglied, das die alte Intelligenz fest mit der Masse verbinden kann und ihr eine Möglichkeit gibt, die Massen unmittelbar zu beeinflussen.

Wenn die Kulturschaffenden ihre Kräfte konzentrieren und sie mit den frischen Kräften der Arbeiter- und Bauernintelligenz vereinigen, müssen sie sich bemühen, ihre eigene Arbeit zu koordinieren – das ist notwendig, um mit der Energie hauszuhalten, von der wir nicht allzuviel haben und das ist auch nötig, um doppelte Arbeit zu vermeiden.

Wenn wir das ganze Land mit einem Netz von Gesellschaften für kulturelle und erzieherische Arbeit überziehen und somit alle geistigen Kräfte des Landes sammeln, können wir überall Feuer entzünden, die unserem Land Licht und Wärme geben, die ihm helfen, gesund zu werden und auf eigenen Füßen zu stehen – rüstig, kräftig und fähig zum Aufbau und zum Schaffen. Ich meine nicht eine äußerliche und mechanische Vereinigung von Menschen, die verschieden denken, sondern eine innerliche und lebendige Vereinigung all jener, die das gleiche fühlen. Nur so und nur auf diese Weise können wir zu wirklicher Kultur und Freiheit finden.

Ich sehe Einwände kommen: »Und wo bleibt die Politik?«

Man muß über der Politik stehen, man muß lernen, seine politischen Emotionen zu zügeln. Das ist möglich, wenn man will. Die Politik gleicht in mancher Hinsicht gewissen niedrigen physiologischen Bedürfnissen, mit dem unangenehmen Unterschied, daß die politischen Bedürfnisse unvermeidlich in der Öffentlichkeit verrichtet werden.

Politik ist immer abstoßend, ganz gleich, wer sie macht, denn sie wird unvermeidlich von Lüge, Verleumdung und Gewalt begleitet. Und weil das düstere Wahrheit ist, müssen alle diese Wahrheit kennen, und diese Wahrheit muß uns zu der Einsicht bringen, daß kulturelle Arbeit wichtiger ist als politische Arbeit.

Die kulturelle Arbeit wird durch ein sehr ernstes Hindernis erschwert: aufgrund von Hunger und Enttäuschungen nimmt die Lebensfähigkeit unserer Intellektuellen merklich ab; sie versinken in einer Apathie, die sie immer stärker bedrückt.

Den Hunger könnte man dadurch bekämpfen, daß man die Geistesarbeiter dazu aufruft, einander zu helfen. Aber was die ›Enttäuschungen‹ über das Volk, den Sozialismus und über Rußland betrifft – darüber kann ich nichts sagen.

Es wäre natürlich besser gewesen, wenn man sich in der Vergangenheit nicht hätte bezaubern lassen, denn im russischen Volk hat es sicherlich niemals etwas Bezauberndes gegeben, aber man ließ sich hinreißen und war dann enttäuscht – das ist nicht zu ändern. Bezauberung ist eine Angelegenheit des Glaubens und Enttäuschung eine Strafe für blinden Glauben. Wissen hilft gut gegen Enttäuschung und ist das einzige, was man Enttäuschten empfehlen kann. Ich persönlich bin mein Leben lang in all meinen Gefühlen, Gedanken und Taten vom Menschen ausgegangen, weil ich immer unerschütterlich davon überzeugt war, daß nur der Mensch existiert, daß alles übrige seine Meinung und sein Tun ist.

Und in dieser Zeit, die für uns alle schrecklich ist, schrecklich auch für unser Land, das von vielen Generationen geschaffen wurde, die uns zu dem gemacht haben, was wir sind, in dieser Zeit des Wahnsinns, des Entsetzens, des Sieges der Dummheit und Gemeinheit, habe ich nur einen einzigen Gedanken: das alles kommt von dem Menschen, das alles ist sein Werk.

Der Mensch hat alles Schöne auf der Erde geschaffen, all ihre Poesie, alle großen Taten der Tapferkeit und der Ehre, alle Freuden und Feste des Lebens, all seinen Zauber, alles Komische und Große, alle schönen Träume und wunderbaren Wissenschaften. Der Mensch schuf seinen kühnen Verstand und seinen unbeugsamen Willen zum Glück.

Und es ist der Mensch, der immer, an allen tragischen Tagen, an allen Tagen der Leiden und Qualen, beharrlich an den Sieg neuer guter Prinzipien über die alten und schlechten glaubt; es ist der unbesiegbare Mensch, der uns hier zu einträchtigem menschlichen Gespräch zusammengeführt hat. Laßt uns denn zu dem Menschen gehen, der viel und schmutzig gesündigt hat, der aber Schmutz und Sünde mit großen, unerträglichen Leiden büßt. Können wir eine Atmosphäre schaffen, in welcher der Mensch leichter atmen kann? Wir können und müssen das tun!

An die Mitarbeiter der Pravda, der ›Nördlichen Kommune‹ und andere

Novaja Žizn, Nr. 127 (342)
2. Juli (19. Juni) 1918

Sie interessieren sich für die Frage: »Woher hat *Novaja Žizn* ihr Geld[177]?«

Novaja Žizn wurde von mir mit dem Geld gegründet, das ich als Darlehen in Höhe von 275 000 Rubeln bei E. K. Grubbe aufgenommen habe[178]; davon wurden dem Kreditgeber bereits 50 000 zurückgezahlt. Ich hätte auch die restliche Summe längst zurückzahlen können, wenn ich wüßte, wo E. K. Grubbe lebt.

Außer diesem Geld wurde ein Teil des Honorars, das ich von der *Niva* [Das Feld] für die Publikation meiner Bücher erhielt, in die Zeitung investiert. Alle diese Gelder habe ich A. N. Tichonov, dem tatsächlichen Herausgeber von *Novaja Žizn*, übergeben.

In dem Darlehen, das ich aufgenommen habe, um die Zeitung zu organisieren, sehe ich nichts, was sie in Verruf bringen könnte, und ich halte es für eine polemische Gemeinheit, daß man ihr Bestechlichkeit vorwirft.

Vielleicht macht dieses Darlehen mir in Ihren Zeitungen persönlich keine Ehre; das ist Ihre Sache.

Es berührt mich nicht und es ist mir völlig gleichgültig, ob ich von links oder von rechts mit Schmutz und Verleumdungen beworfen werde[179].

Aber zu Ihrer Information möchte ich Ihnen sagen, daß von 1901 bis 1917 mehrere hunderttausend Rubel für die Sache der Sozialdemokratischen Partei Rußlands durch meine Hände gegangen sind; mein persönliches Einkommen betrug bei dieser Summe mehrere 10 000 Rubel, alles übrige wurde der ›Bourgeoisie‹ aus der Tasche gezogen. Die *Iskra* [Der Funke] wurde mit dem Geld Savva Morozovs herausgegeben, der natürlich keine Kredite gab, sondern Geld spendete[180]. Ich könnte ein gutes Dutzend angesehener Leute – ›Bourgeois‹ – nennen, die die Sozialdemokratische Partei materiell unterstützt haben. V. I. Lenin und andere alte Parteiarbeiter wissen das sehr gut[181].

Novaja Žizn hat keine ›Spenden‹, sondern nur mein Darlehen erhalten. Ihre verleumderischen und schmutzigen Angriffe gegen *Novaja Žizn* machen nicht dieser Zeitung, sondern Ihnen selbst Schande.

Anmerkungen

1 Zuerst veröffentlicht als ›Brief an den Leser‹, in der von Gorkij selbst herausgegebenen literarischen Monatszeitschrift *Letopis* [Annalen] Petrograd Nr. 2, 3, 4, 1917 (Mai) S. 305-308. *Letopis* erschien vom Dezember 1915 bis zum August 1917 unter Gorkijs redaktioneller Leitung in Petersburg (Petrograd). Gorkijs Einstellung zur Februarrevolution schildert N. N. Gimer-Suchanov, einer der Mitarbeiter und Mitherausgeber von *Novaja Žizn* und Freund Gorkijs in seinen *Letopis Revoljucii* [Annalen der Revolution]:
»Es ging schon auf 19 Uhr des zweiten Tages zu [28. Februar/13. März 1917]. [...] Wir gingen also mit einer ganzen Gruppe zu Manuchin zum Abendessen und fanden bei ihm Gorkij sowie andere Literaten. Gorkij war weiterhin schlechter Laune. Die während des Tages gesammelten Eindrücke hatten seine düstere Stimmung nicht gebessert, sondern im Gegenteil verstärkt. Eine geschlagene Stunde lang fauchte und schimpfte er auf das Chaos, das Durcheinander, die Ausschreitungen, die Erscheinungen mangelnden Bewußtseins und auf die jungen Damen, die auf Fahrzeugen, von denen niemand wußte, wem sie gehörten, mit unbekanntem Ziel kreuz und quer durch die Stadt fuhren. Er sagte der Bewegung einen sicheren, unserer asiatischen Barbarei würdigen Untergang voraus. [...]
Tatsachen bleiben Tatsachen, und die Eindrücke waren äußerlich richtig. Es waren die Eindrücke eines Schriftstellers, der nicht bereit war, über das mit den Augen Wahrgenommene hinauszugehen, Eindrücke, die das theoretische Bewußtsein erdrückten und alle objektiven Perspektiven verzerrten. Die *politischen* Schlüsse, die aus den Eindrücken gezogen wurden, waren in meinen Augen nicht nur unsinnig, sondern geradezu lächerlich. Mir schien es im Gegenteil offenkundig, daß die Dinge sich glänzend entwickelten, daß der Sieg jetzt als gesichert angesehen werden konnte [...]. Statt im Hochgefühl des Sieges verlief das erste Treffen der Mitarbeiter der *Letopis* im engen Kreis in einer düsteren Atmosphäre der Depression und des gegenseitigen Nichtverstehens.« Hier und im folgenden zitiert nach: Nikolaj Nikolajewitsch Suchanow, *1917 Tagebuch der russischen Revolution*, ausgewählt, übertragen und herausgegeben von Nikolaus Ehlert, München 1967, S. 107 f. Gorkij hat den ›Brief an den Leser‹ dann noch zweimal in Sammelbände seiner Aufsätze aufgenommen; einmal in *Revoljucija i kultura. Statji za 1917 god* [Revolution und Kultur. Aufsätze aus dem Jahre 1917], Berlin: Ladyschnikow 1918, S. 5–9; wie in dem vorliegenden Sammelband hat Gorkij den ›Brief‹ seinen Artikeln aus *Novaja Žizn* vorangestellt; noch einmal wird der ›Brief‹ veröffentlicht in *Statji 1905-1916* [Aufsätze von 1905-1916], Petrograd 1918 (2. erg. Aufl.), in alle späteren Ausgaben wurde der ›Brief‹ nicht aufgenommen.
Die Themen, die Gorkij in diesem ›Brief‹ anschneidet, tauchen in allen

Artikeln von *Novaja Žizn* bis zum Juli 1918 immer wieder in der einen oder anderen Variation auf.

2 N. N. Suchanow schildert den Sachverhalt, auf den Gorkij hier nur anspielt, ausführlich (4./17. März):
»I. P. Ladyshnikow, der Freund, Gönner und Sekretär Maxim Gorkijs, holte mich aus der Sitzung des Exekutivkomitees heraus. [...] Er führte mich abseits und teilte mir mit, er habe einen Haufen von Papieren in den Händen, die in der Petersburger Ochrana-Abteilung gefunden worden seien. Die Papiere seien zu Gorkij gelangt, der sie untersucht und unter anderem eine endlose Liste der geheimen Mitglieder der Ochrana gefunden habe. Er, ich und noch jemand aus der Reihe der dem Sowjet nahestehenden Parteileute müßten diese Liste sofort untersuchen, weil ›es scheint, daß sich unter den Provokateuren auch Mitglieder des Sowjets befinden‹... [...] Es war ein dickes Heft – vielleicht waren es sogar mehrere – mit Hunderten von Namen ... Welch unbeschreiblicher Schmutz! Rechtsanwälte, Ärzte, Beamte, Stadtverordnete, Studenten beider Geschlechter, Literaten und Arbeiter jeglicher Couleur und jeglichen Standes prangten da in langen Reihen. Die Schandliste enthielt Namen und Pseudonym des Provokateurs, die Angabe des Gebietes, das er ›beleuchtete‹, und der Summe, die er für sein Werk erhielt. ›Beleuchtet‹ wurden sozialistische Parteien, Zirkel der Studenten und der Intelligenzija, Fabriken, Behörden, solide liberale und sogar nicht besonders liberale Gruppen. Für jede Aufgabe gab es Spezialisten. Und für welche Summe verkauften sich diese ehrenwerten Leute? Buchstäblich für Kopeken: Kaum einer erhielt mehr als hundert Rubel im Monat. Mehr waren sie nicht wert. Wir gingen mit Aufregung die Listen durch, voller Angst, einem bekannten oder populären Namen zu begegnen. An erschütternde Funde kann ich mich nicht erinnern [...] Später wurde die von Ladyshnikow gebrachte Liste noch lange Zeit in den Zeitungen abgedruckt ...« (N. N. Suchanow, a. a. O., S. 199 f. Der russische Text findet sich wie der vorhergehende, in: ders., *Letopis revoljucii* [Annalen der Revolution], Berlin – Petersburg – Moskva Bd. 2, 1922, S. 122–125.)
Wie ein Brief Gorkijs vom 11./24. März an seine Frau Je. M. Peškova beweist, war er von den Nachforschungen der Ochrana selbst betroffen:
»Die Regierung wird von Leuten gebildet, die von gestern sind; unter ihnen sind drei begabte: Lvov, Kerenskij, Nekrasov; mit dieser Troika wird man nicht weit kommen. Man muß sie unterstützen.
Die Ochrana ist mit aller Macht aktiv, verursacht Panik und Anarchie, bringt die Losungen durcheinander und kompliziert die Probleme. Die Spitzel sind mitten unter uns – und sie sind zahllos! Ich war so geschickt eingekreist, daß alles, was sich in meinem Haus ereignete, noch am selben Tag der Ochrana gemeldet wurde. Von meinem Schreibtisch stahl man Briefe. Ein Brief, den ich am 25. Februar [10. März] erhalten hatte, lag auf meinem Schreibtisch; am

26. [11.] verschwand er, und am 2. [15.] März fand man ihn bei der Ochrana!
40 ›geheime Mitarbeiter‹ hat man verhaftet. 15 Namen wurden heute in den Zeitungen veröffentlicht. Aber das sind Dummheiten! Es gibt noch an die 400, die bis heute aktiv sind und frech für die Konterrevolution arbeiten. Glaube nicht, daß ich übertreibe. Paß auf den Jungen auf, unser Land wird seine Kraft noch brauchen. Es wird noch eine Weile dauern, bis wir dieses Chaos von Zerstörung und Aufbau, dieses Fieber der Übertreibungen und Illusionen überstanden haben.« (A. M. Gorkij, *Pisma k Je. P. Peškovoj* [Briefe an Je. P. Peškova], *Archiv A. M. Gorkogo*, Moskva Bd. IX, 1966, S. 195, Brief Nr. 269.)

3 Die fehlgeschlagene Revolution von 1905/1906 und die Angst, die Ereignisse könnten sich wiederholen, ziehen sich wie ein roter Faden durch alle Artikel Gorkijs in *Novaja Žizn*.

4 Gorkij spielt hier an auf die Reichsduma, die am 27. April 1906 gebildet und bereits am 22. Juni 1906 auf Geheiß Nikolaus' II. aufgelöst wurde. Es schloß sich ›die Schreckensherrschaft‹ des berüchtigten Innenministers P. A. Stolypin (1862-1911) an.

5 Am 28. März hatte sich unter der Ägide Gorkijs und des Biologen I. P. Pavlov ›Die Freie Vereinigung zur Förderung und Verbreitung der Naturwissenschaften‹ konstituiert. (Vgl. auch in diesem Band *Novaja Zizn*, Nr. 35.) Als eines der größten Verdienste Gorkijs während der Revolutionszeit und auch danach in der Zeit des Bürgerkriegs muß sein mutiges Eintreten für die verhungernden Intellektuellen Rußlands angesehen werden. Gerade seine Unabhängigkeit von allen Parteien prädestinierte ihn für die Rolle ›eines Organisators aller schöpferischen Kräfte des Landes‹. Auch die vielbändige sowjetische Tages-Chronik der Revolution, die Gorkij im übrigen völlig ignoriert, kommentiert ausführlich seine Teilnahme an der Gründung dieser ›Vereinigung‹. (Vgl. *Velikaja Oktjabrskaja Socialističeskaja Revoljucija. Chronik sobytij* [Die Große Sozialistische Oktoberrevolution. Chronik der Ereignisse], Moskva Bd. I (27. Februar bis 6. Mai 1917), 1957, S. 416.)

6 Am 9. Januar 1905 war Gorkij Augenzeuge, wie auf dem Marsfeld die Arbeiter Petersburgs von der Garde des Zaren zusammengeschossen wurden. Am 23. März 1917 sollten dort die Opfer der Februarrevolution feierlich beigesetzt werden. Die Beisetzungsfeierlichkeiten wurden zu einer großen Demonstration der Petersburger Arbeiter.
»Zu sagen, daß die Beisetzungsfeierlichkeiten glänzend verliefen, ist ein zu schwacher Ausdruck. Sie wurden zu einem grandiosen Triumph der Revolution und der Massen, die sie verwirklicht hatten. In ihren Ausmaßen überstieg die Kundgebung alles bis dahin jemals Gesehene. Buchanan [der britische Botschafter in Petersburg], der sie von

seiner Botschaft aus beobachtete, beteuerte entschieden, Europa habe dergleichen noch nie gesehen.« (N. N. Suchanow, a. a. O., S. 255)

7 Die Armee des Tataren Chans Mamaj war in der Schlacht auf dem Kulikovo-Feld im Jahre 1380 von den russischen Heeren vernichtend geschlagen worden. Der russische Ausdruck bedeutet etwa: chaotischer, erbitterter Kampf.

8 Offenbar eine Paraphrase zu einer Stelle aus J. W. Goethes *Faust*, Vers 1224 und 1237. Gorkij hat diese Stelle in seinem Werk noch öfter verwendet.

9 Hier zum ersten Mal nach 1917 veröffentlicht. Gorkij gibt seine Eindrücke wieder, die die Demonstrationen des 1. Mai auf ihn gemacht hatten.

9a Fast mit den gleichen Worten wie Gorkij hatte bereits am 18. April/1. Mai J. V. Stalin in einem Aufruf in der *Pravda* geschrieben:

»Die Völker Europas sind am Ersticken, und sie erheben bereits das Haupt gegen die kriegslustige Bourgeoisie.

Die russische Revolution schlägt als erste eine Bresche in die Mauer, die die Arbeiter voneinander trennt. Im Augenblick des allgemeinen ›patriotischen‹ Taumels proklamieren die russischen Arbeiter als erste die in Vergessenheit geratene Losung: ›Proletarier aller Länder, vereinigt euch!‹

Unter dem Donnergrollen der russischen Revolution erheben sich auch die Arbeiter des Westens aus ihrem Schlaf. Streiks und Demonstrationen in Deutschland [...] eine immer stärker werdende Gärung in England und Frankreich, Massenverbrüderung an den Fronten – das sind die ersten Schwalben der anwachsenden sozialistischen Revolution.

Und unser heutiger Festtag, der Festtag des 1. Mai – ist er etwa kein Anzeichen dafür, daß in den Strömen von Blut neue Bande der Brüderlichkeit zwischen den Völkern geschmiedet werden?« (J. W. Stalin, *Werke*, hrsg. vom Marx-Engels-Lenin Institut beim Zentralkomitee der SED, Berlin Bd. 3 (1917, März bis Oktober), 1951, S. 34 f.)

10 Die *Schwarzen Hundert* (oder auch: *Schwarze Hundertschaft*) wurden 1905 von der zaristischen Geheimpolizei weitgehend aus kriminellen Elementen zu einer rechtsextremistischen Mörderbande zusammengestellt. Sie sollte liberale und sozialistische Strömungen bekämpfen. Besonders hervorgetan hat sich diese ›Gruppe‹ bei Judenpogromen. Der Ausdruck bedeutete im Russischen soviel wie ›finsterste Reaktion‹, bis er in den dreißiger Jahren von ›Faschismus‹ abgelöst wurde.

11 Aleksej Aleksejevič Brusilov (1853-1926) war seit dem Früh-

jahr des Jahres 1916 Kommandeur der südwestlichen Armeen. Im März 1916 startete er die nach ihm benannte ›Brusilov-Offensive‹. Die Offensive war nicht erfolgreich, legte aber den Keim zum Verlust des Krieges, da sie mit 1 Million Toten und der Demoralisierung der Soldaten erkauft war; er war Oberkommandeur unter der Provisorischen Regierung im Juni und Juli 1917; später diente er in der Roten Armee.

12 Einen genauen Bericht von dieser Demonstration gibt wieder N. N. Suchanow, der hier zitiert sei, da sein Bericht deutlich macht, worauf Gorkij bei der Interpretation der Ereignisse Wert legte: »Trotz der Agitation der sowjetischen Politiker gegen die Demonstrationen auf der Straße und trotz der Aufrufe zu Ruhe und Passivität ließ die Erregung in keiner Weise nach. Am Morgen des 21. April/4. Mai boten die Straßen von Petersburg denselben Anblick wie am Vortage. Schlimmer noch: Die Unruhen wuchsen immer mehr an und drohten schon über die Ufer zu treten. Wenn auch kein Bürgerkrieg, so schien jedenfalls eine Bürgerschlacht unvermeidlich zu sein. Schuld daran waren natürlich die Vertreter der Mehrheitsfraktionen der Kadetten, die nach der ›gemeinsamen Sitzung‹ jede Rücksichtnahme aufgegeben hatten. Die Agitatoren der Bourgeoisie hatten auf dem Newskij starke Mengen Miljukow-freundlicher Demonstranten zusammengezogen. Die Arbeiter und Soldaten konnten dem auf keinen Fall gleichgültig zusehen. Auch sie strömten in dichten Massen auf die Straßen, und ein Teil von ihnen begab sich zum Newskij.
Die Atmosphäre wurde drückender, die Schlacht zog herauf ... Und da fielen schon die ersten Schüsse. Durch solche Schüsse, die aus der demonstrierenden Menge abgegeben worden waren, wurden irgendwo in der Nähe des Newskij einige Menschen getötet und verletzt ... Die Bourgeoisie und ihre Presse heulten auf, es hätten hier Lenin-Anhänger auf wehrlose Bürger geschossen.« (Suchanow, S. 339)

13 *Reč* [Die Rede] war von 1905 bis 1917 das Organ der Konstitutionell-Demokratischen Partei (= Kadetten = K. D.), die am 1. Mai 1906 als stärkste Gruppe in die Reichsduma einzog. Ihr damaliger Führer P. N. Miljukov war dann Außenminister der Provisorischen Regierung.
Die Herausgabe der Zeitung *Luč* [Der Strahl] plante Gorkij seit dem Januar 1917; ihre politische Richtung sollte ›radikaldemokratisch‹ sein, und den »sozialpolitischen Interessen aller Gruppen von links bis rechts – von den Kadetten bis zu den sozialistischen Parteien« gerecht werden. (Vgl. *Letopis žizni i tvorčestva M. Gorkogo* [Chronik des Lebens und Schaffens M. Gorkijs], Moskva Bd. 3 (1917-1929), S. 3 f. [Brief Gorkijs an V. G. Korolenko])
Pavel Gavrilovič Vinogradov (1854-1925) war ein bekannter liberaler Historiker.
Michail Vladimirovič Bernatzkij (geb. 1876) war Professor für Nationalökonomie; vom September bis November 1917 Finanzminister der Provisorischen Regierung.

Die Auseinandersetzung Gorkijs mit *Reč* wird ausführlich kommentiert in: Maxim Gorky, *Untimely Thoughts. Essays on Revolution and Culture and the Bolsheviks 1917-1918*, hrsg. und aus dem Russischen übersetzt von Herman Ermolaev, London 1970, S. 246 f. (Anm. 6) [Im folgenden zitiert als *Ermolaev*]

14 ›Opposition Ihrer Majestät‹ ist eine Anspielung auf die monarchiefreundliche Haltung der Kadetten. Gorkij spricht von ›Zurückhaltung‹, die er sich nach der Ansicht von *Reč* wegen der Zusammenarbeit mit dem Liberalen P. N. Vinogradov auferlegen mußte. (Vgl. *Ermolaev*, ebenda)

15 *Delo Naroda* [Die Sache des Volkes] erschien ab Mitte März 1917 bis 1919 als Organ der Sozialrevolutionäre (= S. R.).
Ivan-Razumnik (Pseudonym für Vasiljevič Ivanov Razumnik, 1878 bis 1946) war Literaturwissenschaftler und Anhänger der S. R. Die Partei der Sozialrevolutionäre entstand 1902 als Zusammenschluß verschiedener terroristischer Oppositionsgruppen der Narodniki-Bewegung. Ihr Führer war Viktor M. Černov; als weitaus größte Partei Rußlands erfaßte sie weite Teile der Arbeiter, Bauern und auch des dritten Standes. Im Revolutionsjahr 1917 zerfiel sie in einander sich bekämpfende Gruppen. Erst nach dem sogenannten S. R.-Prozeß im Sommer 1922 hörte diese Partei auf zu existieren.
Gorkij hatte im September 1914 zusammen mit K. Arsenev, Ivan Bunin, Alexandr Veselovskij, D. Ovsjaniko-Kulikovskij, Pëtr Struve und Alexandr Serafimovič einen Aufruf der ›Schriftsteller, bildenden Künstler und Schauspieler‹ unterschrieben, der sich gegen ›die Barbarei der Deutschen‹ [vor allem in Belgien] wandte. Er erschien am 28. September 1914 in der Zeitung *Russkije Vedomosti* [Russische Nachrichten], die als Organ der rechten Kadetten galt. Lenin hat Gorkij wegen seiner Unterschrift in einem Brief vom 31. Oktober 1914 an A. Šljapnikov scharf getadelt: »Armer Gorki! Wie schade, daß er sich so herabgewürdigt hat, indem er den ekelhaften Wisch der russischen liberalen Herrchen unterschrieb.« (Lenin, *Werke*, hrsg. und nach der vierten russischen Ausgabe ins Deutsche übertragen vom Institut für Marxismus-Leninismus beim Zentralkomitee der SED, Berlin Bd. 35, 1962, S. 146. In der bolschewistischen Zeitung *Sozial-Demokrat*, Genève, 5. Dezember 1914, Nr. 34, wird Gorkij noch einmal kritisiert: »Voll Schmerz liest jeder klassenbewußte Arbeiter die Unterschrift Gorkijs neben der von P. Struve unter dem zutiefst chauvinistischen Protest gegen die deutschen Barbaren [...]« (Zitiert nach: A. Ovčarenko, *Publicistika M. Gorkogo* [Die Publizistik M. Gorkijs], Moskva 1961, S. 343.)

16 Zarin Alexandra Fëdorovna war die ehem. Prinzessin Alice von Hessen, die 1894 den zukünftigen Zaren Nikolaus II. ehelichte.

17 Grigorij Rasputin, bekannter Günstling der Zarin.

18 Anna Vyrubova gehörte als Hofdame zum persönlichen Gefolge der Zarin und war die Vermittlerin zwischen ihr und Rasputin.

19 Der 2./15. Mai 1917 war ein Montag.

20 Mit *Ochrana* bezeichnet man seit 1881 die zaristische Geheimpolizei. Vgl. auch Anm. 2.

21 Jevno Azef (1869-1918) war ein berüchtigter Doppelagent, der sowohl für die S. R. als auch für die Ochrana arbeitete; er entkam nach seiner Verurteilung im Jahre 1908 nach Berlin.
Michail Ivanovič Gurovič (Gurevič, 1859-1914) war Polizeiagent in ›legalen‹ marxistischen Publikationsorganen.

22 Vgl. Anm. 2.

23 Théroigne de Méricourt (1762-1817), französische Revolutionsheldin, am Sturm auf die Bastille beteiligt; Sängerin, gründete nach der Revolution mehrere politische Salons.

24 Susanin, Igolkin und der Soldat sind Helden patriotischer Legenden, die dem russischen Zaren das Leben retteten. Ivan Susanin ist der Hauptheld in Michail Glinkas Oper *Ein Leben für den Zaren*. Kuzma Krjučkov war ein tapferer Donkosake des 1. Weltkriegs.

25 Andrej Ivanovič Željabov (1851-1881) war der Organisator der Verschwörung gegen Alexander II. Jekaterina Konstantinova Breško-Breškovskaja (1844-1934) gehörte zu den Gründern der S. R., bekannt als ›Großmutter der Revolution‹.

25a *Reč*, 7./20. Mai 1917, gibt den Brief ebenfalls wieder, um ihre frühere Behauptung, die Revolution sei ohne Romantik, zu belegen. (Vgl. *Ermolaev*, S. 209 f.)

26 Wahrscheinlich meint Gorkij hier die Ausschreitungen gegen die deutsche Bevölkerung Moskaus zu Beginn des Krieges 1914.

27 Judenpogrome gab es 1903 in Kišinëv, 1905 in Kiev und Odessa, 1906 in Belostok; revolutionäre Aufstände wurden 1905 in Tiflis und Odessa brutal unterdrückt.

28 *Reč*, 10./23. Mai 1917, übernahm zustimmend einige Passagen aus Gorkijs Artikel. (Vgl. *Ermolaev*, S. 251)

29 Pëtr Arkadjevič Stolypin war von 1906 bis 1911 Innenminister; ließ revolutionäre Gruppen rücksichtslos verfolgen; Gegner der Reichsduma; wurde 1911 durch einen S. R., der zugleich ein Agent der Ochrana war, ermordet.

30 Aus dem Poem *Duma* [Der Gedanke] von Michail Lermontov (1814-1841), in dem Lermontov seine Generation beurteilt.

31 Mit ›Anarchie‹ greift Gorkij eine Parole auf, die in aller Munde war, um das allgemeine Chaos zu charakterisieren.

32 Der Artikel *Zwei Seelen* war in der ersten Nummer von *Letopis* im Dezember 1915 erschienen. In ihm wird die Kultur des Ostens mit der Kultur des Westens verglichen, die als Vorbild hingestellt wird. In den ›Briefen an den Leser‹, *Letopis*, Nr. 3, März 1916, S. 171-177, verteidigt sich Gorkij gegen seine Kritiker. Beide Artikel können als eine Art publizistisches Manifest Gorkijs angesehen werden und wurden auch in den bereits zitierten Sammelband *Statji, 1905-1916*, a. a. O., S. 174-195 aufgenommen (Vgl. auch Anm. 1)
Beide Aufsätze werden von Ovčarenko, a. a. O., S. 363 ff. einer vernichtenden Kritik unterzogen. Da jedoch beide Aufsätze nach 1918 nie mehr publiziert wurden und die zitierten Sammelbände bibliographische Raritäten darstellen, besteht für den Leser von Ovčarenkos Buch, das nach 1945 die einzige ernsthafte sowjetische Auseinandersetzung mit Gorkijs publizistischem Schaffen darstellt, kaum eine Möglichkeit, die Behauptungen nachzuprüfen. Die Edition von Gorkijs literaturkritischen Arbeiten vor der Revolution und die der ›Unzeitgemäßen Gedanken‹ bleibt auch nach der im Augenblick erscheinenden neuen 25bändigen Gorkij-Ausgabe in der Sowjetunion eine notwendige Aufgabe.

33 Ihre Polemik gegen den Krieg brachte den Bolschewiken im 1. Weltkrieg im Gegensatz zu den sogenannten ›Vaterlandsverteidigern‹ den Beinamen ›Defätisten‹ ein.

34 Georgij Valentinovič Plechanov (1856-1918) gilt als der Begründer des russischen Marxismus; lebte seit 1880 in der Schweiz; wollte in Rußland eine Partei nach europäischem Vorbild aufbauen und geriet deshalb zur Partei Lenins in scharfen Gegensatz. Er kam am 31. März/13. April nach Petrograd, spielte aber in der Revolution von 1917 keine wichtige Rolle mehr. In seinem Buch *Naši raznoglasija* [Unsere Meinungsverschiedenheiten, 1885] kritisiert er die Narodniki und ihren Versuch, sich auf die russische Bauernschaft zu stützen; die sozialistische Revolution bedürfe der Entwicklung und Organisierung der Produktivkräfte und eines ausgebildeten Kapitalismus in Rußland.
Die Unvermeidbarkeit einer kapitalistischen Entwicklung für Rußland vor dem Übergang zum Sozialismus wird auch von Pëtr Bogdanovič Struve (1870-1944) in seinen *Kritičeskije zametki* [Kritische Bemerkungen, 1894] festgestellt. P. B. Struve war dann in der zweiten Duma Mitglied der Kadetten; er emigrierte nach der Oktoberrevolution.

35 Vgl. Anm. 5.

35a Gorkij meint das Buch *Agrarnyj Vopros v Rossii*, Sankt-Peterburg 1906, von Pëtr Maslov, das 1907 auch in deutscher Übersetzung *Die Agrarfrage in Rußland* im Dietz-Verlag in Stuttgart erschienen war. Gorkijs Zahlen sind nur annähernd richtig, die Aufzählung Japans muß ein Versehen sein.

36 *Jedinstvo* [Die Einheit], Tageszeitung der Rechtsmenschewiken, die von Plechanov geführt wurden. 4 Nummern erschienen 1914, alle anderen 1917; wurde im Dezember 1917 von den Bolschewiken verboten; erschien dann kurze Zeit als *Naše Jedinstvo* [Unsere Einheit]. Suchanow charakterisiert *Jedinstvo* als »wenig gelesene und gänzlich einflußlose Zeitung.« (Suchanow, a. a. O., S. 271)

37 Beim ›italienischen Streik‹ gehen die Arbeiter zwar an ihren Arbeitsplatz, aber entweder wird sehr langsam oder überhaupt nicht gearbeitet.

38 *Novoje Vremja* [Die Neue Zeit], rechtsgerichtete Tageszeitung, ab 1905 Organ der Schwarzhundertschaft, im Oktober 1917 verboten.

39 Der Alexandermarkt war einer der größten Märkte Petersburgs. Eine detaillierte Beschreibung, wie Kunst- und Architekturdenkmäler in der Zeit von der Februarrevolution bis zur Oktoberrevolution auf alle nur erdenkliche Weise vernichtet wurden, gibt A. Rostislavov in der Symbolisten-Zeitschrift *Apollon*, Heft 2-3, 1917, S. 64-72, und Heft 6-7, 1917, S. 70-84.
Bereits am 17. März 1917 war auf Anregung Gorkijs eine Kommission von etwa fünfzig Künstlern gebildet worden, die Rußland vor der Plünderung und Vernichtung seiner Kunstschätze bewahren sollte. Gorkijs Verdienste um die Rettung der russischen Kultur während der Revolutionszeit stellt eindrucksvoll dar: B. D. Wolfe, *Brücke und Abgrund. Maxim Gorki und Lenin* (aus dem Engl. von K. Kautsky, jun.), Wien – Frankfurt/M. – Zürich 1970, S. 119-142 (›Der Großunternehmer als Hüter der russischen Kultur‹).

40 Die *Mona Lisa* wurde 1911 von dem italienischen Maler Vincenzo Perugia aus dem Louvre gestohlen.

41 Aus dem Poem *Rycar na čas* [Ritter für eine Stunde, 1863] von Nikolaj Nekrasov (1821-1877).

42 ›Die Petrograder Seite‹ galt als das Viertel des Adels und der reichen Kaufleute in Petersburg.

43 Vladimir Karenin (Pseudonym für Varvara Komarova, 1862-1944). *Žorž Zand. Jejo žizn i proizevedenija*, [George Sand. Ihr Leben und ihre Werke], Sankt Peterburg, Bd. I 1899; Bd. II 1916.

44 ›Volkshäuser‹ oder auch ›Volkspaläste‹ wurden in Rußland nach englischem Vorbild vor allem in der zweiten Hälfte des 19. Jahrhunderts auf dem Land eingerichtet; ihre Funktion ist etwa mit der von Volksbildungsheimen oder Dorfgemeinschaftshäusern vergleichbar.

45 Ironische Bezeichnung für die Tageszeitung *Birževyje Vedomosti* [Börsennachrichten], Petersburg 1880-1917.

46 Wörtliche Übersetzung der russischen Bezeichnung für ›Kellner, Ober‹.

47 Am Sonntag, dem 18. Juni (1. Juli) 1917, fand in Petrograd eine gewaltige Demonstration statt, während der die Anarchisten aus dem Gefängnis im Vyborger Distrikt mehrere Gesinnungsgenossen befreiten. »Der Überfall [auf das Gefängnis] nahm jedoch ziemlich große Ausmaße an. Neben den unmittelbaren Lenkern der sozialen Revolution verließen das Gefängnis auch an die vierhundert Kriminelle, die aus Freude noch am selben Tag in verschiedenen Teilen der Stadt Pogrome veranstalteten. So verlief der 18. Juni/1. Juli in Petersburg. Es war ein gründlicher Peitschenhieb ins Gesicht der sowjetischen Mehrheit, der Spießer und der Bourgeoisie.« (Suchanow, a. a. O., S. 409 f.)

48 Paraphrase einer Verszeile aus dem Poem *Svobodnoje Slovo* [Das freie Wort] von Konstantin Aksakov (1817-1860). Es müßte richtig heißen: »Dieses Wunder der Wunder Gottes«.

48a I. I. Manuchin (geb. 1882) war Gorkijs Arzt; er hatte ihn während seines Aufenthalts auf Capri (von 1906 bis 1913) von der Tuberkulose fast vollständig geheilt.

49 Gorkij spricht hier von der fatalen Demonstration am 4./17. Juli, die am 3./16. Juli bereits begonnen hatte und auf Grund der Unentschlossenheit der bolschewistischen Führer, die Führung der Demonstration zu übernehmen und den Staatsstreich zu wagen, in ein großes Gemetzel ausartete. Suchanow beendet seinen eindrucksvollen Bericht mit den Worten: »Überhaupt trat [...] auf den Straßen gegen Abend eine rasche Beruhigung ein. Das Blut und der Schmutz dieses sinnlosen Tages hatten bis zum Abend ernüchternd gewirkt und offenbar eine rasche Reaktion hervorgerufen. Und in der Tat, was geschah denn hier? Und warum? Wer war der Schuldige? Woher kamen plötzlich dieses Blut und dieser Schmutz, die Morde, die Plünderungen, die Gewalttaten, die Pogrome ...? Der ›Aufstand‹ zerfiel endgültig. Was anhielt, waren nur noch die Ausschreitungen der entfesselten Menge ... Man zählte an die vierhundert Tote und Verwundete.« (Suchanow, a. a. O., S. 447)
Am Abend des 4./17. Juli wurden auf Anordnung des Justizministers Pereverzev die Druckerei der *Pravda* geräumt und alle Anwe-

senden festgenommen. Der Mob und Elemente der Schwarzen Hundertschaft trieben in den Räumen der *Pravda* ihr Unwesen.

50 Paraphrase eines russischen Revolutionsliedes, das als ›Arbeitermarseillaise‹ bekannt und der französischen nachgeahmt ist. Zuerst 1875 von seinem Autor P. L. Lavrov als ›Neues Lied‹ publiziert, wurde es nach der Februarrevolution Nationalhymne, bis es nach der Oktoberrevolution von der ›Internationalen‹ abgelöst wurde.

51 Gorkij verurteilte den Krieg noch entschiedener und schärfer in der Besprechung des Buches *Die Seele des Krieges* von Philip Gibb (1915), die er in *Novaja Žizn*, Nr. 97, am 10./23. August 1917 veröffentlicht hat. Dieser Artikel wurde in die vorliegende Sammlung nicht aufgenommen, da er fast ausschließlich aus Zitaten des besprochenen Buches besteht.

52 Ein ›Oktobrist‹ ist ein Mitglied der monarchistischen Partei der Oktobristen, die sich nach dem Manifest des Zaren vom 17./30. Oktober 1905 gebildet hatte. Das Oktobermanifest sicherte den Untertanen des Zaren die Grundrechte freier Bürger zu. Ihr Führer war A. I. Gučkov, der spätere Kriegsminister der Provisorischen Regierung. Die Oktobristen vertraten hauptsächlich die Interessen der Industriellen und Großgrundbesitzer; sie hatten sich 1905 von den Kadetten (vgl. Anm. 13) abgespalten.

53 ›Manilovščina‹ hat sich als fester Begriff für ›Tagträumerei, passive Einstellung zum Leben‹ in der russischen Literatursprache eingebürgert. Er ist gebildet nach der Figur des Grundbesitzers Manilov in N. V. Gogols Roman *Die Toten Seelen*.

54 Kleines Dorf südlich von Petersburg; war der Sitz der kaiserlichen Familie; heißt heute Puškin.

55 Vgl. Anm. 16.

56 Vgl. Anm. 17.

57 Der literarische Sammelband *Ščit* [Der Schild] erschien von 1915 bis 1916 in drei ergänzten Auflagen und wurde von Gorkij zusammen mit Leonid Andrejev und Fëdor Sologub herausgegeben. Professor Baudouin de Courtenay (1845-1929) war ein russisch-polnischer Sprachwissenschaftler, der Begründer der allgemeinen und der vergleichenden historischen slawischen Sprachwissenschaft. Die von Gorkij zitierte Episode ist in der 2. erweiterten Auflage von 1916 (Moskva), S. 143, zu finden. Im Original wird die Geschichte von einem Freund Baudouin de Courtenays in der ersten Person Singular erzählt.

58 David Jakovlevič Ajzman (1869-1922) gehörte 1905 zu einem literarischen Kreis, der nach dem Verlag *Znanije* [Das Wissen] benannt wird, den Gorkij leitete; Ajzman schrieb in der Hauptsache kleine Erzählungen.

59 Ende Juli und Anfang August 1917 waren Gorkij und *Novaja Žizn* mehrere Male von *Reč* angegriffen worden. (Vgl. auch *Ermolaev*, S. 259, Anm. 52)

60 Zu *Luč* und ›Zurückhaltung‹ vgl. Anm. 14 und *Ermolaev*, S. 259, Anm. 52.

61 Zitiert nach *Reč*, 3./16. August 1917.

62 Seit ihrem zweiten Kongreß (1906) nannten sich die Kadetten selbst ›Partei der Volksfreunde‹. Vielleicht spielt Gorkij hier darauf an, daß Kadetten und Oktobristen in der dritten Duma (1907-1912) viele Gesetze gemeinsam verabschiedeten.

63 Fëdor Izmajlov Rodičev (1854-1933) war ein bekannter Kadett und hatte in einer Rede vor der dritten Duma im November 1907 die Regierung wegen ihrer brutalen Behandlung von Revolutionären mit diesem Ausdruck belegt. Er wurde dafür für über ein Jahr von der Duma ausgeschlossen.

64 Gorkij nimmt sich hier offensichtlich Lev Tolstojs berühmten Protest *Ich kann nicht schweigen* gegen die Hinrichtungen im Jahre 1908 zum Vorbild.

65 J. V. Stalin gab Gorkij am 20. Oktober 1917 in der bolschewistischen Zeitung *Rabočij put* [Der Arbeiterweg], Nr. 41, in dem Artikel ›Gewaltige Stiere haben mich umringt‹, die Antwort auf seinen Artikel:
»Die Bolschewiki haben die Parole ausgegeben, bereit zu sein! [...] Aber nicht alle haben den revolutionären Kampfruf unserer Partei auf die gleiche Art verstanden.
[...] Die erschrockenen Neurastheniker von der ›Nowaja Shisn‹ aber halten es nicht mehr aus, denn sie ›können nicht länger schweigen‹, und flehen uns an, ihnen endlich zu sagen, wann die Bolschewiki losschlagen werden.
Mit einem Wort: Zählt man die Arbeiter und Soldaten nicht mit, so kann man wahrhaftig sagen: ›Gewaltige Stiere haben mich umringt‹, die verleumden und denunzieren, drohen und flehen, einen ausfragen und ausforschen:
Unsere Antwort:
[...] Was die Neurastheniker von der ›Nowaja Shisn‹ betrifft, so wissen wir nicht recht, was sie eigentlich von uns wollen.
Wenn sie ›den Tag‹ des Aufstands erfahren wollen, um im voraus die Kräfte der erschrockenen Intellektuellen zur rechtzeitigen...

Flucht, sagen wir nach Finnland, zu mobilisieren, so können wir sie dafür nur ... loben, denn wir sind ›überhaupt‹ für die Mobilisierung der Kräfte.

[...] Wenn sie aber nichts anderes im Sinne haben als eine Demonstration gegen uns, um sich von unserer Partei zu distanzieren, so können wir sie dafür nur loben: Denn erstens wird ihnen dieser vernünftige Schritt bei eventuellen ›Komplikationen‹ und ›Mißerfolgen‹ von entsprechender Stelle zweifelsohne nicht vergessen werden; [...]

Aber vielleicht können sie nicht ›schweigen‹, weil jetzt überhaupt alle im vaterländischen Sumpf der intellektuellen Zerfahrenheit ein Geschnatter erhoben haben? Erklärt sich nicht daraus auch Gorkis ›Man darf nicht schweigen‹? Unglaublich, aber wahr. Sie saßen still und schwiegen, als die Gutsherren und deren Speichellecker die Bauern zur Verzweiflung und zu Hunger›revolten‹ trieben. Sie saßen still und schwiegen, als die Kapitalisten und ihre Handlanger den Arbeitern Aussperrung und Arbeitslosigkeit in ganz Rußland bereiteten. Sie verstanden zu schweigen, als die Konterrevolution danach trachtete, die Hauptstadt auszuliefern und die Armee von dort abzuziehen. Nun aber, wo sich der Petrograder Sowjet, diese Avantgarde der Revolution, zum Schutze der betrogenen Arbeiter und Bauern erhoben hat, da ›können sie nicht länger schweigen‹! Und das erste Wort, das sie finden, ist ein Vorwurf nicht gegen die Konterrevolution, nein, sondern gegen dieselbe Revolution, von der sie bei einer Tasse Tee schwärmen, die sie aber in den verantwortungsschwersten Stunden wie die Pest fliehen! Ist das etwa nicht ›sonderbar‹.

Die russische Revolution hat nicht wenige Autoritäten gestürzt. Ihre Stärke kommt unter anderem darin zum Ausdruck, daß sie sich nie vor ›großen Namen‹ gebeugt hat, sie stellte diese in ihren Dienst oder stieß sie ins Nichts hinab, wenn sie nicht bei ihr lernen wollten. Ihrer, der von der Revolution nachher beiseite geworfenen ›großen Namen‹, gibt es eine ganze Schar. [...] Wir fürchten, die Lorbeeren dieser ›Säulen‹ lassen Gorki nicht schlafen. Wir fürchten, es zieht Gorki ›zum Sterben gern‹ zu ihnen, ins Archiv.

Nun wohl, des Menschen Wille ist sein Himmelreich ... Die Revolution versteht weder ihre Tote zu bemitleiden, noch sie zu Grabe zu tragen ...« (J. W. Stalin, *Werke*, Bd. 3, a. a. O., S. 360 ff. Der Artikel selbst war ungezeichnet und erschien erst 1925 in einem Sammelband unter Stalins Namen.)

Zusammen mit Gorkijs ›Man darf nicht schweigen‹ erschien in *Novaja Žizn* vom 18. Oktober 1917 die Stellungnahme der beiden ZK-Mitglieder Lev Kamenev und Grigorij Zinovjev, die sich gegen einen bewaffneten Aufstand aussprachen, den das Zentralkomitee am 23. Oktober beschlossen hatte. Lenin beschuldigte sie daraufhin in dem in *Rabočij put* veröffentlichten ›Brief an die Genossen‹ des Verrats an der Revolution. Stalin hat nicht versäumt, in den Prozessen gegen Kamenev und Zinovjev im Jahre 1936, in dem beide zum Tod verurteilt wurden, auf diesen ›Verrat‹ als Beweismittel zurückzugreifen. Genau geschildert wird Stalins Vorgehen von L. Trotzki, *Stalins Verbrechen* (aus d. Russ. von Alexandra Pfemfert, geb. Ramm), Zürich 1937, S. 86-123. Die Ereignisse bis zur Oktoberrevolution finden sich dokumentarisch belegt in *The Bolshevik Revolution 1917-1918. Documents and materials*, Hg. J. Bunyan u. H. H. Fischer (= Hoover War Library Publications, Nr. 3), Stanford California ²1961 [1. Aufl. 1934], S. 59-77. Eine der sachlichsten Darstellungen gibt nach wie vor W. H. Chamberlin, *Die Russische Revolution. 1917-1921* (aus d. Amerikan. von H. Maòr), Frankfurt a. M., Bd. I, 1958, S. 255-281 (›Am Vorabend‹).

66 Michail Ivanovič Tereščenko (1888-1958), ukrainischer Zukkerfabrikant, Finanzminister der Provisorischen Regierung vom März bis Mai 1917; dann vom Mai bis November Außenminister; nach der Oktoberrevolution emigriert.
A. I. Konovalov (1875-1945), Industrieller, Handels- und Wirtschaftsminister der Provisorischen Regierung vom März bis Juni und vom Oktober bis zum November 1917.
Zu M. V. Bernatzkij vgl. Anm. 13.

66a Gorkij meint wahrscheinlich den Kampf bei Pulkovo zwischen den Kosaken des Generals Krasnov und den Rotgardisten am 12. November. In diesem Treffen gelang es den Rotgardisten nur deshalb, Petrograd erfolgreich vor Kerenskijs Truppen zu verteidigen, weil dieser nicht die erwartete Verstärkung von der Front erhalten hatte. Am 11. November war ein Gemetzel in der Vladimir-Fähnrichschule vorausgegangen, bei dem es auf beiden Seiten etwa 200 Tote und Verwundete gegeben hatte. (Vgl. Chamberlin, a. a. O., Bd. I, S. 302)

67 Die Kämpfe waren in Moskau bedeutend heftiger als in Petersburg. (Vgl. Chamberlin, a. a. O., Bd. I, S. 310 ff.) Am 9./10. November besetzen die Fähnriche das Postamt, die Telegraphen- und Telephonämter und die Bahnhöfe; am 13. November erobern die Rotgardisten das Postamt usw. zurück, am 14. beschießen sie den Kreml, den sie am 15. erobern, und nehmen Rache an den dort sitzenden Fähnrichen, die einige Tage zuvor mehrere Bolschewiken eingesperrt hatten.
Gorkij war vom 5. bis zum 20. November selbst in Moskau, da sein Sohn M. A. Peškov, ein Anhänger der Bolschewiken, von den Fähnrichen gefangengenommen worden war. Am 20. November kehrte er nach Petrograd zurück.
V. K. Pleve (Plehwe, 1846-1904), war von 1902 bis 1904 Innenminister, er wurde das Opfer eines Attentats der S. R.

68 Sergej Gennadevič Nečajev (1847-1887) und Michail Aleksandrovič Bakunin (1814-1876) gelten als die ›Väter‹ des Anarchismus. (Vgl. Chamberlin, a. a. O., Bd. I, S. 16-41, ›Pioniere der Revolution‹, der die Wurzeln des russischen Anarchismus darlegt.) In der *International Encyclopedia of the Social Sciences*, Hg. David

I. Sills, [London] Bd. 1, 1968, charakterisiert R. Wohl den Bakuninschen Anarchismus wie folgt: »And it is indisputable that in his desire for a bloody revolution of the masses, led by a small select group of professional revolutionaries, men without roots or conscience, he was a distant forerunner of the Bolshevik, fascists, and national socialist revolutions of the twentieth century.« (S. 506; dort auch umfangreiche Literaturangaben.)

69 Als ›Koalitionsregierung‹ gelten das 2. und 3. Kabinett der Provisorischen Regierung. Das erste Kabinett vom März bis 17. Mai war fast ausschließlich von Kadetten und Konservativen gebildet worden; am 15. Juli Rücktritt der Regierung, am 21. Juli Neubildung des Kabinetts mit Kerenskij als Premierminister; am 8. Oktober Bildung einer neuen Koalitionsregierung, an der auch die Kadetten wieder teilnehmen.

70 Dieser Artikel Gorkijs wurde am 22./9. Nov. in der *Pravda* (Nr. 184) von dem Arbeiter I. S. Loginov in dem Artikel ›Wir und Sie (Für M. Gorkij)‹ scharf kritisiert. In der Folge blieb kein Artikel Gorkijs in der *Pravda* ohne Antwort.

71 Am 27. Oktober (9. November) versuchte der Kommandant des Moskauer Distrikts, Oberst Rjabcev, die Rotgardisten, die den Kreml besetzt hielten, zur Übergabe zu bewegen. »Er wurde mit Hohn und Feindseligkeiten empfangen und rettete sich nur mit Mühe und Not vor Mißhandlungen.« (Chamberlin, a. a. O., Bd. I, S. 311)

72 Ehemaliges Frauenkloster an der Tverskaja-Straße (heute: Gorkij-Straße; etwa 2 km vom Kreml entfernt). Gorkij erwähnt es wohl auch deshalb, weil das Strastnoj-Kloster eines der wenigen Klöster war, das den Brand Moskaus von 1812 überstanden hatte.

73 Bekanntes Hotel in der Nähe des Kremls.

74 Alle von Gorkij aufgezählten Gebäude und Straßen befinden sich in der Nähe des Kremls.

75 Heute: Leninberge.

76 Vladimir Mitrofanovič Puriškevič (1870-1920) war der Gründer des reaktionären ›Bundes des russischen Volkes‹ (1905); gehörte seit 1907 der Reichsduma an; organisierte Ende 1906 zusammen mit dem Großfürsten Dmitrij Pavlovič und dem Fürsten Jusupov die Ermordung Rasputins; kämpfte im Bürgerkrieg auf seiten der ›Weißen‹.
Gorkij spielt hier ironisch auf den Namenswechsel Lenins und Trotzkijs an.

77 Diesen Ausdruck prägte F. M. Dostojevskij in den *Dämonen*.

78 Anton Vladimirovič Kartašev (geb. 1875), Kadett, Professor für Kirchengeschichte; unter der dritten Koalition der Provisorischen Regierung Oberprokurator des Heiligen Synods; lebt in der Emigration.
Zu Bernatzkij vgl. Anm. 13; zu Konovalov vgl. Anm. 66.

79 Vielleicht sind hiermit Zinovjev, Kamenev und A. Lunačarskij gemeint, die verschiedentlich in taktischen und theoretischen Fragen Lenin widersprachen.

80 Gorkij erhält auf seine Angriffe auf die Bolschewiken am 8. Dezember (25. November) 1917 in der *Pravda* von Ilja Ionov (Ilja Ionovič Bernštejn, 1887-1942, proletarischer Dichter) in dem Artikel ›Wie man vor lauter Wald die Bäume nicht sieht‹ eine scharfe Antwort.

81 ›Das Kauen von Sonnenblumenkernen‹ steht hier für ›soziale und intellektuelle Gleichgültigkeit‹.

82 Gorkij bezieht sich hier wahrscheinlich auf einen ›Leserbrief‹ in der *Pravda* vom 23./10. November 1917. [Die Daten der *Pravda* wurden bereits nach dem neuen Kalender angegeben.]

83 Unvollständiges Zitat aus Gorkijs Aufsatz O *pisateljach samoučkach* [Über die schriftstellernden Autodidakten], der 1911 zum ersten Mal erschienen war.

84 *Reč* war am 26. Oktober (8. November) durch ein ›Dekret‹ des revolutionären Petrograder Kriegskomitees verboten worden; erschien aber bis zum August 1918 unter verschiedenen Bezeichnungen weiter: *Naša Reč* [Unsere Rede], *Vek* [Das Zeitalter], *Naš Vek* [Unser Zeitalter]. Kurz darauf wurde eine Reihe weiterer Zeitungen geschlossen.

85 Gorkijs mutiges Eintreten für Burcev ist bemerkenswert, weil Burcev Gorkij und *Novaja Žizn* noch vier Monate vorher beschuldigt hatte, sie würden den Deutschen und den Bolschewiken helfen, Rußland zu demoralisieren. Die Affäre hatte solche Wogen geschlagen (Gorkij wurde u. a. der Kollaboration mit den Deutschen beschuldigt), daß sich der Sekretär der Russischen Akademie der Wissenschaften, das Akademiemitglied S. F. Oldenburg, veranlaßt sah, in den *Birževyje vedomosti* [1./14. Juli] für Gorkij einzutreten.
Vladimir Lvovič Burcev (1862-1936) stand den Sozialrevolutionären nahe; er wurde am 26. Oktober (8. November) in der Peter-und-Pauls-Festung eingesperrt, und die von ihm herausgegebene Zeitung *Naše Obščeje Delo* [Unsere gemeinsame Sache] wurde geschlossen.
Gorkij nennt Burcev ›einen Latrinenreiniger der politischen Parteien‹, weil er in den vorangegangenen Jahren Azef und andere Polizeispitzel enttarnt hatte.

86 Die Nummer der *Pravda*, aus der Gorkij hier zitiert, konnte ich noch nicht ermitteln. Das Echo, das Gorkijs ›Unzeitgemäße Gedanken‹ in der Presse seiner Zeit hervorriefen, scheint überhaupt noch einer detaillierten Untersuchung zu bedürfen. So führt die sehr lükkenhafte Übersicht von S. Baluchatyj, *Kritika o Gorkom. Bibliografija statej i knig (1893-1932 g.)* [Die Kritik über Gorkij. Bibliographie der Artikel und Bücher (1893-1932)], Leningrad 1934, S. 265, allein für die Zeit vom 11. November bis 24. Dezember (alter Kalender) 18 Kritiken an, darunter Kritiken in der *Pravda*, die mir bisher noch nicht zugänglich waren.

87 Diese Formulierung findet sich dann wieder in dem bereits genannten Aufsatz von Ilja Ionov vom 8. Dezember (25. November) 1917.

88 ›Zoologisch‹ wird von Gorkij oft verwendet, um ›Tierisches‹ im Menschen zu charakterisieren; außer an dieser Stelle immer mit ›tierisch‹ übersetzt.
Gorkij wurde für ein solches ›Verständnis‹ der revolutionären Ereignisse von V. Poljanskij in der *Pravda* am 23./10. Dezember 1917 und von dem ›Intellektuellen aus dem Volke‹ (I. S. Blank) am 26./13. Dezember 1917 als Verräter usw. bezeichnet. Daß Gorkij allerdings allen Grund hatte, sich über die Plünderungen, Pogrome usw. zu erregen, die von der bolschewistischen Regierung nur sehr zögernd verurteilt wurden, beweisen die zahllosen Gewalttaten, die täglich nach Petrograd gemeldet wurden. Eine deutsche Quelle aus dieser Zeit gibt die Meldungen der unabhängigen liberalen Moskauer Zeitung *Russkoje Slovo* [Das russische Wort] vom 31. 10. 1917 wieder:
»*Gouv. Rjasan.* Die Welle der Plünderungen ist in den Kreis Spask hinübergegangen. Mehrere Güter sind geplündert worden.
Bessarabien. 22 Güter zerstört, in Dubosary wurden die Läden von Soldaten geplündert.
Wolhynien. Das Gardekorps hat 10 Ansiedlungen und mehrere Güter ausgeplündert und eines zerstört.
Gouv. Charkow. Vier Güter geplündert und eines zerstört.
Gouv. Orel. Ein Gut ausgeplündert, der Domänenwald wird abgeholzt.
Gouv. Tambow. Drei Güter zerstört. Die Wälder werden überall verteilt und abgeholzt.
Gouv. Pensa. 16 Güter zerstört, einige davon dem Erdboden gleichgemacht.
Gouv. Kursk. Walddiebstähle im großen.
Gouv. Tula. 19 Güter zerstört, von einigen ist kein Stein auf dem anderen geblieben.« (Zitiert nach: *Die russische Revolution. Mitteilungen aus der russischen Presse*, hrsg. vom Ausschuß für deutsche Ostpolitik, Berlin W 62, Kurfürstenstr. 101, 1. Dezember 1917, Nr. 31, S. 508.)

89 Jemeljan Pugačëv war der Führer der Bauernaufstände während der Regierungszeit Katharinas II. von 1775 bis 1777. Die Aufstände kosteten über 1500 Gutsbesitzern das Leben.

90 Die Gräfin S. V. Panina war Mitglied im Zentralkomitee der Kadetten und Stellvertretender Minister für Erziehung in der letzten Provisorischen Regierung; in der vorrevolutionären Zeit war sie aktiv sozial tätig. Sie wurde auf Grund des Leninschen Erlasses vom 11. Dezember 1917 zusammen mit A. I. Šingarëv, F. F. Kokoškin, Prinz P. P. Dolgorukov, N. N. Kutler, M. M. Vinaver, F. I. Rodičev verhaftet und vor eines der neu errichteten ›Revolutionstribunale‹ gestellt, da sie »[...] beschuldigt wurde, den Bolschewiki 92 000 Rubel Staatsgelder, die sich in ihrem Besitz im Wohlfahrtsministerium befanden, nicht ausgehändigt zu haben. Die Gräfin verteidigte sich damit, daß sie das Bolschewikenregime nicht als legal anerkenne. [...] [Das Tribunal] hatte seine Instruktionen von dem bolschewistischen Justizminister Stutschka, und das Urteil lautete auf Verbleib der Gräfin Panina im Gefängnis bis zur Rückerstattung der 92 000 Rubel. Schließlich trieben einige ihrer Freunde das Geld auf und erwirkten ihre Freilassung.« (Chamberlin, a. a. O., Bd. I, S. 334)

91 Stadt in Zentralrußland, nordöstlich vom heutigen Ivanovo gelegen.
Zu Konovalov vgl. Anm. 66.

92 Ijeronim Ijeronimov Jasinskij (1850-1931), Literat und Journalist, war vor allem durch seine ›schlüpfrigen‹ Erzählungen vor dem Ersten Weltkrieg bekannt; wechselte mehrere Male die politische Richtung; wandte sich nach der Oktoberrevolution den Bolschewiken zu.
Anatolij Vasiljevič Lunačarskij (1875-1933), Politiker und Schriftsteller; war der erste Kommissar für Volksbildung in der neuen Regierung.
Gorkij hat in diesem Absatz offenbar die Organisierung der politischen Polizei im Auge, deren Dringlichkeit bereits am 6. Dezember (23. November) im Rat der Volkskommissare diskutiert worden war. Lenins Brief vom 7. (20.) Dezember 1917 an F. E. Dzeržinskij (1877-1926), der als Entwurf für das ›Dekret über die Errichtung einer Außerordentlichen Kommission zur Bekämpfung der Konterrevolution‹ gedacht war, aber nie als ›Dekret‹ erlassen wurde, bildete dann die Grundlage für den Aufbau der ›Tscheka‹ durch Dzeržinskij. (Vgl. W. I. Lenin, *Werke*, hrsg. auf Beschluß des IX. Parteitages der KPR(B) und des II. Sowjetkongresses der UdSSR. Die deutsche Ausgabe erscheint auf Beschluß des Zentralkomitees der Sozialistischen Einheitspartei Deutschlands, Berlin Bd. 26, 1961, S. 372 ff.)

93 Dieses Lob der Kadetten nach der Verhaftung ihrer Führer provozierte die *Pravda* zu einer harten Antwort an Gorkij. V. Poljanskij versuchte, Gorkij von der Notwendigkeit des Klassenkampfes gegen

die Kadetten (u. ä.) zu überzeugen. (Vgl. ›V putjach starogo mira‹ [Auf den Wegen der alten Welt], *Pravda*, Nr. 211, 23./10. Dezember 1917.)

94 Fluß im zentralen Teil von Petrograd, der an der Ermitage vorbeifließt.

95 Alexandr Nikolajevič Radiščev (1749-1802) und Nikolaj Gavrilovič Černyševskij (1828-1889) gelten in der russischen Literatur- und Geistesgeschichte als ›revolutionäre Aufklärer‹.

96 Das Smolnyj-Institut war der Sitz der bolschewistischen Regierung in Petrograd; vormals eine höhere Mädchenschule für die Kinder des russischen Hochadels; 1764 von Katharina II. gegründet.

97 ›Weinpogrome‹ waren an der Tagesordnung. Die neue Regierung hielt sie für konterrevolutionäre Aktionen der nach ihrem Führer genannten Kaledin-Kosaken. Alexandr Maximovič Kaledin (1861 bis 1918) war Ataman aller Donkosaken. Die Kosaken hatten sich unter seiner Führung im Süden Rußlands gesammelt und bekämpften die Bolschewiken. (Vgl. auch Chamberlin, a. a. O., Bd. I, S. 348 ff.)

98 Beispiel für typische russische Provinzstädte. Konotop liegt in der Ukraine, Čuchloma in Zentralrußland.

99 Gorkij meint die 1907 in russischer Sprache erschienene Broschüre *Dvižuščije sily i perspektivy russkoj revoljucii,* die Lenin herausgab und mit einem Vorwort versah. Es handelt sich um eine Aufsatzreihe, die Karl Kautsky (1854-1938) in der von ihm herausgegebenen sozialdemokratischen Zeitung *Die Neue Zeit,* Stuttgart 1906-1907, Jg. 25, Bd. I, Nr. 9, S. 284-290; Nr. 10, S. 324-333, unter der Überschrift *Triebkräfte und Aussichten der russischen Revolution* publiziert hatte.
Gorkij stand mit seiner Frage nach der ›Moral des Sozialismus‹ unter den europäischen Sozialisten seiner Zeit nicht allein, wenn er sie auch unbeeinflußt und ohne Kontakt zu ihnen formuliert haben dürfte. Diese Frage wird sich im übrigen erst dann wissenschaftlich vertretbar beantworten lassen, wenn der Forschung die Briefe und biographischen Materialien aus den Jahren 1916-1918 von der sowjetischen Gorkij-Forschung zugänglich gemacht wurden. Bisher weist die Biographie Gorkijs in diesen Jahren einen weißen Fleck auf.
So schrieb zum Beispiel der ›Renegat Karl Kautsky‹ (Lenin 1918) in seinem 1919 erschienenen Buch *Terrorismus und Kommunismus. Ein Beitrag zur Naturgeschichte der Revolution,* Berlin, S. 119 ff., zur ›Moral des Sozialismus‹ folgendes:
»Neben einer hohen Volksbildung ist eine hohe Moral der Massen die Vorbedingung des Sozialismus, eine Moral, die sich äußert nicht nur in starken sozialen Instinkten, Gefühlen der Solidarität, der Opferwilligkeit, der Hingebung, sondern auch in der Ausdehnung

dieser Gefühle über den engen Kreis der Kameraden hinaus auf die Gesamtheit. Eine solche Moral [...] fehlt der Masse, die heute im bolschewistischen Proletariat den Ton angibt. [...]
Was die Solidarität des modernen Proletariats erst zur Höhe der sozialistischen Moral erhebt, ist ihre Ausdehnung auf die menschliche Gesamtheit, entspringend aus dem Bewußtsein, daß das Proletariat sich nicht selbst befreien kann, ohne das gesamte Menschengeschlecht zu befreien.
[...]
Der Bolschewismus siegte über seine sozialistischen Gegner dadurch, daß er die Wildheit und Roheit der ›*anfangenden* Arbeiterbewegung‹ zur Triebkraft seiner Revolution machte; dadurch, daß er die Bewegung des Sozialismus degradierte, indem er aus der Sache der Menschheit eine Sache ›bloß der Arbeiter‹ machte; dadurch, daß er die Allmacht der Lohnarbeiter allein (neben den ärmsten Bauern auf dem Lande) verkündete und seine Herrschaft damit begann, alle Menschen, die nicht in sein Horn bliesen, zu völliger Rechtlosigkeit zu verurteilen und ins tiefste Elend hinabzustoßen; dadurch, daß er die Aufhebung der Klassen mit der Schaffung einer neuen Klasse von Heloten aus den bisherigen Bourgeois einleitete. Indem er so den sozialistischen Kampf um Befreiung und Erhebung der ganzen Menschheit auf eine höhere Stufe in einen Ausbruch der Erbitterung und der Rache an einzelnen verwandelte, die den schlimmsten Mißhandlungen und Foltern preisgegeben wurden, hat er das Proletariat nicht auf eine höhere Stufe der Moral erhoben, sondern es demoralisiert. [...]
Mit erbarmungslosen Strafen soll dem russischen Proletariat die ihm fehlende kommunistische Moral eingeprügelt werden, um es reif zu machen für den Sozialismus. Aber noch nie wurde durch ›erbarmungslose Strafen‹ [Lenin] die Moral gehoben, es wurde nur ihr letzter Rest noch untergraben. [...] Ein sozialistisches Regime, das keinen andern Ausweg sieht, um im Proletariat eine höhere Moral zu erwecken, als ein erbarmungsloses Gericht, zeigt damit seinen eigenen Bankerott an.«

100 Der ›Intellektuelle aus dem Volk‹ beschuldigte Gorkij wegen dieser Feststellung ›des Verrats an der Revolution‹. (Vgl. ›Socialnaja revoljucija i M. Gorkij‹, *Pravda*, 20./7. Januar 1918.)
Für den Arbeiterdichter Vladimir T. Kirillov (geb. 1889) war keine Revolution der Weltgeschichte ›so human und milde zu ihrem besiegten Feind‹ wie die russische. (Vgl. ›Svojevremennyje mysli‹ [Zeitgemäße Gedanken], in: *Grjaduščeje*, Nr. 1, 1918, S. 11; zitiert in: *Letopis žizni i tvorčestva A. M. Gorkogo*, Moskva, Bd. III, 1959, S. 66.)

101 Das Zitat ›verrate Rußland‹ ist wohl noch einmal eine Anspielung auf V. Burcev, vgl. Anm. 85.

102 Die Tageszeitung *Russkoje Znamja* [Das russische Banner]

wurde von dem Führer des ›Bundes des russischen Volkes‹ von 1905 bis 1917 herausgegeben; vgl. auch Anm. 76.

103 Der ›Intellektuelle aus dem Volk‹ bezeichnet Gorkijs Ansicht als ›reaktionär‹. (Vgl. *Pravda*, 20./7. Januar 1918)

103a Dieser ›Kommissar‹ ist wahrscheinlich der russische Bauernschriftsteller Ivan Volnyj (1885-1931), ein Freund und Schützling Gorkijs. Zum wechselhaften Leben dieses Dichters und seines Verhältnisses zu Gorkij in den zwanziger Jahren vgl. B. D. Wolfe, *Brücke und Abgrund*, a. a. O., S. 148-150.

103b Unübersetzbares russisches Wortspiel mit dem Wort ›bol'še – vik‹ (bol'še = mehr).

103c Das Bild von der Vertiefung, Ausbreitung (usw.) der Revolution war ein oft gebrauchter journalistischer Topos der bolschewistischen Presse seit der Februarrevolution 1917. Gorkij verwendet ihn gewissermaßen als ›Gattungsmerkmal‹.

104 Zur Verhaftung der Mitglieder der Provisorischen Regierung vgl. Anm. 90. Prinz Pavel Dmitrijevič Dolgorukov (1866-1927) emigrierte 1920 aus der Sowjetunion, kehrte illegal dorthin zurück und wurde nach seiner Gefangennahme exekutiert.

105 Zu den Kaledin-Kosaken vgl. Anm. 97.

106 Anspielung auf das Sprichwort ›Wenn die Herren raufen, verlieren die Knechte die Schöpfe‹. Lenin hatte bekanntlich einen recht spärlichen Haarwuchs.

107 »Am 27. Dezember wurden Bankgeschäfte zum staatlichen Monopol erklärt. Alle Banken wurden verstaatlicht und die früheren Privatbanken mit der Staatsbank vereinigt. Am darauffolgenden Tag wurden alle Besitzer von Banksafes aufgefordert, binnen drei Tagen ihre Safe-Depositen zur Inspektion vorzuweisen. Bei Nichterfüllung verfielen diese Depositen der Konfiskation; alles Gold im Privatbesitz wurde vom Staat übernommen.« (Chamberlin, a. a. O., Bd. I., S. 331 f.)

108 Fluß im Zentrum Petersburgs, kreuzt den Nevskij-Prospekt.

109 »Am 30. Dezember fand in Petersburg eine mehrstündige Massenkundgebung zu Ehren des Erfolges der Friedensverhandlungen statt. Es nahmen an ihr mehrere hunderttausend Soldaten, Arbeiter und Matrosen teil, die einen allgemeinen, demokratischen Frieden verlangten [...].« (*Wilnaer Zeitung*, Nr. 2, Donnerstag, den 3. Januar 1918)

110 Vorstadtdistrikte im Süden Petersburgs.

111 Gustave Aimard (1818-1883) war im 19. Jahrhundert berühmt wegen seiner zahlreichen Indianer- und Abenteuerromane.

112 Iraklii Georgijevič Cereteli (1882-1959) war ein prominenter georgischer Menschewik; Mitglied der zweiten Reichsduma (1907); Mitglied des Exekutivkomitees des ersten Petrograder Sowjets; Minister für das Post- und Telegraphenwesen (Mai-August 1917); Innenminister (Juli-August 1917). Der Verhaftungsbefehl V. Dzeržinskijs vom 31. Dezember wurde am 5. Januar 1918 in *Naš Vek*, Nr. 21, S. 3 veröffentlicht. (Vgl. *The Bolshevik Revolution*, a. a. O., S. 366.) Gorkijs Verteidigung Ceretelis löste in der *Pravda* eine heftige Polemik gegen seinen Artikel und überhaupt gegen seine ›Unzeitgemäßen Gedanken‹ aus. (Vgl. *Pravda*, 6. Januar (24. Dezember 1917) 1918 ›Obzor pečati‹ [Presseübersicht]; weiterhin ›Svjataja buržuazija i Gorkij‹ [Die heilige Bourgeoisie und Gorkij]; wenig später am 16./3. Januar 1918 L. Sosnovskijs Artikel ›Znatnyje inostrancy (o pisateljach iz ‚Novoj Žizn'‹)‹ [Berühmte Ausländer (über die Schriftsteller von Novaja Žizn)])

113 Dieser Satz wurde in der ›Presseübersicht‹ der *Pravda* vom 6. Januar ironisch kommentiert.

114 Der ›Intellektuelle aus dem Volk‹ sah in diesen beiden letzten Abschnitten ein Anzeichen dafür, daß Gorkij die ›soziale Revolution‹ noch nicht für immer verraten haben könne. (Vgl. ›Socialnaja revoljucija i M. Gorkij‹ [Die soziale Revolution und M. Gorkij], *Pravda*, 20./7. Januar, 1918.)

115 »Das erste unmißverständliche Signal der bevorstehenden revolutionären Entwicklung war der ›Blutige Sonntag‹ am 22. [9.] Januar 1905. Ein Priester namens Georgi Gapon hatte unter den Arbeitern von St. Petersburg eine Vereinigung gestiftet, die nach dem Muster ähnlicher Gründungen [...] einen nichtsozialistischen Charakter trug [...]
Gapon selbst hielt die Ansammlung petitionierender Arbeitermassen auf den Straßen der Hauptstadt für bedenklich, gab aber seinen Helfern nach [...] So kam es, daß am 22. Januar eine riesige Prozession von St. Petersburger Arbeitern, manche mit ihren Frauen und Kindern, zum Winterpalais zog, nicht mit roten Fahnen, sondern mit Heiligenbildern und Zarenporträts, nicht die Internationale, sondern religiöse und patriotische Lieder singend. Die Behörden hatten zahlreiche Truppen mobilisiert [...] Als die Demonstranten sich weigerten, auseinander und nach Hause zu gehen, prasselten Gewehrsalven auf sie ein, während die Kosaken mit ihren Nagaikas oder Peitschen auf sie einhieben. Die Zahl der Opfer [...] variiert in den Schätzungen von 200 bis 1500. Wie viele es auch waren, das idyllische Bild des Zaren als des Vaters seines Volkes hatte einen unheilbaren Riß bekommen.« (Chamberlin, a. a. O., Bd. I, S. 44 f.)
Gorkij hat die Ereignisse, deren Augenzeuge er war, in der literari-

schen Schilderung *Der 9. Januar* verarbeitet. Sie erschien 1907 in Berlin bei I. P. Ladyšnikov, wurde aber sofort von der zaristischen Auslandszensur verboten und konnte erst nach der Oktoberrevolution wieder erscheinen.

115a Die Zahl der Mitglieder der Konstituierenden Versammlung ist heute nicht mehr genau ermittelbar, da in den zur Verfügung stehenden Quellen die Zahl der Deputierten aus Turkestan, Dagestan, dem Nordkaukasus, dem Kuban- und Terek-Gebiet fehlt. *The Bolshevik Revolution* gibt 707 Deputierte an (S. 371); davon waren 370 Sozialrevolutionäre der Rechten, 40 S. R. der Linken, 175 Bolschewiken, 16 Menschewiken, 17 Kadetten, 2 Sozialisten-Narodniki.

116 Die wichtigsten Dokumente und Nachrichten über die Ereignisse vom 18. Januar 1918 finden sich in den Januarausgaben der deutschsprachigen *Wilnaer Zeitung*, die ihren Lesern am 23. Januar in einem eigenen Bericht *Der Staatsstreich der Sovjets* folgendes mitteilt:

»Die Petersburger Telegraphen-Agentur verbreitet folgenden Aufruf des Hauptvollzugsausschusses an die Petersburger Bürger:

Aufruf an die Bevölkerung von Petersburg.

Die Feinde des Volkes verbreiten das Gerücht, daß revolutionäre Arbeiter und Soldaten am 18. Januar auf die Teilnehmer einer friedlichen Kundgebung der Arbeiter Schüsse abgegeben hätten, um Unruhe und Unordnung in die Reihen der arbeitenden Massen zu tragen und um die revolutionären Führer anzugreifen. Es ist schon festgestellt worden, daß Spitzel auf die Matrosen, Soldaten und Arbeiter geschossen haben, die die Ordnung in der Stadt sichern. Der Hauptvollzugsausschuß hat eine energische Untersuchung eingeleitet. Die Schuldigen werden von einem revolutionären Gericht abgeurteilt werden. [...] Die revolutionäre Ordnung wird von Matrosen, Arbeitern und Soldaten gesichert.

Der Hauptvollzugsausschuß.

Das amtliche Dekret, mit dem die verfassunggebende Versammlung in Petersburg aufgelöst worden ist, hat folgenden Wortlaut: Die russische Revolution hat von ihrem Anfang an die Sowjets der Arbeiter, Soldaten- und Bauernabgeordneten für die Massenorganisation aller arbeitenden, ausgebeuteten Klassen, die einzig fähig ist, den Kampf dieser Klassen für ihre volle politische und wirtschaftliche Befreiung zu führen, an die erste Stelle gesetzt. Im Laufe der ganzen ersten Periode der russischen Revolution haben sich die Sowjets vermehrt und sind erstarkt, indem sie die Illusion des Einverständnisses mit der Bourgeosie, die Falschheit der Formen des bourgeoisischen demokratischen Parlamentarismus erlebten und praktisch zu dem Schluß kamen, daß die Befreiung der unterdrückten Klassen ohne Bruch mit diesen Formen unmöglich ist. Als solch ein Bruch

erschien die Oktoberrevolution und die Übergabe der ganzen Macht in die Hände der Sowjets. [...]
Die arbeitenden Klassen mußten sich durch die Erfahrung davon überzeugen, daß der alte bourgeoise Parlamentarismus sich überlebt hat, daß er gar nicht vereinbar ist mit der Aufgabe der Verwirklichung des Sozialismus, daß nicht die allgemeinen nationalen, sondern nur die Klasseneinrichtungen wie die Sowjets fähig sind, den Widerstand der besitzenden Klassen zu beseitigen und den Grund zur sozialen Gesellschaft zu legen. Die am 18. Januar eröffnete verfassunggebende Versammlung ergab die Mehrheit der Partei der rechten Sozialrevolutionäre [...] Es ist klar, daß sich diese Partei weigerte, [...] die Deklaration der Rechte des arbeitenden und unterdrückten Volkes, die Oktoberrevolution und die Sowjet-Macht anzuerkennen. Dadurch hat die verfassunggebende Versammlung jede Verbindung zwischen sich und der Sowjet-Republik Rußlands abgebrochen. Der Weggang der Fraktionen der Bolschewiki und der linken Sozialrevolutionäre, die zur Zeit die größte Mehrheit im Sowjet darstellen und das Vertrauen der Arbeiter und der Mehrheit der Bauern genießen, von der verfassunggebenden Versammlung war unausbleiblich. Es ist klar, daß der übriggebliebene Teil der verfassunggebenden Versammlung nur eine Rolle des verstärkten Kampfes der bourgeoisischen Gegenrevolution durch Kürzung der Macht der Sowjets spielen kann. Deshalb verfügt das zentrale Ausführungskomitee, die verfassunggebende Versammlung aufzulösen.«
Zu den einzelnen Ereignissen, auf die Gorkij anspielt, folgt dann unter der Überschrift *Die inneren Kämpfe* dieser Bericht:
»Nach der Eröffnung der Konstituante wurde [...] mit 223 gegen 169 Stimmen ein Antrag auf Schaffung einer wahren Volksrepublik angenommen, der ein Mißtrauensvotum für den Rat der Volkskommissare darstellte. Während der Abstimmung kam es zu stürmischen Unterbrechungen durch die Maximalisten. Die im Taurischen Viertel vor sich gehenden Kämpfe zwischen der Roten Garde und den gemäßigten Elementen haben auf die Abgeordneten einen tiefen Eindruck gemacht. Das rücksichtslose Vorgehen der Roten Garde hat eine äußerst erbitterte Stimmung innerhalb der konstituierenden Versammlung geschaffen. In den Straßenkämpfen sind nach den bisher vorliegenden Berichten rund 300 Personen getötet oder verwundet worden. Darunter befinden sich auch vier Abgeordnete für die Konstituante [...] Auf dem [Litejnyj-Prospekt] kam es am Nachmittag, als ein Zug von Mitgliedern der verfassunggebenden Versammlung von der Menge, hauptsächlich von Matrosen, angegriffen wurde, zu einer Schießerei. Mehrere Personen wurden getötet und verwundet.
Die früheren Mitglieder des Kabinetts Kerenski, Tschingarew und Kokoschkin wurden, nach einer Meldung des ›Associated Press‹, im Marinehospital, wohin sie aus der Peter-Paul-Festung krankheitshalber verbracht worden waren, in ihren Betten ermordet. Ein Dutzend bewaffneter Männer drang in das Hospital ein, fragte, wo die Minister liegen und feuerte Schüsse auf Tschingarew und zwei auf Kokoschkin ab. Beide wurden getötet.«

Andrej Ivanovič Šingarëv (1860-1918) war Physiker und Nationalökonom; Mitglied der zweiten, dritten und vierten Duma als Kadett; Finanzminister der Provisorischen Regierung vom März bis Mai 1917; Landwirtschaftsminister vom Mai bis Juli; zu seiner Verhaftung vgl. auch Anm. 90.
Fëdor Fëdorovič Kokoškin (1871-1918) war Professor für Rechtswissenschaft an der Moskauer Universität; Kadett; vom August bis September 1917 staatlicher Kontrolleur der Provisorischen Regierung.
Zur historischen Bewertung des gesamten Vorgangs vgl. Chamberlin, a. a. O., Bd. I, S. 336-343; eine Zusammenstellung der wichtigsten Quellen findet sich wieder in *The Bolshevik Revolution*, a. a. O., S. 338-399 (Kap. III ›The Constituant Assembly‹, u. a. wird hier auch Gorkijs Artikel *9. Januar-5. Januar* mit Kürzungen wiedergegeben).

117 Gorkij zitiert aus dem Schlußabsatz des Artikels ›Socialnaja revoljucija‹, a. a. O., der ungekürzt lautet:
»Er war nicht nur für Rußland der Sturmvogel des Aufstands, sondern auch für Europa und Amerika, in denen er die reaktionäre Gewalt und die nackte Habgier der herrschenden reichen Klasse geißelte. Gorkij ist für unsere soziale Revolution zu wertvoll, so daß wir ganz sicher glauben, daß er bald in den Reihen ihrer ideellen Führer an dem Platz stehen wird, der ihm, dem Sturmvogel der universalen sozialen Revolution, gebührt.«

117a Zu Karl Kautsky vgl. Anm. 95.

118 Wahrscheinlich handelt es sich hier um denselben anarchistischen Matrosen Anatolij Železnjakov, der bei der Verhaftung des Anarchisten Asnin verletzt wurde (vgl. Anm. 47 u. S. 73 f. in diesem Band). Železnjakov gehörte am 5. Januar 1918 zu der Wache, mit deren Hilfe die Bolschewiken die Konstituierende Versammlung im Taurischen Palais einschlossen und ihr geplantes Zusammentreten am 19. Januar verhinderten.

119 Die Mörder Šingarëvs und Kokoškins wurden nicht gefunden, obwohl von bolschewistischer Seite sofort eine Untersuchung der Vorgänge angeordnet wurde. Dazu schreibt die *Wilnaer Zeitung* am 24. Januar 1918:
»Die Petersburger Telegraphen-Agentur veröffentlicht folgenden *dringenden Befehl* an alle Kommissariate, Präsidenten der Sowjetausschüsse für den Kampf gegen die Pogrome, an das Hauptquartier der Roten Garde, an den Ausschuß zur Bekämpfung der Gegenrevolution, an den Kommissar für Kriminalangelegenheiten und an die Kommissare der Bahnhöfe Petersburgs: Es sind sofort alle Kräfte in Bewegung zu setzen zur Ermittlung der Matrosen und Roten Gardisten, die heute nacht um 1 Uhr in das Marinehospital eingedrungen sind und Tschingarew und Kokoschkin ermordet haben. Die Schuldigen

sind zu verhaften und nach dem Smolnyinstitut, Zimmer 75, zu bringen. Über den Gang der Ermittlungen ist alle zwei Stunden Bericht zu erstatten.
22. Januar 1918.
gez. Lenin. Justizminister Steinberg.«

120 Die wörtliche Übersetzung des russischen Ausdrucks würde lauten: ›in die Sprache unserer heimatlichen Zitterespen‹. Die Wendung stammt aus einem Epigramm I. S. Turgenevs aus dem Jahre 1884, das gegen die trockenen und ungelenken Shakespeare-Übersetzungen N. Ketčers gerichtet war. Der Ausdruck gehört heute zu den ›geflügelten Worten‹ der russischen Literatursprache.

121 Russische Truppen hielten im Ersten Weltkrieg den Norden Persiens besetzt, von wo sie erst nach Beginn der deutsch-russischen Friedensverhandlungen im Dezember 1917 langsam abgezogen wurden. Der von Gorkij gerügte Vandalismus der sich auflösenden Truppen wurde im Bürgerkrieg zu einer alltäglichen Erscheinung.

122 Es müßte eigentlich Nr. 42 (256) lauten. *Novaja Žizn* vom 8. März (23. Februar) war falsch numeriert und alle folgenden Nummern ebenfalls. Vielleicht wurde die falsche Numerierung durch die Einführung des Gregorianischen Kalenders am 14./1. Februar 1918 verursacht.

123 Der letzte Sonntag vor der vorösterlichen Fastenzeit.

124 Der Prozeß gegen den Juden Mendel Bejlis fand im Jahre 1913 statt und erregte vor allem liberale und sozialistische Intellektuelle. Der russisch-jüdische Historiker Simon Dubnow bemerkt zu dem Prozeß in seinen Erinnerungen:
»In jener Zeit hielt uns alle der endlose Bejlis-Prozeß in Aufregung. Der Justizminister Schtscheglowitow unterstützte die Schwarzen Hundert in ihrer Tendenz, einen großen Ritualmordprozeß zu inszenieren. Es ging das Gerücht um, der Minister habe dem Zaren bei den Feierlichkeiten in Kiew, bei denen Stolypin ermordet wurde, versichert, daß die Juden an der Tötung des Knaben Juschtschinsky schuldig seien. Deshalb habe er später die Untersuchung in dem Sinne geleitet, daß seine Versicherung bestätigt wurde. Er ersetzte in der Tat die Kiewer Untersuchungsrichter und den Staatsanwalt durch Petersburger Justizbeamte, die den Auftrag hatten, unter allen Umständen einen Ritualmord nachzuweisen. In Wirklichkeit hatte den Mord eine russische Diebesbande in der Kiewer Spelunke von Frau Tscherbjak begangen.« (Simon Dubnow, *Mein Leben*, hrsg. von Elias Hurwicz, Berlin: Jüdische Büchervereinigung 1937, S. 185)

125 Die Nationalökonomen Grigorij Borisovič Iollos (1859-1907) und Michail Jakovlevič Gercenštejn (Herzenstein, 1859-1906) gehörten als Vertreter der Kadetten der ersten Duma an. Herzenstein, der ein Gegner der Agrarreformen Stolypins war, wurde von Mitglie-

dern des reaktionären ›Bundes des russischen Volkes‹ (vgl. Anm. 76) – Larickin, Polovnev, Juškevič und anderen – ermordet. Iollos wurde im Auftrag dieses ›Bundes‹ von einem Fabrikarbeiter umgebracht.

126 Am 2. März wurden in Petrograd sechs Studenten und ein unbekannter Mann hingerichtet. Sie waren angeklagt, ein Komplott gegen das Sowjetregime geplant zu haben und wurden im Smolnyj gefangengehalten. Drei der Hingerichteten waren Franzosen und standen kurz vor ihrer Abreise nach Frankreich, um dort in der Armee zu dienen. (Vgl. *Novaja Žizn*, 14./1. März 1918)

127 Ende Dezember 1917 und im Januar 1918 wurden von probolschewistischen Seeleuten der Schwarzmeerflotte in diesen Städten zahlreiche Ausschreitungen gegen die Zivilbevölkerung begangen, als die Bolschewiken versuchten, die Krim unter ihre Kontrolle zu bringen.

127a Die *Izvestija* (Nr. 55), 23./10. März 1918, beantwortete die Frage in dem Artikel ›‚Sovest' izdochla‹ [Das ‚Gewissen' ist tot] wie folgt:
»Jawohl, das Gewissen ist tot, aber nicht nur dort, wo Gorkij glaubt. Er möge selbst einmal in den Spiegel schauen.«

128 Gorkij zitiert aus dem Artikel ›Čto posejali, to nado i žat'. (Otkliki na Gorkovskuju sovest)‹ [Was man sät, muß man auch ernten. (Antworten auf Gorkijs Gewissen)], in: *Krasnaja Gazeta* [Die Rote Zeitung], vom 19./6. März 1918 (Nr. 44); der Artikel war die Antwort auf Gorkijs ›Unzeitgemäße Gedanken‹ vom 17./4. März. Die *Krasnaja Gazeta* war das Organ des Petrograder Arbeiter- und Soldatenrats.

129 Dmitrij Vasiljevič Grigorovič (1822-1900) schilderte in zahlreichen Erzählungen und Romanen viele Bauern als ›positive Helden‹.

130 Gorkij zitiert die beiden Passagen aus ›Reč Lenina‹ [Die Rede Lenins], die am 17./4. März als wörtliche Aufzeichnung in *Novaja Žizn* erschienen war. Die Hervorhebungen stammen offenbar von Gorkij. Die zitierten Sätze stammen aus dem Schlußwort der Rede Lenins am 15. März 1918 vor dem IV. Außerordentlichen Allrussischen Rätekongreß, der vom 14. bis 16. März 1918 in Moskau stattgefunden hat. Lenin hielt auf dem Kongreß das Referat zum ersten Tagesordnungspunkt: Ratifizierung des Friedensvertrages (mit dem Deutschen Reich). Die von Gorkij zitierten Passagen finden sich weder in der *Pravda* vom 19. März 1918, die die Rede vermutlich vollständig abdruckte, noch in den einschlägigen Ausgaben der Werke Lenins. In all diesen Ausgaben weicht der Text an einigen Stellen leicht von der *Pravda* ab. In Lenins ›Rede über die Ratifikation des Friedens-

vertrages‹ vom 14. März findet sich eine Stelle, die derjenigen Gorkijs ähnelt:
»Man sagt uns: ihr Verräter, ihr habt die Ukraine verraten! [...] Ich will euch ein einfaches Beispiel anführen. Stellt euch vor, daß zwei Freunde nachts reisen und plötzlich von zehn Leuten angefallen werden. Wenn diese Schufte einen von beiden abschneiden, was bleibt dann dem anderen übrig? Er kann nicht zu Hilfe eilen. Wenn er die Flucht ergreift, ist er dann ein Verräter? Stellt euch vor [...], daß fünf Armeen zu je hunderttausend Mann eine Armee von 200 000 Mann einkreisen. Eine andere Armee aber soll der eingekreisten Armee zu Hilfe eilen. Wenn diese Armee jedoch weiß, daß sie bestimmt in eine Falle gerät, so muß sie sich zurückziehen. Sie muß sich zurückziehen, wenn auch zur Durchführung dieses Rückzuges die Unterzeichnung eines schändlichen, gemeinen Friedens notwendig sein sollte. Man kann noch so sehr darüber schimpfen, aber unterschreiben muß man doch.« (W. I. Lenin, *Sämtliche Werke*, einzige vom Marx-Engels-Lenin-Institut in Moskau autorisierte Ausgabe. Ins Deutsche übertragen nach der zweiten, ergänzten und revidierten russischen Ausgabe, Zürich Bd. 22 (Der Sieg der Oktoberrevolution) 1934, S. 442 f.)
In der fünften russischen Ausgabe wird diese Stelle dahingehend interpretiert, daß Lenins Worte inkorrekt stenographiert worden seien und er das Gegenteil habe sagen wollen, daß nämlich der fliehende Freund ein Verräter sei. (Vgl. V. I. Lenin, *Polnoje sobranije sočinenij* [Gesamtausgabe], Moskva Bd. 36, 1963, S. 106)

131 Gorkij greift hier einen Gedanken aus seinem literarischen Essay ›Über Dummköpfe und so weiter‹ auf, den er vor der Februarrevolution geschrieben hat, aber erst am 5. und 6. (18. und 19.) Oktober 1917 in *Novaja Žizn* veröffentlichte. Dieser Essay wurde merkwürdigerweise in keine sowjetische Gorkij-Ausgabe aufgenommen; da er sich mit sehr speziellen Problemen der russischen Literatur auseinandersetzt und eine umfangreiche Kommentierung erfordern würde, wurde auf eine Wiedergabe in diesem Band verzichtet.

132 Gorkij interpretiert die Ereignisse während der Zeit der Pariser Kommune (18. März 1871 bis 28. Mai 1871) jedenfalls sehr eigenwillig. Karl Marx z. B. beurteilte die Rolle der Bauern, die an der Niederwerfung des Aufstands nicht beteiligt waren, in *Der Bürgerkrieg in Frankreich* durchaus positiv: »Die Kommune hatte vollständig recht, als sie den Bauern zurief: ›Unser Sieg ist eure Hoffnung!‹ [...] Der Bauer war Bonapartist, weil die große Revolution, mit all ihren Vorteilen für ihn, in seinen Augen in Napoleon verkörpert war. Diese Täuschung, die unter dem zweiten Kaisertum rasch am Zerbrechen war [...], dieses Vorurteil der Vergangenheit, wie hätte es bestehen können gegenüber dem Appell der Kommune an die lebendigen Interessen und dringenden Bedürfnisse der Bauern? Die Krautjunker – dieses war in der Tat ihre Hauptbefürchtung –

wußten, daß drei Monate freien Verkehrs zwischen dem kommunalen Paris und den Provinzen einen allgemeinen Bauernaufstand zuwege bringen würden. Daher ihre ängstliche Eile, Paris mit einer Polizeiblockade zu umgeben und die Verbreitung der Rinderpest zu hemmen.« (Karl Marx, *Politische Schriften*, Hg. H.-J. Lieber, Stuttgart Bd. 2, 1960, S. 930 ff.)

133 Die Proklamation wurde am 18. März verkündet und erschien am 22. März in *Naš Vek*. Gorkij muß allerdings eine andere Quelle benutzt haben, da sein Text leichte Unterschiede aufweist.

134 Gorkij ironisiert hiermit einen Ausdruck Trotzkijs, den dieser bei der Befreiung des Sozialrevolutionärs V. M. Černov am 17./4. Juli 1917 geprägt hatte:
»Ihr seid hierhergeeilt, rote Kronstädter, sobald ihr hörtet, daß der Revolution Gefahr drohte! Das rote Kronstadt hat sich erneut als Vorkämpfer für die Sache des Proletariats gezeigt. Es lebe das rote Kronstadt, *der Ruhm und der Stolz der Revolution* ...!« (Zitiert nach: N. N. Suchanow, a. a. O., S. 442; kursiv von B. S.)

134a Das genaue Zitat aus der *Pravda* vom 15./2. Januar 1918 müßte lauten: »Für jeden von uns – fallen hundert von euch.« Am 14. Januar hatte ein Unbekannter auf Lenins Wagen Schüsse abgegeben. Lenin blieb unverletzt. »Vielleicht hing dieses erfolglose Attentat mit einem Plan zusammen, der von einigen militanteren Sozialrevolutionären ausgeheckt wurde und der vorsah, Lenin und Trotzki zu entführen und als Geiseln zu halten, einem Plan, der jedoch aufgegeben wurde, als das Zentralkomitee der Partei ihn verurteilte.« (Chamberlin, a. a. O., Bd. I, S. 339)

135 Die Besatzung des Kreuzers *Očákov* nahm aktiv teil an den Aufständen in Sewastopol im Jahre 1905. Am 14. November wählten die aufständischen Matrosen den Leutnant P. P. Schmidt zu ihrem Anführer. Der Aufstand wurde niedergeschlagen und die Anführer am 6. März 1906 hingerichtet. B. Pasternak widmete diesen Vorgängen das Poem *Lejtenant Šmidt* (1927).

136 Paraphrase einer Verszeile aus Nikolaj Nekrasovs Poem ›Zabytaja derevnja‹ [Ein vergessenes Dorf, 1865].

137 Platon Karatajev ist die Figur eines Bauern in *Krieg und Frieden.* Sein weichherziger, gläubiger und kluger Charakter enthält nach Meinung Tolstojs alle Eigenschaften des wahren russischen Bauern.

138 Der Roman Gleb Uspenskijs besteht aus einer Reihe von Erzählungen über das Leben auf dem Lande, die Gorkij sehr schätzte. Ivan Bunin hat die ›Nachtseiten des Landlebens‹ in der Erzählung *Suchodol* (1911) mit unerbittlichem Realismus geschildert.

139 Zu Ivan Volnyj vgl. Anm. 103a.
Semën Pavlovič Podjačev (1866-1934) stammte selbst aus einer armen Bauernfamilie und schilderte vor allem in seinen Erzählungen der Jahre 1908-1912 die erdrückende Atmosphäre des russischen Landlebens.
Dieses Buch I. A. Rodionovs erschien 1909 und erlebte in kurzer Zeit mehrere Auflagen. Es rief in der russischen literarischen Welt erregte Diskussionen hervor. Gorkij hat sich mehrere Male mit den Gedanken Rodionovs auseinandergesetzt und sie entschieden abgelehnt, so z. B. in dem bereits zitierten Essay *Über die schriftstellernden Autodidakten* (vgl. Anm. 83).

140 Hunger- und Choleraunruhen gab es in Rußland 1830 und 1840.

141 Unübersetzbares Wortspiel im Russischen mit dem Wort *ótčestvo* (Vatersname), das umgangssprachlich wie *otéčestvo* (Vaterland) ausgesprochen werden kann.

141a Kein Geringerer als Lenin hatte am 4. April in einer Konferenz der Führer der Bolschewiken davon gesprochen, daß es notwendig und richtig sei, auch ›bürgerliche‹ Intellektuelle für die Organisation des neuen Lebens zu gewinnen. Seine Argumentation wird allerdings ausschließlich von taktischen Momenten geleitet:
»Drittens konnten wir damals keine Fachleute der verschiedenen Zweige der Wissenschaft und Technik zu unserer Verfügung haben, weil sie [...] noch die Möglichkeit hatten, einen systematischen und hartnäckigen passiven Widerstand durch *Sabotage* zu leisten. Jetzt aber haben wir die Sabotage gebrochen. [...]
Aber wir werden nicht so dumm sein, die ›rotgardistischen‹ Methoden in einer Zeit an die erste Stelle zu setzen, wo die Periode der Notwendigkeit ›rotgardistischer‹ Attacken im wesentlichen abgeschlossen (siegreich abgeschlossen) ist und die Periode herannaht, wo die proletarische Staatsmacht die bürgerlichen Fachleute ausnutzen muß für eine derartige Umpflügung des Bodens, daß auf ihm überhaupt keine Bourgeoisie mehr gedeihen könne. [...]
Ohne Leitung durch Fachleute der verschiedenen Zweige der Wissenschaft, der Technik, der praktischen Arbeit, ist der Übergang zum Sozialismus unmöglich, denn der Sozialismus erfordert eine zielbewußte, großzügige Entwicklung zu einer höheren Arbeitsproduktivität als unter dem Kapitalismus, und zwar auf der Basis des durch den Kapitalismus Erreichten. [...] Die Masse der Fachleute aber ist nun einmal bürgerlich infolge der ganzen Gestaltung des gesellschaftlichen Lebens, in dem sie zu Fachleuten wurden. [...]
Wir mußten jetzt zu dem alten, bürgerlichen Mittel greifen und uns mit einer sehr hohen Bezahlung der ›Dienste‹ der bedeutendsten bürgerlichen Fachleute einverstanden erklären. [...] Gewiß, die Lakaien der Bourgeoisie, besonders die kleineren Formats, wie die Menschewiki, die Anhänger der ›Nowaja Shisn‹, die rechten Sozial-

revolutionäre, werden aus Anlaß des Eingeständnisses, daß wir einen Schritt rückwärts machen, kichern.« (W. I. Lenin, *Sämtliche Werke*, Zürich Bd. 22, 1934, S. 502 ff.)

142 Der Kadett A. S. Izgojev (Pseudonym für Alexandr Solomonovič Lande, 1872-1935; emigrierte nach 1918) vertrat in diesem Artikel in *Naš Vek* vom 5. April (23. März) 1918 die Ansicht, Tragödie und Schuld der russischen Intellektuellen bestünden darin, daß ihre ständigen und abstrakten Predigten vom Sozialismus keine positiven Wirkungen ausgeübt, sondern die Grundlagen des Staates untergraben hätten; der Sozialismus, der im Augenblick von den Bolschewiken praktiziert werde, zerstöre Rußland, der Sozialismus sei dem russischen Volk überhaupt fremd. Izgojev trat außerdem für eine Rückkehr zu den Prinzipien des Privateigentums ein.

143 In der Fabel des russischen Fabeldichters Ivan Krylov (1769-1844) ›Die Mücke und die Pferde‹ (1808) rühmt sich die Mücke, daß es den Pferden helfe, den überladenen Karren über den Berg zu ziehen, wenn sie umherfliege und brumme.

144 Gorkij bezieht sich hier auf einen Artikel N. Gorlovs in der *Petrogradskaja Pravda* ›O propavšej sovesti‹ [Über ein verlorengegangenes Gewissen], 5. April 1918 (Nr. 67). (*Ermolaev*, S. 285 Anm. 136 führt nur vermutete Quellen an.)

145 Grigorij Zinovjev (eigentlich: Hirsch Apfelbaum, 1883-1936) war der Vorsitzende des Petrograder Sowjets. Gorkij hatte daher bei seinen zahlreichen Versuchen, Intellektuelle vor dem drohenden gewaltsamen Tode zu retten oder ihnen die Emigration zu ermöglichen, oft mit Zinovjev zu tun, der viele dieser Rettungsversuche durchkreuzte. (Vgl. auch B. Wolfe, a. a. O., S. 146 ff.)

146 Aus Alexandr Puškins *Reise nach Arzrum* (1836, Kap. 2), wo der Autor es bedauert, daß außergewöhnliche Menschen in Rußland untergehen, ohne eine Spur zu hinterlassen, weil »wir träge und gleichgültig sind«.

147 Gorkij war bereits am 29./16. März 1918 zum Vorsitzenden der *Gesellschaft für Erziehung zum Gedenken des 27. Februar 1917 ›Kultur und Freiheit‹* gewählt worden. Im Organisationskomitee der Gesellschaft saßen Revolutionäre und Sozialdemokraten wie Vera N. Figner, Vera Zasulič, G. V. Plechanov und V. A. Bazarov. Diese ›Gesellschaft‹ richtete Kantinen für Geistesarbeiter und Volksbibliotheken ein, für die Gorkij z. B. 835 Bücher stiftete. Sie gründete einen eigenen Verlag *Kultura i Svoboda* [Kultur und Freiheit], in dem 1918 auch eine Teilsammlung von Gorkijs ›Unzeitgemäßen Gedanken‹ erschien. Dieser überaus seltene Band befindet sich, nicht katalogisiert, in der Preußischen Staatsbibliothek.

148 Gorkij verwendet hier eine leicht veränderte Stelle aus einer altrussischen Chronik (etwa um 1100), die vom plötzlichen Untergang des einst mächtigen Reiches der Awaren berichtet. Dasselbe Zitat verwendete er auch in dem bereits erwähnten Essay ›Über Dummköpfe und so weiter‹ (vgl. Anm. 131).

148a In Ivan Krylovs Fabel ›Das Schwein unter der Eiche‹ (1825) gräbt das undankbare Schwein die Wurzeln der Eiche aus, nachdem es sich bereits mit Eicheln vollgefressen hat.

149 Im russischen Original steht hier A. N. Tolstoj, was sicher falsch ist, da nur Lev N. Tolstoj an der Gründung des Verlages beteiligt war. »[Es war gegen Anfang der achtziger Jahre], da Graf Leo Tolstoi dahin gelangte, er müsse [...] für die Bauern und die Arbeiter [schreiben], deren Leben regelrechter und richtiger wäre. Er riß einige seiner nächsten Freunde und Anhänger mit sich fort, und unter seiner beständigen Unterstützung und Teilnahme entstand die erste intelligente Verlagsfirma für Volksbücher ›Posrednik‹ (›Vermittler‹).
Diese Firma hat es sich zur Aufgabe gestellt, unter das Volk gute, dem Preis und dem Inhalt nach ihm zugängliche Bücher zu bringen. [...] Unter den Büchern, die diese Firma verlegte, waren auch einige Werke Leo Tolstois, der geniale Muster dafür schuf, wie man für das Volk schreiben müsse [...]« (Nikolai Tschechow, ›Die Volksbildung‹, in: *Russen über Rußland. Ein Sammelwerk,* hrsg. von J. Melnik, Frankfurt/M. 1906, S. 507.)
N. A. Rubakin (1862-1946), V. P. Vachterov und A. M. Kalmykova (1849-1926) waren Schriftsteller, Verleger, Buchhändler, Bibliophile usw., die ihr Leben der Erziehung des Volkes gewidmet hatten. Rubakin stiftete z. B. vor der Revolution der ›Liga für Erziehung‹ ca. 130 000 (!) Bücher aus seiner privaten Sammlung. In seinem Archiv befinden sich etwa 20 000 Briefe von Leuten, für die er individuelle Lern- und Erziehungsprogramme aufstellte.

150 Die Empörung Gorkijs über die Verhaftung Sytins erscheint berechtigt, wenn man bedenkt, was dieser Verleger für Gorkij und sogar für Lenin selbst alles getan hatte. »Bei seiner Rückkehr in die Heimat [1913] fand Gorkij einen neuen starken Mann, dem er seine Bewunderung schenken, seine Mitarbeit anbieten und bei der Verwirklichung des Traumes von einer allmenschlichen, klassenlosen Kultur helfen konnte; einen, der wie Gorkij aus eigener Kraft hochgekommen war, der den gleichen klassenlosen Glauben an den Menschen als Mensch, die gleiche Verehrung des Autodidakten für die Kultur in allen ihren Erscheinungsformen hegte. Der hervorragende Verleger Sytin war Eigentümer eines Riesenreiches, das er selbst aufgebaut hatte, eines Reiches von Zeitungen, Zeitschriften, Verlagshäusern, Fabriken und Wäldern zur Erzeugung von Papier, und verfügte über unbegrenzte Mittel, die er Gorkij mit ebenso unbegrenztem Glauben und Vertrauen für die allgemeine Aufklärung des

russischen Volkes zur Verfügung stellte. [...] Gorkij konnte jedoch mit Hilfe Sytins und dank seiner eigenen Einnahmen während des ganzen Krieges eine Zeitung herausgeben und ein Verlagshaus leiten. Obwohl seine ›klassenlose kulturelle Abweichung‹ Lenin verdroß, wandte sich der Bolschewikenführer doch an Gorkijs Verlag, damit dieser sein Buch über den *Imperialismus* veröffentlichte.« (B. Wolfe, a. a. O., S. 99 f.) Der Großen Sowjet-Enzyklopädie (1956) zufolge erhielt Sytin später für seine Verdienste eine Pension auf Lebenszeit.

151 Gorkij wendet sich hier gegen einen alten publizistischen Gegner, der vor allem von 1905 bis 1910 in zahlreichen Artikeln gegen ihn polemisiert hat. D. V. Filosofovs (geb. 1872) Artikel erschien am 20. April 1918. Der genaue Verlauf der Polemik Gorkijs mit den Kadetten findet sich bei *Ermolaev*, S. 287 f.

152 Alfons Leonovič Šanjavskij (1837-1905) hatte bei der Goldgewinnung am Amur große Reichtümer erworben, mit denen er vor allem das Erziehungswesen förderte. Er vererbte sein Vermögen der Moskauer Stadtverwaltung mit der Auflage, nach seinen Plänen eine ›Volksuniversität‹ zu gründen. Diese ›Universität‹ wurde nach vielen Widerständen der Duma im Jahre 1908 eröffnet und nahm 400 Studenten auf. Sie erfreute sich bald großer Popularität, da jedermann aufgenommen werden durfte. 1912 studierten bereits 3669 Studenten. 1918 wurde sie in die kommunistische Ja. M. Sverdlov-Universität umgewandelt, später in die Höhere Parteischule des ZK der KPSS.

153 Eine Reihe nichtbolschewistischer Zeitungen wurde vom 10. bis 14. Mai 1918 verboten, darunter die Zeitungen der Kadetten, der Sozialrevolutionäre und der Menschewiken. *Novaja Žizn* verurteilte die Schließungen in zwei Artikeln von Raf. Grigorjev und B. Avilov. Versuche, *Novaja Žizn* zu verbieten, hatte es bereits Ende Februar, Anfang März 1918 gegeben, nachdem N. Suchanov in dem Artikel ›Kapituljacija‹ (*Novaja Žizn*, Nr. 33, 3. März 1918) gegen den Frieden von Brest-Litowsk polemisiert hatte.

154 N. N. Glebov-Putilovskij, ›Pod kulturu‹ [Empor zur Kultur], *Novaja Žizn*, Nr. 90, 15./2. Mai 1918. Glebov trat dafür ein, eine ›vereinigte Arbeiterpartei‹ auf Klassenbasis zu schaffen. Er stimmte nicht überein mit Gorkijs Ansicht, die Intellektuellen seien die führende Kraft bei der Verbreitung der Kultur (›Unzeitgemäße Gedanken‹ vom 1. Mai 1918; S. 177 ff. in diesem Band). Glebov betonte das Verlangen der Arbeiter, die Kultur ›von unten‹ aufzubauen.

155 *Saryn na kičku*! – war ein Befehl der Wolgaräuber nach dem Entern eines Bootes und bedeutet etwa: Marsch aufs Verdeck!

156 P. V. Šumacher war ein unbedeutender Dichter, der für die *Iskra* kleine Beiträge schrieb.

157 Vielleicht S. Gusev-Orenburgskij (1867-1963) mit dem Gorkij befreundet war, der aber nach der Revolution nach Amerika emigrierte; oder G. D. Grebenščikov (1883-1964), der an Gorkijs *Letopis* mitarbeitete und ebenfalls 1920 nach Amerika emigrierte.

158 S. D. ist die Abkürzung für Sozialdemokraten.

159 Die Verse Igor Severjanins (Pseudonym für Igor Vasiljevič Lotarev, 1887-1941) waren unmittelbar vor dem Ausbruch des Ersten Weltkriegs in den Petersburger und Moskauer Salons sehr beliebt. Severjanin war von 1911 bis 1913 Führer der Gruppe der Ego-Futuristen und stieß dann zu den Kubo-Futuristen (B. Pasternak, Vl. Majkovskij, u. a.).

160 Vielleicht die symbolistische Dichterin Zinaida Nikolajevna Gippius (1869-1945)?

160a Tambov und Kaluga sind zwei typische Provinzhauptstädte in Zentralrußland.

161 Gorkij meint hier die Beteiligung Rußlands an der Niederwerfung des Boxeraufstands im Jahre 1900 zusammen mit amerikanischen, japanischen, deutschen und englischen Truppen. Der Besetzung Pekings im August folgte die Plünderung der Stadt, bei der sich vor allem die russischen Truppen besonders hervortaten.

162 Im Verlauf der Kämpfe gegen die Boxer besetzten russische Truppen Mukden, die Hauptstadt der Mandschurei. Die waghalsige Politik Nikolaus II. und seiner Berater führte Rußland dann in den verhängnisvollen Krieg mit Japan von 1904 und 1905. »Der unverzeihliche Fehler, eine Prestigepolitik zu betreiben, ohne auf einen Krieg vorbereitet zu sein, wurde hart bestraft.« (Vgl. G. Stökl, *Russische Geschichte. Von den Anfängen bis zur Gegenwart*, Stuttgart 1962, S. 534)

163 Aufgrund eines Erlasses von Lenin und A. Lunačarskij, der am 5. Dezember 1917 rechtswirksam wurde, war es allen Privatunternehmen untersagt, Anzeigen gegen Bezahlung entgegenzunehmen und zu veröffentlichen. Ein von der Regierung geplantes spezielles Anzeigenorgan wurde nie herausgegeben, so daß die von den Hausbediensteten geäußerte Unzufriedenheit zu Recht bestand. Erst im Juni 1918 schaffte die Regierung hier Abhilfe. (Vgl. *Dekrety Sovetskoj Vlasti* [Erlasse der Sowjetmacht], Moskva Bd. 1 (25. Okt. 1917 – 16. März 1918), 1957, S. 55 f.)

164 Eine der Hauptstraßen in Petersburg, Sitz der Ochrana.

165 Das Bild des triumphierenden Schweins ist der Satirensammlung *Im Ausland* (1881) von M. Je. Saltykov-Ščedrin entlehnt. Das

Schwein, das sich in einem Gespräch mit der Wahrheit über diese lustig macht, gilt als Sinnbild vulgärer, aufgeblasener und grausamer Reaktion.

166 Aus Nikolaj Nekrasovs Poem ›An die Säer‹ (1877), das Menschen gewidmet ist, die Wissen und Wahrheit unter dem Volk verbreiten.

167 *Ermolaev,* S. 292 (Anm. 164) weist mehrere Artikel in der *Pravda* und in der *Petrogradskaja Pravda* nach, in denen Izgojev (vgl. Anm. 142 in diesem Band) kritisiert und ein Artikel Clara Zetkins veröffentlicht wurde (*Pravda,* 12./14./15./17./18. Mai 1918). Clara Zetkin begrüßte begeistert den Sieg der Bolschewiken unter der Führung Lenins und Trotzkijs.

168 V. Volodarskij (1891-1918) war der Volkskommissar für Presse und Propaganda der Petrograder Kommune. Im Juni 1918 wurde er von einem Sozialrevolutionär erschossen.
Zu Zinovjev vgl. Anm. 145.

169 Ähnliche Gedankengänge finden sich in N. K. Michajlovskijs Abhandlung *Die Theorie Darwins und die Sozialwissenschaft* (1870).

170 Gorkijs kleine Erzählung könnte Bertolt Brecht zu dem Gedicht *O Falladah, die du hangest!* (1919) angeregt haben, da sie bereits 1918 in deutscher Sprache in den *Süddeutschen Monatsheften* erschienen war. (Vgl. *Kriegshefte der Süddeutschen Monatshefte,* Oktober 1918, S. 50 f.; Brechts Gedicht, das vor allem durch die Vertonung Hanns Eislers [1932] bekannt wurde, findet sich in Bertolt Brecht, *Gesammelte Werke,* Frankfurt/M. Bd. 8, 1967, S. 61 f.) Auch Vladimir Majakovskij nahm sich des Themas an, und sein Gedicht *Gute Behandlung der Pferde* erschien auf der gleichen Seite von *Novaja Žizn* wie Gorkijs *In einer kranken Stadt.* (Vgl. auch Wladimir Majakowski, *Werke,* hrsg. von L. Kossuth, Frankfurt/M. Bd. 1, [o. J.], S. 36 f.)

171 Die ›Moskauer Ausgabe‹ von *Novaja Žizn* erschien seit dem 1. Juni 1918. Die ersten 12 Nummern wiederholten eine Reihe von Aufsätzen, die bereits in der Petrograder Ausgabe erschienen waren. Dieser Artikel Gorkijs wurde allerdings nur in Moskau veröffentlicht, obwohl Gorkij in Petrograd ständiger Redakteur war. Der Artikel gehört selbstverständlich zu dem Zyklus ›Unzeitgemäße Gedanken‹, was allein schon aus den Anspielungen auf frühere Artikel hervorgeht. (Zur Frage der Vollständigkeit der *Unzeitgemäßen Gedanken* vgl. das Nachwort in diesem Band.) Die Edition einer Moskauer Ausgabe wurde von den Herausgebern bereits seit dem März 1918 ins Auge gefaßt, da Moskau Petersburg als Hauptstadt abgelöst hatte. »Im März 1918 verließ der Rat der Volkskommissare Petersburg, das von einer Besetzung durch die Deutschen bedroht war. Der ganze

Regierungsapparat wurde nach Moskau verlegt. Petersburg wurde in eine ›Freie Arbeitskommune‹ und dann in eine ›Nördliche Kommune‹ verwandelt [...].« (Vgl. S. Dubnow, *Mein Leben*, a. a. O., S. 220)

172 Leonid Nikolajevič Andrejev (1871-1919) war seit Beginn des Jahrhunderts mit Gorkij eng befreundet. Seine Erzählung ›Bezdna‹ [Der Abgrund, 1902; deutsch 1905] hatte einen literarischen Skandal hervorgerufen.

173 Der Ausdruck ›Arbeitgeber‹, dem der russische völlig homolog ist, soll hier im eigentlichen Wortsinn verstanden werden: als jemand, der Arbeit vergibt.

174 Die Tageszeitung *Rabočaja i Krestjanskaja Krasnaja Armija i Flot* [Die Rote Arbeiter- und Bauernarmee und Flotte] war das Organ des Rates der Volkskommissare für das Kriegs- und Seewesen in Petrograd.
Zu Volodarskij vgl. Anm. 168.

175 Gorkij hielt die Rede am 25./12. Juni 1918 vor der Gesellschaft ›Kultur und Freiheit‹ (vgl. Anm. 147).

176 Vgl. Anm. 166.

177 Ende Juni und Anfang Juli 1918 begann in der *Pravda* und in der *Petrogradskaja Pravda* eine Kampagne gegen *Novaja Žizn*. (Zu den Einzelheiten, die allerdings auch bei *Ermolaev* höchst unvollständig sind, vgl. ders. S. 294 f. Anm. 171) Diese Kampagne endete schließlich mit dem Verbot durch Lenin am 16. Juli. Die eigentliche Ursache des Verbots dürften dabei nicht die kritischen Artikel in *Novaja Žizn* gewesen sein, sondern die sich für die Sowjetregierung im Bürgerkrieg zuspitzende Lage, vor allem wegen des Eingreifens der tschechischen Truppen. Alfons Paquet beschrieb die Situation in Rußland Mitte Juli 1918 in einem Bericht für die *Frankfurter Zeitung*, ›Die Lage in Rußland‹, Moskau, 18. Juli, wie folgt:
»In Rußland herrscht der Streit aller gegen alle. Offener Kampf und stille Sabotage bestimmen den Bürgerkrieg, der in allen Gegenden des Reiches vor sich geht, der den Menschen in den Städten das Leben schwer macht und auf dem Lande das Bauerntum verstockt. Im Norden wie an der Wolga, im Don-Gebiet wie in Sibirien stehen Reste ehemaliger Heeresverbände einander feindlich gegenüber, umgehen einander, besetzen Städte und verlassen sie wieder, liefern einander Gefechte, gehen auch gelegentlich von der einen auf die andere Seite über. Vielfach gleichen die Zustände in Rußland denen des 30jährigen Krieges. Moskau ist zur Zeit von allem direkten Verkehr mit den entlegeneren Gebieten des ehemaligen Reiches abgeschnitten. [...]
Ein Teil der Dampferflotte befindet sich offenbar in den Händen

der Tschecho-Slowaken und dient diesen zur Stütze ihres Vormarsches. Man hat deutlich das Gefühl, daß sich allmählich ein Ring von feindlichen Operationszentren um Moskau zusammenzieht. Der Kriegsminister Trotzkij erläßt flammende Aufrufe gegen die Konterrevolution im Norden, Osten, Süden und Westen. Für den fremden Zuschauer besteht der sichtbare Erfolg dieser Manifeste darin, daß gelegentlich kleine Scharen Rotgardisten, untermischt mit bewaffneten Arbeitern und sogar Arbeiterinnen, durch die Straßen ziehen. Auf den Elektrischen stehen die Leute und sehen den seltsamen Zug vorüberziehen, schauen einander stumm ins Gesicht und zucken die Achseln. [...]
In Moskau aber steht man einer Regierung gegenüber, deren Lage äußerst schwierig geworden ist, einer Regierung, deren Geschäfte stillliegen, die ihre Macht auf nichts zu stützen vermag als auf die ihr ergebenen lettischen Regimenter. Ihren Widerstand gegen ein Zusammenarbeiten mit den Deutschen, das den Handel und Verkehr in Rußland sehr rasch wieder in Gang bringen und viele Wunden des Krieges heilen würde, stützt die Regierung auf die ihr nicht unbekannte Tatsache, daß das deutsche Volk zu einem neuen Kriege mit Rußland nur widerstrebend zu bewegen wäre. Sie mag darin vollkommen recht haben. Aber es gibt auch keine Losung, die das russische Volk bewegen könnte, sich noch einmal in das Abenteuer eines Krieges gegen Deutschland einzulassen.« (*Frankfurter Zeitung, Wochenendblatt* vom 1. August 1918)
Chamberlin nennt die Zeit, in der *Novaja Žizn* verboten wurde, ›Die schwerste Krisenzeit‹ (a. a. O., Bd. II, S. 39-61).

178 E. K. Grubbe war von 1900 bis 1906 Finanzagent der russischen Regierung in Persien, dann Präsident der Sibirischen Bank und auch der Schatzmeister der ›Freien Vereinigung zur Förderung und Verbreitung der Naturwissenschaften‹ (vgl. Anm. 5).

179 Dieser und der vorhergehende Absatz fehlen bei *Ermolaev*, S. 241.

180 Gorkij nennt mit dem reichen Textilfabrikanten Savva Timofejevič Morozov (1862-1905) nur die Spitze des Eisbergs, um Lenin und seine Anhänger an ihre ans Phantastische grenzenden Finanzierungskünste zu erinnern.
»Finance was still the Party's Achilles heel. Although a certain modest amount was obtained from contributions and the sale of literatur, the principal source was the intellectual sympathizer. The most generous benefactors were the industrialist Savva Morozov, who from the end of 1903 onwards supplied Krasin [einer der engsten Mitarbeiter Lenins] with 2,000 roubles per month, and his friend Maxim Gorky. (The latter was of course rather more than a mere sympathizer.) When Morozov committed suicide in 1905 he left an insurance policy in favour of Gorky's friend M. F. Andreyeva, most of the income from which went to support the Party.« (Vgl.

J. L. H. Keep, *The Rise of the Social Democracy in Russia*, Oxford 1963, S. 181 f.)

181 Dem Verhältnis Gorkijs zu Lenin waren in den sechziger Jahren zwei Publikationen gewidmet – eine westliche und eine östliche: einmal das schon öfter zitierte Werk von B. D. Wolfe, *Brücke und Abgrund* und der 1964 im Aufbau-Verlag (Berlin und Weimar) erschienene Quellenband *Lenin und Gorki. Eine Freundschaft in Dokumenten*, hrsg. von Eva Kosing und Edel-Mirowa-Florin, dem ein sowjet-russischer Band von 1958 zugrunde lag. Materialien aus der Zeit von der Februarrevolution 1917 bis zum Juli 1918 fehlen allerdings fast völlig; die Urteile über Gorkijs ›Unzeitgemäße Gedanken‹ und über *Novaja Žizn* (S. 414 f.) beruhen offensichtlich nicht auf einer Kenntnis der Quellen selbst.

Nachwort

Das literarische Werk Maxim Gorkijs, eines unbestrittenen europäischen Sozialisten, bedarf der Ergänzung durch seine politischen, gesellschaftlichen, literaturkritischen und kunsttheoretischen Arbeiten, ohne die sein Werk in der Geschichte der europäischen Literatur des 20. Jahrhunderts ein mahnender Torso bleibt. Während die Edition seines literarischen Werks in russischer Sprache weitgehend als abgeschlossen gelten kann, weist das übrige Spektrum seiner schriftstellerischen Produktivität – ebenso wie seine Biographie – Lücken auf. Eine dieser Lücken bilden die Artikelserie ›Unzeitgemäße Gedanken‹, Stellungnahmen zum Zeitgeschehen und kleinere literarische Arbeiten aus den Jahren 1916 bis 1918.

Als Publikationsort diente Gorkij die von ihm mit herausgegebene Tageszeitung *Novaja Žizn*, die vom 1. Mai 1917 bis zum 16. Juli 1918 in Petrograd und im Juni 1918 auch kurze Zeit in Moskau erschien. Politisch galt sie lange Zeit als das Organ der Internationalen Minimalisten (vgl. Anhang: Die politischen Parteien und ihre Presseorgane in Rußland von 1917 und 1918).

Der vorliegende Band enthält sämtliche Artikel, die als ›Unzeitgemäße Gedanken‹ bekannt sind; außerdem wurden alle anderen Artikel Gorkijs zum politischen Tagesgeschehen aufgenommen, denen Gorkij oft nur aus Gründen der Aktualität eine andere Überschrift gab. Die Aufnahme einiger literarischer Skizzen, Erlebnisberichte und Erzählungen entspricht Gorkijs eigener Publikationsweise, der seine Skizzen, Erzählungen, ›Russischen Märchen‹ und ›Eindrücke‹ oft auf der ersten oder zweiten Seite von *Novaja Žizn* neben hochaktuelle politische Leitartikel stellte und so ihren politischen und sozialpädagogischen Stellenwert unterstrich.

Aus thematischen und verlegerischen Gründen konnten nur einige literarische Werke in diesen Band mit aufgenommen werden; da jedoch die literarischen Arbeiten Gorkijs von 1917 bis 1918, die er in *Novaja Žizn* veröffentlichte, in einschlägigen russischen Ausgaben vorliegen, wurden hier nur Texte aufgenommen, die bisher unbekannt sind und außerdem thematisch und inhaltlich eng zum Kontext der übrigen Artikel gehören.

Die Quellenlage ist schwierig, da Gorkijs Werk für die Jahre 1917 und 1918 nicht vollständig bibliographisch erfaßt und beschrieben ist. Selbst in der auf Vollständigkeit angelegten Bio-Bibliographie *Letopis žizni i tvorčestva M. Gorkogo* (vgl. Anm. 13) fehlen Angaben zu mehreren Artikeln Gorkijs in *Novaja Žizn*. Ein Vergleich zeigte, daß die entsprechenden Nummern von *Novaja Žizn* offenbar nicht einmal in der Sowjetunion vorhanden sind.
1918 erschien in Berlin im Verlag I. P. Ladyšnikov eine Teilsammlung der ›Unzeitgemäßen Gedanken‹ unter dem Titel *Revoljucija i kultura. Statji za 1917 g.* (vgl. Anm. 1). Die Artikel sind nach dem alten Kalender datiert, aber ohne Überschrift. Ebenfalls noch 1918 erschien in Petrograd der umfangreichere Sammelband *Nesvojevremennyje mysli. Zametki o revoljucii i kulture* [Unzeitgemäße Gedanken. Notizen zu Revolution und Kultur] (vgl. Anm. 147), der auch Artikel von 1918 enthält. Die Artikel sind nicht datiert, ohne Überschrift und ohne chronologische Reihenfolge, manchmal sogar gekürzt.
Die engen Verbindungen, die Rußland und das Deutsche Reich im Laufe des Ersten Weltkriegs hatten, machen es verständlich, daß bereits im Oktober 1918 in den Kriegsheften der *Süddeutschen Monatshefte*, hrsg. von Paul Cossmann unter Mitwirkung von Josef Hofmiller, Karl A. v. Müller, Hans Pfitzner, Hans Thoma, München–Lpz–Bln, S. 1–62, eine Teilsammlung von Gorkijs Artikeln (mit einem Nachwort von Paul Cossmann) in deutscher Sprache erschien. In einem Vorwort, dessen Verfasser nicht genannt wird, werden Gorkijs Bedeutung als Schriftsteller, seine Wirkung in Deutschland bis zum Ausbruch des Ersten Weltkriegs und *Novaja Žizn* selbst untersucht. Die Texte sind fast alle gekürzt, die Übersetzung ist oft ungenau. Dennoch hat diese umfangreiche Sammlung auf Jahrzehnte die Meinungen über Gorkijs Haltung zur Revolution beeinflußt. Die Gründe für diese Veröffentlichung in einer Zeitschrift deutschnationaler Prägung konnte ich bis jetzt nicht ermitteln. Daß Gorkij die Herausgabe selbst veranlaßt haben könnte, muß angesichts der Auswahl und Kürzungen der Texte bezweifelt werden, außerdem ist eine Erzählung nicht von ihm, sondern von seinem Sohn M. A. Peškov (›Lämpchen‹, S. 60–62). Auch die Frage, ob vielleicht der Ausschuß für deutsche Ost-

politik beim Auswärtigen Amt in Berlin die Veröffentlichung angeregt haben könnte, um im revolutionären Deutschland mit der unfreiwilligen Hilfe eines bekannten sozialistischen Schriftstellers gegen den in Rußland herrschenden Bolschewismus Propaganda zu machen, ist heute kaum noch zu beantworten, da die entsprechenden Akten bei einem Angriff auf Berlin 1945 größtenteils vernichtet wurden.
Die neben dieser deutschen Sammlung umfangreichste Ausgabe der Artikel Gorkijs erschien 1922 in Paris, hrsg. von André Pierre, die auch noch einige andere Artikel aus Gorkijs Schaffen in den Jahren nach 1918 enthielt.
Nach dem Zweiten Weltkrieg erschienen im Zeichen des kalten Krieges im Jahre 1957 in der historischen Zeitschrift *le Contrat Social. revue historique et critique des faits et des idées*, Paris, Novembre, Vol. I, Nr. 5, S. 304-310, unter der Überschrift ›Le coup d'Etat Bolchévik‹ die Artikel aus den Nummern 174, 177, 3 (217), 6 (220), 7 (221), 9 (223). 1970 erschien dann, herausgegeben von Herman Ermolaev, Professor an der Universität von Princeton (New Jersey), die bisher vollständigste Ausgabe der ›Unzeitgemäßen Gedanken‹. Aus diesem Zyklus fehlt der Artikel in der Moskauer Ausgabe (*Novaja Žizn* Nr. 12); außerdem die Artikel in Nr. 2 (›Auf der Straße‹), Nr. 64, 175, 202, 111 (326), 114 (329), 115 (330); die Nummer 127 (342) ist unvollständig, ohne daß darauf hingewiesen wird (vgl. auch Anm. 179).
Diese Ausgabe hat dann am 11. Februar 1972 in der Nr. 6 der Wochenzeitung *Die Zeit* einen Artikel von Melvin J. Lasky ausgelöst, der versuchte, unter dem vielversprechenden Titel ›Aus Sklaven wurden Despoten. Maxim Gorkij – Schmach und Ruhm. Die Tragödie der Intelligenzija‹ Gorkijs Kritik an bestimmten bolschewistischen Methoden der Machtergreifung und Machtausübung für seine eigenen Ziele nutzbar zu machen. Laskys Angaben zu dem Buch Ermolaevs sind ausnahmslos falsch; es ist ihm offenbar sogar unbekannt, daß *Novaja Žizn* als Tageszeitung erschien, denn er spricht an mehreren Stellen von der »Wochenzeitung *Novaja Žizn*«, »die selbst in der vollständigen sowjetischen Bibliographie nicht erwähnt ist, weil sie in ihrer Gesamtheit in der Orwellschen Erinnerungslücke verschwunden ist«. Diese »vollständige sowjetische Bibliographie« gibt es nicht, Herr Lasky hat sie erfunden, um dann

zu behaupten, *Novaja Žizn* sei nicht darin enthalten; die Fiktion einer »Orwellschen Erinnerungslücke« beruht auf einer Gedächtnislücke von Herrn Lasky, die sich aber allein anhand der in diesem Band angegebenen in der Sowjetunion erschienenen Literatur und mit dem Benutzerausweis jeder beliebigen Universitätsbibliothek leicht füllen läßt. Die deutschen Zitate sind offensichtlich Übersetzungen aus der englischen Ausgabe, da alle Fehler dieser Übersetzung unkritisch übernommen wurden. Lenin wird da z. B. zur »eindrucksvollsten Persönlichkeit der internationalen sozialen Demokratie«, wo es im russischen Original völlig eindeutig und richtig »Sozialdemokratie« heißt, – das nur als ein Beispiel unter vielen.

Vor diesem Hintergrund ist es kaum verwunderlich, daß die russischsprachige Emigrantenzeitschrift *Posev. Ježemesjačnyj obščestvenno-političeskij žurnal* [Die Aussaat. Gesellschaftspolitische Monatszeitschrift] im Juni 1972 eine russische Ausgabe der ›Unzeitgemäßen Gedanken‹, hrsg. von H. Ermolaev, Paris, Edition de la Seine, 1971 besprach (S. 59 f.) und mit verblüffender Offenheit abschließend feststellt: »Der Sammelband ist in Taschenformat erschienen, was es erleichtert, ihn auf verschiedenen Wegen in die UdSSR zu bringen.« Das Buch selbst ist nicht im Buchhandel erhältlich und offenbar ausschließlich für den von *Posev* genannten Zweck gedacht. H. Ermolaev, der nach eigenen Angaben in der englischen Ausgabe (S. 1) von dem ›Princeton University Committee on Reserach in the Humanities and Social Sciences‹ in finanzieller Hinsicht großzügig unterstützt wurde, hat einen in der internationalen Wissenschaft bisher wohl einmaligen Weg gewählt, schwer zugängliche und nahezu unbekannte Gorkij-Texte zu publizieren. Es ist daher zu hoffen, daß die Akademie der Wissenschaften der UdSSR sich entschließt, auch Gorkijs publizistisches Schaffen von 1916 bis 1918 in einer kritischen Edition allgemein zugänglich zu machen.

Jeder Aussage über die literarischen und politischen Positionen eines Schriftstellers anhand nicht allgemein zugänglicher oder nicht kritisch edierter Texte, jeder Aussage über die Moralität eines Schriftstellers ohne Kenntnis und Berücksichtigung aller Texte haftet stets der Geruch des handwerklich Unsoliden, mangelnder wissenschaftlicher Redlichkeit, der Manipulation und oft sogar der bewußten Täuschung des Lesers durch die

Verbreitung einer Aura wissenschaftlicher Kompetenz an. Das kastrierte Wort sagt mehr aus über das politische und propagandistische Interesse, über den sensationslüsternen Eigennutz der Rezensenten und Zensoren, als über die Intentionen des Schriftstellers.
Der Index verbotener Bücher liefert Material für die Anklageschrift gegen die Inquisitoren; die Fälschung entlarvt den Fälscher.

*

Wie beurteilte Gorkij in den folgenden Jahren selbst seine Artikel in *Novaja Žizn* und seine Einstellung zu den revolutionären Ereignissen von 1917 und 1918? Wie stand er zu seiner Methode, politische Ereignisse mit dem Auge des Schriftstellers zu sehen und zu beurteilen? Welche politischen Positionen nahm er am Ende seines Lebens ein? Auf diese Fragen soll Gorkij durch die folgenden Zitate aus seinem Werk selbst eine Antwort geben.
Vladimir Lenin hat Gorkijs Methode, sinnliche Wahrnehmungen in politische Urteile zu übersetzen, bereits früh erkannt und mißbilligt; für ihn gehörte Literatur ins Feuilleton. »Bei Zusammenkünften, die der Schreiber dieser Zeilen mit Gorki auf der Insel Capri hatte, wies er ihn auf seine politischen Fehler hin und machte ihm Vorwürfe. Gorki parierte diese Vorwürfe mit seinem unnachahmlich liebenswürdigen Lächeln und der offenherzigen Erklärung: ›Ich weiß, daß ich ein schlechter Marxist bin. Und dann sind wir Künstler ja alle ein wenig unzurechnungsfähig.‹ Dagegen läßt sich schwer argumentieren.« (Vl. Lenin, Briefe aus der Ferne, Brief 4, in: *Lenin und Gorki*, Berlin und Weimar 1964, S. 252.)
Anfang Juli 1918 war Gorkij so tief erschöpft, daß seine Fähigkeit und Bereitschaft, seine Wahrnehmungen in schriftstellerische Aktivität umzusetzen, an ein vorläufiges Ende gelangt waren. Er schrieb damals an seine Frau Je. P. Peškova:
»Ich habe die ganze Zeit gelegen und bin erst gestern aufgestanden, ich habe Kopfschmerzen und kann nicht laufen.
Maxim wird Dir erzählen, wie es mir geht. [...] Ich beabsichtige, mit den Bolschewiken zusammenzuarbeiten – auf autonomer Basis. Ich bin der kraftlosen akademischen Opposition von *Novaja Žizn* überdrüssig. Man muß dort untergehen, wo es am heißesten ist – inmitten der Revolution.

Allgemein gesagt: um unsere russische Sache steht es außerordentlich schlecht.
Verzeih, daß ich nicht mehr schreibe, ich bin sehr müde.« (*Archiv A. M. Gorkogo*, Bd. 9, S. 207 f., Brief 293)
Bereits im November 1918 stand Gorkijs Parteinahme für Lenin und seine Partei fest, – das Attentat auf Lenin am 30. August, die Intervention der Alliierten und die enttäuschte Hoffnung auf eine sozialistische Revolution in Deutschland dürften hierfür den Ausschlag gegeben haben. Gorkij trat am 29. November in Petrograd als Vorsitzender einer Versammlung, die dem Thema ›England und Rußland‹ gewidmet war, mit der Rede ›An das Volk und an die Arbeiterintelligenz‹ wieder an die Öffentlichkeit.
»Der Krieg ist zu Ende. Der deutsche Imperialismus ist zerschlagen und wird für seine Habgier eine harte Bestrafung erdulden müssen; das vom Krieg gequälte, vor Hunger erschöpfte Proletariat Deutschlands muß den Siegern teuer dafür bezahlen, daß es sich der Politik seiner herrschenden Klassen untergeordnet hat.
Die Sieger, die noch vor kurzem die ganze Welt damit vollgeschrien haben, sie hätten nur deshalb Millionen von Menschen vernichtet, damit ›die Gerechtigkeit triumphiert‹ – zum ›Heil aller Völker‹ –, haben jetzt das besiegte deutsche Volk gezwungen, Waffenstillstandsbedingungen anzunehmen, die zehnmal schwerer sind als der Friede von Brest und die Deutschen mit dem Hungertod bedrohen. Mit jedem Tag wird der Zynismus der unmenschlichen Politik der Imperialisten offener, klarer; er bedroht die Völker Europas mit neuen Kriegen und neuem Blutvergießen.
Präsident Wilson, der gestern noch beredt ›die Freiheit der Völker und die Rechte der Demokratie‹ verteidigt hat, rüstet heute eine schreckliche Armee aus, um im revolutionären Rußland Ordnung zu schaffen, wo das Volk schon sein gesetzliches Recht verwirklicht und die Macht in seine Hand genommen hat und mit allen Kräften versucht, das Fundament zu einer neuen staatlichen Ordnung zu legen. Ich will nicht bestreiten, daß dieser Aufbauarbeit Zerstörungen vorausgingen, die oft weder notwendig noch gerechtfertigt waren, und daß sogar heute der Prozeß der Zerstörung die Arbeit oft in nicht zu rechtfertigender Weise begleitet; aber gerade ich habe mehr als

irgend jemand das Recht und allen Grund, entschieden zu erklären, daß das kulturelle Wirken der russischen Arbeiterregierung, die sich unter schwierigsten Bedingungen betätigt und in heroischer Anstrengung all ihre Energien einsetzt, Schritt für Schritt Dimensionen und Formen annimmt, die in der Geschichte noch nie dagewesen sind.

Das ist keine Übertreibung, ich schmeichle nicht; als einstiger Opponent der Regierung bin ich auch jetzt mit vielen ihrer Methoden nicht einverstanden, aber ich weiß, daß die Historiker der Zukunft, wenn sie die Bilanz der Jahresarbeit ziehen werden, die die Kraft und die Macht des russischen Arbeiters vollbracht hat, über die Breite seines Wirkens auf dem Gebiet der Kultur auf jeden Fall erstaunt sein werden.

Jawohl, bei dieser Arbeit, die globale Bedeutung besitzt, macht man in Rußland vielleicht riesige Fehler, läßt überflüssige Grausamkeiten zu, aber was sind diese Fehler und Grausamkeiten im Vergleich zu den verabscheuungswürdigen Verbrechen des Weltkriegs, den die Imperialisten Englands und Deutschlands verursacht haben?

Hat dieser verdammte Krieg nicht in den Menschen aller Länder und Nationen Europas das Tier geweckt? Hat denn dieser Krieg nicht die ohnehin schwach entwickelte Vorstellung vom Wert des Lebens und das Gefühl der Achtung der Arbeit vernichtet? Sind denn die Imperialisten Europas und Amerikas nicht gegen das revolutionäre Rußland zu Felde gezogen, weil es unkultiviert war; weil die russische Revolution sich an der Humanität versündigte; weil der russische Arbeiter gegen seinen Klassenfeind, den er besiegt hatte, nur wenig Großmut zeigte? Nein, die Sache ist nicht so schön, nicht so ideal, wie es die imperialistischen Zeitungen Englands, Frankreichs, Amerikas und Japans darstellen, sie ist viel einfacher und zynischer. Die Imperialisten dieser Kontinente streben danach, die politischen und ökonomischen Bedingungen und Einrichtungen wiederherzustellen und zu festigen, die ihnen ihre Macht über den Willen der Völker garantieren würden, – Bedingungen, aufgrund derer eine verschwindend kleine Minderheit über den Willen und das Leben der Mehrheit blind verfügen könnte, Bedingungen, die das sinnlose Weltgemetzel verursacht haben.

Man sollte meinen, daß jetzt alle vernünftigen und anständigen Menschen mit unwiderlegbarer Deutlichkeit die finstere Grausamkeit, den Eigennutz, die Heuchelei und die Dummheit der Prinzipien der kapitalistischen Ordnung hätten erkennen müssen.

Man sollte meinen, daß es für die anständig denkenden Menschen aller Schichten an der Zeit gewesen sei, sich davon zu überzeugen, daß der Kapitalismus seine schöpferischen Fähigkeiten verloren hat, ein bedrückendes Überbleibsel der alten Zeit ist und ein Hindernis für die weitere Entwicklung der Kultur der ganzen Welt; daß der Kapitalismus hilft, Feindschaft und Haß zu wecken – persönlichen, familiären, Klassen- und nationalen Haß, und daß der wunderbare Traum von der Brüderlichkeit der Völker unter der Bedingung des Gegensatzes von Kapital und Arbeit nicht verwirklicht werden kann. Ich spreche dem Kapitalismus nicht seine Verdienste um die arbeitende Menschheit ab, aus deren Fleisch und Blut er alle Möglichkeiten schuf für einen Übergang zu neuen, vollkommeneren und gerechteren Formen des gesellschaftlichen Seins – zum Sozialismus.

Aber jetzt, da der verdammte und schändlichste aller Kriege, die ganze Dummheit und Unmenschlichkeit, den ganzen Zynismus der alten Ordnung völlig bloßgelegt hat, – jetzt ist der Kapitalismus zum Tode verurteilt.

Wir, die Russen, sind eine Nation, die man zu Recht für kulturell rückständig hält; wir, eine Nation ohne Traditionen, sind kühner, aufrührerischer und von den Einflüsterungen der Vergangenheit weniger abhängig; wir begannen als erste, die überlebten Voraussetzungen der kapitalistischen Organisation des Staates mit Entschiedenheit zu zerstören und wir sind überzeugt davon, daß wir ein Recht auf das Verständnis des Proletariats der ganzen Welt haben, aber auch jener Menschen, die bereits lange vor dem Krieg die sozialen Lebensbedingungen der Völker einer scharfen und gerechten Kritik unterzogen haben.

Wenn diese Kritik aufrichtig war, dann müssen die anständigen Menschen Europas und Amerikas uns das Recht zugestehen, unser Leben so umzugestalten, wie wir es für nötig halten. Wenn ein gewisser Teil der Intelligenz der Welt tatsächlich an der Lösung des großen sozialen Problems interessiert ist, dann ist er verpflichtet, furchtlos gegen jene aufzustehen, die nach der Wiederherstellung der alten Ordnung streben und die

Flamme der russischen Revolution mit Strömen russischen Blutes auslöschen wollen.
Rußland befrieden und es danach ausplündern, wie man vor dem Krieg die Türkei und China geplündert hat, und wie man Deutschland ausplündern will, – das ist der wahre Wunsch der Imperialisten, das ist ihre geheiligte Aufgabe.
Der Führer des Feldzuges gegen Rußland ist Woodrow Wilson. Vladimir Lenin hält fest die Fackel der russischen Revolution, die die ganze Welt erhellt.
Das Proletariat und die Menschen, die geistig arbeiten, müssen entscheiden, wer ihnen näher steht: der Verteidiger der alten Ordnung, der Repräsentant einer überlebten, zum Besseren unfähigen, für die Kultur schädlichen Herrschaft einer Minderheit über die Mehrheit, oder der Erwecker neuer sozialer Ideen und Gefühle, der im Leben den schönen Traum aller arbeitenden Menschen vom Glück freier Arbeit, von der Brüderlichkeit der Völker verwirklicht.
Ich weise noch einmal darauf hin, daß das Experiment, das die russische Arbeiterklasse und die ideologisch mit ihr verbundene Intelligenz anstellen, ein tragisches Experiment ist, das Rußland vielleicht bis zum letzten Blutstropfen aussaugen wird – ein erhabenes Experiment, ein Lehrstück für die ganze Welt. Fast jedes Volk fühlte sich irgendwann einmal als Messias, aufgerufen, die Welt zu retten und in ihr die besten Kräfte zum Leben und zur Tat wieder auferstehen zu lassen.
Jetzt hat die Geschichte diese große Rolle offenbar dem russischen Volk zugeteilt; hungrig, völlig erschöpft von dreihundertjähriger Knechtschaft, ausgezehrt vom Krieg und bedroht von der Ausplünderung durch Räuber, sagt es den arbeitenden und anständig empfindenden Menschen der ganzen Welt: ›Geht mit uns zusammen zum neuen Leben, um dessen willen wir arbeiten, ohne daß wir auf uns, irgend jemanden oder irgend etwas Rücksicht nehmen; wir machen Fehler, leiden, haben große Freude an der Arbeit und hoffen glühend auf Erfolg; wir überlassen all unsere Taten dem ehrlichen Gericht der zukünftigen Geschichte. Geht mit uns zusammen in den Kampf gegen die alte Ordnung, an die Arbeit, das Leben neu zu ordnen; geht mit uns zusammen zur Freiheit und Schönheit des Lebens‹!«
(M. Gorkij, *Sobranije sočinenij v 30-ti tomach*, Moskva, Bd. 24, 1953, S. 186–189.)

In einem Brief vom Januar 1919 versuchte Gorkij von Lenin die Erlaubnis zu erhalten, *Novaja Žizn* wieder herauszugeben: Nachdem er ihm seinen in mehreren ›Unzeitgemäßen Gedanken‹ entwickelten Vorschlag, eine informierende Zeitschrift herauszugeben, fast in den gleichen sprachlichen Wendungen nahegebracht hat, heißt es:
»Weiter: Halten Sie es nicht für günstig, *Novaja Žizn* jetzt wieder herauszugeben? Wenn ja, dann wäre es gut, daß diese Zeitung zugleich mit der Zeitung der Menschewiken erscheint, – ich bestehe keineswegs nur aufgrund materieller Überlegungen auf der Gleichzeitigkeit.« (M. Gorkij, a. a. O., Bd. 29, S. 387 f.) Gorkij hatte mit seinem Vorschlag kein Glück, auch die menschewistische Zeitung erschien nur einen Monat lang.
Die prinzipielle Übereinstimmung Gorkijs mit den Zielen der Revolution hinderte ihn nicht daran, hartnäckig und unablässig an den angewendeten Methoden, diese Ziele zu verwirklichen, Kritik zu üben. Dieser Zwiespalt brachte ihn mit Lenin und dessen Partei immer wieder in Konflikt, und er hat diese scheinbar schwankende Haltung bis an sein Lebensende beibehalten. So schreibt er z. B. Ende 1919 an seine Frau:
»Maxim [der Sohn Gorkijs] glaubt fest daran, daß das Leben in dem Geist und mit den Methoden umgestaltet werden kann und muß, die das Sowjetregime anwendet. Du weißt, daß ich das nicht glaube, aber ich halte mich nicht für berechtigt, die schönen Illusionen des Jungen zu zerstören. Er glaubt – mit Vorbehalten; ich glaube nicht – nicht einmal mit Vorbehalten; das bedeutet nicht, daß wir uns völlig entzweit haben, ich verstehe ihn. Es ist ein großes Glück, wenn man in seinen Jahren fühlt, daß man teilnimmt an einem Prozeß, der ein neues Leben schafft; das ist Dir, mir und überhaupt unserer ganzen Generation unbekannt.
Ich weiß, wovor Du Angst hast, – aber wir werden alle untergehen, das Dorf erdrückt uns. Das Proletariat des Westens hat die russischen Arbeiter verraten, die westliche Bourgeoisie wird die russischen Bauern bis zu ihrem Sieg über die Stadt unterstützen. Die Bewegung der Kolčak-Anhänger [...] ist der städtischen Kultur entschieden feindlich gesinnt. Außer den Bolschewiken gibt es keine Kräfte, die dieser Bewegung Widerstand entgegenstellen könnten. Die Revolution entstand im Kampf des Landes mit der Stadt, – das muß man einfach

begreifen. Die augenblickliche Aufgabe besteht darin, die Intelligenz und *die Vertreter der Großindustrie* mit den Bolschewiken zu vereinigen, ungeachtet aller Vergehen und Fehler der letzteren. Das ist mein Standpunkt. Maxim versteht ihn. [...]« (*Archiv A. M. Gorkogo,* Bd. 9, S. 209 f., Brief 300)

Von 1921 bis 1930 lebte Gorkij nicht in der Sowjetunion, er hatte sich Capri als ständigen Wohnsitz gewählt; eine Reise durch die Sowjetunion 1927 und 1928, mehrere Artikel in der *Izvestija,* in denen er von dieser Reise berichtet, – Gorkij erlebte ›den Aufbau eines neuen Lebens‹ als Beobachter. Verschiedentlich mußte er sich polemischer Angriffe wegen seiner Haltung zur Oktoberrevolution erwehren. Einen scheinbaren Abschluß dieser Diskussionen bildete seine Stellungnahme in dem erweiterten Lenin-Porträt, dessen ursprüngliche Fassung von 1924 mehrere Umarbeitungen erfahren hatte, und erst 1930 als Gorkijs ›letztes Wort‹ erschien. Er nimmt dort zu seinen politischen Ansichten von 1917 und 1918 wie folgt Stellung:

»In den Jahren 1917 und 1918 waren meine Beziehungen zu Lenin längst nicht so, wie ich es wünschte, aber sie konnten nicht anders sein. [...]

Als Lenin 1917 nach Rußland kam und seine ›Thesen‹ veröffentlichte, dachte ich, er bringe mit diesen Thesen das ganze quantitativ verschwindend kleine, qualitativ heldenhafte Heer politisch erzogener Arbeiter und die gesamte ehrlich revolutionäre Intelligenz der russischen Bauernschaft zum Opfer. Diese einzige aktive Kraft in Rußland wird wie eine Handvoll Salz in den abgestandenen Sumpf des Dorfes geworfen und löst sich spurlos in ihm auf, wird aufgesaugt, ohne etwas im Geist, in der Lebensweise, in der Geschichte des russischen Volkes verändert zu haben.

Die wissenschaftliche, technische – überhaupt die qualifizierte Intelligenz ist von meinem Standpunkt aus ihrem Wesen nach revolutionär und war zusammen mit der sozialistischen Arbeiterintelligenz für mich die wertvollste Kraft, die sich in Rußland angesammelt hatte; eine andere Kraft, die in der Lage gewesen wäre, die Macht zu übernehmen und das Dorf gesellschaftlich zusammenzuschließen, habe ich im Rußland von 1917 nicht gesehen. [...]

Der größeren Klarheit wegen möchte ich sagen, daß das erdrückende Übergewicht des analphabetischen Dorfes über die Stadt, der animalische Individualismus der Bauernschaft und das fast vollkommene Fehlen sozialer Emotionen bei ihr mich mein ganzes Leben lang bedrückt haben. Eine Diktatur politisch gebildeter Arbeiter, in engem Bündnis mit der wissenschaftlichen und technischen Intelligenz, war meiner Ansicht nach der einzige mögliche Ausweg aus der schwierigen Lage, die besonders durch den Krieg und in noch höherem Maße durch das Dorf kompliziert wurde, das immer mehr zum Anarchismus neigte.

Ich teilte nicht die Meinung der Kommunisten hinsichtlich der Rolle, die die Intelligenz in der russischen Revolution spielte; eben die Intelligenz hatte die Revolution vorbereitet, und zu ihr gehörten alle ›Bolschewiki‹, die Hunderte von Arbeitern im Geiste des sozialen Heldentums und hoher Intellektualität erzogen hatten. Die russische Intelligenz, sowohl die wissenschaftliche als auch die Arbeiterintelligenz, war, ist und wird noch lange das einzige Zugpferd vor dem schweren Wagen der russischen Geschichte sein. Trotz aller Erschütterungen und Aufregungen, die die Volksmassen erlebten, bleibt ihr Verstand eine Kraft, die der Lenkung von außen bedarf.

So dachte ich vor dreizehn Jahren, und so – irrte ich mich. Diese Seite meiner Erinnerungen müßte ich durchstreichen. Doch: ›Was die Feder geschrieben hat, schlägt auch ein Beil nicht mehr weg.‹ – ›Aus Fehlern lernen wir‹, wiederholte zudem oft Wladimir Iljitsch. Die Leser sollen ruhig von diesem meinem Irrtum wissen. Gut wäre es, wenn er denjenigen eine Lehre wäre, die dazu neigen, voreilig Schlüsse aus ihren Beobachtungen zu ziehen.« (Zitiert nach: Lenin und Gorki, a. a. O., S. 49 ff.)

Die Geschichte dieses Textes ist dunkel; seine Interpretation verliert sich leicht in den kryptischen Wendungen der Sprache Gorkijs (vgl. auch B. D. Wolfe, *Brücke und Abgrund*, S. 219-240, ›Epilog: Gorkis drei Porträts von Lenin‹). Beim Vergleich mit den ›Unzeitgemäßen Gedanken‹ fällt jedoch auf, daß die dort verwendeten zentralen Begriffe – Freiheit, Demokratie, Kultur und Sozialismus – hier überhaupt keine Rolle spielen. Bemerkenswert bleibt außerdem, daß Gorkij sich im letzten Satz dieses Textes von seiner ›literarischen Methode‹ mit stalinistischen Abschwörungsformeln lossagt. Zwei Briefe an Romain Rolland von 1933 scheinen mir aber zu beweisen, daß Gorkij nicht nur an seiner Art, die Dinge zu sehen festhielt, sondern auch bereits das Neue, das geschichtlich Wirksame, wieder in konkreter Gestalt am Horizont seiner Zeit auftauchen sah. Am 30. Januar 1933 beschreibt er seinem alten Freund, auf dessen Frage, wie es in der Sowjetunion aussehe, in einem Brief aus Sorrent die Lage:

»[...] Die Lage ist folgende: Die Psyche von Millionen von Bauern und einem Teil der Arbeiter, vor allem der jungen, die aus den Dörfern kommen, ist die von Eigentümern und Individualisten; diese Psyche läßt sich in fünfzehn Jahren nicht ändern. Alle wollen das haben, worüber sie niemals verfügt haben. Dieses Verlangen wird Jahr für Jahr immer heftiger, seine Ursache ist ganz natürlich: es ist der Hunger nach Kultur. Die Städte wecken dieses Verlangen mit solcher Macht, wie sie es vor der Revolution niemals vermocht hätten. Vor der Revolution tranken, aßen und kleideten sich vor allem die reichen Leute gut. Im Russischen haben die Worte Gott, Reichtum und Heldentum dieselbe Wurzel. Die Popen lehrten die Bauern, der Reichtum stamme von Gott. Aber jetzt ist es so gekommen, daß es keine Reichen mehr gibt, und daß der Fabrikarbeiter, den der Bauer für einen tief unter ihm stehenden Menschen hielt, jetzt besser lebt, als er, der Bauer – reicher, satter und interessanter. Der Bauer ist von Natur aus gieriger als der Arbeiter und er sieht jetzt gut die Vorzüge des Lebens in der Stadt: Gemeinschaftsküchen, Kinderkrippen, Erholungshäuser, Sporteinrichtungen, Klubs, Theater, Museen usw. M. E. ist die Hauptursache für die Lebensunzufriedenheit vor allem in dem Gegensatz zwischen der stark wachsenden Kultur der Städte und der Rückständigkeit des alten Dorfes begründet, dessen Bevölkerung an der Kultur Geschmack gefunden hat. Vor allem hieraus resultieren alle Unruhen. Natürlich merkt man auch, daß viele Dinge fehlen, die dringend notwendig sind; es ist den Fabriken noch nicht gelungen, der Bauernschaft genügend Schuhe zu geben, Kleidung, landwirtschaftliche Maschinen, Elektrizität usw. Man sollte sich daran erinnern, daß sich die Bauernschaft bis zur Revolution mit Stoffen und vielem anderem durch handwerkliche Produkte selbst versorgt hat. Die Burschen brauchten keine Zahnbürsten, die Dorfmädchen keine Puder und keine Parfüms. Ist das etwa zum Lachen? Nein,

wenn man Millionen mit diesen Kleinigkeiten versorgen will, ist genausoviel Zeit nötig wie zur Produktion von Nägeln, Papier und vielem anderen, was uns fehlt.
Die heroische, am Reichtum ihrer Resultate gemessen bewundernswerte Tätigkeit der Arbeiter wird von der alten, kulakisch gesinnten Bauernschaft nicht begriffen. Die Kulaken sind immer noch die Führer des Dorfes und sie belehren es: fordere von der Stadt alles, was du willst, und gib ihr kein Brot! Es versteht sich, daß die ›inneren Feinde‹ des Sowjetregimes, die Splittergruppen der Bourgeoisie, die in der hundertsechzig Millionen zählenden Masse eingeschlossen und mit der Emigration verbunden sind, die Kulaken unterstützen.
Die Emigranten in Prag und Paris hören nicht auf daran zu ›arbeiten‹, Material zur Kritik an der sowjetischen Wirklichkeit aus der sowjetischen Presse selbst zu schöpfen, die m. E. zu laut ist und manchmal sogar hysterisch über die Mängel und Fehler des Regierungsapparats schreit, indem sie ihm die Verantwortung für alle Sünden gibt, sogar für eine schlecht gebaute Haustreppe. Ich lese zwei Pariser Emigrantenzeitungen und ich übertreibe nicht, wenn ich sage, wie verzweifelt diese Leute lügen, um sich selbst zu trösten. Diese Leute, die ich für ordentlich hielt, lügen und werden – was mich vor allem wundert – ihrem eigenen Land fremd; sie vergessen sogar seine Geographie. [...]« (M. Gorkij, a. a. O., S. 282 ff.)
Fünf Monate später, im Mai 1933, nimmt Gorkij Stellung zu den Ereignissen in Westeuropa (Adolf Hitler war seit dem 30. Januar Reichskanzler des Deutschen Reichs), sein Urteilsvermögen ist ungetrübt und unverstellt wie 1917 und 1918, – ein gütiges Geschick ersparte ihm, die Wahrheit noch einmal schmecken zu müssen, die seine Zunge verkündet hatte.
»Ich habe Ihren Brief erhalten, lieber Freund und unermüdlicher Kämpfer; ich fühle den Zorn und den Schmerz in Ihren Worten, aber kein einziges Anzeichen, daß Sie des Kampfes müde sind, den Sie so tapfer führen.
Wir müssen sehr schwere Tage durchmachen, und wahrscheinlich werden sie noch schwerer – noch mehr von dem idiotischen Barbarentum der Kleinbürger, ihrer Feigheit, ihrer unmenschlichen und sinnlosen Grausamkeit geprägt. Die abscheuliche Geschichte dieser Tage wird von einer unerbittlich gerechten Hand geschrieben werden, und vieles in dieser Geschichte wird

dem Autor der herrlichen Seiten des ›Jean Christophe‹ gewidmet sein, einem der wenigen, dessen Namen des erhabensten Titels – Mensch der Menschheit – würdig ist. Sie werden natürlich verstehen, welche Gefahren diese meine Worte hervorgerufen haben.

Alles, was jetzt in Europa geschieht und – unter seinem korrumpierenden Einfluß – im Osten und überall in der Welt, zeigt uns, bis zu welchem tragikomischen Grade die Grundlagen der bürgerlichen, auf den eigenen Vorteil bedachten Klassenkultur brüchig sind. Sie wissen: ich bin Marxist, nicht weil ich Marx gelesen habe; nur ganz am Rande gesagt: ich habe ihn wenig gelesen und ich suche in Büchern im allgemeinen keine Belehrung, sondern möchte mich an der Schönheit und Kraft eines Gedankens erfreuen. Die Lüge, die Heuchelei und den gräßlichen Schrecken des Klassensystems begriff ich unmittelbar aus den Phänomenen des Lebens, aus den Realitäten der Lebensformen. Deshalb überrascht mich auch nicht sehr, was in unseren Tagen geschieht, und es erweckt nur wenig Abscheu. Aus allen Vorbedingungen, die ich im Laufe eines halben mit Bewußtsein gelebten Jahrhunderts beobachtet habe, ging hervor, daß das Resultat aus diesen Prämissen schrecklich und niederschmetternd sein mußte. Und hier ist meine Schlußfolgerung: Im Lande Goethes, Humboldts, Helmholtz' und einer ganzen Reihe äußerst begabter Menschen, wunderbarer Kenner und Schöpfer der Kultur, – in diesem Lande kommandiert ein schreiender Abenteurer, ein Menschlein mit einem flachen Verstand, ein unbegabter Epigone des gewandten Schauspielers Benito Mussolini, verantwortungslos und barbarisch das gesamte Leben. In diesem Lande, wo man die Idee von der kulturellen Hegemonie der deutschen Kleinbürger über die Kleinbürger in ganz Europa predigte, predigt man jetzt die Absage an die Kultur, die Rückkehr nicht einmal zum Mittelalter, sondern zur Nibelungenzeit. Irgendwer schreit bereits: Weg mit Christus! Wenden wir uns Wotan zu! Das ist m. E. schon humoresk, das ›komische Entrée‹ eines Clowns. Es ist nicht zu bemerken, daß dieser Schrei ›den Stellvertreter Christi auf Erden‹, den Fürsten der sehr schlauen und mächtigen Kirche berührt hätte, der gegen alle Ereignisse in der Sowjetunion, wo die antikulturelle Tätigkeit ungebildeter Popen immer noch nicht aufgehört hat, überaus empfindlich ist.

Und wieder – Judenverfolgungen! Bis zur Oktoberrevolution lag die Schande dieser Verfolgungen auf Rußland, auf seinem ›wilden, barbarischen Volk‹, das den Juden überhaupt nicht kannte, denn auf dem Lande lebten keine Juden. Und jetzt macht das Deutschland des 20. Jahrhunderts um dieser Schande willen Anleihe bei einem ›barbarischen‹ Volk.
Welche diabolische Grimasse.
Ich würde mich gerne noch sehr lange mit Ihnen unterhalten, lieber Rolland, aber ich muß mich zu meiner Abreise nach Moskau fertig machen. [...] In Moskau werde ich mich mit der Reorganisation der Kinderliteratur befassen [...]. Dann werde ich ein Institut zur Erforschung der Weltliteratur und der europäischen Sprachen gründen. In Moskau gibt es Berge von Arbeit!
[...]
P. S. Es wird nur dann möglich sein, die Kultur ständig weiterzuentwickeln und zu vertiefen, wenn die gesamte Masse der arbeitenden Bevölkerung der Erde unmittelbar, allseitig und frei daran beteiligt ist, nicht wahr?« (M. Gorkij, a. a.O., S. 308 ff.)

*

Es ist behauptet worden, Gorkij habe aus Italien niemals in die Sowjetunion zurückkehren dürfen (Lasky). Angesichts der zitierten Briefe drängt sich die Frage auf:
Hätte Gorkij auf seine Auslieferung an das faschistische Deutschland durch das faschistische Italien warten sollen? An Deutschland, wo fast alle Werke des sozialistischen Schriftstellers Maxim Gorkij als Erstausgaben erschienen waren und wo er sich an einem einzigen Ort hätte aufhalten dürfen – im Konzentrationslager?

*

Bei der Zusammenstellung des Materials für diesen Band haben mir die Universitätsbibliotheken von Helsinki, Lund und Uppsala, die Königliche Bibliothek von Stockholm, die Bibliothèque de Documentation Internationale Contemporaine (Paris), die Bibliothek der Arbeitsgemeinschaft für Osteuropaforschung in Tübingen, The Library of Congress und The New York Public Library in dankenswerter Weise geholfen. Bei meinen umfangreichen bibliographischen Nachforschungen war mir Herr Dr. Winkler von der Staatsbibliothek in Marburg/L. mit seinen zahlreichen bibliothekarischen Ratschlägen ein unentbehrlicher und immer bereiter Helfer. Ihm gilt mein besonderer Dank, ebenso Herrn Dr. Voss vom Deutschen Historischen Institut in Paris. Zu danken habe ich außerdem dem Insel Verlag, der mir einen kurzfristigen Studienaufenthalt in Paris ermöglichte; Herrn stud. phil. Peter Adam und Fräulein cand. phil. Braum, die das Anlegen der Register übernommen haben, und meiner Frau, die alle Arbeiten am Manuskript kritisch ausgeführt hat.

Marburg a. d. Lahn, im September 1972
Bernd Scholz

Die politischen Parteien und ihre Presseorgane in Rußland von 1917 bis 1918.
Die folgende Übersicht beruht auf einer Zusammenstellung in *Die russische Revolution. Mitteilungen aus der russischen Presse*, hrsg. vom Ausschuß für deutsche Ostpolitik, Berlin 1917 und 1918, Anhang.

Die äußerste Linke:

1. **Maximalisten – Bolschewiken.** Der radikale Flügel der Sozialdemokratie; für sofortigen Frieden (Defätisten); in scharfer Opposition gegen die Bourgeoisie.
Führer: Lenin, Čenkeli, Trotzkij, Axelrod.
Presseorgane: *Pravda* (bis März 1918 in Petersburg) und *Socialdemokrat* (Moskau).

2. **Minimalisten – Menschewiken.** Revisionistisch und ententefreundlich; für ein Zusammengehen mit der Bourgeoisie.
Führer: Plechanov.
Presseorgane: *Jedinstvo* (Die Einheit, Petersburg), und *Vperëd* (Vorwärts, Moskau).

3. Zwischen beiden die große Masse der **sozialdemokratischen Arbeiter** mit wechselnden Tendenzen; in der Friedensfrage schroff gegen die Maximalisten.
Führer: Čcheidze, Skobelev, Cereteli, Suchanov.
Presseorgane: *Izvestija soveta rabočich i soldatskich deputatov* (Nachrichten des Arbeiter- und Soldatenrats), *Rabočaja Gazeta* (Arbeiterzeitung), *Novaja Žizn* (Neues Leben, Petersburg).

4. **Volkssozialisten.** Agrarkommunisten, für den Krieg.
Führer: Pešechonov.
Presseorgan: Die Zeitschrift *Sovremennyj mir* (Die Welt der Gegenwart).

5. **Sozialrevolutionäre.** Stützten sich auf die revolutionäre Bauernschaft und unterste Beamtenschaft.
Presseorgane: *Delo naroda* (Die Sache des Volkes, Petersburg) und *Trud* (Die Arbeit, Moskau).

6. **Arbeitsgruppe – Trudowiken.** Der rechte Flügel der Sozialrevolutionäre, der 1905 den Beschluß nicht mitmachte, die Duma zu boykottieren.
Führer: Kerenskij.
Presseorgan: *Den* (Der Tag).

Gruppe 1-3: Gegner des Kapitalismus
Gruppe 4-6: Gegner des Großgrundbesitzes.

Die Liberalen:

1. **Kadetten** (Partei der Volksfreiheit); erhielten ihren Namen von den Anfangsbuchstaben: Konstitutionelle Demokraten. Vertraten die freien Berufe; kriegsfanatisch und imperialistisch; englandfreundlich.
Führer: Miljukov (Außenminister), Šingarëv (Landwirtschaftsminister), Rodičev und Fürst Lvov (Ministerpräsident).
Presseorgane: *Reč* (Die Rede, Petersburg) und *Russkije Vedomosti* (Russische Nachrichten, Moskau).

2. **Progressisten.** Vertraten das Kapital, Großindustrie und Handel; kriegsfanatisch wie die Kadetten.
Führer: Jefrejmov, Konovalov (Handelsminister).
Presseorgan: *Utro Rossii* (Der Morgen Rußlands, Moskau).

3. **Oktobristen.** Vertraten den liberalen Großgrundbesitz, Träger des Stolypinschen Nationalismus.
Führer: Gučkov (Kriegsminister); zerfielen in zwei Fraktionen:
a) Linksoktobristen: Führer: Šidlovskij.
b) Semstwo-Oktobristen: Führer: Rodzjanko;
Gučkov besaß starken Einfluß auf die nationalistische *Novoje Vremja* (Die Neue Zeit, Petersburg).

4. **Zentrum.** Vertrat hauptsächlich den südrussischen Großgrundbesitz.

5. **Fortschrittliche Nationalisten.** Vertraten den gemäßigten Teil des Großgrundbesitzes; antisemitische und fremdvölkerfeindliche Tendenzen.
Führer: Šulgin, Puriškevič.
Presseorgan: *Kievljanin* (Kiev).

Die Rechte:

1. **Rechte Nationalisten.** Gemäßigte Rechte, chauvinistisch. Führer: Balašev.

2. **Äußerste Rechte.** Reaktion; Kriegsgegner und Gegner der Konstitution.
Presseorgane: *Zemščina*, *Kolokol* (Die Glocke), *Russkoje Znamja* (Russisches Banner).

Blätter ohne Parteizugehörigkeit:

Russkoje Slovo (Das Russische Wort), liberal, Moskau. *Birževyje Vedomosti* (Börsennachrichten), liberal, Petersburg. *Novoje Vremja*, nationalistisch-chauvinistisch, antisemitisch, Petersburg.

Nachwort zur Taschenbuchausgabe[1]

Läßt man sich jedoch auf das Spiel der Gewalt ein, so besteht Aussicht, daß man darin hängen bleibt. Die wesentliche Aufgabe des Marxismus wird also sein, nach einer Gewalt zu suchen, die sich selbst überwindet in Richtung auf die menschliche Zukunft.

Als er [Trotzkij] die Revolution machte, war sie nicht so übersichtlich wie zu dem Zeitpunkt, als er ihre Geschichte schrieb. Die Grenzen der erlaubten Gewalt waren nicht so genau abgesteckt, und sie wurde nicht immer gegen die Bourgeoisie allein gebraucht. In einer kürzlich erschienenen Broschüre über die *Tragödie der sowjetischen Schriftsteller* erinnert Viktor Serge daran, daß Gorkij, »der eine mutige Unabhängigkeit bewahrte«, und »sich nicht genierte, die revolutionäre Herrschaft zu kritisieren«, schließlich von Lenin in aller Freundschaft aufgefordert wurde, auszuwandern. Zwischen freundschaftlicher Aufforderung und Deportation liegt ein weiter Weg, doch keine Welt. Das vergißt Trotzki oft. Desgleichen, daß die Revolution so rein nicht war, wie er behauptet [...]. (Maurice Merleau-Ponty, Humanismus und Terror)

I

»Am 14. März 1868 wurde ich in Nižnij-Novgorod geboren. Mein Vater war der Sohn eines Soldaten, meine Mutter eine Kleinbürgerin. Mein Großvater väterlicherseits war als Offizier von Nikolaus I. wegen grausamer Behandlung der unteren Ränge degradiert worden. Er war ein so harter Mensch, daß mein Vater von seinem zehnten bis zum siebzehnten Lebensjahr fünfmal vor ihm ausriß. Beim letzten Mal gelang es meinem Vater, für immer aus seiner Familie zu fliehen; er kam zu Fuß von Tobolsk nach Nižnij und wurde hier Lehrling bei einem Tapezierer. Offenbar war er begabt, konnte auch lesen und schreiben, denn bereits mit zweiundzwanzig Jahren übertrug ihm die Kolčin-Reederei die Leitung ihres Kontors in Astrachan, wo er 1873 an der Cholera starb, mit der er sich bei mir infiziert hatte. Nach den Erzählungen meiner Großmutter war mein Vater ein kluger, guter und sehr fröhlicher Mensch.

Mein Großvater mütterlicherseits begann seine Karriere als Schiffsschlepper auf der Wolga, war nach drei Fahrten bereits

Verwalter in der Karawane des Kaufmanns Zajev aus Balachna, gab sich dann mit dem Färben von Garn ab, kam zu Geld und eröffnete in Nižnij-Novgorod eine Färberei auf breiter Grundlage. Bald besaß er in der Stadt mehrere Häuser und drei Werkstätten zum Färben und Bedrucken von Stoffen, wurde zum Gildenältesten gewählt, diente in diesem Amt etwa drei Jahre und schlug es dann aus, weil er beleidigt war, daß man ihn nicht zum Oberhaupt der Handwerker gewählt hatte. Er war sehr religiös, bis zur Grausamkeit despotisch und krankhaft geizig. Er wurde zweiundneunzig Jahre alt, und ein Jahr vor seinem Tode wurde er im Jahre 1888 verrückt.
Mein Vater und meine Mutter heirateten ›ohne Wissen der Eltern‹, denn mein Großvater konnte natürlich seine geliebte Tochter nicht einem alleinstehenden Menschen mit einer zweifelhaften Zukunft überlassen. Meine Mutter hatte auf mein Leben überhaupt keinen Einfluß, denn sie liebte mich nicht, da sie mich für die Todesursache meines Vaters hielt, und gab mich, nachdem sie bald ein zweites Mal geheiratet hatte, ganz in die Hände des Großvaters, der auch meine Erziehung mit Psalter und Stundenbuch begann. Dann schickte man mich mit sieben Jahren in die Schule, wo ich fünf Monate blieb. Ich lernte schlecht, ich haßte die Schule und auch meine Kameraden, denn immer liebte ich die Einsamkeit. Ich infizierte mich in der Schule an den Pocken, hörte mit dem Lernen auf und fing es auch nicht wieder an. In dieser Zeit starb meine Mutter an der galoppierenden Schwindsucht, und mein Großvater war ruiniert. In seiner Familie, die sehr groß war, da bei ihm zwei verheiratete Söhne lebten, die Kinder hatten, liebte mich niemand außer der Großmutter, einer erstaunlich guten, selbstlosen alten Frau, an die ich mich mein ganzes Leben mit Liebe und Verehrung erinnern werde. Mein Großvater liebte es, großzügig zu leben, das heißt, viel und gut zu essen und zu trinken. Wenn sie betrunken waren, prügelten sie sich gewöhnlich untereinander oder mit den Gästen, die bei uns immer zahlreich waren, oder sie schlugen ihre Frauen. Der eine Großvater brachte zwei Frauen unter die Erde, der andere eine. Manchmal schlugen sie auch mich. Unter solchen Verhältnissen konnte von irgendwelchem geistigen Einfluß nicht die Rede sein, und das um so weniger, als alle meine Verwandten halbe Analphabeten waren.

Mit acht Jahren gab man mich als ›Lehrjungen‹ in ein Schuhgeschäft, aber nach zwei Monaten verbrühte ich mir die Hände mit kochender Kohlsuppe und wurde wieder zum Großvater zurückgeschickt. Nach meiner Heilung gab man mich zu einem Zeichner, einem entfernten Verwandten, in die Lehre, aber nach einem Jahr riß ich wegen der sehr schweren Lebensbedingungen bei ihm aus und wurde auf einem Schiff Schüler eines Kochs. Dieser Koch war der entlassene Gardeunteroffizier Michail Antonovič Smuryj, ein Mensch mit märchenhaften körperlichen Kräften, derb und sehr belesen; er weckte in mir das Interesse am Bücherlesen. Bis dahin waren mir Bücher und jegliches bedruckte Papier verhaßt, aber mit Prügel und Güte zwang mich mein Lehrer, mich von der großen Bedeutung des Buches zu überzeugen und es zu lieben. Das erste Buch, das mir wahnsinnig gut gefiel, war *Die Legende, wie ein Soldat Peter den Großen rettete.* Bei Smuryj gab es eine ganze Truhe, die voll war von überwiegend kleinen, in Leder gebundenen Bänden, und das war die merkwürdigste Bibliothek der Welt. Eckhartshausen lag hier neben Nekrasov, Anne Radcliffe neben dem ›Zeitgenossen‹, hier gab es den *Iskra* [Funke], Jahrgang 64, den *Stein des Glaubens* und Bücher in kleinrussischer Sprache. Von diesem Augenblick meines Lebens an begann ich alles zu lesen, was mir in die Hände fiel; mit zehn Jahren begann ich ein Tagebuch zu führen, um dort alle Eindrücke einzutragen, die ich im Leben und aus Büchern sammelte. Mein weiteres Leben war sehr bunt und vielfältig: von den Küchenjungen kehrte ich wieder zu dem Zeichner zurück, handelte dann mit Ikonen, diente an der Grjaz-Caricyner Eisenbahnstrecke als Wärter, war Brezelverkäufer, Bäcker, lebte manchmal in Elendsvierteln und reiste mehrere Male durch Rußland. Im Jahre 1888, als ich in Kazan lebte, lernte ich zum ersten Mal Studenten kennen und nahm teil an Zirkeln zum Selbstunterricht; im Jahre 1890 fühlte ich mich unter der Intelligenz fehl am Platz und begab mich auf Reisen. Ich fuhr von Nižnij nach Caricyn [Wolgograd], durch das Donaugebiet, die Ukraine, kam nach Bessarabien, von dort entlang der Südküste der Krim an den Kuban im Schwarzmeergebiet. Im Oktober 1892 lebte ich in Tiflis, wo in der Zeitung *Kaukasus* meine erste Erzählung *Makar Čudra* gedruckt wurde. Man lobte mich sehr dafür, und als ich nach Nižnij zurückgekehrt war, versuchte ich, kleine Erzählungen für die Zeitung *Der Wolgabote* zu schreiben. Man nahm sie gerne an und druckte sie. Ich schickte die Skizze *Jemeljan Piljaj* an *Die russischen Nachrichten* – man nahm sie ebenfalls an und veröffentlichte sie. Hier muß ich aber doch bemerken, daß die Leichtigkeit, mit der die Provinzzeitungen die Werke eines ›Anfängers‹ veröffentlichen, wirklich erstaunlich ist, und ich nehme an, daß sie entweder die große Güte der Redakteure bezeugt oder ein völliges Fehlen literarischen Geschmacks.

In Nižnij (von 1883-1894) lernte ich V. G. Korolenko kennen, dem ich es verdanke, daß ich in die große Literatur kam. Er hat sehr viel für mich getan und mir vieles gezeigt, vieles beigebracht. Mein erster Lehrer war ein Soldat – der Koch Smuryj, der zweite – der Advokat Lanin, der dritte – Korolenko.

Mehr will ich nicht schreiben. Ich bin tief bewegt und erregt bei der Erinnerung an diese großartigen Menschen.«[2]

M. Gor'kij.

2

Mit diesem kurzen Bruchstück einer Autobiographie beginnt 1926 Maxim Gorkijs literarische Rückkehr nach Rußland.

Es steht, wie der Herausgeber meint, »mit gutem Grund« am Anfang einer Sammlung von »Autobiographien und Porträts zeitgenössischer russischer Prosaisten«[3] und bezeichnet so auch für die Entwicklung der russisch-sowjetischen Literatur eine Wende, die bereits im Beschluß des ZK der RKP (b) zur Literatur von 1925 angelegt war.[4] Erst jetzt war dem bisher von linken literarischen Gruppierungen stark angefeindeten Gorkij die Möglichkeit zu einem wirksamen Auftreten in der Literatur des ›Neuen Rußland‹ gegeben.[5] Allein eine Aufzählung einiger Namen der Sammlung beweist, wie gut der Auftritt Gorkijs gewählt war – er befand sich in einer Reihe mit den besten Talenten der aufblühenden russischen Literatur der zwanziger Jahre. Es finden sich hier zusammen: I. Babel, A. Belyj, M. Bulgakov, V. Veresajev, F. Gladkov, A. Grin, E. Zamjatin, M. Zoščenko, V. Ivanov, V. Kaverin, V. Katajev, B. Lavrenëv, L. Leonov, V. Lidin, L. Lunc, A. Malyškin, N. Nikitin,

B. Pasternak, B. Pilnjak, M. Slonimskij, A. Tolstoj, K. Fedin, O. Forš, D. Furmanov, A. Čapygin, M. Šaginjan, I. Erenburg – alles Namen, die in der russischen Literatur einen guten Klang behalten sollten. In einige von ihnen – die ›Serapionsbrüder‹ – hatte Gorkij bereits 1923 die Hoffnung gesetzt, daß sie fähig seien, eine neue Literatur in Rußland zu schaffen.[6] »Sie schätzen die kulturelle Arbeit sehr und am meisten interessiert sie der Mensch als solcher, wie er ist, unabhängig von seiner Kaste, Klasse, Partei, Nationalität oder Religion. Sie haben begriffen, daß Rußland sich nur in ständiger und ununterbrochener Kommunikation mit dem Westen normal entwickeln kann.«[7]

Als Gorkij diese und die vorher zitierten Zeilen niederschrieb, erlebte er die wohl glücklichste und schaffensfreudigste Zeit seines Lebens – im Westen, in Italien, in Sorrent. Hier entstanden neue Erzählungen, ein neuer Roman, die ersten Entwürfe zu seinem epischen Hauptwerk *(Das Leben des Klim Samgin)*, hier hatte er reichen Kontakt zu den jungen, suchenden Schriftstellern des nachrevolutionären Rußland, den Enttäuschten in der Emigration; hier pflegte er freie, ungestörte und unkontrollierte Verbindungen zu seinen westeuropäischen literarischen und politischen Freunden (Romain Rolland, Stefan Zweig u. a.), und hier erfuhr er auch vom Tode Lenins, schrieb sein Leninporträt, überdachte seine Haltung zu Lenin, zur bolschewistischen Partei, zu den revolutionären Ereignissen von 1917 und 1918, zu Bürgerkrieg und Hungersnot.[8] Umgeben von seinem Sohn Maxim und dessen Frau, von jungen und verständnisvollen literarischen Freunden und ebenso zahlreichen Gästen aus dem neuen Rußland wurde er – der fünfundfünfzigjährige – sich seiner Isolierung bewußt. Mit dem einzigen noch lebenden literarischen Freund aus vorrevolutionärer Zeit – Ivan Bunin –, mit dem er fast zwei Jahrzehnte zusammen war, hatte er sich über die Revolution für immer entzweit. ›Die Wunde Bunin‹ schmerzte, zumal die ›weißrussischen Emigranten‹ in Paris jeden seiner Schritte, der in ihren Augen eine ›Versöhnung mit der Diktatur‹ bedeutete, mit Argwohn und Spott verfolgten.

So macht er Stefan Zweig, der ihn gebeten hatte, an einem Sammelband zu Ehren des sechzigsten Geburtstages Romain Rollands mitzuwirken, »im voraus darauf aufmerksam, daß die Tatsache meines Mitwirkens zu Mißverständnissen führen kann. Es handelt sich darum, daß die in Europa einflußreichsten und bekanntesten russischen Schriftsteller, D. Merežkovskij, I. Bunin, A. Kuprin und noch fünf oder sechs andere, in Paris leben und mir feindlich gesonnen sind. Von ihrem Standpunkt aus bin ich ein Parteigänger von Tyrannen, und das läßt mir die Befürchtung aufkommen, daß sie, wenn sie mich unter den Komiteemitgliedern bemerken, die Grußadresse an Rolland nicht unterzeichnen, sondern eine andere, eigene, verfassen werden.«[9]

3

In der ersten Nummer von *Novaja Žizn* (1. Mai 1917) wird die politische Programmatik der ›Novaja Žizn-Gruppe‹ verkündet. Sie stellt auch Gorkijs seit 1916 publizistisch aktiv vertretene Position dar: die Vereinigung aller demokratischen Kräfte des damaligen Rußland. »Indem wir unter den alten Zeichen der Russischen Sozialdemokratischen Arbeiterpartei auftreten, stellen wir fest, daß die alten Fraktionsbildungen ihre Zeit überlebt haben; wir sind überzeugt, daß in einer Atmosphäre der Freiheit alle Schattierungen des revolutionären, internationalistischen Sozialismus ihren Ort in unserer Partei haben können und müssen.«[10] Wie eine neuere sowjetische Darstellung richtig feststellt, ging die Redaktion hier von »guten Wünschen aus und nicht von der Wirklichkeit«.[11] Und als vollends illusionistisch und politisch so gut wie wirkungslos erwies sich dieser Standpunkt nach dem Staatsstreich der Bolschewiki im Oktober und der darauffolgenden langsamen aber sicheren Ausschaltung aller anderen linken Fraktionen und Gruppen aus den Entscheidungszentren der Politik. Wie ich bereits in meiner Darstellung im Nachwort zur Ausgabe von 1972 angedeutet habe, hat Gorkij vergeblich versucht, diesem Prozeß der Zentralisierung der politischen Macht in einer Partei entgegenzuwirken, indem er auch anderen Gruppen Rederecht verschaffen wollte.[12] Das Verfolgen dieser ›Illusion‹ stellte, historisch gesehen, sicher eine Alternative dar zu dem in sowjetischen Darstellungen propagierten ›einzig richtigen Weg der bolschewistischen Partei‹.[13] Für Ivan Bunin gab es diesen Kampf um Alternativen zu den Bolschewiki nicht. Bereits Ende 1917 hatte Bunin mit allen jenen den Bruch vollzogen, die den Untergang ›des Alten‹ herbeigewünscht und mitherbeigeführt hatten. So sagte er Gorkij, als dieser bei seinem Aufenthalt in Moskau mit ihm sprechen wollte, telephonisch ab. »Ich antwortete«, schreibt Bunin in seinen Erinnerungen, »daß wir jetzt über nichts zu reden hätten und daß ich unsere Beziehungen als für immer beendet halte.«[14] Und so begreift er auch den Streit zwischen Lenin und Gorkij als einen Streit unter Freunden. »Die Zeit zeigte, daß es für eine solche Einschätzung einige Gründe gab.«[15] Die Wiederannäherung Gorkijs an Lenin und die völlige Entzweiung mit Ivan Bunin hat vordergründig betrachtet ihr unterschiedliches Verhältnis zu den Bolschewiki, zur Regierung und zur russischen Revolution als Ursache. Sieht man jedoch genauer hin, so zeigt sich ein unterschiedliches Verhältnis zur russischen Vergangenheit – vor allem zur agrarisch-feudalen – und zu den Möglichkeiten, sie umzugestalten. Während Gorkij marxistisches Gedankengut – und somit auch den Gedanken einer von den sozialen Verhältnissen erzwungenen Gewaltanwendung – mit den ureigenen Traditionen der russischen Geschichte zu verbinden sucht, lehnt Bunin alle Versuche, Rußland mit revolutionärem westeuropäischen Gedankengut ›heilen‹ zu wollen, ab, und somit auch die aus diesen Quellen gespeiste russische sozialrevolutionäre, terroristische Tradition.

Bunins künstlerischer Weg führt in eine Vergangenheit ohne Gegenwart und Zukunft; Gorkijs Werk bleibt der Kritik an der Gegenwart verpflichtet, indem er das Nachleben des Alten in allen neuen Lebensformen verfolgt; eine menschliche sozialistische Zukunft bleibt Hoffnung.

Verfolgen wir den ersten, quellenmäßig gut belegten Abschnitt der Entwicklung Gorkijs von 1918–1927:

Herbst 1918: Der Schriftsteller Chodasevič erinnert sich in seinem 1939 erschienenen Nekrolog auf Gorkij: »In Petersburg habe ich mich etwa zehn Tage aufgehalten. Die Stadt war tot und unheimlich. [...] Bei Gorkij gab es Petroleum. In seinem Eßzimmer am Kronverkprospekt brannte eine große Lampe. Jeden Abend versammelten sich Leute bei ihm. Es kamen A. N. Tichonov und Z. I. Gržebin [Gorkijs Verleger], nachdem sie sich um die ›Weltliteratur‹ gekümmert hatten

Šaljapin kam und schimpfte laut auf die Bolschewiki. Im Eßzimmer sprach man vom Hunger, vom Bürgerkrieg. Gorkij trommelte mit den Fingern auf den Tisch und sagte, indem er über seine Gesprächspartner hinwegsah: ›Ja, die Dinge stehen schlecht, sehr schlecht‹ – und es war nicht verständlich, welche Dinge schlecht standen und mit wem er sympathisierte. Im übrigen versuchte er diese Gespräche abzubrechen.«[16]
Evgenij Zamjatin berichtet in seinem 1936 erschienenen Nachruf auf Gorkij ausführlich über die Zeit bis 1921. »Gorkij vermochte niemals ein bloßer Zuschauer zu bleiben, er drang immer in das tiefste Dickicht der Ereignisse vor, er wollte handeln. Er war mit jener Energie geladen, die sich auf den Seiten seiner Bücher drängte; sie strömte ins Leben. [...] Nach Petersburg kehrte ich erst im Herbst 1917 zurück. Damals traf ich zum erstenmal mit Gorkij zusammen. Es ergab sich so, daß ich der Revolution und Gorkij gleichzeitig begegnete. Deshalb ist in meiner Erinnerung Gorkijs Bild untrennbar mit dem nachrevolutionären Rußland verbunden. Nach drei Wochen oder einem Monat hatten sich die vereinzelten Gewehrschüsse, die mein erstes Zusammentreffen mit Gorkij begleitet hatten, in das Geknatter von Maschinengewehren und die dumpfen Einschläge von Granaten verwandelt: auf den Straßen Petersburgs wurde gekämpft, es war die Oktoberrevolution. Das riesige Schiff Rußland wurde im Sturm vom Ufer gerissen und ins Unbekannte hinausgeschleudert: würde das Schiff zertrümmert werden oder an einem unbekannten Kontinent landen?«[17]
Gorkijs Meinung dazu war nach Zamjatin folgende: »Man muß den Glauben haben, daß wir nicht zerschellen, sonst – ist unsere Sache verloren – und er hatte den Glauben. Der Schriftsteller Gorkij wurde zum Opfer gebracht. Nach einigen Jahren war er zu einer Art nicht offiziellem Kultur-Minister geworden, zum Organisator gesellschaftlicher Arbeiten für die aus den Fugen geratenen, hungernden Intellektuellen. Diese Arbeiten ähnelten dem Bau des Babylonischen Turms, sie waren auf Dutzende von Jahren berechnet. [...] Die gelehrten Akademiemitglieder, die Dichter, Professoren, Übersetzer, Bühnenschriftsteller begannen in den von Gorkij geschaffenen Institutionen zu arbeiten und ließen sich immer stärker hinreißen.«[18]
Und Zamjatin, der später von Stalin ausgewiesen wurde, gewiß

ein guter Zeuge, schreibt über Gorkijs Menschlichkeit: »Ich weiß: an Gorkijs Menschlichkeit erinnern sich viele in Rußland und besonders in Petersburg. So manches Dutzend Menschen verdankt ihm Leben und Freiheit.

Alle wußten gut, daß Gorkij mit Lenin eng befreundet war und andere führende Persönlichkeiten der Revolution gut kannte. Als die Revolution zum Terror griff, war Gorkij die letzte Appellationsinstanz, die letzte Hoffnung. Frauen und Mütter der Verhafteten gingen zu ihm. Er schrieb Briefe, schimpfte telephonisch; in ernsteren Fällen fuhr er persönlich nach Moskau zu Lenin. Es geschah mehr als einmal, daß sein Eintreten erfolglos blieb. Einmal bat auch ich Gorkij für einen Bekannten, der von der Tscheka verhaftet worden war. Nach der Rückkehr aus Moskau erzählte Gorkij, zornig seine Zigarette paffend, daß er wegen seiner Intervention von Lenin den Vorwurf vernommen habe: ›Es wäre Zeit, Sie nähmen zur Kenntnis, daß die Politik im allgemeinen eine schmutzige Sache ist.‹ Aber Gorkij mischte sich weiterhin ein.«[19]

Diese ›Einmischung‹ des Schriftstellers führte dann auch zum vorläufigen Bruch mit den Bolschewiki. »Nach meinen Eindrücken war die damalige Politik des Terrors eine der Hauptursachen des zeitweiligen Zerwürfnisses Gorkijs mit den Bolschewiki und seiner Abreise ins Ausland.«[20] Chodasevič bestätigt diese Aussage Zamjatins, wenn er schreibt: »Die Feindschaft Gorkijs mit Zinovjev [...] endete damit, daß Gorkij im Herbst 1921 gezwungen wurde, nicht nur Petersburg, sondern auch Sowjetrußland zu verlassen. Er reiste nach Deutschland ab.«[21]

Vorausgegangen war die Affäre um die Erschießung des Dichters N. Gumilëv, die hier ausführlich dargestellt wird, da die jüngst auch in deutscher Sprache erschienenen Erinnerungen Nadežda Mandelštams Gorkijs Anteil in einem zweifelhaften Licht erscheinen lassen und der Vorgang zeigen soll, wie schwer es ist, selbst relativ einfache historische Ereignisse der Revolutionszeit genau festzustellen. N. Mandelštam gibt von ihrer Sicht der Ereignisse zwei Versionen (eine in den *Erinnerungen* und die andere im *Zweiten Buch*): »Larissa [Reisner] liebte nicht nur Gedichte, sondern glaubte im Verborgenen auch an ihre Bedeutung, und darum war für sie die Erschießung Gumiljevs der einzige dunkle Flecken auf dem Priestergewand der Revolution. Zu diesem Zeitpunkt war sie in Afghanistan, und sie glaubte, wäre sie in Moskau gewesen, hätte sie vielleicht die Hinrichtung verhindern können. Als wir uns sahen, kam sie immer wieder auf dieses Thema zu sprechen, und wir waren dabei, als die Legende vom Telegramm Lenins, mit dem er die Urteilsvollstreckung verhindern wollte, entstand. An jenem Abend bot uns Larissa die Legende in dieser Form: Als Larissas Mutter erfahren hatte, was in Leningrad vor sich gehen sollte, sei sie unverzüglich in den Kreml gegangen und habe Lenin dazu überredet, ein Telegramm aufzusetzen. Heute schiebt man die Rolle des Informanten Gorkij zu; er sei es gewesen, der mit Lenin verhandelt habe. Weder das eine noch das andere entspricht der Wahrheit. In Larissas Abwesenheit waren wir mehrmals zu ihren Eltern gegangen, und die Mutter hatte sich bitter darüber beklagt, daß sie Gumiljevs Verhaftung nicht so viel Bedeutung beigemessen und nicht versucht habe, sich an Lenin zu wenden – vielleicht wäre es dann anders ausgegangen. Was Gorkij betrifft, so wandte man sich wirklich an ihn; zum Beispiel bat Ozup ihn um seine Hilfe. Obwohl Gorkij Gumiljev nicht mochte, versprach er trotzdem, sich für ihn einzusetzen. Aber er hielt sein Versprechen nicht. Das Urteil wurde unerwartet schnell vollstreckt und der Vollzug sogleich bekannt gegeben, alles, noch ehe sich Gorkij zum entscheidenden Schritt aufgerafft hatte.«22

Im *Zweiten Buch* heißt es dann ein wenig anders:

»Jüngst hörte ich von der sentimentalen Geschichte Čukovskijs über die Rolle Gorkijs bei den Versuchen, Gumilëv zu retten. Nach Čukovskijs Worten brach Gorkij sofort nach Moskau zu Lenin auf, erfuhr aber nach der Rückkehr nach Leningrad mit der Anweisung, Gumilëv zu befreien, daß Gumilëv bereits erschossen worden sei. Vor Kummer habe Gorkij einen Blutsturz erlitten. Das habe sich im ›Haus der Künste‹ an der Mojka im Beisein mehrerer Zeugen abgespielt. Für den Fall, daß Čukovskij oder seine Zuhörer dieses dumme Geschwätz aufgeschrieben haben mit dem Ziel, Gorkij zu rechtfertigen, teile ich die Worte A. Achmatovas, Ocups und vieler anderer mit, die damals in Petersburg waren, daß Gorkij, als Ocup ihn von der Einsperrung Gumilëvs unterrichtet hatte, versprach, etwas zu tun, aber nichts tat. Nach Moskau fuhr er. Eine Anweisung zur Befreiung gab es von Lenin nicht. Von dem rührenden Blutsturz höre ich erst heute, vor fast genau vierzig Jahren sprach Mandelštam mit Čukovskij bei mir über den Untergang Gumilëvs. Damals unterstützte Čukovskij die allgemeine Version: niemand tat irgend etwas, niemand rührte einen Finger und alles ging so schnell, daß man nicht einmal Atem holen konnte ... Die Menschen gingen so leicht zugrunde und in so großer Zahl, daß niemand auch nur eine Träne vergießen, seufzen oder ihrer mit einem guten Wort gedenken konnte.«[23]

Die Darstellung Nadežda Mandelštams widerspricht der Version des bereits zitierten E. Zamjatin, der ebenso glaubwürdig die bekannte Version, gewissermaßen als ›Augenzeuge‹ berichtet. (Er taucht bei N. Mandelštam überhaupt nicht auf, obwohl er z. B. zusammen mit Osip Mandelštam in der Weihnachtsnummer der *Novaja Žizn* von 1917 publiziert hatte.)

»Zufällig fuhr ich nicht lange vor Gorkijs Emigration auf der Rückreise von Moskau nach Petersburg mit ihm in einem Eisenbahnabteil. Zu zweit standen wir lange im Gang [...] und sprachen. Es war die Rede von dem großen russischen Dichter Gumiljev, der einige Monate zuvor erschossen worden war. Er war Gorkij politisch und literarisch fremd gewesen. Trotzdem hatte Gorkij alles getan, um ihn zu retten. Nach Gorkijs Worten war es ihm bereits gelungen, in Moskau die Zusicherung zu erhalten, daß man Gumiljevs Leben schonen werde, aber die Petersburger Behörden hatten auf irgendeine Weise davon Kenntnis erhalten und sich beeilt, das Urteil unverzüglich zu vollziehen. Ich habe Gorkij nie wieder so erregt gesehen wie in jener Nacht.«[24]

Der Widerspruch in beiden Äußerungen ist eklatant. Es läßt sich vorerst kaum entscheiden, welcher der beiden Zeugen der glaubwürdigere ist. Zeit genug zur Rettung war allerdings vorhanden gewesen, wie man den Erinnerungen Nina Beberovas entnehmen kann. »Aber jetzt war er [Gumilëv] verhaftet worden. Es war ein schrecklicher Morgen, als sie ihn holten und wegführten [...]. Zwei Wochen lang lebten wir in völliger, gleichsam unterirdischer Dunkelheit. Wir unterhielten uns nur flüsternd. Ich ging ins Haus Muruzi, ins Haus der Schriftsteller, ins Haus der Künste. Überall Schweigen, Abwarten, Ungewißheit. Der 24. August [1921] kam. Frühmorgens – ich lag noch im Bett, kam Ida Nappelbaum zu mir. Sie kam, um mir zu sagen, daß man an den Straßenecken die Bekanntmachung aufgehängt habe: alle erschossen, Uchtomskij, Gumilëv, Larevskij und natürlich auch Tagancev – zweiundsechzig Menschen.«[25] Zwischen Verhaftung und Erschießung lagen also genau vierzehn Tage, Zeit genug, um eine Rettungsaktion zu versuchen.

Der Fall Gumilëv zeigt mit übergroßer Deutlichkeit, daß ohne Kenntnis der Archive die Lösung solcher ›Fälle‹ unmöglich ist. Überprüfbar ist allein die geäußerte ›ideologische‹ Position. Während N. Mandelštam Gorkijs Einstellung zur Revolution und ihren Folgen weitgehend ablehnt, ist Zamjatin Gorkijs Standpunkt immerhin verständlich, und die Vermutungen, die er anstellt im Hinblick auf Gorkijs Stellung zur Stalinzeit, werden uns noch zu beschäftigen haben.

Nach einem kurzen Zwischenspiel in Deutschland, währenddessen Gorkij in Berlin verschiedene verlegerische Projekte betrieb, die alle fehlschlugen[26], begab er sich im Winter 1923 nach Italien. Begleitet wurde er von dem bereits erwähnten Chodasevič sowie der Dichterin und Journalistin Nina Berberova. Von ihr stammen die wohl interessantesten Erinnerungen an Gorkijs Aufenthalt in Sorrent, aus denen hier wenigstens die Stellen zitiert seien, die für das Thema: ›Gorkijs Verhältnis zur Sowjetunion‹ Wichtiges beitragen.

»Meiner Bekanntschaft mit Gorkij gingen zwei Legenden voraus, von denen jede mir das Bild des Menschen, aber nicht des Schriftstellers nahe brachten. Als Mensch existiert er für mich, ein Mensch blieb er. Sein Leben und sein Tod sind für mich das Leben und der Tod eines Menschen, mit dem ich drei Jahre unter einem Dach zusammengelebt habe, den ich gesehen habe, wie er gesund, krank, fröhlich und böse war, in seiner Schwäche und in seiner Stärke. Als Schriftsteller hat er mein Denken niemals beschäftigt [...].

Im Herbst 1924 folgten wir ihm [nach Sorrent]. Der letzte Ort seiner Unabhängigkeit, seiner freien Arbeit an dem, worüber er schreiben wollte. Lenin war gestorben. Gorkijs Erinnerungen an ›Ilič‹ waren der erste Schritt zur Aussöhnung mit jenen, die jetzt an der Spitze der Macht in Moskau standen. ›Er wird sehr bald dahin fahren‹, sagte ich einmal zu Chodasevič. – ›Eigentlich ist es kaum verständlich, weshalb er bis jetzt noch nicht dorthingefahren ist‹. Aber Chodasevič

war anderer Ansicht: er meinte, daß Gorkij sich nicht noch einmal mit dem Regime auseinandersetzen wollte und daß ihn eine tiefe Bindung an die alten Prinzipien von der Freiheit und Würde des Menschen zurückhielt. Chodasevič glaubte nicht an den Erfolg derer, die in der Umgebung Gorkijs an seiner Rückkehr arbeiteten; mir aber schien, daß dies eher geschehen würde, als man annahm. Sorrent war der letzte Ort, wo Gorkij manchmal nicht ›linientreu‹ schreiben und laut sagen konte, was er dachte, es war der letzte Ort, wo er relativ gesund hinkam; dort, am Meerufer, in dem Hause, von dem aus die Bucht von Neapel mit dem Vesuv und Ischia zu sehen waren, sah ich ihn zum ersten Mal in seiner Krankheit – und die Krankheit ließ ihn stark altern. [...]
Er kam, wie ich bereits sagte, nach Europa, auf vieles ärgerlich, darunter auch auf Lenin. Und nicht nur ärgerlich auf das, was in Rußland von 1918 bis 1921 geschehen war, sondern auch schwer erschüttert von dem, was er gesehen und erlebt hatte. Eines seiner Gespräche mit Chodasevič blieb mir in Erinnerung: sie erinnerten sich, wie sie beide (aber zu verschiedenen Zeiten) im Jahre 1920 in einem großen Kinderheim oder in einer Isolierstation für Minderjährige waren. Es waren ausschließlich Mädchen, Syphilitikerinnen, Obdachlose von etwa zwölf bis fünfzehn Jahren; neun von zehn waren Diebinnen, die Hälfte schwanger. Chodasevič erinnerte sich ungeachtet seiner scheinbaren Nervosität mit einem gewissen Mitleid, vermischt mit Ekel, wie diese Mädchen in Lumpen und mit Läusen ihn umringten und versuchten, ihn an der Treppe auszuziehen, selbst ihre zerissenen Röcke über die Köpfe hoben und ihm Unanständigkeiten entgegenschrien. Er konnte sich nur mühsam von ihnen losreißen. Gorkij erlebte die gleiche Szene; als er davon erzählte, war Entsetzen in seinem Gesicht, er preßte die Kiefer zusammen und schwieg plötzlich. Es war offensichtlich, daß dieser Besuch ihn schwer erschüttert hatte, mehr vielleicht, als viele seiner früheren Eindrücke als ›Barfüßler‹. [...] Vielleicht heilten jetzt in Europa einige Wunden, die er fürchtete, sich selbst einzugestehen, und vielleicht fragte er sich manchmal (auch wenn er dem ihm verhaßten Dostoevskij nicht folgte) und nur sich allein: *Hat es sich gelohnt?*[27]
Der Tod Lenins, den Gorkij ausgiebig beweinte, söhnte ihn

mit Lenin aus. Zu Dzeržinskij hatte er schon seit langem ein sentimentales Verhältnis.[28] Er begann seine Erinnerungen an Lenin am selben Tag zu schreiben, an dem er das Telegramm mit der Nachricht seines Todes (von Jekaterina Palovna) erhielt. Am nächsten Tag (dem 22. Januar 1924) schickte er ein Beileidstelegramm nach Moskau. Gorkij bat J. K. Peškova darum, auf das Grab Lenins einen Kranz mit der Aufschrift ›Leb wohl, Freund‹ zu legen. Seine Erinnerungen an Lenin schrieb er tränenüberströmt. Diese Fähigkeit seiner Tränendrüsen, aus einem beliebigen Anlaß Flüssigkeit abzusondern [...], war und blieb mir rätselhaft. In der determinierten Welt, in der er lebte, hätte es für Tränen keinen Platz geben dürfen.«[29]
Im April 1925 reisen N. Berberova und Chodasevič aus Sorrent ab. Gorkij verläßt es drei Jahre später – er kehrt nach Rußland zurück.

4

Ich sagte ferner, daß ich aktive Menschen, die gewillt sind, sich dem Bösen auf jede nur mögliche Weise – selbst unter Anwendung von Gewalt – zu widersetzen, gut leiden mag. ›Die Gewalt ist das größte Übel‹ rief er aus und faßte mich unter. Wie wollen Sie sich aus diesem Widerspruch lösen, Sie – ›Erfinder‹? (M. Gorkij: *Erinnerungen an Lev Tolstoj*)

Die nachfolgenden Betrachtungen stützen sich in der Hauptsache auf die Erinnerungen und Äußerungen E. Zamjatins und Nina Berberovas. Beide interessieren sich fast ausschließlich für Gorkijs Verhältnis zum Stalinismus und zu seiner Wirkung in nachstalinistischer Zeit. Wie ich im Nachwort von 1972 versucht habe anzudeuten, spielte die Entwicklung in Westeuropa bei Gorkijs Entschluß, 1933 endgültig in der Sowjetunion zu bleiben, eine nicht unbedeutende Rolle.[30] Seine Auseinandersetzungen mit den Emigranten und sein Briefwechsel mit Romain Rolland legen hiervon nur oberflächlich Zeugnis ab.[31] Angesichts der von Nina Berberova richtig dargestellten Quellenlage (s. u.) und angesichts der Tatsache, daß bis jetzt nur Einblicke in einen von der ›stalinistischen Geistesbürokratie‹ (L. Kofler) zensierten Gorkij möglich ist[32], ist es beispielsweise nicht erlaubt, aus den bisher bekannten Briefen endgültige Schlüsse auf die eine oder andere humanistische oder ethische Position Gorkijs zu ziehen.

»Als die Revolution nach der grausamen Verwüstung dazu überging, das neue Leben zu erbauen, kehrte Gorkij nach Rußland zurück. Was seine Abreise veranlaßt hatte, war sichtlich vergessen. [...] Als ich versuchte, in sein Inneres zu blicken und zu erfahren, was nunmehr ›Peškov‹ denke (richtiger: fühle), vernahm ich die Antwort: ›*Sie* – haben sehr große Ziele. Und das rechtfertigt für mich alles.‹ [...]

Für diese Gruppe [die Serapionsbrüder] wie für alle sowjetischen Schriftsteller, die keine Kommunisten, sondern nur ›Sympathisierende‹ waren, war die Zeit von 1927–1932 die schwerste Periode. Die sowjetische Literatur geriet unter das Kommando – einen anderen Ausdruck gibt es nicht – der ›Organisation Proletarischer Schriftsteller‹ [RAPP]. Ihr Haupttalent war das Parteibuch und ihre kämpferische Entschlossenheit. Diese energischen jungen Leute nahmen die Aufgabe der ›Umerziehung‹ aller übrigen Schriftsteller auf sich. Daraus entstand selbstverständlich nichts Gutes.[...]

Wenn ich mit Gorkij zusammentraf, kam mehr als einmal die Rede darauf. Er rauchte schweigend und nagte an seinem Schnurrbart. Dann hielt er mich zurück. ›Warten Sie noch, diese Geschichte muß ich mir notieren.‹

Der Sinn dieser ›Notizen‹ wurde mir erst später, im Jahr 1932, klar. Im April dieses Jahres ging ein wahrer Umsturz auf dem Gebiet der Literatur vor sich.[33] Durch ein Regierungsdekret wurde die Tätigkeit von ›RAPP‹ als Hindernis für die Entwicklung der sowjetischen Literatur erkannt und die Organisation aufgelöst. Nur für Gorkij kam dieses Dekret nicht unerwartet. Ich bin fest davon überzeugt, daß diese Aktion namentlich von ihm vorbereitet worden war und er wie ein gewiegter Diplomat gehandelt hatte.

Er lebte damals nicht mehr in Petersburg, sondern in Moskau [...]. Er hielt sich dort nur zu kurzen Besuchen auf und verbrachte die meiste Zeit in einem Landhaus, etwa hundert Kilometer vor Moskau. Dort in der Nähe lebte auch Stalin in seinem Landhaus und kam öfter zu seinem ›Nachbarn‹ Gorkij zu Besuch. Die ›Nachbarn‹ – der eine ständig mit der Pfeife, der andere mit der Zigarette – saßen bei einer Flasche Wein zusammen und redeten über dies und das.

Ich meine mich nicht zu irren, wenn ich sage, daß die Korrektur vieler Überspitzungen in der Politik der sowjetischen Regierung und die allmähliche Milderung des Regimes der Diktatur das Ergebnis dieser freundschaftlichen Gespräche waren. Diese Rolle Gorkijs wird erst in der Zukunft einmal gewürdigt werden.«[34] Diese Hoffnung Zamjatins hat sich bis heute nur zu einem kleinen Teil erfüllt.

Die Revision des Gorkij-Bildes nimmt nicht nur in der Geschichte der Entstalinisierung einen wichtigen Platz ein, sondern sie gehört auch in den Kontext der Rehabilitierung der verfolgten, in die Emigration getriebenen und ermordeten Schriftsteller – in ganz Europa. Sie ist darüber hinaus ein kleiner, sehr kleiner Beitrag auf dem Weg zu der dem 20. Jahrhundert verlorengegangenen Erkenntnis vom absoluten Wert jeder einzelnen Person, ein Verlust, der in der politisch bestimmten Wirklichkeit zu ›schrecklichen Folgerungen‹ geführt hat[35], Folgerungen, die auch den Menschen Maxim Gorkij in ein tragisches Ende gestürzt haben. Zum besseren Verständnis dieses ›Endes‹ und zur Dokumentation des guten Willens der im Laufe ihrer Geschichte wahrlich geschundenen russischen Literatur der Emigration, ihren Beitrag zur Verständigung zu leisten, führe ich das folgende längere Zitat aus Nina Berberovas *Autobiographie* an.

»Gorkij kehrte drei Jahre später nach Rußland zurück [1928]. Dort wurden ihm nicht nur Hauptstraßen großer Städte zu Füßen gelegt, nicht nur Theater, wissenschaftliche Institute, Fabriken, Kolchosen, sondern sogar eine ganze Stadt.[36] Er verlor dort seinen Sohn [Maxim starb am 11. Mai 1934], vielleicht von Jagoda auf geschickte Weise entfernt, vielleicht aber auch nicht. Er verlor auch sich selbst. Es gibt eine Legende, er habe in seinen letzten Lebensjahren viel geweint, ein Tagebuch geführt, das er versteckte, und darum gebeten, ihn nach Europa zu lassen. Was an dieser Legende Wahrheit ist, was Erfindung, kommt vielleicht niemals heraus oder erst nach hundert Jahren, wenn es an Interesse verloren hat. Geheimnisse verlieren mit der Zeit ihr Interesse: Wer sich unter dem Namen ›Eiserne Maske‹ verbarg, ist jetzt für niemanden mehr von Interesse außer für Historiker. [...] Alles hat seine Zeit, auch die Geheimnisse sterben, wie alles übrige auch. Wurde Gorkij von den gekauften stalinistischen Henkern ermordet oder starb er an einer Lungenentzündung – jetzt gibt es auf diese Frage keine Antwort. Aber wichtiger ist dieses: Was vollzog sich in ihm, als er die ›planmäßige‹ Vernichtung der russischen Literatur zu erkennen begann, den Untergang all dessen, was er sein ganzes Leben lang geliebt und verehrt hatte? Und gab es um ihn auch nur einen einzigen Menschen, dem er vertrauen konnte und mit dem er darüber sprechen konnte? Sein Wesen war immer zweideutig. Hat ihn das vor irgend etwas bewahrt?

Für ihn war es immer wichtiger gewesen, gehört zu werden als sich zu äußern. Das Faktum der Äußerung selbst war ihm weniger wichtig als daß man ihn hörte oder las. Für einen Schreibenden ist an diesem Faktum nichts Verwunderliches; die Mehrheit der Schriftsteller seiner Generation wäre hierin mit ihm einig gewesen. Aber insofern sind Menschen, für die die Äußerung das Wichtigste im Leben ist und alles andere unbedeutend, freier, stärker und glücklicher als jene, die sich nicht äußern, um sich zu befreien, sondern um in den andern eine entsprechende Reaktion hervorzurufen. Diese letzteren sind Knechte ihrer Zuhörerschaft, sie meinen, daß sie ohne diese nicht leben können. Sie existieren nur in den Wechselbeziehungen mit dieser Zuhörerschaft, in der Anerkennung ihresgleichen, und erkennen nicht einmal die Unfreiheit, in der sie leben. [...]

Es gab in den zwanziger Jahren eine Zeit, noch lange bevor Gorkij zum Vater des sozialistischen Realismus erklärt wurde und sein Roman *Die Mutter* zum Eckstein der sowjetischen Literatur, als nicht sein Ruhm, aber sein Einfluß in der Sowjetunion nachzulassen begann (und das Interesse an ihm im Westen rasch verblaßte). Die letzten Symbolisten, die Akmeisten, die kämpferischen Westler [Serapionsbrüder], Majakovskij und die Konstruktivisten, Pilnjak, Erenburg, das Neue, das mit dem Roman *Neid* von Oleša kam (und wieder verschwand)[37], die Periode des ›Lef‹, die Blüte der formalen Methode – all dies arbeitete gegen ihn.[38] Und die junge sowjetische Literatur, deren Vertreter sich jetzt in den sechziger Jahren mit einer Träne im Auge daran erinnern, wie sie Gorkij am Anfang ihres Schaffens segnete, haben damals entweder große Behutsamkeit und wenig Interesse oder ein starkes Gefühl der Kritik gegenüber seinen ziemlich langweiligen, moralisch ›richtigen‹ Schriften gezeigt; für das ›Faktum als solches‹ der avantgardistischen, schöpferischen Phantasie der oben erwähnten Richtungen und Gruppen gab es in seiner ›revolutionären Entwicklung‹ keinen Platz. Aber ›Lef‹ wurde geschlossen, die Symbolisten starben, Majakovskij erschoß sich, Pilnjak wurde ermordet und den Formalisten der Mund verboten. Erst auf dem ersten Schriftstellerkongreß im Jahre 1934, als man Gorkij ›von den weißen zu den schwarzen Wassern‹ geführt hat, wurde er zum ›Großen‹ erklärt und ›Samgin‹ und ›Bulyčëv‹ zu Musterbeispielen der gegenwärtigen und zukünftigen Literatur.[39] [...]

Und was bleibt von den Archiven Gorkijs zu sagen, die er in den zwanziger Jahren (genauer: von 1921 bis 1933) im Ausland zusammengetragen hat? Wird man auch darüber vielleicht nie die Wahrheit erfahren – wie und wann sie nach Moskau kamen?

Im Mai 1939 wurde das Haus in Sorrent offenbar aufgelöst und Tausende von Büchern verpackt, die Gorkij gehörten, seinem Sohn, dessen Frau und den beiden Enkeln; ebenso auch die Dinge, die Ivan Nikolajevič Rakickij gehörten, der damals als Familienmitglied im Hause lebte.[40] Alles kam nach Moskau, aber man darf annehmen, nicht das ganze Archiv, sondern nur ein Teil davon. In diesem Archiv müßten sich außer Handschriften, Skizzenbüchern, Entwürfen, Briefkopien, Verträgen mit Verlegern und vielem anderen der gesamte Briefwechsel Gorkijs mit sowjetischen Schriftstellern, sowohl denen, die in der Sowjetunion lebten als auch denen, die auf Reisen im Ausland waren, befinden; außerdem der Schriftwechsel mit den emigrierten Schriftstellern (Chodasevič, Osorgin, Slonim, Volskij, Mirskij u. a.), der umfangreiche Schriftwechsel mit emigrierten gesellschaftlich Engagierten, die Gorkij bis zur Revolution nahestanden, wie zum Beispiel die Kuskova; der Briefwechsel mit Ausländern, die sich in jenen Jahren in Rußland aufhielten, oder mit Sympathisanten der sowjetischen Ordnung und schließlich die Briefe führender Sowjets, Mitglieder von Partei und Regierung, Bucharins, Pjatakovs, einiger sowjetischer Botschafter in europäischen Ländern. Hier gab es auch, wie jeder begreift, Kritik an Stalin, Kritik am Regime, und diese Dokumente wird Gorkij kaum nach Rußland gebracht haben. Er übergab sie, wenn man einer gut unterrichteten Per-

son glauben will, zur Aufbewahrung einem ihm sehr nahestehenden Menschen (der nicht mit ihm nach Rußland fuhr), der diesen Teil des Archivs nach London brachte. Wurde es in den dreißiger Jahren nach Moskau gebracht oder geschickt, wie die Gerüchte gehen? Oder wurde es später hingebracht, wie im zweiten Band der kleinen Literaturenzyklopädie mitgeteilt wird?[41] Wenn die Briefe Bucharins, Pjatakovs und anderer bereits in den dreißiger Jahren in Rußland waren, dann mußte Stalin sie gekannt haben. Zwei Monate nach Gorkijs Tod (der bis heute ungeklärt ist), begannen die Moskauer Prozesse. Jetzt, seit 1958, werden diese Dokumente teilweise veröffentlicht mit der Anmerkung: ›Das Original befindet sich im Gorkij-Archiv in Moskau‹. Eine genaue Beschreibung dieses Archivs gibt es nicht.
Wurden die Briefe der verurteilten Bolschewiki rechtzeitig vernichtet? Oder sind sie erhalten geblieben? Und was ist mit all den Hunderten Briefen P. P. Krjučkovs geworden[42], nach denen man, wie in einem Kalender, Gorkijs ganzes Leben im Ausland verfolgen kann? Krjučkov wurde gefoltert und erschossen – daran gibt es keinen Zweifel. Aber hier und da tauchen in der Memoirenliteratur warme Worte über ihn auf.«[43]

Anmerkungen

1 Im Nachwort zur Taschenbuchausgabe von Maxim Gorkij *Unzeitgemäße Gedanken* möchte ich einige Materialien bekanntmachen, die dem Leser Informationen vermitteln, die über das in Literaturgeschichten oder in literarischen Nachschlagewerken zu Gorkij Feststellbare hinausgehen und außerdem zeigen sollen, wie schwer es ist, zu Einzelfragen der russischen Literatur der Sowjetzeit belegbare Aussagen zu machen. Auch in diesem Nachwort sollen wie in dem von 1972 literarische Dokumente im Vordergrund stehen. Es ist selbstverständlich, daß die Geschichte des Schriftstellers Maxim Gorkij parallel zur politischen und sozialgeschichtlichen Entwicklung Rußlands (vor und nach der Revolution von 1917) und Westeuropas gelesen werden muß. Darauf jedoch konnte ich hier nur in Form ausgewählter bibliographischer Hinweise eingehen. Ebenso mußten wegen der Länge der Dokumentation zwei Themenbereiche wegfallen, die an mehreren Stellen des Bandes anklingen: einmal das Verhältnis Maxim Gorkijs zu Romain Rolland und zum anderen die Wirkung der *Unzeitgemäßen Gedanken* und somit auch der russischen Revolution in Deutschland. Am Text und an den Anmerkungen der Erstausgabe habe ich nur grobe Fehler und einige kleinere Ungenauigkeiten korrigiert.

2 *Pisateli. Autobiografii i Portrety sovremennych russkich prozaikov*, pod redakciej Vl. Lidina [Schriftsteller, Autobiographien und Porträts zeitgenössischer russischer Prosaisten, unter der Redaktion von Vl. Lidin], Moskva 1926, S. 11–15; aus dem Russischen übersetzt von B. Scholz; so auch im Folgenden, wenn nichts anderes vermerkt ist.
3 A.a.O., S. 8.
4 Der ›Beschluß über die Politik der Partei im Bereich der schönen Literatur, Resolution des ZK der RKP(b)‹ sprach sich u. a. für den freien Wettbewerb verschiedener Gruppierungen und Strömungen in der Literatur aus und lehnte jedes »legalisierte Monopol für die literarische Herausgebertätigkeit irgendeiner Gruppe oder literarischen Organisation« ab. Vgl. *Dokumente zur sowjetischen Literaturpolitik, 1917–1932*. Mit einer Analyse von Karl Eimermacher, Stuttgart–Berlin–Köln–Mainz 1972, S. 308–311.
5 So z. B. in der proletarischen literaturkritischen Zeitschrift *NA POSTU*, 1923, Nr. 1, S. 86–90, wo Gorkijs allgemeinmenschlicher Standpunkt zur Revolution mit ätzendem Spott bedacht wird: »Die Revolution und ihre schärfste Erscheinungsform – der Bürgerkrieg – ist also für Maxim Gorkij ein Kampf zwischen Bestien. [...] Und über die Menschen von heute lohnt es sich nicht zu schreiben. Alle sind Sklaven. Arbeiter und Bauern sind Sklaven einer einzigen Idee. Die Bourgeois sind die Sklaven einer anderen Idee. Aber alle sind Sklaven. Übrigens nicht alle. Gorkij wird weder von der einen noch von der anderen Idee unterdrückt. Er würde besser in einem Kloster unter einer Tanne sitzen, um den Duft der Blümchen zu riechen, dem Gesang der Vögel zu lauschen, die Bourgeois mit den Arbeitern zu versöhnen, und so wäre diese Schlägerei nicht ganz so schlimm. Ach, wie wunderbar ...«
Eine Kritik in *NA POSTU*, wie sie hier ein gewisser L. Sosnovskij übt, kam einer Denunziation bei der Tscheka gleich. Kaum einer der hier in den frühen zwanziger Jahren kritisierten Autoren überlebte den Stalinschen Terror. (Zitiert nach: *NA POSTU*, auf dem Vorposten, vollständiger Nachdruck der Zeitschrift von Karl Eimermacher, München 1971.)
6 Vgl. *Die Serapionsbrüder von Petrograd*. Aus dem Russischen übersetzt und herausgegeben von Gisela Drohla, Frankfurt/M. 1963; hier vor allem S. 332–335; und den von Friedrich Scholz besorgten und kommentierten Nachdruck des ersten Almanachs, München 1973.
7 Vgl. *Žizn' iskusstva* [Das Leben der Kunst]. Petrograd 1923, Nr. 22. (5. Juni 1923), S. 19 (»Gorkij über die Jungen«).
8 Vgl. zum gesamten Komplex Richard Lorenz: *Die Sowjetunion (1917-1941)*, in: *Rußland. Fischer Weltgeschichte, Bd. 31*, Frankfurt am Main 1972, S. 271–353 und die umfangreichen bibliographischen Angaben S. 371–374.
9 *Maxim Gorkij – Stefan Zweig. Briefwechsel*, hrsg. von Kurt Böttcher, a. d. Russ. von I. Neugebauer, a. d. Französischen von H. Hasselbach, Leipzig 1971, S. 39 (Brief vom 22. Februar 1925).
Dmitrij Merežkovskij hatte 1919 in Gorkij noch den »ersten und

einzigen Vertreter der werdenden russischen Demokratie gesehen«; (vgl. ders.: *Vom Krieg zur Revolution. Ein kriegerisches Tagebuch,* a. d. Russischen von A. Zucker, München 1919, S. 1 ff.).
10 Zitiert nach A. Ninov: *M. Gor'kij i Iv. Bunin. Istorija otnošenij. Problemy tvorčestva* [M. Gorkij und Iv. Bunin. Geschichte ihrer Beziehungen. Probleme ihres Schaffens], Leningrad 1973, S. 510.
11 Ebenda.
12 Vgl. in diesem Band S. 302.
13 Vgl. Dietrich Geyer: *Die russische Revolution. Historische Probleme und Perspektiven,* Stuttgart–Köln–Berlin–Mainz 1968, S. 107 bis 118; und den gut dokumentierten zweiten Band der *Dokumente der Weltrevolution. Arbeiterdemokratie oder Parteidiktatur,* hrsg. von Frits Kool und Erwin Oberländer, eingeleitet von Oskar Anweiler, Freiburg im Breisgau 1967.
14 Zitiert nach A. Ninov, a.a.O., S. 529.
15 A.a.O., S. 538.
16 V. F. Chodasevič: *Nekropol'. Vospominanija* [Nekropolis. Erinnerungen], Bruxelles 1939, S. 230.
17 Unter Verwendung der Übersetzung von E. Müller-Kamp, in: *66 russische Essays,* hrsg. und übersetzt von Erich Müller-Kamp, München 1967, S. 546 ff.
18 A.a.O., S. 548.
19 A.a.O., S. 552.
20 Ebenda.
21 V. F. Chodasevič, a.a.O., S. 234.
22 Nadeshda Mandelstam: *Das Jahrhundert der Wölfe. Eine Autobiographie,* a. d. Russ. von E. Mahler, Frankfurt am Main 1971, S. 130. (Russisch 1970)
23 Nadežda Mandel'štam: *Vtoraja kniga* [Das zweite Buch], Paris 1972, S. 102 ff.
24 Evgenij Zamjatin: a.a.O., S. 553.
25 N. Berberova: *Kursiv moj. Avtobiografija* [Hervorhebung von mir. Autobiographie], München 1972, S. 139.
26 Vgl. die sehr interessante und quellenmäßig ausgezeichnet belegte Arbeit Robert C. Williams: *Culture in Exile. Russian Emigrés in Germany* 1881–1941, Ithaca and London 1972, S. 276–281.
27 N. Berberova; a.a.O., S. 196, 212, 219.
Das zuletzt geschilderte Erlebnis kann vielleicht als ›Schlüsselerlebnis‹ angesehen werden, das Gorkijs ›Aussöhnung‹ mit der Sowjetmacht bewirkte, denn diese hatte energische Maßnahmen ergriffen, um Zustände der beschriebenen Art wenigstens zu mildern. Zum Thema der Kinderverwahrlosung und zu den Maßnahmen ihrer Beseitigung vgl. in: *Kulturpolitik der Sowjetunion,* hrsg. von O. Anweiler und K.-H. Ruffmann, Stuttgart 1973, S. 29 ff.
28 Vgl. z. B. Gorkijs Antwort an den Redakteur der französischen Zeitschrift *L'Europe* von 1928.
Dzeržinskij war in einem Artikel der Emigrantenpresse als ›Fanatiker des Terrors‹ apostrophiert worden. Gorkij verteidigte ihn:

»Das ist ungerecht und unwahr. Dzeržinskij hat nur seine Pflicht erfüllt und ist möglicherweise vorzeitig unter ihrer Last zusammengebrochen.« (M. Gorkij: *Sobranije sočinenij v 30-ti tomach* [Gesammelte Werke in 30 Bänden], Moskva 1953, Bd. 24, S. 403 f.)

29 N. Berberova, a.a.O., S. 219.

30 Dieses Problem wird leider in den meisten ›Zeugnissen‹ von Emigranten ausgelassen.

31 Dieses Problem und Gorkijs Verhältnis zu R. Rolland werden kenntnisreich untersucht von Jean Pérus: *Romain Rolland et Maxime Gorkij*, Paris 1968.

32 Der von L. Kofler als »Herrschaft der stalinistischen Bürokratie« bezeichnete Prozeß hat selbstverständlich auch vor der ›Gorkijwissenschaft‹ nicht haltgemacht und allen Textausgaben bis 1953 seinen Stempel aufgedrückt (vgl. L. Kofler: *Stalinismus und Bürokratie*, Neuwied 1970, S. 103).

33 Vgl. »Dekret über die Umbildung der Literatur- und Kunstorganisationen (Verordnung des ZK der VKP(b) vom 23. April 1932)«, in: *Dokumente zur sowjetischen Literaturepoche*. 1917–1932, a.a.O., S. 433.

34 E. Zamjatin, a.a.O., S. 555 f.

35 Ich folge hier einem Gedanken von Walter Dirks: *Das schmutzige Geschäft? Die Politik und die Verantwortung des Christen*, Olten und Freiburg im Breisgau 1964, S. 97.

36 Man vgl. hierzu auch den Bericht A. Solschenizyns: *Der Archipel Gulag*, Bern–München 1974, S. 483.

37 Vgl. Jurij Oleša: *Neid*, a. d. Russ. von Gisela Drohla, Frankfurt am Main 1964 (Bibliothek Suhrkamp, Bd. 127).

38 Zur ›Formalen Methode‹ vgl. Boris Eichenbaum: *Aufsätze zur Theorie und Geschichte der Literatur*, Frankfurt am Main 1965, S. 7–52 (Die Theorie der formalen Methode).

39 *Samgin* und *Bulyčëv* sind späte Arbeiten Gorkijs.

40 Rakickij, J. N., war ein Künstler, der bei Gorkij in Sorrent wohnte.

41 *Kratkaja Literaturnaja Enciklopedija*, Moskva 1964, Bd. 2, S. 295.

42 P. P. Krjučkov war von 1921 bis 1936 Gorkijs engster Vertrauter.

43 N. Berberova, a.a.O., S. 229 f.

Sachregister

(unberücksichtigt blieben Nachwort und Anhang)

Namenregister

(unberücksichtigt blieben Nachwort und Anhang)

Zeittafel

1868	am 16. (28.) März als Alexej Maximovitsch Peschkov in Nižnij Novgorod geboren (nannte sich ab 1932 Gorkij)
1880	lernt die Werke Dostojevskijs kennen
1891–1892	auf der Suche nach Gelegenheitsarbeit, Wanderungen durch das Wolgagebiet, die Ukraine, durch die Krim und den Kaukasus
1892	schreibt seine erste Erzählung *Makar Čudra* (dt. *Makar Tschudra*, 1924). Veröffentlichungen in der Provinzpresse
1897	*Byvšie ljudi* (Erzählung) (dt. *Verlorene Leute*, 1902) *Mal'va* (Erzählung)
1898	Skizzen und Erzählungen erscheinen in Buchform
1899	*Dvadcat' šest' iodna* (Erzählung) (dt. *Sechsundzwanzig und eine*, 1902)
	der erste Roman *Foma Gordejev* (dt. *Foma Gordjejev*, 1901)
1901	Begegnung mit Leo Tolstoj
1902	*Na dne* (Schauspiel) (dt. *Nachtasyl*, 1903)
	Gorkij übernimmt die Leitung des Verlags *Znanije* (zusammen mit Pjatnickij) und wendet sich den Marxisten und Sozialdemokraten zu
1905	Bekanntschaft, später Freundschaft mit Lenin
	9. (22.) Januar. »Der Blutsonntag«. Arbeiter, die unter Anführung des Popen Gapon zum Winterpalast gezogen sind, werden dort zusammengeschossen. Gorkij verfaßt am Abend desselben Tages den »Aufruf an alle russischen Bürger und an die öffentliche Meinung der europäischen Staaten« und wird dafür in die Peter-Pauls-Festung eingekerkert
	17. Oktober: Erste russische Revolution. Zar Nikolaus II. ist gezwungen, eine Verfassung zu geben und ein Parlament, die »Duma«, zu schaffen.
1906	Reise nach Amerika. Danach jahrelang in Westeuropa, vor allem auf Capri (bis 1913)
1907	*Mat'* (Roman) (dt. *Die Mutter*, 1907)
1913	Ende des Jahres Rückkehr nach Rußland
	Detstvo (Autobiographie) (dt. *Meine Kindheit*, 1917)
1914	*V ljudjach* (Autobiographie) (dt. *Unter fremden Menschen*, 1915)
1915	Gründung der Zeitschrift *Letopis' (Die Chronik)*
1917	27. Februar (11. März) Februar-Revolution
	25. Oktober (7. November) Oktober-Revolution
1919	*Vospominanija o Tolstom* (dt. *Erinnerungen an Tolstoj*, 1920)
1921	aus politischen und gesundheitlichen Gründen wieder im Ausland (bis 1928)
1924	Lenin stirbt

1926–1931 *Gesammelte Werke in Einzelausgaben*, 17 Bde., erscheinen in Berlin

1932 erster Präsident des neugegründeten Sowjetischen Schriftstellerverbandes

1936 am 18. Juni stirbt Gorkij. Die letzte Ehre erweisen ihm u. a. Stalin und Molotov bei einem Staatsbegräbnis. Gorkij wird an der Kremlmauer beigesetzt

Inhaltsverzeichnis

Novaja Žizn 1918

Von Maxim Gorkij
erschien im Suhrkamp Verlag

Erinnerungen an Zeitgenossen. 1962. *Bibliothek Suhrkamp* Band 89

st 177 Theodor W. Adorno, Versuch über Wagner
160 Seiten
Da Wagner nicht nur absolute künstlerische Größe zugeschrieben wurde, sondern auch eine fatale weltanschauliche Führerrolle, hat das Gerede um ihn die wahre und gerechte Aufdeckung des eigentlichen Sachverhalts verhindert. Mit dem *Versuch über Wagner* unternimmt Adorno die heute fällige Revision des »Falles Wagner«. Die Methode dieses Versuchs stellt insofern ein Neues dar, als Adorno sich nicht an die herkömmliche Trennung der Disziplinen: Ästhetik, Geschichtsphilosophie, Musiktheorie und kritische Analyse hält, sondern Elemente aus ihnen allen in wahrhaft philosophischem Geiste zu einer einheitlichen Gesamtkonzeption zusammentreten läßt.

st 179 Dolf Sternberger, Panorama oder Ansichten vom 19. Jahrhundert
240 Seiten
Sternbergers vielgerühmtes *Panorama*-Buch wirkte bei seinem ersten Erscheinen (1938) als eine Pioniertat der historischen Wahrnehmung. Das Panorama war das charakteristische Erzeugnis einer Zeit, die ihre eigene Geschichte zum imposanten Rundbild täuschend zusammen-

faßte. So heterogene Errungenschaften wie Eisenbahn und Gasanstalt, Sinnesphysiologie und materialistische Philosophie, Sklavenbefreiung und Genrekunst, Gesellschaftsreisen und Innendekoration fügen sich in Sternbergers zitierender Deutung zu einem durchgängigen Schriftbild.

st 181 Arthur Koestler, Die Wurzeln des Zufalls
Einzig berechtigte Übertragung aus dem Englischen von Irmgard Schoppmeier unter Mitwirkung von Hans-Joachim Grünzig
176 Seiten
Koestlers ideenreiche Untersuchung über das alltägliche und doch höchst ungewöhnliche Phänomen Zufall führt einen kühnen Schritt voran in faszinierendes Neuland. Während die Erforschung der außersinnlichen Wahrnehmungen als gleichberechtigte wissenschaftliche Disziplin anerkannt wird, hat die nüchterne theoretische Physik gewissermaßen bisher als unumstößlich geltende Naturgesetze widerlegt. Begriffe wie Zeit, Raum, Ursache und Wirkung haben ihre herkömmliche Bedeutung verloren.

st 182 Hermann Hesse, Siddhartha. Eine indische Dichtung
128 Seiten
Diese Legende von der Selbstbefreiung eines jungen Menschen aus den familiären und gesellschaftlichen Konventionen zu einem eigenständigen Leben variiert die Erkenntnis, daß Bewußtsein nicht überlieferbar ist durch Lehren, sondern nur durch eigene Erfahrung erworben werden kann. In dieser Dichtung suchte Hesse zu ergründen, »was allen Konfessionen und allen menschlichen Formen der Frömmigkeit gemeinsam ist, was über allen nationalen Verschiedenheiten steht, was von jeder Rasse und von jedem Einzelnen geglaubt werden kann«.

st 183 H. H. Stuckenschmidt, Schöpfer der neuen Musik
Porträts und Studien
320 Seiten
Stuckenschmidt selbst gehört in gewissem Sinne zu den Schöpfern der Neuen Musik. Freilich nicht als Komponist, aber als Kritiker. In Berlin Ende der zwanziger und Anfang der dreißiger Jahre waren es besonders die

jungen Kritiker H. H. Stuckenschmidt und Heinrich Strobel, die hier für Schönberg, Strawinsky, Alban Berg, Hindemith, Béla Bartók usw. eintraten, Aufführungen ihrer Werke durchsetzten und mit ihrer Kritik begleiteten.

st 184 Horst Nachtigall, Völkerkunde. Eine Einführung
Mit zahlreichen Abbildungen
160 Seiten
Auch jene Rückzugsvölker, die abgedrängt am Rande der Zivilisation leben, sind unsere Zeitgenossen. Das Verständnis für diese vergessenen Völker zu wecken, ist Ziel der modernen Völkerkunde. Als wissenschaftliche Disziplin hält sie sich fern von Barbarenverachtung und dem Idealisieren fremder Völker. Dieses Buch holt die Völkerkunde aus ihrem Reservat heraus und beschreibt ihre Gegenwartsaufgaben bis hin zur Entwicklungspolitik.

st 185 Ingeborg Weber-Kellermann, Die deutsche Familie. Versuch einer Sozialgeschichte
Mit zahlreichen Abbildungen
204 Seiten
Der Rückblick auf die Geschichte der Familie macht deutlich, daß im Mittelalter der Hausvater dem ganzen Haus als Planer und Verwalter der Ökonomie vorstand, als Vertreter seines Hausrechts in der Gemeinde, als Gatte und Vater und Gestalter der häuslichen Kultur wie auch als Meister und Wirt. Mit der Trennung von Arbeitsplatz und Wohnstätte im Verlaufe der Industriellen Revolution wandelt sich der Typus der Familie von demjenigen der gemeinsam wirtschaftenden und hausenden Großfamilie zur Kleinfamilie. Erst in der gegenwärtigen Gesellschaft stellt sich wieder die Aufgabe, einen neuen Familientypus ohne vorgeformte Abhängigkeiten zu entwickeln.

st 187 Dieter Kühn, Siam-Siam. Ein Abenteuerbuch
184 Seiten
Mit historischer Kenntnis und souveräner Erfindungsgabe erzählt Dieter Kühn auf ebenso unterhaltsame wie spannende Weise Geschichten von Paarbildungen und Doppelspielen. Was da exotisch oder exzentrisch scheint, meint Gewöhnliches, macht Möglichkeiten in uns be-

wußt. Dieter Kühn hat gegenüber der Erstausgabe von 1972 den Text zum Teil erheblich überarbeitet.

st 188 Helmut Swoboda, Die Qualität des Lebens.
Vom Wohlstand zum Wohlbefinden
224 Seiten
Diese zeitkritische Studie ist bestrebt, Begriffe wie Lebensstandard, Konsumstandard, Bruttosozialprodukt, Wirtschaftswachstum zu klären und auf ihre Abhängigkeiten hin zu untersuchen. Sowohl die Tatsache, daß durch die Erschöpfbarkeit der Ressourcen und die wachsenden Kosten für die Umweltsanierung ein Ansteigen des Konsumstandards kaum noch lange möglich sein wird, als auch die Frage, was uns das Konsumdenken eigentlich einbringt, zwingen zu einer Umorientierung. Was Swoboda für erforderlich hält, ist eine Rückbesinnung vom Konsum auf den Menschen.

st 190 Rainer Maria Rilke, Die Weise
von Liebe und Tod
Texte und Dokumente
Bearbeitet und herausgegeben von Walter Simon
424 Seiten
In diesem Text- und Materialienband werden die drei Fassungen von Rilkes *Cornet*, 1899, 1904 und 1906, nebeneinandergestellt. Eine zweite Abteilung vereinigt alle bis jetzt zugänglichen Briefe Rilkes und seiner Briefpartner, in denen der *Cornet* erwähnt ist. Die dritte Abteilung bringt die kritische und betrachtende Literatur zum *Cornet*. Dabei kommen die zustimmenden wie ablehnenden Meinungen gleichermaßen zu Wort. Eine Bibliographie und ein Namenverzeichnis beschließen den Band.

st 196 Federico García Lorca, Über Dichtung und Theater
Deutsch von Enrique Beck
144 Seiten
Diese Sammlung entlegener Quellen und Dokumente von und über García Lorca macht deutlich, welch einzigartige dichterische Existenz und menschliche Potenz Spanien und die Welt verlor, als Lorca, 38 Jahre alt, von der Falange erschossen wurde. Aus den zahlreichen Mosaiksteinchen persönlicher Äußerungen entsteht das

Bild eines Menschen, der in Leben, Sprechen und Schreiben Anmut mit Würde vereinte, Heiterkeit des Herzens mit einem wachen sozialen Gewissen. Zur Werkinterpretation, für die Kenntnis von Lorcas poetischen und theatertheoretischen Absichten ist der Band unentbehrlich.

st 201 Bertolt Brecht, Frühe Stücke
224 Seiten.
Baal. Trommeln in der Nacht. Im Dickicht der Städte. Brechts Entwicklung zur großen epischen Dramatik, zum »wissenschaftlichen Theater«, ist erst aus der Kenntnis seiner Jugendwerke, in denen schon wesentliche Themen seiner Welt vorgezeichnet sind, richtig zu verstehen. Alle Stücke »zeigen ohne Bedauern, wie die große Sintflut über die bürgerliche Welt hereinbricht ...« *Bertolt Brecht*

st 203 Hans Werner Riedel, Die Kontrolle des Luftverkehrs. Flugsicherung und Fluglotsen
Mit zahlreichen Abbildungen
208 Seiten
Die Kontrolle des Luftverkehrs, die Flugsicherung, ist ein Detail in der Welt der Technologie. Was sich dort wirklich abspielt, welche Mittel und Leistungen eingesetzt werden, welchen Schwierigkeiten der Fluglotse in einem Mensch-Maschine-System ausgesetzt ist, darauf versucht dieses Taschenbuch eine Antwort zu geben.

st 204 Karl Kraus, Magie der Sprache. Ein Lesebuch
Herausgegeben und mit einem Nachwort
von Heinrich Fischer
368 Seiten
Für dieses Buch, das ein lebendiges Lesebuch und keine akademische Anthologie ist, hat der Herausgeber aus mehr als 30 Büchern und über 900 Nummern der *Fackel* einen Extrakt geschaffen, der die zeitlose Wortgewalt, die polemische Kraft, aber auch das Heitere, Wortspielerische, das Zarte dieses Sprachkünstlers und Dichters vergegenwärtigt.

st 205 Max Frisch, Dienstbüchlein
176 Seiten
Das *Dienstbüchlein* enthält Frischs Erinnerungen an seine Schweizer Militärzeit von 1939 bis 1945. »Ich bin

ungern Soldat gewesen. Immerhin sind Erfahrungen nicht abzugeben mit der Uniform, Erfahrungen mit unserem Land, mit sich selbst.« An diese Erfahrungen erinnert sich Frisch heute, an die Tage in Uniform, an 650 Militärtage ohne Arrest. »Indem ich mich heute erinnere, wie es damals so war, sehe ich es natürlich nach meiner Denkart heute. Ich wundere mich, wieviel man hat erfahren können, ohne es zu sehen.«

st 207 Hartmut von Hentig, Magier oder Magister? Über die Einheit der Wissenschaft im Verständigungsprozeß
256 Seiten
Viel zu lange schon sind für Hartmut von Hentig die Wissenschaftler Magier gewesen, die mit dem Anspruch auftraten, durch ihre wissenschaftliche Praxis die Wahrheit finden zu können, ohne je in der Lage zu sein, Laien diesen Anspruch glaubhaft zu vermitteln, geschweige, sie am Prozeß der Wahrheitsfindung teilhaben zu lassen. Statt dessen sollen die Wissenschaftler nun »Magister« werden, das heißt, sich vordringlich der Erklärung dessen widmen, »was sie herausfinden, warum sie es erforschen, wie man es verwendet und wie man es lernen und weitergeben kann«.

st 238 Dietrich Hofmann (Hrsg.), Schwangerschaftsunterbrechung. Aktuelle Überlegungen zur Reform des § 218
352 Seiten
Dem vorliegenden Band geht es darum, der Vielfalt und der Unterschiedlichkeit der Auffassungen Rechnung zu tragen, welche die Position der verschiedensten Berufe, Kräfte und Gruppierungen unseres Landes kennzeichnen. Der Anspruch auf Sachlichkeit basiert auf der Klarstellung naturwissenschaftlicher, medizinischer Erkenntnisse, der Erkenntnisse eines Juristen, eines Moraltheologen, eines Soziologen und eines Psychiaters.

Alphabetisches Gesamtverzeichnis der suhrkamp taschenbücher